# 개인의 철학

EINZELN SEIN : Eine philosophische Herausforderung
by Rüdiger Safranski
© 2021 Carl Hanser Verlag GmbH&Co. KG, Muenchen
Korean Translation © 2025 by Cheongmi Publishing Company
All rights reserved.
The Korean language edition is published by arrangement with
Carl Hanser Verlag GmbH&Co. KG through MOMO Agency, Seoul.

이 책의 한국어판 저작권은 모모 에이전시를 통해
Carl Hanser Verlag GmbH&Co. KG사와의 독점 계약으로
"청미출판사"에 있습니다.
저작권법에 의해 한국 내에서 보호를 받는 저작물이므로
무단전재와 무단복제를 금합니다.

나로서
온전하게 살아가기 위한
철학자의 인생 수업

# 개인의 철학

EINZELN SEIN

뤼디거 자프란스키 지음 · 김희상 옮김

청미

**차례**

서문  009

제1장  르네상스와 새롭게 깨어난 개인의 의미  013
제2장  루터 - 개인과 신  049
제3장  몽테뉴 - 흔들리는 세상과 자아로의 도피  075
  **첫 번째 중간 고찰**  105
제4장  루소 - 개인으로 살아가기, 그리고 타인의 자유를 보는 두려움  115
제5장  디드로 - 사교 천재로서의 개인  139
제6장  스탕달 - 스타일을 가진 개인  161
  **두 번째 중간 고찰**  181
제7장  키르케고르의 개인과 실존의 발견  189
제8장  슈티르너 - 자신의 '일체'를 없음 위에 세운 개인  225
제9장  소로 - 칩거와 홀로 삶의 실험  251
  **세 번째 중간 고찰**  271

제10장 슈테판 게오르게와 게오르크 지멜의 개인 법칙,

막스 베버의 내적인 다이몬  279

제11장 리카르다 후흐의 믿음과 탈인격화 비판  309

제12장 대중의 시대가 드리운 그늘에서  331

제13장 실존철학 - 야스퍼스와 하이데거  365

제14장 한나 아렌트 - 시작할 수 있음과 하나인 둘  403

제15장 전쟁의 한복판에 선 장폴 사르트르

  - 개인적 실존주의에서 현실 참여 실존주의로의 전환  427

제16장 에른스트 윙거 - 돌격대장과 숲으로 간 개인  455

**결산 고찰**  475


옮기고 나서  487

참고 문헌  490

인명 찾아보기  500

친구 울리히 바너 Ulrich Wanner 에게
그는 책에 그려진 그대로 개인이다.

일러두기

- 모든 각주의 내용은 원문에는 없지만 문장의 이해를 돕고자 옮긴이가 붙인 것이다.
- 이 책은 Rüdiger Safranski, *Einzeln Sein*(Carl Hanser Verlag, 2021)을 번역하였다.
- 본문에 나오는 각주는 모두 옮긴이가 추가한 주석이다.
- 인명 등 고유명사의 한글 표기는 기본적으로 국립국어원의 외래어표기법에 따랐다.

## 서문

개인으로 살아가기. 사람들은 이 말을 들으면 곧장 자아실현을 떠올린다.

자아실현은 한때 무엇보다도 정치와 사회와 경제에 걸쳐 외부에서 주어지는 강제로부터의 해방이라는 좋은 울림을 주는 개념이었다. 그동안 예전의 광채는 약간 흐릿하게 바래고 말았다. 오늘날 자아실현은 흔히 모든 것을 쥐어짜 자아를 연출하려는 과시욕과 어떤 대가를 치르고서라도 모든 것을 욱여넣어 자아를 한껏 치장하는 소비 욕구를 뜻할 뿐이기 때문이다.

물론 자아실현은 예나 지금이나 생각할 게 많은 까다로운 주제다. 이 주제에서 늘 함께 생각되어야만 하는 문제는 자아극복이다.

옛날에 자아극복은 자아를 발견하고자 하는 사람이 걸어야만 하는 길로 여겨졌다. 끊임없는 공부로 세상을 밝히 가려볼 안목을 키우는 일, 환상과 습관과 옹졸함을 이겨내는 극복, 또는 본능의 억제이자 어둠을 밝히는 계몽의 노력이 자아극복이었다. 어떤 경우든 타의에 지배당하는 것은 아니었다.

이 책에서 소개하는 모든 인물은 그런 자아극복의 본보기를 보여준 위인이다. 이들은 무엇보다도 개인으로 살아가려 시도하면서 개인으로 살아감이 무엇을 뜻하는지 궁구했다.

개인으로 살아간다는 것은 인간은 누구나 개인이라는 사실을 새삼 주목하면서 어떻게 해야 진정 개인답게 살 수 있는지 길을 모색하는 사색을 뜻한다. 이런 사색을 시도하는 사람은 내가 스스로 생각하고 느끼는지, 아니면 내 안의 사회가 생각하고 느끼는 것인지 구별한다는 게 무척이나 어렵다는 것을 실감한다.

개인으로 살아간다는 것은 자신이 언제나 그 어떤 공동체에 속하면서도 스스로 홀로 설 줄 알아야 함을 뜻한다. 개인으로 살아가는 사람은 자신의 정체성을 집단에서 찾거나 자신의 문제를 사회 탓으로 돌려서는 안 된다. 또한 거리를 두고 바라볼 줄 알며, 때로는 상대방의 동의를 포기할 줄 아는 자세가 필요하다.

이 책은 앞과 뒤가 정연하게 맞아떨어지는 이야기를 들려주지는 않는다. 장들을 연대기 순으로 배열한 것이 잘 짜인 구도를 연상시킨다고 할지라도. 물론 르네상스 시대의 새롭게 각성된 개성 감각과 개인으로 살아가고자 했던 실존주의의 기획 사이에 몇몇 역사적 맥락이 두드러져 보이기는 한다. 르네상스든 실존주의든, 앞서 집단을 강조했던 구시대에 대해 내려진 답이기 때문이다. 특히 실존주의는 전체를 강조하는 집단주의가 초래한 20세기의 파국에 대해 내려진 답이다.

이 책은 개인으로 살아감을 포괄적으로 다룬 이론을 세우려 시도하지 않았다. 보편적이고 포괄적인 이론은 개인으로 살아감과 충돌하는 역설이기 때문이다. 개별성을 보편적 이론의 주제로 진지하게 받아들인다고 하더라도, 우리가 생각할 수 있는 것은 오로지 특수한 개별 사례들일 뿐이다.

# 르네상스와
# 새롭게 깨어난 개인의 의미

**제 1 장**

사람은 누구나 개인이다. 그러나 누구나 자신이 개인임에 동의하지는 않으며, 개인으로서 무엇인가 해보려는 각오를 다지는 것도 아니다. 인간은 개인으로 살아가려 할 때 생겨나는 여러 어려움을 어떻게 받아들이고 감당할까? 늘 문제의 핵심은 이 물음에 어떤 답을 주느냐 하는 것이다. 이를테면, 개인이기를 주장하는 바람에 피할 수 없이 맞닥뜨려야 하는 고독을 나는 이겨낼 수 있을까? 생물적으로 타고난 특성, 또는 이런저런 우연이 얽혀 빚어낸 원치 않는 상황에 빠졌을 때, 나는 개인으로서의 내 권리를 당당히 주장할 수 있을까? 그냥 이 어려움을 감수할까? 맞서 싸울까? 그도 아니면, 남들은 물론이고 자신에게조차 이 어려움을 숨기려 애쓸까?

나만의 개성을 키울까, 아니면 그저 남들 하는 대로 따라 살까? 대개 사람들은 그 중간 어디쯤에서 엉거주춤할 따름이지만, 아예 개인이기를 포기하려는 도피, 곧 누구도 그 자신이 아니며 그저 남들 사는 대로 따라가려는 도피 역시 심심찮게 볼 수 있다.

개인으로 자신의 개성을 발견하고 키우고자 하는 사람은 자기 자신에게 충실하기를 원하면서도 공동체의 일원이라는 소속감 역시 유지하고 싶어 한다. 개인으로 사는 일은 원치 않은 아픔을 감당하게 만들기 때문이다. 그럼에도 인간은 자신의 개성을 지키려는 투쟁을 포기하지 않는다. 가족과의 결속 또는 사회적 공동체와의 연결은 이 투쟁 탓에 느슨하게 풀리곤 한다. 개인이기를 원하는 사람이 자유롭게 툭 터진 공간에 서기는 하지만 해방감은 느끼지 못하는 이유가 이것이다. 개인은 내심 또는 겉으로 분명하게 드러나게 타인의 인정을 갈망하기 때문이다. 개성을 고집하는 개인은 그저 어딘가에 속했다는 소속감으로 만족하지 못하며, 오히려 다른 사람과의 차별성을 만드는 자신의 특성을 인정받고 싶어 한다. 같음이 아니라 다름을 인정해주기를 개인은 원한다.

사회는 개성이 발현할 유리한 조건을 갖춰주는지에 따라, 심지어 개성의 장려를 목표로 추구하는지, 또는 개성을 억압하는

지에 따라 매우 다른 모습을 보여준다. 개성은 인간이 이를 얼마나 원하는가, 또 어디까지 감당할 수 있는가 하는 개인의 의지에만 달린 게 아니다. 사회가 장려하는가, 또는 오히려 탐탁지 않게 여겨 제약과 규제를 일삼는가 하는 환경의 영향을 받을 수밖에 없다.

개인주의가 특히 발달한 서유럽은 개성의 발달을 장려해왔으며, 지금도 마찬가지다. 안드레아스 레크비츠 Andreas Reckwitz[*]는 근대 후기 사회를 살피며 "개별자의 논리"를 그 특징으로 정리한 바 있다. 이미 노르베르트 엘리아스 Norbert Elias[**]는 개인 중심의 문명화 과정을 분석했으며, 야코프 부르크하르트 Jacob Burckhardt[***]는 이탈리아 르네상스를 예로 들어가며, 서구 사회의 개인주의 발달은 고대 그리스 이후 두 번째로 일어난 중요한 변혁이라고 주장했다.

---

[*] 안드레아스 레크비츠(1970~)는 독일 사회학자이자 문화비평가다. 베를린 훔볼트대학교 사회학 교수로 "개인의 주체가 창의성을 발휘하는 과정을 주목한 인간 행동학(Praxeologie)"의 선구자다.

[**] 노르베르트 엘리아스(1897~1990)는 독일에서 출생한 유대인 사회학자로, 영국에서 주로 활동한 인물이다. 문명화 과정의 분석으로 20세기 사회학을 선도했다는 평을 듣는다.

[***] 야코프 부르크하르트(1818~1897)는 스위스의 문화 역사학자로 바젤대학교 교수를 지낸 인물이다.

자아를 의식하며 개인은 사회 전체와 대립한다는 느낌을 받게 마련이다. 이 느낌은 마치 두 개의 실체, 곧 이쪽에는 내면의 자아가, 저쪽 바깥에는 사회가 서로 대립하며 그 중간에서 서로 영향을 주고받는 게임을 벌이는 것만 같은 그림을 그려낸다. 노르베르트 엘리아스의 설명을 따르면, 이 그림의 바탕을 이루는 것은 시각적 착각이다. 우리 인간은 사회와 절대로 대립할 수 없기 때문이다. 우리 인간은 예나 지금이나 사회를 이루는 구성원이다. 사회와 거리를 두겠다고 고집할 때조차 우리는 사회의 일부일 따름이다. 개인이 개성을 키우는 일 자체도 사회화 과정의 일부다. 개성은 사회와 대립하는 것이 아니며, 오히려 사회적 차별화가 빚어낸 산물이다. 사회는 개인이 의미 있다고 여기는 것을 키울 수 있게 허락해줌으로써 차별화를 유도한다. 자신이 그 어떤 것과도 혼동될 수 없는 유일한 존재인 양 여기며 자아는 사회와 대립한다고 주장하지만, 사실 이는 스스로 빠진 착각에 지나지 않는다. "사회는 … 구성원들을 동일화하며 특징적 유형으로 정리하기만 하는 게 아니라, 개인이 개성을 키우도록 조장하고 장려하기도" 한다. 다만, 착각에 사로잡힌 개인이 이런 사실을 읽어내지 못할 뿐이다. 이런 사정 탓에 개인과 사회, 나와 우리 사이에는 피할 수 없이 긴장이 빚어진다. 이 긴장이 써 내려온 역사를 훑어보며 노르베르트 엘리아스는 이렇게 확인한다. "예전 단계들에서 … 세계와 나 사이의 균형추는 우리 쪽으로 강하게 기울었다. 최근 이 균형추는 상당히 강하게 나 쪽으로 기운다."

자아로의 강력한 끌림은 근대로 넘어오는 문턱이었던 이탈리아 르네상스 시대에 밝게 빛났다. 야코프 부르카르트는 세계와 자아 감각의 이런 개인화 전환을 다음과 같이 묘사한다. "중세에 의식의 양쪽, 곧 세계와 자아의 내면은 하나의 베일을 쓴 채 꿈을 꾸거나 반쯤 깨어 있었다. 베일은 믿음과 어린 시절 심어진 선입견, 그리고 알게 모르게 품은 망상이라는 실로 짠 것이다. 세계와 역사는 이 베일을 통해 다채로운 색채를 자랑했다. 그러나 인간은 자신을 오로지 인종, 민족, 단체, 당파, 가문 또는 그 어떤 형태의 일반적인 것으로만 보았다. 이 베일이 처음으로 바람에 휘날리기 시작한 곳은 이탈리아다. 베일의 휘날리는 틈새로 사람들은 국가와 이 세상의 모든 물건을 객관적으로 관찰하고 다루기 시작했다. 그와 더불어 강력한 힘으로 주체가 부상했다. 인간은 정신적 개인이 되었으며, 자신을 정신적 개인으로 인식했다."

부르카르트가 묘사한 의미의 개인 탄생이 일어난 이탈리아 북부의 사회와 경제 상황은 나머지 유럽에서는 몇 세대가 지나야 비로소 볼 수 있는 발달 수준을 자랑했다.

이탈리아 북부는 정치적으로 하나의 통일성과는 거리가 먼 공간, 곧 중앙집권이라고는 찾아보기 어려운 공간이었다. 신성로마제국도, 교황의 이른바 '보편 교회'도 떠오르는 도시국가, 특히 피렌체를 막을 충분한 힘을 발휘할 수 없었다. 정치적으로도 '일반이라는 형식'은 큰 힘을 발휘하지 못했으며, 도시의 특수 권력이 더 큰 목소리를 냈다. 도시국가의 이런 특수 권력들은 서로 무력 충돌까지 서슴지 않을 정도로 치열한 경쟁을 벌였다. 개개의 도시 권력자들, 공화제든 전제 군주든 상관없이 모든 권력자는 이 다중심적인 권력 게임의 경연장에서 제멋에 사는 개인처럼 활개를 쳤다. 이들의 관심사는 자신의 영역을 확실하게 주장하고, 되도록 이 권력 영역을 확장하는 것이었다. 권력의 이런 경쟁, 때로는 살인적일 정도로 극심한 경쟁은 동시에 유례를 찾아보기 어려울 정도로 왕성한 문화의 동력이 한껏 펼쳐질 환경을 만들었다. 다시금 강조하지만 개개의 특수 권력만 있었을 뿐, 중앙집권의 상부 권력은 존재하지 않았다. 일반이 특수 속으로 사라졌다. 본래 서양의 정신적 수장인 교황은 그저 여러 권력 가운데 하나였다. 밀라노의 스포르차 Sforza 가문, 피렌체의 메디치 Medici 가문, 만토바의 곤차가 Gonzaga 가문, 페라라의 에스테 Este 가문, 그리고 해양 공화국 제노바와 베네치아는 서로 치열하게 경쟁하며 유럽 너머까지 세력을 확장할 기회만 호시탐탐 노렸다. 서양의 정신적 수장인 교황의 교회 국가는 이 개별 세력들과 어깨를 나란히 했을 따름이며, 남쪽으로는 아라곤 연합왕국 나폴리, 북쪽으로는 신성로마제국의 카이저와 프랑스 왕과 마찬가지로 이 이탈리아 북부에 간섭할 기회를 엿보았다. 권력 정치의 지형으로는 난맥상을 보이지만 문화적으로는 융성했던 이탈리아 북부야말로 근대 유럽의 초기 실험실이었다고 해도 과언이 아니다. 그러다가 어느 정도 시간이 흐르고 나서 처음에는 프랑스, 뒤이어 합스부르크라는 중앙집권이 공간의 지배권을 장악하며 정치적 난맥상을 종식시켰을 때, 문화의 번성에도 마침표가 찍혔다. 정치적 통일이라는 것이 문화 발달에 유리하게 작용하지 않는다는 점을 다시금 확인해볼 수 있는 대목이다. 숱한 도시국가들이 난립하면서 문화의 꽃을 활짝 피웠던 고대 그리스가 마케도니아와 로마제국의 일부에 지나지 않게 되면서 문화적 생산성을 잃고 말았던 점을 떠올려보라. 독일도 여러 작은 공국으로 나뉘어 권력이 중앙에 집중되지 않았던 1800년을 전후해 문화가 그야말로 활짝 꽃을 피웠다가, 1870년 제국으로 통일을 이루며 문화가 척박해진 경험을 보여준다. 정치권력이 한 군데로 집중되지 않고 여러 곳으로 나뉘며 개인의 다양한 발달을 장려한 이탈리아 북부는 르네상스를 빚어낼 최적의 조건을 만족시켰다. 이 르네상스 역시 개인의 새로운 자존감을 키우고 표현할 수 있게 해주었다.

르네상스의 개인주의는 개인에게 자아를 의식하도록 격려하거나 또는 강제했다. 사회의 전통적 결속, 법, 그리고 신앙 세계가 그 권위를 잃었기 때문이다. 이런 변화는 또한 화폐경제의 영향을 받기도 했다. 화폐경제는 이탈리아 북부에서 유럽의 다른 어느 곳보다도 일찌감치 터를 닦았다. 돈은 권력관계를 측정 가능한 가치로 값을 매기는 수단이다. 이로써 돈은 봉건 관계에 예속된 사람을 풀어내어 임차료를 내는 개인 소작농으로 만들었다. 도시의 노동자는 길드라는 조합에서 풀려나 이른바 '자유노동자'가 되었다. 이런 변화는 경제적 실권을 가진 권력자를 상대로 일대일의 계약관계를 맺게 해주었다는 점에서 개인주의의 강화를 의미한다. 사회 상위층에 점차 기사와 봉건영주가 사라지고, 이들의 자리에 막강한 재력을 가진 부자가 올라섰다. 이는 곧 사회의 신분 체계가 더는 출신이 아니라 경제적 성공을 통해 정당성을 얻는다는 것을 뜻한다. 이탈리아 북부와 토스카나는 르네상스 당시 초기 자본주의의 꽃을 피웠다. 초기 자본주의는 가치를 객관적으로 계산함으로써 경제뿐만 아니라 사회 전반에 진정 새로운 변화를 불러왔다. 화폐경제는 종교 세계도 장악해 면죄부 거래를 꾸미게 해주었다. 교회는 영성적 은혜의 자산, 곧 과거의 선행과 성자의 순교를 저장해두고 일정 금액을 받고 판매하는 은행이 되었다. 교묘하면서도 세심하게 꾸며진 형이상학적 금융거래는 천당을 예약하는 허공의 약속으로 성스러운 가치를 창조해냈다. 화폐 거래의 무궁무진한 가능성에 눈뜨면서 돈이라는 새로운 정신은 곳곳에서 기발한 사업을 벌일 호기심과 모험심을 자극해 발명가들이 줄지어 나타나게 했다. 이런 영혼 거래로 베드로 대성당을 짓기 위한 재원이 마련되었으며, 해상무역은 세계를 일주하려는 창대한 탐험 욕구에 불을 질렀다. 레오나르도 다빈치 Leonardo da Vinci는 모나리자의 저 알쏭달쏭한 미소만 그린 게 아니라, 무기를 발명하고 개발하면서 체사레 보르자 Cesare Borgia*의 야망에 봉사하기도 했다.

자신을 누구와도 혼동할 수 없는 개인, 유일한 존재인 개인으로 느끼는 사람의 자아의식은 하늘을 찌른다. 이들은 자신이 다른 사람과는 다르다는 점을 알고 즐긴다. "그저 먹고 마시며 똥이나 만들어 변소를 차고 넘치게 만드는 것밖에 달리 할 줄

---

* 체사레 보르자(1475~1507)는 르네상스 시대의 공작이자 추기경이며 교회군의 총사령관으로 활약한 인물이다. 니콜로 마키아벨리에게는 권모술수라는 현실 정치의 모범으로 여겨졌다.

아는 게 없는 사람은 많기만 하다. 이들 탓에 세상은 똥통으로 밖에 달리 보이지 않는다." 레오나르도 다빈치가 자신의 『철학적 일기Philosophische Tagebücher』에 쓴 표현이다.

자신은 그저 그런 사람들과 다르기를 원하는 인간은 감상이라고는 섞지 않은 무자비하면서도 자부심 넘치는 시선으로 세상을 바라본다. 물론 그도 똥은 눈다. 하지만 자부심은 자신만이 유일한 흔적, 헛되이 사라지지 않을 흔적을 남길 수 있으리라는 희망을 먹고 산다. 그림을 그리고 그 작품에 작가의 서명을 넣는 낙관은 르네상스에 들어와 처음으로 널리 퍼진 풍습이다. 레오나르도 다빈치는 심지어 자신의 스케치에도 서명을 해서 보관했다. 되도록 손실되는 게 없어야 한다는 마음가짐이 이런 태도를 낳았다. 중요한 것은 "죽을 수밖에 없는 존재인 인간의 정신에 기억을 남겨놓는 일이다. 우리의 가여운 인생이 헛되이 흘러가지 않도록."

다빈치의 이런 표현은 다른 예술가가 한껏 고취된 자부심을 과시하는 것과 견주어보면 정말이지 조촐하다. 티치아노Tiziano Vecellio는 신성로마제국 황제 카를 5세Karl V의 초상화를 그리다가 실수로 떨어뜨린 붓을 황제가 손수 주워 주었다는 이야기를 자랑스레 늘어놓곤 했다. 미켈란젤로Michelangelo는 메디치 가문의 위탁으로 두 개의 흉상을 만들었는데, 당사자가 조금도 닮지 않았다고 투덜대자 이렇게 대꾸했다고 한다. "1,000년 뒤 누가 그걸 알아볼까?"

그보다 100년 전 조형예술가는 대개 길드나 조합 또는 협회의 그늘 아래서 이름도 없이 활동했다. 이제 그들이 고개를 들었다. 예술은 수공업의 그늘에서 벗어나는 해방을 맛보았다. 예술가는 뭔가 특별히 개성적인 것을 선보이고 싶었다. 예술가의 가슴에는 그 어떤 합리적 계산도 짓누르는 무엇인가가 치밀어 올랐다. 그것은 예술이 전통적으로 다뤄온 종교의 고결함만은 아니었다. 이제 예술은 종교 외에도 나름대로 천상을 상상하며 독자적인 하늘을 우러렀다. 예술가 자신이 창조의 수호신, 걸출한 창조력을 자랑하는 천재가 되었다. 예술가를 천재로 떠받드는 숭배는 르네상스 시대에 출현했다. 라파엘로Raffaello는 이미 살아생전 '신'으로 섬겨졌다. 그렇다고 이런 칭송이 무슨 종교적 함의를 담은 것은 아니었다. 예술의 신 라파엘로가 그 자신은 특별히 신앙이 깊지 않았음에도 주로 종교와 관련한 경건한 주제를 다룬 작품활동을 했다는 점은 잘 알려진 사실이다. 그러나 성스러운 물건과 주제를 다룬 그의 그림에서, 거룩함을 우러러보는 겸손함은 찾아볼 수 없다. 그는 '어떻게' 그려내느냐를 중시했지, '무엇을'은 크게 개의치 않았다. 무엇보다도 예술가 자신의 개성이 드러나야 한다. 강렬하게 끓어오르는 자아의 주관적 표현 의지는 종교라는 이름으로 객관적이라 치장된 전통에 맞서 자신을 주장할 방법을 모색했다. 이 주관성은 그러나 아직은 거리낄 게 없을 정도로 분방한 표현을 하지는 않았으며, 아름다움이라는 이상이 가지는 구속력의 테두리를 벗어나지 않았다. 하지만 아름다움은 더는 객관적으로 주어진 것이 아니었으며, 주관의 정신이 겪는 변화의 산물이었다. 이를테면 의도, 곧 독창적인 것을 선보이겠다는 의지 덕분에 이뤄진 성찰의 결과물이 아름다움이다. 아름다움은 사물 안에 들어 있기는 하지만, 주관의 노력 덕분에 비로소 눈으로 볼 수 있게 드러난다. 이렇게 볼 때 아름다움은 주관과 객관의 성공한 결합이라고 할 수 있다. 시대의 이런 흐름을 그림처럼 들려준 일화는 바사리 Giorgio Vasari*가 전해준 것으로, 임종을 맞이한 사람이 가톨릭의 종부성사를 받으며 십자가에 입 맞추라는 신부의 요구를 거부했다고 한다. 이유인즉, 십자가가 입 맞추고 싶을 정도로 아름답지 않아서.

결국 물건과 사람이 간직한 아름다움을 드러내주는 것은 까다로운 취향을 자랑하는 인간, 곧 예술가다. 예술가는 세계를

---

\* 조르조 바사리(1511~1574)는 르네상스 시대의 이탈리아 화가다. 당대의 많은 예술가를 다룬 전기를 써서 미술 사학의 아버지로 평가받기도 한다.

조명하며 아름답게 빛나게 하지만, 학문적 인식에도 이바지할까? 『철학적 일기』에서 레오나르도 다빈치는 예술과 학문이 현실의 충실한 모사에 봉사하는 한에서, 조형예술과 학문의 차이가 과연 무엇인지를 자문한다. 그의 답은 이렇다. "조형예술은 그저 주어진 자연현상만 보는 게 아니라, 자연이 가져다주는 것보다 훨씬 더 많은 현상, 무한히 많은 현상을 다룬다는 점에서 탁월하다." 이 현상들을 독특하면서도 내밀하게 만들어주는 것은 바로 예술가의 독창성이다. 하지만 이 독창적 세계가 예술가의 내면에서 꾸떡이며 졸아서는 안 된다. 이 세계는 밖으로 나와 모습을 드러내고 사람이라면 누구나 이해하고 감상할 수 있는 것이 되어야만 한다. 개성은 보편적 기호라는 형식언어로 언제라도 다시 알아볼 수 있게끔 표현되어야 한다.

중세 스콜라철학은 '실체'와 '속성'이라는 개념을 정의하고 그 차이를 분명히 정리했다. 오늘날에도 유효한 이 개념 정리에 따르면, 우리 일반인의 실체는 바로 '보편적 인간'이며 속성은 개성이다. 그러나 예술가의 경우는 정반대가 된다. 예술가의 실체는 개성이며, 개성이 표현된 일반 형식은 외적인 속성이다. 존재를 위해 자신 이외의 다른 것이 필요하지 않은 실체와, 각기 다를 수밖에 없어 우연하다고 볼 수 있는 속성이 이루는 관계가 예술가에게서는 역전되는 셈이다. 다시 말해서 예술가에게는 개성이 본질이다.

그러나 문제는 간단치 않다. 만약 예술가가 막연한 영감만 가졌을 뿐이고 이 영감을 본격적인 형상으로 표현하지 못한다면, 이 개성이라는 것을 우리는 어떻게 알아볼까? 이 물음이야말로 레오나르도와 많은 다른 예술가, 이를테면 요란한 장광설과 그럴싸한 암시를 일삼으며 경건한 눈빛만 반짝이는 예술가들과의 차이를 빚어주는 게 무엇인지 확실히 보여준다. "생각만 거창하고 작품에 반영되지 못하는 것처럼 최악의 불행은 없다." 레오나르도가 쓴 글이다. 어떤 작품을 만들겠다는 의도가 중요한 게 아니다. 이 의도에 실제로 형상을 부여해주는 것이 진정한 예술이다. 단순히 가능하기만 한 것을 현실로 만들어줄 때 비로소 창조가 일어난다. 미켈란젤로는 돌을 두고 그 안에 이미 형상이 들어 있으며, 이 형상을 끄집어내주는 것이 창조라고 말한다. 가능성을 현실로 만들어주는 것, 이것이 창조다.

중세 사람들은 신의 창조를 경외한 나머지, 예술은 창조가 아니라 베끼고 흉내 내는 한계를 넘어서지 않아야만 한다고 믿었다. 그러나 르네상스의 예술가는 신의 창조 행위까지 베끼며 자신이 자유로운 창작활동을 한다는 자부심에 부풀었다.

예술의 이런 자기도취에 한껏 고무된 피코 델라미란돌라

Giovanni Pico della Mirandola*는 1486년 자신의 유명한 논쟁서 『인간의 존엄에 관하여De hominis dignitate』를 발표하고, 로마에서 당대 최고의 철학자들과 기꺼이 다툴 의향이 있다며 철학 결투를 벌이자고 제안했다. 물론 누구도 그와 겨룰 엄두를 내지 못했다. 심지어 그가 모든 여행 경비를 부담해주겠다는 파격적 제안을 했음에도. 물론 교황과 그 측근들은 그의 도발에 예의 주시하며 한껏 경계의 발톱을 세웠다. 피코 델라미란돌라는 창조의 마지막 날 신이 인간에게 이렇게 말했다고 썼다. "너를 세상의 한복판에 세우리니, 편안하게 주위를 돌아보며 이 세계에 뭐가 있는지 남김없이 살펴려무나. 나는 너를 천상의 존재로도, 그렇다고 속세의 존재로도 만들지 않았다. 너는 쉽게 죽지 않을 것이지만, 그렇다고 불사의 생명을 누리지도 않는다. 다만 너는 너 자신의 온전한 자유로 네가 살고 싶은 세상을 꾸미도록 너 자신이 조각가나 시인으로 명성을 쌓을 수 있다. 짐승의 지옥으로 타락하든 아니든 네 자유다. 마찬가지로 네 정신의 결단으로 신적인 세계, 저 드높은 세계에 오르는 것도 네 자유다."

대단히 아름답고 다방면에 걸쳐 뛰어난 재능을 자랑한 청년

---

* 조반니 피코 델라미란돌라(1463~1494)는 이탈리아 르네상스 시대의 철학자로, 인간의 본질을 자유의지에서 찾은 인물이다.

피코 델라미란돌라는 이미 감수성이 한창 예민하던 시기에 볼로냐와 파리에서 신학, 철학, 의학, 음악, 수학, 건축학에 아랍어와 히브리어, 카발라$^{Kabbalah}$*와 약간의 연금술까지 두루 섭렵하며, 자신의 힘으로 신적인 경지에 오르고야 말겠다고 다짐했다. 그는 유럽의 궁정을 차례로 방문했으며, 그때마다 신동이라며 사람들의 입에 오르내렸다. 그는 뭇 여성과 남성의 마음을 온통 사로잡았다. 이 순진무구하며 금욕적인 수도사와 같은 후광을 자랑하는 돈 후안은 그 누구도 따를 수 없는 화려한 언변으로 '플라토닉 러브'의 본질이 무엇인지 설명해주었다. 사람들은 그를 두고 "훤칠한 키에 뛰어난 교양으로 얼굴에서 신의 광채가 빛난다"라며 수군거리곤 했다. 그에게서 모든 것은 서로 영향을 주고받으며 위대한 정신적 통합을 이루었다. 이런 경지는 나중에 헤겔이 "바쿠스의 갈지자걸음"이라 일컬은 것을 미리 앞당겨 보여준 셈이다. "취하지 않은 사지로 비틀거리며 걷는 모습 그대로다."**

---

\* 카발라는 유대교의 신비 사상을 뜻한다. 피코 델라미란돌라는 유대인 출신이 아니면서 카발라에 정통한 최초의 인물이다.

\*\* 헤겔의 『정신현상학(Phänomenologie des Geistes)』에 나오는 유명한 문장이다. "진리는 사지가 취하지 않았음에도 몰아지경에 빠져 걷는 바쿠스의 갈지자걸음이다. 모든 것이 자신의 특수함을 부각하면서도, 곧장 해체되는 진리는

피코 델라미란돌라에게 붙은 귀족 칭호 가운데에는 콘코디아 백작Conte di Concordia이라는 것도 있다. 이런 칭호는 볼로냐에서 북서쪽으로 50킬로미터 정도 떨어진 지역 콘코디아를 염두에 둔 것으로, 각 지역의 서로 다른 종교를 통합하려는 그의 노력을 기린 것이다. 원래 그는 매우 경건한 정신의 소유자이기는 했지만, 엄밀한 기독교적 의미에서 신앙은 갖지 않았다. 이 활달하면서 친근하며 명랑한 성격의 소유자는 원죄 의식이라는 것을 못마땅하게 여겼기 때문이다. 유한한 인간이 저지른 잘못이 무한한 처벌을 받아야만 한다는 것을 그는 말이 되지 않는 주장, 논리적으로 수긍할 수 없는 주장으로 여겼다. 어쩌다 저지른 실수까지 무한히 처벌하는 신이라니, 말도 되지 않는다며 피코 델라미란돌라는 이교도로 박해받을 위험을 당당히 감수했다. 피렌체 공화국의 통치자 로렌초 데메디치Lorenzo de'Medici의 보호 덕분에 그는 무사할 수 있었다. 인생의 막바지에 이르면서 그는 갈수록 더 수도사와 같은 풍모를 자랑했다. 그런 그를 보

---

투명하고도 간명한 고요함이다." 이 말은 진리가 이리 비틀 저리 비틀 갈지자 걸음을 하는 것처럼 보이지만, 명료한 정신으로 꾸준히 그 실현을 위해 나아가고 있음을 암시하려 쓴 것이다. 이성은 진리 실현을 위해 꼭 정반대의 것, 곧 거짓을 부추겨 갈등을 조장한다. 이것을 헤겔은 "이성의 간지(奸智)"라 부른다.

며 사보나롤라*Girolamo Savonarola는 깊은 감명을 받았다. 피코 델라미란돌라는 자신이 쓴 사랑의 시들을 불태워버리고, 모든 재산을 털어 재단을 세워 가난에 시달리는 처녀들이 결혼 지참금을 마련하는 데에 도움을 주었다. 그 자신은 결혼하지 않았으며, 31세라는 젊은 나이로 안타까운 죽음을 맞이하기 얼마 전까지만 해도 도미니코 수도회에 입교하는 게 좋지 않을까 하고 고민했다. 피코 델라미란돌라는 르네상스 무대에서 빛나는 인물이었지만 정작 본인은 더없이 겸손했다. 그의 이런 풍모는 자아를 과시하려는 욕구가 열풍처럼 불어오던 예술가와 휴머니스트의 세계에서 유례를 찾기 어려운 것이다. 그는 자신이 매우 뛰어난 개인임을 충분히 의식했지만, 이런 자의식을 겉으로 드러내는 일은 없었다.

　예전의 예술가는 그 작품 속으로 사라져 개인적 풍모를 알아보기 어려웠던 반면, 이제 그들은 작품 바깥으로 걸어 나와 당당히 풍모를 과시했다. 예술가 자신이 숭배의 대상으로 발돋움했다. 예술가의 생애를 다룬 전기가 속속 등장했으며, 그 첫 번

---

\*　지롤라모 사보나롤라(1452~1498)는 이탈리아의 종교개혁가다. 도미니코 수도회 소속으로 교황을 비판하며 피렌체의 민주화에 힘썼다.

째 전기는 브루넬레스키$^{Filippo\ Brunelleschi}$*에게 헌정되었다. 한 세대가 흐르고 나서 바사리는 르네상스 예술가들의 인생 발자취를 마치 성자의 전설처럼 들려주었다. 예술가가 한껏 고양된 자아의 연기자로 이처럼 주목받았던 때는 전혀 없었다. 지배계급과 은행가는 앞다투어 예술가에게 작품을 의뢰했다. 바티칸이 어떤 값을 치러서라도 작품을 구매하려는 자세를 보이자, 미술 시장은 뜨겁게 달아올랐다. 스타 작가는 제후처럼 살면서 자신의 아틀리에에서 속속 작품을 선보이며, 아예 연작 형태로 성공을 거두는 경우도 드물지 않았다. 충분한 자금을 가진 사람은 초상화를 그리게 하거나, 동상 제작까지 의뢰했다. 시장은 초상화, 세공 보석, 동전, 메달 등으로 넘쳐났다. 사람들이 특히 원한 것은 자신의 용모를 그 누구와도 혼동하지 않도록 선명하면서도 풍부한 표현으로 담아낸 초상화였다. 한마디로 작품은 개성을 한껏 살려내야 했다.

  그보다 앞선 세기들에서 인간의 성격을 제한적으로 묘사한 예술과 비교하며 르네상스 시대의 사람들은 새로운 예술이 훨씬 더 뛰어나다는 자부심을 맛보았다. 예전의 성격 묘사는 인

---

\*   필리포 브루넬레스키(1377~1446)는 이탈리아 르네상스 시대의 건축을 이끈 선구자다. 주로 피렌체에서 활동하며 많은 걸작을 선보였다. 브루넬레스키의 전기는 바사리가 썼다.

간의 근본 기질을 다혈질, 담즙질, 우울질, 점액질 등 네 가지로 나누어 정형화했을 따름이다. 개성은 이런 단순한 이론으로 설명되는 게 거의 없다.

야코프 부르크하르트는 "믿음과 어린 시절 심어진 선입견, 그리고 알게 모르게 품은 망상…"이라는 실로 짠 "베일"을 말했다. 이 베일이 허공에 흩날리며 시야를 열어줄 때 비로소 개인과 개성이 확연하게 드러난다면서. 하지만 개성을 주목하려는 발상의 전환은 이미 중세 후기의 유명론과 더불어 시작되었다. 존재하는 모든 것은 개체다. 이것이 유명론의 핵심 주장이다. 세상에는 오로지 개체만 존재한다. 현실의 모든 풍요로움은 개체만이 보여줄 뿐이고 '노미나$^{nomina}$'(이름), 곧 개념으로는 온전히 담아낼 수 없다. 특히 사변思辨이라는 성전에 탑처럼 쌓인 개념은 현실의 창백한 반영일 뿐이다. 유명론자 둔스 스코투스$^{Duns\ Scotus*}$는 진정으로 실재하는 것은 개체라면서 "하이케이타스$^{hæccéitas}$", 곧 "지금 바로 여기 있는 것"이라고 강조했다. 신과 더불어 이 개체들이 이 세상이 자랑하는 본래의 기적인 반면, 개념은 신에게 오르지 못하고, 개체로 내려가 닿지도 못하

---

\*   둔스 스코투스(1266~1308)는 스코틀랜드의 스콜라 철학자다. 중세 철학에서 르네상스로 넘어가는 중요한 계기를 만들어냈다는 평가를 듣는 인물이다.

며 중간 어딘가에서 어정쩡하게 헤매는 것일 따름이다. 유명론은 심지어 교회의 가르침, 곧 교리와 대결할 정도로 멀리 나아갔다. 물론 신을 부정하지는 않았고, 신은 오로지 믿음의 대상이며 개념으로 파악될 수 없다는 정도에서 유명론은 타협을 시도했다. 더 낫게 말하자면, 신은 개념으로 파악할 수 없으며, 신의 간택을 받은 사람에게만 그 존재를 드러낸다고나 할까. 그러면 우리 인간의 지성이 할 수 있는 것은 무엇일까? 지성은 개체들을 주목하고, 개체들의 경험에 충실해야 한다. 개체와 경험, 이 둘은 이제 하나를 이룬다. 레오나르도 다빈치는 『철학적 일기』에 이런 기록을 남겼다. "흔히 경험이 만들어주는 지식은 순전히 손작업에 따라 익힌 것이며, 정신에서 생겨나 그 안에 머무르는 것만이 학문적 지식이라고 말한다. … 하지만 내가 보기에 학문은 온통 오류로 물든 허튼소리일 뿐이다. 학문은 경험으로 빚어지지 않는다. 그러나 경험이야말로 모든 확신의 어머니다. 바로 그런 이유로 학문은 우리가 익히 아는 경험과 충돌한다."

어떤 이론이 현실과 맞지 않는다는 점을 보여주는 개별 사례는 차고도 넘쳐난다. 보편성, 곧 어떤 경우에든 적용될 이론은 개별 사례로 속절없이 무너진다. 레오나르도 다빈치가 르네상스 시대의 정신운동을 이끈 다른 유명한 인본주의자와 결정적으로 다른 지점은 바로 이 엄밀하게 검증할 수 있어야만 한다는 경험주의다.

예술가이자 학자이며 엔지니어였던 레오나르도는 세상에서 일어나는 일을 주시한 반면, 인본주의자들은 무엇보다도 책만 읽으며 끊임없이 새로운 책, 문헌학·철학과 관련한 책을 쓰면서 논쟁을 일삼았다. 이리하여 오늘날 우리가 익히 아는 형태의 글쓰기가 유행했다. 자신의 개성을 돋보이게 만드느라 도발과 논쟁을 서슴지 않는 글쓰기는 예전에는 구경도 할 수 없던 것이다. 사람들은 어떤 대가를 치르더라도 자신의 차별성을 부각하려 안간힘을 썼다. 개성을 자랑하려는 새로운 즐거움은 원하는 것은 무엇이든 지어내려는 열의에 불을 지폈다. 고대 아테네의 소피스트 이후 다시금 인본주의자들은 개인적으로 사회적 지위와 명성을 얻어내려 분투하는 지성인의 유형을 선보였다. 하지만 이런 노력은 서로 상대를 이용하고자 하는 의존적 관계를 빚어냄으로써 엄청난 부담을 안기는 긴장을 촉발했다. 그 결과 사회는 서로 반목하고 질시하는 분위기에 물들었다. 왜 그렇게 자극적이고 걸핏하면 목청부터 높이는 논쟁이 횡행했는지는 이런 분위기가 잘 설명해준다.

이 사람들이 서로 다투며 옹졸한 면모를 보이기는 했다 할지라도 종교의 신앙 세계에 맞서 자유롭게 생각할 권리를 쟁취한 공로만큼은 높이 사야 한다. 인생이 고단하고 힘든 마당에 종교에 반목해 더 큰 부담을 살 이유가 무엇이냐? 오히려 종교가 시키는 대로 하면 인생이 훨씬 더 편안하거늘. 이것은 에라스뮈스Desiderius Erasmus*가 그의 책 『우신예찬Stultitiae Laus』에서 슬그머니 던져주는 익살스러운 메시지다. 종교와 반목하지 말고 오히려 종교가 베푸는 혜택을 누리라는 고급 익살이야말로 인간 중심으로 생각하려는 휴머니즘의 중요한 특징이다. 소모적인 논쟁 대신에 그저 편안하게 받아들이면 서로 친근하게 살아갈 수 있다는 휴머니즘은 어디까지나 자유로운 생각에 방점을 찍었다. "자기 자신을 미워하는 사람이 다른 사람을 사랑할 수 있을까?" 당시 폭발적 인기를 끌었던 『우신예찬』에 담긴 아주 영리한 문장 가운데 하나다.

피에트로 아레티노Pietro Aretino**는 본래 인본주의에 속하는 인

---

* 데시데리위스 에라스뮈스(1466~1536)는 네덜란드의 가톨릭 교회 성직자이자 인본주의를 대표하는 인물이다. '인문주의의 왕자'라는 별칭을 들을 정도로 탁월한 학식을 자랑했다. 1511년에 발표된 『Stultitiae Laus』는 국내에 『우신예찬』으로 소개되어 있으나, 원뜻은 '어리석음의 예찬'이다. 책을 통해 학식을 키우는 인생보다 자연의 현실 경험을 통해 인생의 진정한 깨달음이 가능하다는 논지를 풍자 형식으로 재미있게 쓴 글이다.

** 피에트로 아레티노(1492~1556)는 르네상스 시대 이탈리아의 작가이자 극작가, 시인이다. 스스로 '신의 은총을 입은 남자'라 부를 정도로 재기발랄했던 인물이다.

물은 아니었지만, 인본주의자들이 만들어낸 자기 연출이라는 분위기를 십분 활용한 인물이다. 풍자로 거침없이 조롱하는 문장, 각종 팸플릿, 기자로 쓴 기사, 음담패설에 가까운 소설과 성자의 전설을 담은 기록 등 그가 쓴 글은 사람들이 즐겨 찾아 읽을 정도로 큰 인기를 누렸다. 아레티노는 여론의 힘을 탁월하게 다룰 줄 알았으며, 폭력 앞에서도 위축되지 않았다. 그는 미켈란젤로에게 시스티나 예배당에 그릴 벽화의 몇몇 초안을 자신에게 넘겨주지 않으면, 동성애자인 것을 폭로해 대중 앞에서 망신을 주겠다고 협박했다. 권력자들은 그의 펜을 두려워했다. 어쨌거나 그는 황제 카를 5세와 프랑스 왕 프랑수아 1세<sup>François I</sup>에게 한동안 연금을 받았다. 오스만의 술탄에게서는 아름다운 여인을 노예로 선물 받기도 했다. 아레티노는 자신에게 이득이 되겠다 싶은 사람들과 폭넓은 관계를 맺은 덕에 어디서 무슨 일이 벌어지는지 손바닥 들여다보듯 환히 알았다. 대개 그가 얻는 정보는 험담이나 중상모략처럼 정보 제공자가 남에게 해하려는 의도를 띤 것이었다. 아레티노는 자신에게 금전적 이득만 된다면 어떤 음모에도 가담할 위인이었다. 그는 외설적인 험담도 서슴지 않았다. 다만 이런 험담은 교묘하게 꾸며져 나름대로 그럴싸해서 사람들의 환심을 살 수 있어야만 했다. "내가 보기에 자연이 우리의 종족 보존을 위해 베풀어준 것을 목에 목걸이처럼 걸거나, 모자에 달아놓은 메달처럼 지니고 다녀야 마땅하다. … 그것이야말로 인간의 원천이자 온 세상의 암브로시아다. 나를 만든 것은 바로 그것이다. 희멀겋다고 해서 내가 밀가루 죽으로 생겨난 것은 아니지 않더냐. 그것이 벰보$^{Pietro\ Bembo}$와 몰차$^{Francesco\ Maria\ Molza}$, … 티치아노, 미켈란젤로, 그리고 그보다도 위로는 교황, 황제, 왕을 만들어냈다. … 그래서 우리는 그것에게 천과 비단으로 감싸고 가리는 대신에, 축제를 베풀어주고 베르길리우스의 아름다운 시들을 바쳐야 한다. 차라리 우리는 손을 가려야 하는 게 아닐까. 손은 돈만 낭비하며, 거짓 맹세를 일삼고, 노름에 빠져, … 주먹을 날려가며 찢고 빼앗고, 상처를 안긴다."* 아레티노가 쓴 글이다.

아레티노는 그 어떤 것에도 마음을 주는 일이 없어 온 세상의 마음을 사로잡았다. 그는 두려움이라고는 몰랐으며, 그 어떤 것에도 위축되는 일이 없었다. 그렇다고 "나는 여기 서 있으며, 달리 어쩔 수 없다"(루터$^{Martin\ Luther}$)**고 뻗대는 만용에 가까

---

* 이 인용문에서 "그것"으로 칭하는 건 바로 남자의 성기다. 벰보, 몰차, 티치아노는 모두 15~16세기 르네상스 시대에 명성을 떨친 남성들이다.
** 마르틴 루터(1483~1546)는 종교개혁의 출발점이 된 독일 신학자다. 가톨릭 교회의 권위에 정면으로 도전하면서 프로테스탄트의 시작을 알렸다. 인용한 발언의 원어는 "Hier stehe ich, ich kann nicht anders"로, 마르틴 루터가 저

운 자부심을 보이지도 않았다. 아레티노는 언제나 다르게 행동할 줄 알 정도로, 영악하고 술수에 능했다. 그는 마음껏 활개를 칠 큰 무대를 좋아했지만, 언제나 빠져나갈 뒷문도 열어두었다. 그는 대중의 인기에 목말라했으며, 대중이 그를 두렵게 봐주기도 원했다. "나 정말 무서운 사람이야." 그는 입버릇처럼 이렇게 말하곤 했다고 한다. 티치아노는 아레티노를 펜대를 휘두르는 용병대장이라고 불렀다. 아레티노는 르네상스가 그려낸 "위대한 남자"라는 그림과 딱 맞는 인물이다. 그는 쾌락과 권력의 게임을 즐길 줄 아는 인간, 귀로 듣고 눈으로 보는 것을 놓치는 일이 없는 순도 높은 경험주의자, 레오나르도 못지않은 경험주의자였다. 그는 보기만 해도 황홀한 것은 봐서는 안 된다고 두 눈에게 말하는 풍습이야말로 더럽기 짝이 없는 위선이라고 경멸했다.

아레티노는 그야말로 자수성가한 인물이다. 아레초에서 태어난 그는 사회적으로 최하층 출신이었으며, 그의 가난했던 생

---

유명한 보름스 논쟁(1521년 4월)에서 한 것이다. 국내에는 전후 맥락을 고려해 "나는 아무것도 철회할 수 없고, 또 그럴 생각도 없다"라고 옮겨진다. 왕과 선제후들 앞에서 교회의 권위에 도전하는 발언을 철회할 수 있느냐는 물음에 답한 루터의 말은 독일에서 불굴의 의지를 강조하는 관용구처럼 쓰인다(심지어 시중에서 판매되는 콘돔에도 이 문구가 새겨져 있다). 여기서는 문장의 앞뒤 맥락을 살리려고 직역했다.

가는 이미 아레티노가 살아 있을 때부터 이 유명한 인물이 불우한 어린 시절을 보낸 곳으로 사람들의 발길을 끌어모았다. 젊었을 때 그는 로마로 갔으며, 오래지 않아 식당과 선술집, 화가의 아틀리에, 주교와 추기경의 호화로운 저택 등등 가는 곳마다 주목받는 스타가 되었다. 그는 자신의 후원자 조반니 데메디치 Giovanni de'Medici가 사망하자 베네치아로 건너갔다. 그곳에서 그는 30년을 살았으며, 특히 카날 그란데Canal Grande에 있는 궁성과도 같은 호화로운 저택에서 왕 부럽지 않게 지냈다. 베네치아에서 아레티노는 독설의 화살을 사방으로 날려댔다. 다만 베네치아의 귀족은 건드리지 않았다. 아레티노는 베네치아가 아주 마음에 들어 그곳에 머물고 싶었기 때문이다.

아레티노는 위선을 발가벗겨 폭로하는 데에 대가의 솜씨를 발휘했다. 그보다 두 살 어린 동시대인으로 프랑스의 인문주의 작가인 라블레François Rabelais*는 아레티노의 솜씨에 탄복한 나머지 비슷한 행보를 보이기도 했다. 아레티노는 도덕적 위선과 겉만 그럴싸하게 꾸민 예술의 속내를 벗겨내느라 여념이 없었다. 그는 어떤 상황이든 완전히 발가벗겨놓고 바라보며 즐겼다.

---

* 프랑수아 라블레(1494~1553)는 프랑스 르네상스를 대표하는 작가다. 의학 박사이기도 한 그는 그리스 고전에 정통해 유럽 전역을 다니며 다방면에 걸쳐 활약한 인물이다.

그의 이런 도발은 대중에게도 큰 즐거움을 선사했다. 아레티노는 어떤 훈계도 하지 않는 카니발레스크 리얼리즘carnivalesque realism*을 선호했다. 이런 성향은 그 자체만으로도 개성의 힘을 한껏 살려주었다. 사회가 떠받드는 규범은 망상일 뿐이며, 개성만이 있는 그대로의 현실을 중시하는 리얼리즘의 바탕이다. 오로지 자신의 관점만 믿고 의지하는 사람만이 사회의 각종 기만과 환상에 맞설 수 있다. 사회가 구성원들에게 공유하도록 강제하는 것은 대개 진부하기만 한 상투적 틀이다.

정치와 관련해 냉철하기만 한 리얼리즘, 개인주의의 관점에서 지나치리만큼 영리한 나머지 도덕과 종교를 하나의 공통 분모로 묶어 공격한 또 한 명의 찬란한 인물은 마키아벨리Niccolò Machiavelli**다. 법률가의 아들로 태어나 폭넓은 교양을 쌓은 마키아벨리는 1498년에서 1512년까지 피렌체의 고위 공직을 맡았다. 당시는 메디치 가문이 권력을 잃었을 때였다. 메디치 가문

---

* 카니발레스크는 전통적인 문학 작품의 질서나 가치를 우스꽝스러운 유머와 일대 혼란으로 뒤집는 문학 양식이다. 러시아 비평가 미하일 바흐친(Mikhail Bakhtin)이 사육제 축제인 '카니발'에 빗대 처음으로 쓴 용어다.
** 니콜로 마키아벨리(1469~1527)는 『군주론』을 집필한 이탈리아 르네상스 시대의 정치사상가이자 군사전략가다. 근대 정치학의 창시자 중 한 명으로 평가받고 있다.

이 다시 권력을 잡으면서 마키아벨리는 공직에서 밀려났으며, 가문을 겨눈 음모에 가담했다는 비난을 들어야만 했다. 그는 몇 달 동안 투옥되었으며 고문에 시달려야만 했다. 결국에는 다시 자유의 몸이 되었다. 이후 그는 가족과 함께 피렌체 인근에 있는 자신의 작은 영지로 돌아가 칩거했다. 그가 찾은 피난처는 책, 특히 라틴어 고전이었다. 마키아벨리는 이 책들을 열심히 탐독하며, 자신의 정치 경험을 반추하면서 직접 책을 쓸 구상을 다듬었다. 이렇게 쓴 책들은 저자의 이름을 유럽 전역에 알렸다. 이 명성이 그가 죽은 뒤에야 비로소 찾아오기는 했지만. 마키아벨리는 어떤 친구에게 보낸 편지에, 자신은 농촌에서 생활하며 『군주론Il Principe』을 쓰고 있다며, 당시 피렌체의 실권자인 줄리아노 데메디치Giuliano de'Medici에게 책을 헌정하고 싶다고 썼다. 그는 권력자가 언젠가는 자신의 책을 중시하는 날이 반드시 올 거라는 사뭇 오기 어린 기대를 품었던 모양이다. 그동안 권력에서 밀려나 촌에서 하릴없이 책이나 읽고 쓰며 지내는 개인이 권력은 어떻게 써야 하는지 가르쳐주겠다지 않는가. 그는 편지에서 농부·나무꾼과 함께 일하고, 마을의 식당에서 수공업자들과 어울려 웃고 떠들며 하루를 보낸다면서 다음과 같이 썼다. "이런 식으로 범속과 어울려 지내다가, 문득 먼지 속에서 고개를 들며 내 운명의 비루함을 곱씹는다네. … 저녁이 오면 집으로 돌아가 내 서재로 들어가며, 문턱에서 더러워진 일상복을 벗어던지고 궁정 예복을 갖춰 입은 뒤, 저 고대의 어른들이 운집한 전당으로 들어서면, 저 위인들이 나를 따뜻이 맞아 주는군. 서재에서 나는 나 혼자에게 맞춤한, 나의 타고난 천성에 알맞은 성찬을 즐긴다네. 이 만찬에서 나는 거리낌 없이 위인들과 대화를 나누며, 그들이 선물하는 특별한 양식을 마음껏 누리네. … 그러면 모든 시름을 잊고, 가난 걱정도 하지 않으며, 더는 죽음이 두렵지 않다네."

과거의 위대한 정치 지도자와 지혜로운 사상가들과 상상으로 대화를 나누며 마키아벨리는 제후의 권력 행사는 모름지기 어때야 하는지 다룬 책을 썼다. 그는 권력의 궁극적 목적이 무엇이어야 하는지 연구하고 싶다고 밝혔다. 그러면 이 궁극적 목적이 무엇일까? 권력의 목적은 권력 그 자체다. 권력은 곧 권력이라는 동어반복이야말로 권력의 비밀이다. 물론 이 비밀은 집단이 권력을 오해하는 선입견을 떨치고, 권력에 거는 희망과 기대가 기만에서 비롯된 것임을 자각하고 이런 기만에 면역력을 키울 줄 아는 사람만이 꿰뚫어 볼 수 있다. 이런 통찰력은 두 가지 조건을 충족할 때 키워진다. 그 하나는 해당 집단을 벗어나 개인으로 홀로 서는 것, 다시 말해서 집단의 망상에 사로잡히지 않는 자세다. 또 다른 하나는 직접 권력의 중심에 서는 것이다. 다시 말해서 스스로 권력자가 되어 권력에 빌붙으려는 작태를 냉소적으로 바라볼 줄 아는 열린 자세를 갖출 때 비로소 권력의 실상이 드러난다.

권력에서 멀어진 개인으로서 마키아벨리는 이제 냉소적인 개방성으로 권력과 대화하려고 시도한다. 바로 그런 이유로 그는 이 글을 본래 세간에 발표하고 싶지 않았다. 겉만 번지르르한 기만과 속임수, 사람들의 눈을 속이는 위선을 텍스트는 누누이 경고한다. 그러나 이 글은 권력에서 멀어진 사람의 한풀이, 아래에서의 폭로가 아니다. 오히려 글은 권력자의 입장에서 굽어보며 어떻게 해야 권력이라는 도구를 꼭 필요할 때 솜씨 있게 구사할 수 있는지 강조할 따름이다. 권력은 사람들이 속고 싶어 하기 때문에 가능하다. 인간은 악惡으로 기울기 쉬워, 오로지 힘으로만 제어할 수 있기 때문에 권력이 필요하다. 좋은 정부는 권력이라는 도구를 적절히 구사해 사람들이 그 힘에 적응하게 만들어야 한다. 그래야 종복들은 실권자를 믿고 따른다. 심지어 이런 확실한 종속 관계는 평화로운 시기에 도덕을 키울 유리한 환경을 제공한다. 이런 토양만 마련된다면 공화국은 얼마든지 생겨난다. 그러나 공화국은 최우선 과제로 국가의 주권을 확립해야만 한다. 마키아벨리는 다른 글에서, 공화국은 일차적으로 국민의 안녕에 신경 쓰는 게 아니라 안팎으로 주권을 확보하고 지키는 일을 최우선 과제로 삼아야만 한다고 썼다. 마키아벨리가 보기에 국가들과 권력자들이 힘겨루기 하는 경연장은 왜 그래야만 하는지 그 배경을 캐물을 필요도 없는 당연한 현실이다. 국가와 권력은 오로지 자신을 주장하려고 서로 끝없이 다투며 경쟁한다.

르네상스의 개인주의적 사고방식은 국가들 역시 개별적으로 다루어져야 함을 발견했다. 전통적인 상부 권력, 제국과 황제와 교황은 현실로 존재하는 권력으로 여전히 인정되기는 했지만, 모든 것을 다스리는 상부구조라는 카리스마적 의미는 잃고 말았다. 각 도시국가들이 벌이는 치열한 경쟁은 오로지 자신의 주권만 주장하고 지킬 뿐, 그 이상의 것은 없다는 순전한 허무주의로 물들었다. 이 오로지 자기 존립에만 관심을 두는 속세 권력 위에는 그 어떤 하늘도, 신도, '더 높은 가치'도 존재하지 않았다.

그럼에도 종교는 중요하다. 『로마사 논고Discorsi sopra la prima deca di Tito Livio』*에서 마키아벨리는 자신이 종교를 보는 관점이 어떤 것인지 밝힌다. 이 책에서 그는 지혜로운 권력자라면 종교를

---

\* 『로마사 논고』는 마키아벨리가 1513년에서 1517년에 걸쳐 쓴 책으로, 로마의 역사를 살피며 어떤 정치 체제가 바람직한지를 고찰한 작품이다. 원제를 그대로 번역하면 "티투스 리비우스의 첫 10권에 대한 논고"다.

"사회의 보존을 위해 필수불가결한 사안"으로 여겨야 한다고 썼다. 권력자 자신이 신앙을 가질 필요는 없지만, 국민은 신앙을 가지게 만들어야만 한다고도 했다. 경건한 신앙에 사로잡히지 않고 의심부터 할 줄 아는 정신의 소유자는 기독교의 선량함 탓에 판단을 흐리지 않을 수 있어 더욱 잘 통치할 수 있다고 강조한다. 기독교가 앞세우는 선량함은 "실천력을 가진 사람보다 겸손하고 관조적인 사람을 더 추켜세우기에 … 이런 사고방식이 인류를 허약하게 만든 게 아닐까."

사람들은 대개 덕성 함양을 위해 종교가 필요하다. 마키아벨리처럼 자부심에 넘치는 인간은 그렇지 않다. 그는 덕성의 토대를 자신의 자아로 여겼으며, 바로 자신의 개성이 덕성에 충분한 토대를 마련해준다고 보았다.

하지만 우리는 잊어서는 안 된다. 마키아벨리가 비록 권력에서 밀려나 낙향한 신세일지라도 문화가 활짝 꽃피운 도시의 시민이었으며, 개인주의에 물든 사고방식의 소유자였음을. 도시의 활력은 하늘의 은총을 염려하지 않아도 좋을 정도로 충분한 속세의 의미를 빚어주었다. 천성이 도시 시민인 마키아벨리가 종교에 연연하지 않은 이유는 이것이다. 물론 도시의 이런 개인 중심적 분위기 탓에 도덕이 황폐해지기는 했다. 야코프 부르크하르트는 도시의 사람들이 범죄로 피해를 보지 않을까 전전긍

궁했다고 증언한다. 하지만 그렇다고 해서 두려워하는 분위기는 아니었다. 같은 시기 독일이 범죄로 공포에 물들었던 것과는 확연히 다른 분위기다. 아레티노는 시스티나 예배당에 미켈란젤로가 그린 〈최후의 심판〉을 보고, 소심하게 두려움이나 조장하는 졸장부의 작품이라고 비웃었다.

개인들이 다양한 형태로 경쟁을 벌이는 도시 생활은 그야말로 활력의 인큐베이터였다. 이런 경쟁으로 자아를 주장하고 자아의 실력을 키우려는 엄청난 역동성이 발휘되었다. 물론 이런 역동성이 적잖은 부작용을 낳기는 했다. 이를테면 도취의 자극을 찾다가 방탕에 빠진 사람도 적지 않았으며, 양심의 가책으로 참회의 넋두리를 늘어놓거나 기독교 축일만 되면 고개를 드는 도덕주의에 사로잡혔다. 특히 종교적 참회의 분위기로 물들었던 때는 사보나롤라가 피렌체의 정권을 잡아 다스린 4년 동안이다. 세간에서는 이 시기를 두고 산마르코 San Marco 의 암울한 수도원 시절이라 불렀다. 하지만 결국 사람들은 사보나롤라의 훈계를 지겨워한 나머지, 그가 화형대 위에서 처형당하는 것을 지켜보기만 했다. 그가 죽고 나서야 사람들은 그의 진면목을 헤아리고 다시 그를 숭배했다.

# 루터-개인과 신

**제 2 장**

독일에서 이탈리아의 르네상스와 비슷하면서도 전혀 다르게 종교개혁의 열풍이 불어오게 된 데에는 많은 것이 맞물려 작용했다. 유럽 전체를 바꾸어놓을 변화의 바람이 불도록 터를 닦은 많은 정황 가운데서도 가장 결정적인 것은 개인의 출현이다. 비텐베르크 출신의 수도사 마르틴 루터는 신, 아니 자신의 신과 개인적 관계를 정립하려 노력했다는 이유 하나로 완전히 새로운 시대를 열었다.

변화의 전조를 보인 정황들은, 이를테면 전통적인 중앙집권인 교황과 카이저의 권력이 차츰 약해지면서 제후들이 저마다 자신의 영지에 세운 이른바 '영방국가'와 갈수록 심해지는 갈등을 빚은 것, 교회의 세속화, 교회 고위 성직자들의 호화로운 궁성, 뇌물로 매수되는 교황청, 성유물과 면죄부 판매로 노골화한 신앙 거래, 오스만튀르크라는 외부 세력으로부터 제국이 받는 위협 등이다. 사람들은 이 모든 것의 배후에 종말론적 징후가 숨어 있다고 보았다. 게다가 그때까지 전혀 몰랐던 것이 속속 등장하며 사람들을 혼란에 빠뜨렸다. 신대륙의 발견과 함께, 낯설다 못해 기묘하기만 한 풍습, 기독교와는 전혀 다른 종교가 있다는 충격으로 도덕과 의미의 질서는 속절없이 흔들렸다. 신세계에서 엄청난 양의 황금이 구대륙 유럽을 엄습했다. 탐험에 나선 선원들은 새로운 병을 끌어들였다. 역병이 창궐하며 악마가 준동한다는 두려움이 널리 퍼졌다. 마녀가 산 채로 불살라졌다. 반면, 그와 동시에 새로운 학문적 호기심이 고개를 들었다. 그 경험은 앉아서 관념놀이만 하던 스콜라철학을 비웃는 깨달음을 선물했다. 인쇄술의 발명으로 대중이 책을 읽기 시작했다. 사람들은 하루가 다르게 교양을 키웠다. 늘어나는 화폐 거래는 전통적인 신분제도를 느슨하게 풀어버려, 서로 경쟁하는 도시들에 문화의 꽃을 활짝 피웠다. 이로써 기존의 지배권력에 맞서려는 욕구가 꿈틀거렸다. 개인주의 정신이 고개를 들었다. 당시 독일에는 이탈리아 르네상스에서 보았던 것과 비슷한 사회·문화적 분위기가 형성되었다. 개인의 개성을 중시하는 감정은 날로 몸집을 키웠다. 이 모든 흐름을 집약적으로 담아낸 인물이 바로 마르틴 루터다. 이런 변화가 어떤 결과를 부를지 자신 있게 말할 수 있는 사람은 당시 아무도 없었다.

나는 개인의 자아 발견이라는 역사의 몇몇 상황을 복기해보고자 한다. 루터의 경우에는 아버지의 그늘에서 벗어나는 것으로 시작했다. 그는 1505년 문학 석사 학위를 받았다. 농부의 아들로 유산 상속권을 누리지 못했으며, 광산업자로 중산층에 오른 것으로 만족해야만 했던 아버지는 아들을 통해 사회적 신분 상승을 계속해나갈 수 있기를 열망했다. 마르틴은 그래서 법학 공부를 완수해야만 했다. 법학 전공이 정치나 행정에서 출세의 기회를 보장해준다고 아버지는 여겼기 때문이다. 아들은 내심 못마땅했지만 아버지의 뜻에 따랐다. 아버지는 기쁜 나머지 값비싼 『로마법 대전Corpus Juris Civilis』 판본을 보상으로 주면서, 아들을 '너'가 아니라 '자네'라고 존중해주었다. 아버지는 제대로 된 지참금을 가져올 신붓감도 이미 찾아놓았다. 아버지가 볼 때 아들 마르틴은 출세가도를 순항했다. 하지만 아들은 법학에 흥미를 느끼지 못했다. 그는 술집에서 같은 과 친구에게 법률가는 악당이거나 당나귀 같은 멍청이라며 한숨지었다. 친구는 이 말에 흥분한 나머지 그와 주먹다짐을 벌였다. 마르틴은 이 싸움으로 피가 낭자하게 흐르는 상처를 입었다. 술친구들은 주먹다짐을 한 게 알려져 퇴학당할까 봐 얼굴에 상처가 난 마르틴을 숨겨야만 했다.

그는 몇 주 지나지 않아 법학과를 포기하기로 결심했다. 그는 신학으로 전공을 바꾸고 싶었다. 독실한 신앙을 가져서 그런 게 아니라, 일단은 철학적 호기심이 컸기 때문이다. 당시 그는 성경보다는 보에티우스Boëthius가 절절한 심정을 담아 쓴 책 『철학의 위로Consolatio Philosophiae』*를 더 즐겨 읽었다.

1505년 루터는 아버지를 설득해 전공을 바꾸려고 에르푸르트에서 만스펠트까지 걸어갈 수 있게 해달라고 총장에게 요청했다. 고통의 나날이 이어졌다. 아버지는 다시 아들을 '너'라고 부르며 전공을 바꾸게 해달라는 부탁을 거부하고, 그동안 너에게 들인 돈이 얼마인지 아느냐고, 그게 다 물거품이 되게 할 거냐고 꾸짖었다. 아버지는 신을 우러르는 사랑 같은 종교적 감상과는 거리가 먼 사람이었다. 그는 철두철미하게 현실적인 위인이었다. 환경에 자기 자신을 잘 맞출 정도로 절제와 규율이 뛰어났으며 자부심이 강한 아버지는 가족에게는 화를 잘 내는 다혈질의 권력형 인간으로, 가족을 보살피려는 열의와 책임감이

---

* 보에티우스(480?~524?)는 로마의 철학자로, 자신이 충직하게 섬겼던 동고트 왕 테오도리쿠스에게 오히려 내침을 당하고 체포되어 사형당했다. 옥중에서 답답한 심정을 달래가며 운명, 자유의지 등에 관해 철학과 대화를 나누는 형식으로 위로를 구하며 쓴 책이 『철학의 위로』다.

뛰어나면서도 발작적인 분노에 사로잡히곤 했다. 아버지는 화가 나면 무섭게 때렸다고 루터가 나중에 술회한 바 있다. 1505년 여름 루터는 비록 맞지는 않았지만, 아버지의 거부감을 온몸으로 느꼈다. 결국 루터는 자신이 아버지의 그늘에서 벗어나지 못했음을 가슴 아프게 되새겼다.

전공을 바꾸어도 좋다는 아버지의 허락을 받지 못한 루터는 며칠 뒤 쓰라림을 곱씹으며 다시 학교로 출발했다. 돌아오는 길에 에르푸르트에 거의 다 와서 저 전설적인 사건이 벌어졌다. 전해오는 많은 이야기는 이 사건이야말로 종교개혁을 알리는 신호탄이었다고 강조한다. 그야말로 허허벌판에서 루터는 갑자기 쏟아지는 폭우를 만났다. 강풍과 함께 엄청난 빗줄기가 엄습했으며, 번개가 사방을 강타했다. 지척에서 꽂히는 번개에 혼비백산한 루터는 두려운 나머지 그대로 바닥에 꿇어 엎드려 하늘을 향해 외쳤다. "살려주세요, 성녀 안나St. Anna,* 살려만 주신다면 저는 수도사가 되겠습니다."

천재지변이라는 강제 아래서 한 맹세는 지키지 않아도 된다고 친구와 법학과의 동료, 심지어는 교수들까지 루터를 설득하려 안간힘을 썼다. 그러나 루터는 뜻을 굽히지 않았고, 대학교

---

\*    성녀 안나는 성모 마리아의 어머니다.

에서 아주 가까우며 성 아우구스티누스 수도회가 운영하는 에르푸르트의 '검은 수도원'으로 찾아가 수도사가 되겠다고 자청했다. 아버지는 수도사가 "지독한 게으름뱅이"라고 여겼다. 루터는 그런 아버지에게 자신이 편한 길을 가려는 게 아니라는 점을 보여주고자, 규율이 엄격하기로 유명하며 검은 수도복과 검은 두건을 쓰는 이 수도원을 골랐다.

수도원 입회의 형식 절차상 루터는 아버지의 동의가 필요하지 않았다. 또 수도원 생활을 하며 아버지의 지원에 의존하지 않아도 되었다. 말하자면 루터는 수도원 입회로 아버지로부터의 경제적 독립을 이루었다. 분노한 아버지는 너는 이제 아들도 아니라며 "모든 은혜"를 거두어들인다고 선언했다. 아들에게 쓴 편지에서 아버지는 화를 삭이지 못하며, 너는 악마에게 씐 거라며 제발 허튼 망상에 사로잡히지 말라고 질타했다.

수도원으로 들어가는 이 행보는 무엇을 뜻할까? 세상은 물론이고 가족과도 최대한 거리를 두려는 의지가 이 행보일까? 당시의 분위기로 미루어 이런 해석은 본래 현실과 거리가 멀다. 당시 수도원은 가톨릭 세계의 당당한 기관 가운데 하나였기 때문이다. 수도사는 사회적으로 일반 성직자보다 더 우대받았으며, 사회적으로 격리되기보다는 에르푸르트의 수도원처럼 도시 한복판에 위치해 사회와 활발한 교류를 나누었다. 또, 수도원은 일반 시민은 물론이고 귀족도 생필품을 구매하려고 즐겨 찾는 장소였다. 원하는 사람은 그곳에서 식료품이나 음식을 살 수 있었으며, 며칠 묵으며 휴식도 취할 수 있었다. 그리고 수도사가 되기로 한 서약을 철회하더라도 당사자에게 무슨 낙인이 찍히는 것은 아니었다. 요컨대, 수도원 생활이 세상과 등지는 것을 뜻하지는 않았다. 하지만 마르틴은 정확히 세상과 절연하는 효과를 노렸다. 그는 아버지가 자신에게 강요했던 것과는 철저히 다른 인생을 살고 싶었다. 그는 세상이 말하는 출세에 반기를 들고 자신에게 충실한 개인으로 살아가기를 원했다. 물론 이는 새로운 집단에 입회하는 것을 뜻하기는 했지만, 인습과 관습의 집단에는 확실히 등을 돌리는 행보였다. 그는 돈과 출세와 가족을 포기할 각오를 다졌다. 하지만 이로써 루터는 정확히 무엇을 얻고 싶었을까?

일단 자존감은 회복될 수 있었으리라. 루터의 눈에 수도원은 사회로부터 격리되어 안전하게 보호받을 수 있는 장소가 아니라, 자아를 담금질하고 진정한 개인으로 거듭나기 위한 수련장이었다. 그는 아버지는 물론이고 자기 자신에게도 출세를 위한 고된 노력이 싫어서 편안한 길을 택한 것이 아님을 증명해 보이고 싶었다. 루터는 자신이 사회적 신분 상승을 위해 수고하는 것이 싫어 도피한 약골이자 엄마의 응석받이가 아님을, 자신의 관심은 자아를 극복하고 더욱 높은 차원의 자아로 끌어올리는 것에 있음을 분명히 해두고 싶었다. 그래서 그는 엄격한 참회 수련에 매달렸다. 그의 고행이 얼마나 엄격했던지, 수도원의 웃어른들이 직접 나서서 그런 식으로 금식하다가는 생명이 위험할 수 있다고 말릴 정도였다.

아무튼 루터는 아버지가 정한 미래를 원하지 않은 탓에 아버지에게 반기를 들며 수도원으로 뛰어드는 모험을 감행했다. 하지만 루터는 자신의 이런 과감한 시도가 성공하지 못하는 게 아닐까 불안하기만 했다. 루터는 옛 자아가 자신을 그림자처럼 따라다닌다는 생각에 무척 힘겨워했다. 아마도 몽상에 사로잡힌 나머지 악마에 씌었다는 아버지의 말이 옳았던 게 아닐까? 아마도 이 모든 것이 자신의 아집에서 비롯된 자기모순은 아닐까? 전하는 이야기에 따르면 에르푸르트 수도원의 성가대에서 노래를 부르던 루터가 갑자기 바닥에 쓰러져 이렇게 울부짖었다고 한다. "나는 아니오! 나는 아니라고!" 성경의 마가복음 9장 17절 이하에 등장하는, 귀신 들린 사람을 예수가 치유하는 이야기를 연상하게 만드는 일화가 아닐 수 없다. 아마도 루터는 자신이 그런 망상에 사로잡힌 게 아닐까 하는 의심으로 무척 괴로웠던 모양이다.

그를 괴롭힌 또 다른 문제는 루터 자신이 "불순한 충동"이라 표현한 것, 바로 성욕이다. 젊은 루터는 성욕이 솟구칠 때마다 깊은 죄책감을 느꼈다. 이런 게 바로 원죄가 아닐까 하고 의심할수록 그만큼 죄책감은 더 커지기만 했다. 나중에 루터는 왜 인간이 이런 죄책감에 시달리게 되는지 그 원인을 깨달았다. 인간은 순결함에 집착하면 할수록, 그만큼 더욱 불순해지기 마련이다.

그런데 왜 루터는 일종의 히스테리처럼 원죄에 집착했을까? 당시 사회에서 죄의식이 일종의 호경기를 만난 듯 유행했다는 싸잡기식 설명은 자학에 가까울 정도로 과도한 루터의 참회를 전혀 이해할 수 없게 만든다. 루터는 원죄를 그저 마음만 먹으면 떨칠 수 있는 일반적인 것으로 받아들이지 않을 정도로 고통스럽게 감당했다. 오히려 루터는 원죄가 바로 개인의 것이며 개인의 각성을 요구한다는 점에서 진지하게 받아들였다. 상투적인 원죄 설명 대신에, 청년 마르틴 루터는 죄의 문제를 지극히 개인적인 것으로 이해했다. 바로 그런 이유로 루터는 가톨릭 교회의 면죄부 판매를 일찍부터 격렬한 거부감을 품고 바라보았다. 그런 거래는 개인의 죄책감이 왜 생겨나는지 그 심층에 전혀 이르지 못하는 상업적 유혹에 지나지 않는다. 루터는 죄책감으로 자신의 자아 정체성에 눈을 떴으며, 자신이 대체 누구이기에, 무슨 일을 저질렀기에 이런 죄책감에 시달려야 하는지 치열하게 고민했다. 신 이외에는 그 어떤 것도 이런 고민의 부담을 풀어줄 수 없다. 이 신은 교회라는 제도 뒤에 숨어 이득을 거래하는 행위를 조장하는 신이 절대 아니다. 신은 우리 인간이 개인적으로 독대할 수 있는 신이어야만 한다. 하지만 이런 신은 루터에게 그 존재를 전혀 드러내지 않았다. 때때로 네 죄를 아느냐고 다그치는 신의 부름이 들려오기는 했지만, 구원의 손길은 없었다. 순전히 심판과 처벌만 아는 신의 이름은 왕처럼 군림하기만 했다.

루터는 깊은 좌절감에 절망한 나머지 자신에게 이 고통스러운 게임을 강요하는 것이 정말 신인지, 아니면 악마인지 풀리지 않는 의혹에 사로잡혔다. 나중에, 이를테면 『탁상담화 Tischrede』에서 술회하듯, 루터는 혹시 자신이 신과 악마 사이의 게임, 신은 악마의, 악마는 신의 마스크를 쓰고 벌이는 게임에 사로잡힌 게 아닐까 하고 자문했다. 말하자면 일종의 '시험'에 빠졌다고나 할까. 이런 고민으로 신앙 세계 전체가 무너져 내리는 것만 같아 루터는 괴로워했다. 남은 것은 공허함과 허무함이라는 견디기 힘든 씁쓸함이었다. 악의를 불러일으켜야 할 악마조차 그동안 심드렁하고 창백하며 무미건조하게만 여겨졌다. 평범한 인생을 사는 사람이라면 전혀 상관할 일이 없을 것만 같은 이런 악마를 두고 고민하면서 루터는 이런 고뇌야말로 "텐타티오 트리스티티아이$^{tentatio\ tristitiae}$"(절망의 시험)이라고 한숨지었다.

자신에게 채찍질하며, 스스로 처벌을 내리고, 얼음처럼 차가운 바닥에 엎드려 냉기에 온몸을 떨며 의식을 잃을 때까지 중얼거리며 기도를 올리고, 기절할 지경까지 금식하면서, 이 자학의 대가는 저 멀리 있기는 하지만 엄격한 눈길로 자신을 굽어보는 신을 느끼고자 안간힘을 썼다. 어쨌거나 이 신은 사회가 장광설과 풍습으로 꾸며대는 신보다는 훨씬 더 친밀하며 생동감을 자랑했다. 루터가 독대한 신은 온전히 홀로 고통을 감내하게 하면서 루터를 개인으로 만들었다. 게다가 신은 친아버지의 권력에서 벗어나게 해주는 힘을 루터에게 선물했다.

루터가 아버지의 그늘에서 분명하게 벗어날 수 있었던 사건은 1507년 초에 열린 성대한 미사였다. 이 미사는 루터가 신임 사제로 임명받고 올리는 첫 미사였다. 그동안 더욱 부유해진 아버지는 측근들과 하인들로 이뤄진 커다란 무리를 이끌고 미사에 참석했다. 마르틴은 설레는 가슴으로 이 중대한 순간을 맞이했다. 그는 이 첫 미사를 성공적으로 치러내야만 했다. 신 앞에서, 그리고 아버지 앞에서. 어찌나 긴장했는지 떨려서 하마터면 졸도할 뻔했다고 나중에 루터는 당시를 회상했다. 루터는 보란듯 미사를 성공적으로 치러냈다. 아버지는 이제는 어쩔 수 없다며 깨끗이 승복하고 귀향길에 올랐다. 이제 마르틴은 자신의 다른 엄격한 아버지, 하늘의 주님과 다시 독대했다.

수도원 세계에서 마르틴 루터의 경력은 이렇게 시작되었다. 몇 년 전 루터의 영성 수련을 돌본 지도자였으며 참회를 위한 지나친 고행을 막아주었던 슈타우피츠$^{Johann\ von\ Staupitz}$* 가톨릭 교구장은 1510년 말에 다른 수도원 형제 한 명과 함께 종단의 문제를 협상하도록 루터를 로마로 파견했다.

루터는 로마의 성직자들이 흥청망청 온갖 호사를 누리는 세속적 작태를 보고 적잖이 충격을 받았다. 놀란 가슴을 간신히 다스리며 루터는 자신에게 주어진 의무에 충실하게 라테란 대성당의 스칼라 산타$^{Scala\ Santa}$(거룩한 계단) 앞에 무릎을 꿇고 기도했으며, 모든 성당을 찾아다니며 성유물 앞에 예를 갖추고서 공식 면죄부를 얻으려 노력했다. 루터는 이 면죄부를 부모에게 보내주고 싶었다. 당시 루터는 이런 풍습이 실제 효과가 있다고 믿었다. 당시 그는 마침 시스티나 예배당의 벽화를 그리던 미켈란젤로는 물론이고 라파엘을 비롯한 르네상스의 대가들과 그 작품에도 관심을 거의 기울이지 않았다. 그가 예술을 보는 안

---

\* 요한 폰 슈타우피츠(1460~1524)는 로마 가톨릭 신학자이자 비텐베르크대학교 신학부 초대 학장을 지낸 인물이다. 루터의 스승으로, 영적 성장에 큰 도움을 주었다.

목을 가졌더라면 로마에서 활짝 꽃핀 르네상스를 보며 많은 것을 깨달았을 텐데, 그는 그러지 못했다.

독일로 돌아와 루터는 비텐베르크의 성 아우구스티누스 수도원의 부원장으로 취임했다. 부원장은 원장을 보좌하는 역할 외에도 교구 성당에서 주기적으로 강론을 해야 했다. 이때부터 루터는 말에 강력한 힘을 싣기 시작했으며, 번개의 창을 사방으로 휘둘러댔다. 루터는 슈타우피츠의 석좌교수직을 이어받았으며 수도회의 지역 총감독에 임명되면서 종단의 정상 자리에까지 올랐지만, 여전히 풀리지 않는 많은 물음 탓에 고통스러운 나날을 보냈다.

그러다가 1513년에서 1517년 사이의 언젠가, 정확한 시점을 확정하기 어려운 것은 루터 자신의 언급 자체가 불확실한 탓인데, 이른바 "탑 체험"이 일어났다. 루터 자신이 이 사건을 워낙 강조한 탓에 "탑 체험"은 루터 전설에서 빼놓고 이야기할 수 없는 부분이 되었다. 사람들은 이 사건을 두고 "종교개혁의 탄생"이라 부른다. 사건은 극적인 묘사를 선호하는 루터의 취향답게 수도원 남쪽 탑에 있는 루터 숙소의 화장실 안에서 일어났다. 「시편」을 다룬 강의를 준비하다가 성경을 들고 화장실 변기 위에 앉은 루터의 눈에 「로마서」의 한 대목(1장 16~17절)이 선명하게 들어왔다. 이 말씀은 루터가 아주 높게 평가하는 아우구스티누스^Aurelius Augustinus*가 즐겨 인용하던 것이라 익히 알던 구절이다. "나는 복음을 부끄러워하지 않습니다. 이 복음은 유대 사람을 비롯하여 그리스 사람에게 이르기까지, 모든 믿는 사람을 구원하는 하나님의 능력입니다. 하나님의 의가 복음 속에 나타나 있으며, 믿음으로 믿음에 이르게 합니다. 이것은 성경에 기록된바 '의인은 믿음으로 살 것이다'라 한 것과 같습니다."**

이 성경 구절을 음미하며 루터는 눈이 번쩍 뜨이는 감격을 맛보았다고 한다. 선행하려 노력하며 참회한다고 해서 구원은 찾아오지 않는다. 규칙적으로 교회를 찾아 예배한다고 해서 구원은 주어지지 않는다. 이 모든 것은 신 앞에 선 나를 정의롭게 만들어 주지 않는다. 오로지 믿음만이 구원을 준다. 하지만 어떤 믿음? 분노하고, 심판하며, 처벌하고, 명령하는 신과 화해할 수 있게 해주는 그리스도를 우리는 믿어야 한다.

오로지 그리스도를 향한 믿음, 그리스도만이 베풀어줄 수 있는 은총만이 우리를 구원한다. 하지만 이런 가르침은 기독교의 전통적인 교리, 루터 시대에도 교회가 가르친 교리가 아닌가?

---

\*   아우렐리우스 아우구스티누스(354~430)는 고대 기독교의 가장 중요한 교부 중 한 사람이자 교부 철학을 대성한 철학자다. 고대 신플라톤주의 철학과 기독교를 결합해 중세 사상계에 큰 영향을 끼쳤다.

\*\*  이 성경 구절은 표준새번역판을 참조했다.

실제로 사도 바울과 후대의 아우구스티누스 역시 이런 신학적 가르침을 강조했다. 대체 루터는 어떤 새로운 깨달음을, 인간의 내면을 완전히 새롭게 변혁하는 가르침을 주었을까? 루터의 새로움은 무슨 개념적 차원이 아니다. 믿음만이 구원을 약속해준다는 말은 이미 오래전부터 익히 듣던 가르침이다. 루터가 돌연 깨달았다는 믿음은 뭔가 다른 것임이 틀림없다. 더 정확히 말하자면 루터의 새로운 경험은 뭔가 다른 것이어야만 한다. 그는 머리로만 알던 것을 몸소 경험한 게 틀림없다. 뭔가 아주 특별한 경험을. 이 경험은 원한다고 해서 할 수 있는 게 아니다. 이 경험은 긴장해서 애를 쓴다고 해서, 고민을 거듭하며 노력한다고 해서 이룰 수는 없다. 오히려 루터는 자신의 내면 안에서 신이 역사하고 있다는 느낌을 받았다. 이 깨달음은 "우리 안의 신이 빚어준 작품"이다. 참으로 풀기 어려운 모순이 아닐 수 없다. 믿음의 힘은 믿는 이에게서 온다는 말이지 않은가. 믿음은 원한다고 해서 의지로 빚을 수 있는 게 아니다. 믿음은 행위가 아니라, 루터가 말하듯 업적이 아니라, 인간을 내면에서부터 변화시키는 사건이다. 그래서 구원의 느낌은 이런 내면의 변화를 감지하는 "심장의 환희"다. 고뇌는 신이 내면을 채울 때 끝난다. 악마에 사로잡혔다는 암울한 고뇌로 괴로워하던 루터는 신이 자기 내면을 채웠다는 확인으로 환히 빛나는 감격을 맛본다. 나중에 루터는 이런 이치를 대중이 흔히 쓰는 쉬운 말로 풀어냈다. 인간은 신이나 악마 때문에 고통을 겪는 게 아니다. 중요한 것은 내면의 신에게 자신을 맡기는 일이다.

믿음과 은총이 모든 것을 이뤄줄 뿐, 의지로는 아무것도 할 수 없다면, 믿고자 하는 의지에 기대는 일은 헛될 따름이다. 믿음에 매달리도록 자신을 설득할 수 없으며, 믿음에 압도당하는 경험은 꼭 필요하다. 내 의지로 행동하면서 무언가 이루려 하기보다는, 오히려 자신에게 어떤 일이 일어나도록 나를 맡기는 자세, 이것이 중요하다. 그리고 이런 경험은 지금 바로 이 순간에 일어날 수 있다. 구원은 죽음 이후의 내세에서 일어나는 게 아니다. 내세는 이미 이곳, 우리가 살아가는 현세에 존재한다.

신의 은총을 몸소 겪는 체험은 개인만이 할 수 있다. 이런 체험을 말하지 않는 신학은 공허한 지어냄에 불과하다. 물론 실제 겪은 체험으로부터 신학적 깨달음은 얻어낼 수 있다. 나중에 루터는 이런 깨달음을 교리로 다듬으려는 노력을 게을리하지 않았다. 하지만 교리는 영감을 얻는 순간으로부터 우리를 멀어지게 할 뿐이다. 영감의 순간은 전례 없는 내면화, 개인의 자각과 맡김을 전제조건으로 요구한다.

예배에 참석하면서 타인의 믿음을 흉내 낸다고 해서 구원이 이뤄질 순 없다. 다시 말해서 사회라는 집단의 믿음은 구원을 얻기에 턱없이 부족하다. 집단적 형식을 중시하는 믿음은 단순한 부족종교일 따름이다. 개인이 아닌, 집단만 강조하는 종교는 부족 신앙을 벗어날 수 없다. 면죄부나 무슨 주술 또는 신성한 성물 같은 외적인 물건에 매달리지 않고, 오로지 개인의 내면에 귀를 기울여야 구원을 찾을 수 있다. 사제 서품 역시 외적인 성물에 지나지 않는다. 사제도, 면죄부도, 강력한 힘을 자랑하는 교회도 필요하지 않다. 우리는 내면에서 저마다 개인으로 신과 독대해야만 한다.

신의 은총을 갈구하던 루터의 탐색은 결국 개인의 내면을 주목하기에 이르렀다. 누구나 홀로 죽음을 맞을 수밖에 없듯, 인간은 홀로 신 앞에 서야만 한다. 루터는 신 앞에 홀로 서는 독대를 강조했다. 나중에 이런 태도를 우리는 실존이라고 불렀다. 바르트부르크 망명 이후 1522년 3월 9일 사람들이 가득한 비텐베르크 교구 교회에서 한 첫 설교에서 루터는 이렇게 말했다. "우리는 모두 죽음을 피할 수 없다. 누구도 다른 사람을 위해 대신 죽어줄 수 없으며, 저마다 자신의 인격체로 죽음과 맞서 싸워야만 한다. … 나도, 여러분도, 그 누구도 이 싸움을 대신해줄 수 없다. … 죽음과 마찬가지로 믿음 역시 오로지 개인으로, 자신의 고유한 인격체로 실천해야만 한다."

신앙의 이런 철저한 개인화와 내면화야말로 루터가 빚어낸

획기적인 새로움이다. 이로써 기독교인은 완전히 새로운 자유를 찬양할 수 있게 되었다. 개인은 교회라는 제도 권력의 신앙 관리에서 풀려났기 때문이다. 이제 종교로 자신의 인생을 창의적으로 꾸려나갈 능력은 어디까지나 개인의 사유물이 되었다. 그리고 이런 능력은 인간이라면 누구나 활용할 수 있다. 하지만 여전히 풀리지 않은 두 가지 문제가 있다.

첫 번째 문제는 개인이 은혜의 감격을 누리면서 교회로부터 풀려나는 내면의 해방감은 정말이지 순간적인 감정일 뿐이라는 점이다. 이런 순간의 확신은 지속하지 못한다. 시련과 갈등은 피할 수 없이 찾아온다. 심지어 루터처럼 신앙이 투철한 사람조차 늘 같은 물음에 시달린다. 이 모든 것이 과연 맞을까? 루터처럼 의심을 악마의 소행으로 돌린다고 할지라도 개인의 내면은 믿음과 의심이 충돌하는 전쟁터가 되게 마련이다. 그래서 고개를 드는 절박한 물음은 이런 은혜의 감격이 어떻게 해야 지속적일 수 있을까 하는 것이다. 영원히 지속되는 구원에 대한 갈망은 우리를 다시금 교회라는 조직으로 이끈다. 왜냐하면, 순간의 종교적 체험을 지속적으로 받쳐주면서 보존할 수 있게 해주는 유기체가 교회이기 때문이다.

루터 역시 개인으로 종교의 영성을 추구하며 은혜의 감격을 지속적으로 유지하고자 다시금 교회를 찾았다. 물론 그는 이런 목적으로 교회를 완전히 새롭게 세웠다. 오래지 않아 루터는 자신의 교회를 견고한 성채로 삼아 프로테스탄트 교황이 되었다.

두 번째 문제는 개인의 신앙과 은혜의 감격스러운 경험이 꾸준하지 못하며 시시때때로 다른 모습을 보일 정도로 유동적이라는 점이다. 게다가 사람들은 대개 이런 경험 자체를 아예 하지 못한다. 루터가 사도 바울의 표현을 빌려 말했듯 사람들은 대개 그저 "순전히 육신의 인생"을 살 따름이다. '정신'과 '육신' 사이에서 내적인 갈등과 싸움을 겪는 사람은 드물기만 하다. 물론 이들에게도 신은 은혜를 베푼다. 하지만 이를 인지하고 주어진 은혜를 받아들이지도 못하기에 인간은 율법의 채찍으로 다스려져야만 한다. 양심의 가책으로 괴로워하지도 않는 사람에게는 달리 방법이 없기 때문이다. 요컨대, 은총의 왕국을 맛본 사람이 있는가 하면, 그런 것을 전혀 모르는 사람, 그 중간 어디선가에서 이리저리 흔들리는 사람도 적지 않다. 그래서 루터는 내적인 교회와 외적인 교회가 있어야만 한다고 보았다. 외적인 교회는 육신의 삶만 살아가는 대중을 상대로 율법에 순종해야만 함을 설교로 강조해줘야 한다. 은총의 왕국을 아는 극소수의 신앙인을 위한 내면의 교회는 기독교인의 참된 자유를 경험하게 해준다.

루터 자신은 최고조에 달한 믿음의 영감을 외적인 사회를 변화시키기 위한 동력으로 삼았다. 도대체 어떻게 살아야 하는지 실존의 치열한 고민 끝에 얻어진 신앙 경험은 사회라는 외부를 향한 당당한 신앙 고백과 더불어, 사회를 변화시키려는 실천의 사명감을 심어주었다.

　루터는 교회의 돈벌이 수단으로 악용되는 면죄부에 반기를 들고 곧장 여론을 상대로 공세를 벌였다. 1517년 루터는 '95개 논제'를 정리해 그 문건을 각계각처에 발송하고, 비텐베르크 교회의 정문에 게시했다. 그 논제 가운데 핵심은 36번이다. "진정한 회개를 하는 데에 힘쓴 기독교인은 누구나 그 죄를 완전히 용서받는다. 이 용서는 면죄부 없이도 보장된다." 교회는 주님의 은총이 성자와 순교자의 선행으로 쌓은 보물로 보장되며, 그래서 면죄부 발행은 정당하다는 취지의 반론을 펼쳤다. 이 논리에 맞서 루터가 제시한 논제는 62번이다. "62. 교회의 진정한 보물은 하나님의 은총이라는 가장 성스러운 복음이다." 루터는 아직은 교황 쪽에 신중한 자세를 취했으며, 이 논제들로 몇 년 뒤 이루어질 대청소를 위한 초석을 다지는 일에 열중했다. 대청소란 개인으로서의 신앙인과 신 사이에 성립하는 관계를 불순하게 만든 모든 것을 제거하는 일을 뜻한다. 아무튼 교회가 성스러운 '중재자'를 자처하며 내세운 모든 도구, 예배, 성직자 등으로 이뤄진 전체 체계는 무너져야만 한다. 이로써 교회 전통의 대부분은 부당한 것으로 전락하며, 근원적인 직접적 신앙은 그 본래 위치를 되찾는다. 성직자도 더는 필요하지 않다. 신을 믿는 모든 개인은 바로 자신의 성직자다.

종교개혁이라는 역사적 순간에서 기존의 공고화한 사회적 관계, 신성한 종교가 범속한 대중을 다스리는 관계는 완전히 해체될 것처럼 보였다. 성직자로 대변되는 기득권 세력에게 반기를 든 농민전쟁Bauernkrieg*은 말 그대로 열풍처럼 독일 전역을 휩쓸었다. 이 피바람 속에서 종말론, 메시아주의, 또는 공산주의가 앞다투어 등장하며 저마다 목청을 높였다. 이 모든 봉기는 결국 기득권 세력의 칼날 아래 엄청나게 피를 흘리며 쓰러지고 말았다. 이 싸움에서 루터는 곰의 가죽을 뒤집어쓴 사나운 용사처럼 기득권 세력을 도와 농민들을 질타했다. 루터의 이런 행보는 겉으로는 자유를 쟁취하겠다고 큰소리치면서 정작 현실에서는 위축되어 내면으로 숨어버리는 먹물과 다를 바 없어 안타까울 따름이다. 농민전쟁의 분위기에 편승해 지방의 토호와

---

\* '농민전쟁'은 독일의 중부와 남부, 그리고 스위스 전역에 걸쳐 1524년에서 1526년까지 이어진 봉기다. 이 싸움에서 농부들은 최초의 인권선언에 비견할 수 있는 요구를 내세웠다. 30만 명에 가까운 농부들이 참전한 이 전쟁에서 7만~7만 5000여 명의 농부가 잔인하게 살해되어 목숨을 잃었다. 역사학은 이 봉기가 이후에 일어난 프랑스혁명의 불씨를 심었다고 평가한다.

영주는 로마 가톨릭의 지배에서 벗어나 교회가 소유한 세속 재산을 자신의 것으로 만들 기회를 엿보았다. 이로써 영방국가들이 부상하기 시작했다. 그리고 개인에게 자유를 구가할 것을 요구했던 새로운 신앙, 물욕에 사로잡힌 구질서의 개혁을 주장했던 새로운 신앙은 다시금 정치권력에 봉사하는 교회 질서로 고착되고 말았다. 정부와 손잡은 프로테스탄트 교회는 일반적으로 로마 가톨릭 교회가 그랬던 것보다 더 권위적이었다.

물론 이는 루터 이후에 벌어진 일이다. 프로테스탄티즘이 태동할 당시 루터는 늘 개인으로 외로운 싸움을 벌였다. 제후들의 보호를 받았다 할지라도 루터는 홀로 온 세상과 맞서야만 했다. 루터의 신은 오로지 루터 개인이 뼈를 깎는 아픔을 겪으며 그 본래 의미를 되찾았을 따름이다.

1521년에 소집된 보름스 제국의회만 예로 들자면, 아무 꾸밈이 없는 소박한 수도복을 입은 루터는 카이저와 선제후들, 여러 군소 영주, 가톨릭 고위 성직자들, 법관들, 계층 대표들 그리고 창문에 매달려 호기심 어린 눈으로 안을 들여다보거나 의회 건물 앞에 운집한 군중에 둘러싸여 철저히 혼자였다. 탁자 위에는 루터가 쓴 책들이 쌓였다. 루터는 이 책들을 정말 그가 썼는지, 그 안에 담긴 이단의 주장들을 철회할 의사는 있는지 등의 물음을 받았다. 처음에 루터는 용기가 가라앉은 탓에 좀 생각할 시간을 달라고 요청했다. 이튿날 용기가 회복되었다. 그때껏 그 누구도 본 적이 없는 담대함으로 루터는 카이저 앞에서 어깨를 펴고 대답했다. "제가 카이저와 로마제국 전체의 권위가 두려워 그 글이 제가 쓴 게 아니라고 철회한다면, 저는 악의에 찬 폭정을 덮어주는 뚜껑이 되고 마는 수치를 감당해야만 하겠지요." 젊은 카이저는 너무도 놀란 나머지 얼이 나간 표정으로, 감히 불충한 말을 입에 담는 루터라는 개인을 바라보았다. 하루 뒤 카이저는 선제후들을 자신의 숙소로 소집해 다음과 같이 주장했다. "개인인 수도원 형제가 천년의 모든 기독교에 저항하다니, 그가 부당한 주장을 하는 게 분명하오."

부당했든 아니든, 루터는 어쨌거나 개인으로서 엄청난 위업을 이루었다. 그는 자신의 신앙이 가진 힘으로 전 세계를 뒤집었다. 어쨌거나 그 자신은 그렇게 믿었다. 루터는 자신보다 훨씬 더 강력한 무엇이 행동에 나선 결과가 이 변혁이라고 믿었다. "그렇다면 전체는 그 자체로 무너져 사라지리라."

그로부터 한 세대가 흐른 뒤 몽테뉴<sup>Michel Eyquem de Montaigne</sup>*가, 루터와 아주 흡사하게 자신을 개인으로 재발견했다. 하지만 몽

---

\* 미셸 에켐 드 몽테뉴(1533~1592)는 프랑스의 철학자이자 수필가다. 대표작인 『에세』를 통해 회의주의, 관용, 인간 본성에 대한 깊은 이해를 바탕으로 자기성찰과 회의주의적 사고의 중요성을 일깨운 인물로 평가받고 있다.

테뉴는 루터와는 다르게 믿음이 아니라 이성으로 자신의 자아를 되찾았다. 이성 덕에 몽테뉴는 종교를 구실로 형제가 전쟁을 벌이는 사회의 광기, 루터의 신앙 혁신이 몰아온 것일 수도 있는 이런 광기에 사로잡히지 않았다.

루터와 몽테뉴는 저마다 자아 성찰로 역사에 두 번의 큰 획을 그었지만, 그 결과는 정반대였다.

# 몽테뉴
## - 흔들리는 세상과 자아로의 도피

제 3 장

루터보다 한 세대 뒤에 활동한 인물인 몽테뉴 역시 자신이 개인임을 주목하고, 타인은 물론이고 자기 자신에게도 거리를 두고 바라보며 인간으로 살아가는 일이 무엇을 의미하는지 성찰했다. 이런 성찰의 과정에서 몽테뉴는 루터처럼 신의 위엄 앞에 속수무책으로 노출된 개인이 인간이라고 느끼지는 않았다. 오히려 몽테뉴는 대중이라는 저 애매모호한 세력, 도대체 정체를 가늠하기 어려운 대중의 위엄이 인간을 더 위협한다고 여겼다. 그의 『에세 Les Essais』에 수록된 "고독에 대하여"에는 이런 문장이 나온다. "그래서 무리에게서 등을 돌리는 것만으로는 충분하지 않다. 장소를 바꾼들 도움이 되는 것도 아니다. 우리는 우리 내면에 숨은 충동, 무리의 비위에 맞추려는 충동에서 등을 돌려 자신의 자아에 관심을 쏟아야만 다시 자아를 회복할 수 있다."

루터는 자신의 자아가 죄로 완전히 물들었다고 보았다. 이런 확신은 신학의 관점에 따른 것이라기보다는 그가 살아오며 겪은 인생의 실제 경험이 더 강력하게 심어주었다. 그는 늘 자신이 내면의 욕구, 두려움, 기분에 휘둘린다고 느꼈다. 그는 이런 위협에서 자유롭게 풀려날 수 있기를 갈망하며 노력했지만, 인간의 이런 노력은 별 도움이 되지 않으며, 신에게 매달려 구원의 은혜를 베풀어달라고 매달리는 편이 훨씬 더 낫다고 보았다.

몽테뉴의 생각은 전혀 달랐다. 몽테뉴에게 자아는 위협이나 일삼는 악의 원천이 아니라, 세상의 악으로부터 피해 마음의 안식을 구할 수 있는 피난처다. 몽테뉴가 루터와 결정적으로 다른 점은 이것이다. 몽테뉴는 죄책감으로 괴로워하지 않았으며, 그래서 구원을 베푸는 신을 찾지도 않았다. 그가 고민한 문제는 죄책감을 씻고 자신을 합리화하는 것이 아니었다. "회개에 대하여"라는 에세이에서 그는 이렇게 썼다. "나에게 변명할 기회를 주었으면 한다. 내가 늘 나는 회개하는 일이 드물며, 양심에 거리낄 게 없다고 말할 때, … 나는 버릇처럼 후렴구를 덧붙인다. … 나는 그저 잘 몰라서 물어보는 것일 뿐이다. 회개는 무얼 어떻게 잘못했을 때 해야 하는 것이냐고. 이 물음의 답은 전적으로 교리가 해주어야 할 것으로 맡길 따름이다."

　죄, 변명, 은총, 구원, 이 모든 것은 종교라는 풍습의 세계가 쓰는 말이다. 몽테뉴는 이 세계를 무너뜨리려 하지 않았지만, 큰 관심을 두고 오래 상관하려 하지도 않았다. 그저 누구나 흔쾌히 수긍하고 받아들일 수 있는 보편타당한 교리에 답을 구할 수만 있다면 충분하다고 여겼다. 그 이상의 특별한 관심을 보이지 않았다. 그는 교리를 존중했지만, 그 이상은 아니었다. 게다가 종교전쟁의 시대에서 몽테뉴는 주변의 사람들이 "자신의 종교적 상념에 너무나도 높은 가치를 부여한 나머지, 이런 생각에 동조하지 않거나 다른 풍습을 중시하는 인간을 산 채로 불태우는 만행"을 두 눈으로 똑똑히 지켜보았다.

　말다툼을 벌이다가 피바람을 부르고야 마는 어리석음에 신을 끌어들이는 역사의 순간을 지켜보며 몽테뉴는 교회의 일반적인 예배에는 참여하되, 주변에서 벌어지는 구체적 사안은 자신이 생각과 느낌으로 접근하는 것이 더욱더 이성적인 태도라고 여겼다. 물론 다른 사람들의 생각과 행동에 맞추어주는 것이 개성을 살리고자 좀 더 합리적인 대안을 찾는 것보다 훨씬 더 편하고 간단하게 인생을 사는 방법이기는 하다. 그러나 이런 편한 길을 택하지 않는 것이 몽테뉴라는 사람의 약점인 걸 어쩌랴.

　미셸 에켐 드 몽테뉴는 1533년에 부유한 상인 가문, 두 세대

전에 귀족의 지위를 얻은 가문에서 태어났다. 보르도 지역의 에켐 가문은 이미 세 세대 전부터 몽테뉴 성채를 소유할 정도로 재력이 막강했다. 몽테뉴라는 이름은 아버지가 처음 쓰기 시작했으며, 미셸은 귀족이라는 일말의 자부심으로 시민 계급 시절의 에켐을 버리고 미셸 드 몽테뉴라는 이름만 썼다. 아버지는 당대의 인문주의 사상에 심취한 나머지, 이를 바탕으로 아들 교육에 각별히 신경 썼다. 생후 첫 2년 동안 미셸은 유모에게 맡겨져 농촌 마을에서 성장했다. 일찌감치 평민의 고단한 삶에 단련될 수 있으리라는 것이 아버지가 품은 기대였다. 이후 미셸은 가정교사의 지도를 받았다. 가정교사는 오로지 라틴어로만 대화를 나누며 학습을 지도해야 했다. 이런 교육 방침은 얼마나 철저했던지, 심지어 하인들조차 간단한 몇 마디는 라틴어를 써야만 했다. 미셸에게 라틴어는 모국어와 다를 바 없었으며, 심지어 욕설도 라틴어로 할 정도였다. 루터처럼 회초리로 맞는 일은 전혀 없었다. 아버지는 아침에 시끄러운 소리가 두뇌를 손상시킨다며, 아들의 아침잠을 플루트나 바이올린 연주로 깨웠다. 이를 위해 몇몇 음악가가 고용되었다. 아이가 좋은 성정을 타고나지 않았다면 이런 요란스러운 교육은 오히려 좋지 않은 결과, 이를테면 배려심이라고는 모르는 이기적 성향을 키우는 결과를 낳았으리라. 그러나 교육은 안정적인 자존감을 키울 기초를 닦아주었다. 출신 가문의 힘이 아이를 바르게 성장할 수 있게 이끈 쉽게 보기 어려운 사례다.

몽테뉴는 당시 유명한 인문주의자들이 가르치던 보르도의 '콜레주 드 귀옌Collège de Guyenne'을 다녔으며, 1554년에 툴루즈와 보르도에서 법학 공부를 마치고 같은 해에 페리괴의 세무법원 사무관이 되었으며, 몇 달 뒤에는 지역의 최고 법원이자 행정관청인 보르도 의회의 의원이 되었다. 그는 15년 동안 이 직에 봉사했으며, 도시와 지역이 위그노전쟁에 어떻게 휘말리는지 똑똑히 목격했다. 폭동과 반란이 벌어지며 이단자를 불태우고 교회를 훼손하는 여러 사건에서 몽테뉴는 중재자의 역할에 충실했다. 그는 자신의 관직을 솜씨 좋게 수행하며 사람들의 존경을 받았다.

첫 공직 생활을 하면서 몽테뉴는 동료인 에티엔 드 라 보에티Étienne de La Boétie*와 진한 우정을 나누기 시작했다. 몽테뉴에게 이 우정은 평생을 걸 만큼 돈독했다. "왜 내가 에티엔 드 라 보에티를 사랑하는지 그 이유를 캐묻는다면, 내가 할 수 있는 대답은 오로지 하나다. '그가 그였고 내가 나였기 때문이다.'" 몽

---

\* 에티엔 드 라 보에티(1530~1563)는 프랑스의 판사이자 작가로 근대 정치철학의 토대를 닦은 인물이다.

테뉴는 친구가 1563년에 전염병에 걸려 급사하자 일생일대의 위기에 빠졌다. "항상 둘이 함께 지내는 일에 익숙해진 나머지 지금 나는 살았는지 죽었는지 모를 정도로 멍한 상태다." 친구가 죽고 나서야 몽테뉴는 결혼해서 가정을 꾸릴 각오를 다졌다. 그럼에도 그는 가정에 충실한 가장은 되지 못했다. 그가 남긴 기록 가운데 아내인 프랑수아즈 드 라 샤새뉴Françoise de La Chassaigne와 딸들의 이야기는 단 한 번도 언급되지 않는다.

1568년 아버지가 타계하고 나서 미셸은 몽테뉴 가문의 장손으로 성주가 되었다. 이듬해 그의 이름이 들어간 첫 책이 출간되었다. 이 책은 라이문두스 사분두스Raimundus Sabundus*가 쓴 『자연신학Theologica naturalis』을 그가 번역한 것이다. 15세기 중반, 곧 종교개혁 이전에 쓰인 이 책은 이성과 믿음의 통일을 주장한 것으로, 몽테뉴는 서로 다투는 종교 정파 사이를 중재해주기에 알맞다고 보았다.

나중에 쓴 "라이문두스를 위한 변론"은 『에세』에 수록된 글로, 실제로는 변론이 아니다. 오히려 이 글은 우리가 눈여겨봐야 할 사상운동이 어떻게 일어났는지 보여주는 생생한 증언이다.

---

\*  라이문두스 사분두스(1385~1436)는 스페인 바르셀로나 태생의 철학자로 툴루즈대학교의 교수 및 총장을 지낸 인물이다. 『자연신학』은 신의 존재를 자연 인식으로부터 이끌어내려 한 시도의 결과물이다.

몽테뉴는 이 글에서 천국이나 저승이 아니라, 우리가 살아가는 이승을 탐구하고 자아를 발견하고자 믿음의 문제에서 등을 돌린다. 이는 곧 신학에서 인류학으로 초점이 옮겨가는 전환점이다. 몽테뉴는 학문 탐구뿐만 아니라, 인생을 어떻게 살아야 좋은가 하는 자신의 고유한 관심사에서도 이런 전환을 이루었다.

몽테뉴는 대단히 영리하게 논의를 풀어나간다. 한편으로 그는 자연신학의 합리주의와 거리를 두면서 불합리한 믿음을 고집하는 것만 같은 모양새를 취한다. 기독교의 바탕을 이루는 교리, 이를테면 동정녀 마리아의 원죄 없는 잉태, 독생자 예수의 십자가 희생과 부활 승천은 이성으로는 풀 수 없는 불가사의한 것이라 오로지 믿는 것밖에 달리 선택지가 없다고 몽테뉴는 수긍한다. 믿음과 이성은 서로 화해할 수 없는 상극이라고 몽테뉴는 강조한다. '솔라 피데sola fide'(오로지 믿음으로), 이런 철저한 신앙주의fideism는 정말 몽테뉴가 믿음을 진지하게 받아들였다면 그를 프로테스탄티즘으로 이끌었어야만 한다. 하지만 몽테뉴는 믿음 문제를 이 정도 선에서 마무리할 뿐, 프로테스탄티즘까지 나아가지는 않았다. 그는 신앙을 존중한다며, 그저 자기 출신 계급의 인습적인 신앙생활이면 충분하다고 썼다.

다시 말해서 그는 가톨릭의 아들로 남았다. 몽테뉴는 국가와 사회 풍습을 상대로도 이런 느슨한, 아니 긴장을 만들지 않으려는 자세로 일관했다. 그는 종교를 그저 사회의 보수적 가치를 지키는 제도로만 이해했을 뿐, 어떻게 살아야 좋은가 하는 실존의 문제와는 무관한 것으로 간주했다. 몽테뉴가 실존적으로 중시한 것은 전혀 다른 영역, 곧 자아의 발견과 자아를 키우고 지키는 일, 그리고 세계 인식이었다. 종교에 매달리는 일은 그의 취향과 맞지 않았다. 몽테뉴에게 종교는 그저 온전히 빠지는 일 없이 일정 간격을 두고 지켜보는 외적인 것이었을 따름이다. 말하자면 유보적인 태도로 종교를 바라보았다고 할까.

종교를 유보적으로 바라보는 더욱 중요한 이유는, 몽테뉴 자신이 아직 무어라 불러야 좋을지 몰라 골치를 앓았던 것, 바로 개인의 개성은 종교와 거리를 두어야만 감지할 수 있었다는 점이다. 새로운 생각을 개척할 때 통상적인 개념으로 담아내기 어려운 것은 많기만 하다.

몽테뉴는 이런 유보적 태도, 사람들과 어울리느라 감당해야만 하는 사회적 역할놀이에 거리를 두는 태도를 흔히 '골방'이라 부르는 그림으로 그려냈다. 물론 이런 놀이 가운데 하나가 종교이기도 하다. "우리는 온전히 우리 자신만을 위한 공간, 아무런 방해를 받지 않고 이런 거리 두기 속에서 우리 자신을 위한 가장 중요한 피난처인 골방을 마련해두어야만 한다." 이런 피난처가 반드시 고립된 공간일 필요는 없다. 세상과 거리를 두고 차분하게 생각할 내면이 우리에게 중요한 피난처다. "얽히고 설켜 우리를 묶어놓는 세상의 희로애락에서 벗어나 우리를 자유롭게 풀어주자! 이 강력한 구속의 끈을 풀어버려야 한다. 우리가 무언가를 사랑할 순 있겠지만 진정으로 결합해야 하는 대상은 오로지 자기 자신이다."

하지만 "결합"을 이루고자 하는 "자기 자신"이 대체 무엇인지 밝혀진 것은 없다. 몽테뉴는 무엇보다도 이 자아를 찾아내고 싶었다.

1570년 몽테뉴는 15년 동안 시민의 안녕을 위해 봉직해온 관직에서 물러나 자신의 영지로 돌아왔다. 라 보에티에게서 물려받은 책들로 그는 성채의 탑에 자신의 서재를 꾸몄다. 서재로 들어가는 문 위에는 다음과 같은 글귀를 적은 액자를 걸어놓았다. "그리스도의 해 1571년, 38세로, 2월의 마지막 날에 생일을 맞는 미셸 드 몽테뉴는 궁정과 공직에 오래 봉사한 탓에 지치기는 했지만, 여전히 온전한 상태로 고매한 동정녀들(뮤즈를 말함) 품으로 돌아와, 평온한 가운데 모든 근심에서 자유롭게, 이제 절반 이상을 산 인생의 남은 시간을 보내고자 한다. 운명이 허락한다면, 이 거처, 이 달콤한 조상의 은신처를 완성해, 자신의 자유와 평온과 취미활동에 바치리라."

이런 생활은 그가 처음에 떠올렸던 것처럼 "달콤한 은신처"

가 아니었다. 관직에서 물러났다 할지라도 그는 조국과 국민에 매인 인물이었다. 또, 그는 크고 작은 세상사에 관심을 끊을 수 없었다. 물론 한바탕 벌어지는 이런 연극을 무대에 오를 필요 없이 그저 관객으로서 구경할 수 있을 때에만. 몽테뉴는 은둔자가 되지는 않았으며 되고 싶어 하지도 않았다. 사람들은 문제가 생길 때마다 그를 찾아와 조언을 구하곤 했다. 심지어 나바라 왕국의 왕 헨리케 3세Henrike III, 나중에는 프랑스의 국왕으로 앙리 4세Henri IV라는 이름을 얻은 헨리케 3세는 몽테뉴를 찾아와, 어떻게 해야 적대적으로 대립하는 종교 정파들을 제압해 왕의 권위를 인정하게 만들지 자문을 구했다.

가장 소중한 공간은 탑에 마련된 서재였다. 이곳에서 몽테뉴는 과거의 위대한 정신들이 쓴 글을 읽고 그들과 상상으로 이뤄지는 대화를 나누었다. 그리고 무엇보다도 이 대화는 자기 자신과의 대화이기도 했다. 탑에서 몽테뉴는 또 자신의 영지에서 벌어지는 일과 살림살이를 굽어보았다. 탑 위의 서재는 말하자면 안과 밖을 가르는 문턱과 같았다. 이곳에서 몽테뉴의 시선은 자신의 내면과 세계를 넘나들었다. 물론 그동안 몽테뉴는 이 중간자로서의 삶이 좀 불편하다는 느낌에 시달리기도 했다. 그는 어느 대목에선가, 자신이 버리고 떠난 것이 이처럼 마음에 걸리리라고는 미처 생각하지 못했다고 털어놓았다. "마치 목줄에 매여 지내다가 목줄은 그대로 매단 채 집을 나와버린 개가 내 신세인 것만 같다. 그렇다, 목줄을 달고 다니는 한, 우리의 자유는 완전하지 않다. 우리가 버리고 떠나온 것을 되돌아볼 때마다, 우리는 온통 그 생각에 매달리기 때문이다."

지난 시절 자신의 목을 묶었던 공직이나 관직만 계속 여운을 남기며 그를 힘들게 한 게 아니다. 또한 몽테뉴는 피난처로 삼고자 했던 평온한 자아가 전혀 존재하지 않는다는 발견에 깜짝 놀랐다. "내가 생각으로 포착해 묘사한 것은 불변하는 안정적 존재가 아니었다. 나는 그저 길을 가고 있는 도중의 존재, 늘 변화하는 탓에 불안정하기만 한 존재를 묘사했을 뿐이다." 결국 안정적으로 변함없는 모습을 유지하는 것은 없다. 인간은 평온한 자기 자신에게 기댈 수가 없다. 인간은 다른 사람과 다를 뿐만 아니라, 자기 자신에게도 시시각각 다른 모습을 보인다. 도대체 자기 자신에게 머무르는 사람이 어디 있는가? 심지어 지금 당장 마주하는 타인보다 과거의 내가 더 낯설게만 여겨지는 경우는 얼마든지 생겨난다. 시간의 흐름 속에서 정체성은 뭐가 뭔지 아리송하기만 하며, 현재의 나 역시 앞과 뒤가 딱 맞는 정체성을 보여주지 못한다. "그러나 우리는, 대체 어떻게 말해야 좋을지 모르겠지만, 이중의 나로 분열을 일으켜, 믿는 나와 믿지 않는 나, 심판하는 나와 심판받는 나를 구분할 수 없다." 일반적으로 이런 이중성은 결정을 내리고 이 결정에 준해 실천과 행동에 힘써야 하는 영역에서는 별 문제를 일으키지 않는다. 그러나 관찰하고 성찰하는 영역, 곧 가능성의 영역처럼 결정의 부담을 크게 가지지 않는 경우 이런 내면의 애매모호한 양면성은 미로를 만들어 나를 가두어버린다.

미로처럼 복잡하게 얽힌 내면 안에서 헤매는 방황은 혼란스럽기는 하지만, 자아 탐색이라는 흥미진진한 글쓰기를 하게 만드는 원동력이다. "최근 집으로 돌아와, 장차 바깥일은 되도록 신경 쓰지 않고 나를 아직 살아 있도록 붙들어주는 몇몇 사안만 가지고 평온한 가운데 나 자신을 위해 시간을 보내기로 결심했다. 온전한 휴식을 취하며 침착하게 나 자신을 돌아보는 것보다 내 정신에 더 보탬이 되는 일은 없으리라는 마음가짐으로. 시간이 갈수록 생각이 정돈되고 더욱더 성숙해져 자아를 돌보는 일이 더 쉬워지리라는 기대도 품었다. 그러나 오히려 거꾸로 '한가로울수록 정신은 더 생각의 미로에 빠져 미혹의 빛에 끌려다니느라 평안을 잃고', 하루 종일 쉬지 않고 달린 말처럼 지쳐 다른 일을 할 때보다 백 배는 더 피곤하며, 무수한 망상과 상상이 빚어내는 괴물에 시달리느라 도통 끝없이 이어지는 잡념과 알쏭달쏭함을 여유롭게 관찰할 수가 없어, 이를 두고 책을 쓰기 시작했노라."

실제로 이 글에는 일반의 통념과는 다른 많은 상념이 등장한다. 예를 들어 몽테뉴는 동물을 두고 영리함과 충직함, 그리고 사랑할 줄 아는 능력에서 인간보다 뛰어난 종이 적지 않다고 말한다. 바로 이런 표현 탓에 『에세』는 17세기에 금서목록에 오르기도 했다.

사람들은 다음의 문장을 읽고 몽테뉴가 어째 좀 이상한 독설가가 아닐까 하고 당황스러워했다. "세계 최고의 권좌라 하더라도 결국은 엉덩이로 앉는 것일 뿐이다."

심지어 신은 우리를 신의 형상대로 창조했지만, 우리는 신을 우리 생긴 대로 만들려 안간힘을 쓴다는 문장에 사람들은 경악을 금치 못하며, 혹시 몽테뉴가 이교도가 아닌지 의심하기도 했다.

식인종은 우리보다 덜 야만적이라는 표현도 당시 사람들을 충격에 빠뜨렸다. "내 말은 살아 있는 사람을 죽도록 괴롭히며 고통을 안기면서 즐기는 행태가 죽은 사람을 먹는 것보다 더 야만적이라는 뜻이다."

덕성을 두고 "위장한 허영"이라고 꼬집은 몽테뉴의 말에도 사람들은 당황했다.

종교전쟁의 시대에 사람들에게 선망과 동경의 대상이었던 광신도 무리, 더할 수 없는 경건함으로 무장한 광신의 무리를 두고 몽테뉴가 한 말 역시 동시대인들에게는 충격 그 자체였다. "영혼이 벌써 저승에 가 있는 사람들은 까마득하게 높아 올려다보기만 해도 현기증이 나는 높이만큼이나 나를 겁나게 만든다."

몽테뉴는 또 "몸이 누리는 안락함 없이는 살고 싶지 않다"는 자백으로, 짐짓 경건해하는 사람들을 뜨악하게 만들어버렸다. 자신의 경건한 감각에 상처를 받은 사람들이 눈을 동그랗게 뜨고 그게 무슨 소리냐고 묻자, 몽테뉴는 이렇게 말했다. "인생을 살며 누리는 향락을 치아와 발톱으로 꼭 움켜쥐어야 한다. 이런 향락은 세월이 가면서 차례로 우리 손을 빠져나가리니."

슬쩍 비트는 것 같으면서도 핵심을 찌르는 이런 영리한 화법으로 몽테뉴는 군중과 거리를 두면서, 개인으로서의 자신을 주장했다. 이에 그치지 않고 몽테뉴는 '개인으로 살아가기'라는 주제를 정면으로 다루기도 했다.

몽테뉴는 개별성을 대단히 중요하게 보았다. 비록 그 자신은 체계적인 사상과 거리가 멀다고 손사래를 쳤지만, 그가 체계적인 사상가였다면 아마도 그는 개별성을 원칙으로 삼아 관찰과 생각을 정리하거나, 더 섬세하게 다듬었으리라. 개별성이라는 원칙은 몽테뉴에게 실제로 보편적인 의미를 가지는 개념이다. 이는 곧 세계를 하나의 전체로 바라보아야 할 이유는 충분하지만, 이 전체는 어디까지나 개별자들로 이뤄짐을 뜻한다. 이 세상의 어떤 사물도 다른 것과 같지 않다. 각각의 사물은 시공간상에 차지하는 위치에 따라 다르다. 피할 수 없이 이런 관점은 보편개념을 바라보는 의심을 부른다. 정신 영역을 형성하는 보편개념은, 늘 구체적이며 개별적인 현실과 혼동되어서는 안 된다. 물론 사물 사이에는 원인과 결과를 보여주는 인과관계와 맥락이 존재한다. 하지만 이런 보편적 인과관계와 맥락은 오로지 개별 사물 사이에 성립할 뿐이다.

그러나 인간은 더욱더 특별한 의미에서 개별성을 자랑한다. 인간은 자신을 개인으로 경험하기 때문이다. 인간은 저마다 다를 뿐만 아니라, 적극적으로 자신의 다름을 부각하기도 한다. 그리고 이 차별성 부각에는 의도가 담겨 있게 마련이다. 인간은 자신이 타인과 다름을 수동적으로 경험하기도 한다. 반면, 적극적으로 타인과의 경계를 분명히 하고 자신의 개성을 강조하는 적극적인 차별화 역시 드물지 않게 나타난다. 보편적이고 통일적인 인간은 그저 개념일 따름이다. 인간은 존재하지 않으며, 오로지 인간들만 있다고 몽테뉴는 짚었다. 개인으로의 이런 끊임없는 분화는 도도히 흐르는 격류와 같다. 우리는 이 격류에 휩쓸리며 자신조차 하나가 아니라 여럿임을 깨닫는다. 시간의 흐름에 따라 그때마다 다른 '나'가 말 그대로 출몰하는가 하면, 동시적으로도 반성하는 나와 반성의 대상인 나로 자기복제가 이뤄지기도 한다. 안이든 밖이든 어디를 살펴도 눈에 들어오는 것은 개별자다.

몽테뉴는 유명론의 사고방식에 영향을 받아 이런 성찰을 했다. 유명론은 중세 후기에서 근대로 넘어가는 문을 열어준 사상이다. 신학에 물든 중세는 보편개념에만 매달렸다. 중세 신학자들은 최고의 보편개념인 신을 정점으로 삼아 단계를 거쳐 내려오면서 세상의 모든 것을 보편개념으로 파악하고자 안간힘을 썼다. 그러나 이렇게 쌓아 올린 형이상학의 성전은 적막하기만 했다. 이에 반대해 유명론이 등장했다. 유명론은 보편개념이란 그저 이름(노멘 nomen)에 지나지 않는다면서, 이런 이름에는 해당 사물의 구체적인 내용이 전혀 담기지 않는다고 주장했다. 신이라는 보편개념으로 파악되는 것은 전혀 없기에, 우리는 신을 그저 믿을 뿐이다. 하지만 이 거창한 개념은 개별자들을 담아내기에 너무 도식적인 그물, 그물코가 성긴 그물이다. 그래서 유명론은 개별자의 개성을 올바로 나타내줄 수 있는 매개로 경험을 선호한다.

유명론은 두 개의 흐름, 서로 대립하는 생각의 흐름이 생겨나기 좋은 여건을 만들어주었다. 한편으로 유명론은 이성과는 별개로 믿음 세계가 자리 잡을 터를 닦아주었으며, 다른 한편으로 경험으로 포착하는 개별성을 알아볼 감각을 키워주었다. 유명론은 신을 이성의 영역 저 너머로 끌어올려, 이성이 전혀 알 수 없는 것으로 선포함으로써 무한히 많은 개별자로 이뤄진 현실을 마음껏 탐사할 자유공간을 활짝 열어젖혔다. 그리고 정확히 유명론이 개별성을 발견한 그 지점에서 몽테뉴는 자아 탐색을 시작했다. 그는 그 어떤 신비로 얼버무리거나 내밀한 관계를 맺는 일 없이 신을 그냥 믿음의 대상으로 놓아두고, 경험의 대상인 개별자에게 온통 관심을 쏟았다. 개별자, 무엇보다도 몽테뉴는 자기 자신에게 각별했다. 자아야말로 자신이 돌보아야 할 것이니까. 몽테뉴는 자신이 결국 죽는다는 것을 알았으니까. 나의 죽음 뒤에도 인류는 계속 존재하겠지만, '나'는 끝나니까. 생명이 다한 '나'는 인류에서 사라지니까.

죽음. 죽음은 우리 모두와 관련한 보편적인 것인 동시에, 더할 수 없이 개별적인 문제다. 누구나 자신의 죽음을 맞이해야 하니까. 몽테뉴는 죽음을 다룬 글을 여러 편 썼다. 인생의 각기 다른 시기에 쓰인 텍스트들을 비교해보면, 몽테뉴가 어떻게 자기 자신에게 점차 다가갔는지, 자신의 경험들을 어루만지고 보듬었는지 확연히 드러난다. 일단 몽테뉴는 보편적 관찰이라는 들판을 가로질러 건너가야만 했다.

죽음을 다룬 글 가운데 가장 잘 알려진 것은 "철학함이란 죽어감이 무엇인지 배우는 일이다"라는 제목의 에세이다. 이 텍스트는 『에세』 첫 권에 수록된 것으로, 은퇴 생활의 초기에 쓴 글이다. 죽어감과 죽음을 다룬 옛 지혜를 가득 담아, 몽테뉴는 자신의 생각으로 거듭 반전을 주어가며 무수히 많은 사례를 들면서 이야기를 풀어낸다. "죽음에서 생각만 해도 섬뜩한 그 스산함을 덜어버리고, 익숙해지려 노력하면서, 늘 죽음을 유념해보자! 매 순간, 모든 형태의 죽음을 내면의 눈으로 바라보자. 발을 절뚝거리는 말처럼, 돌연 떨어지는 벽돌을 보며 놀라듯, 바늘에 따끔하고 찔릴 때마다 우리는 곧장 이런 물음에 직면한다. '죽음이 어떻게 개인적이지 않을 수 있을까?'"

'메멘토 모리Memento mori', 몽테뉴는 죽음을 기억하자고 충고한다. 특별히 독창적인 발상은 아니다. 몽테뉴도 인정한다. 그러나 독창성이 문제가 아니라, 이런 충고가 우리에게 실질적인 도움을 줄까 하는 것이 핵심이다. 죽음을 기억하며 이에 비추어 신중하게 살아가자는 다짐이 우리 인생에 도움을 줄까? 오히려 거침없이 즐기는 인생을 방해하지는 않을까? 이 텍스트에서 정말 흥미로운 점은 의심의 수위가 서서히 높아지는 모습을 볼 수 있다는 점이다. 늘 죽음을 직시하는 것이 정말 이성적인 선택일까? 분명 키케로Cicero는 "철학함은 죽음을 준비하는 일"이라고 다짐하기는 했다. 하지만 죽음이라는 돌이킬 수 없는 비극을 연습하라고? 도대체 왜 이성이 이런 기분 나쁜 일에 매달려야 할까? 오히려 이성은 우리가 인생에 만족할 수 있게 해주어야 하지 않을까? "사실 이성은, 우리를 데리고 못된 장난이나 치는 게 아니라면, 우리가 삶에 만족할 수 있도록 이끌면서 선하고 즐겁게 인생을 살게 하는 데에 모든 노력을 기울여야만 한다."

몽테뉴는 철학 학파들의 시시콜콜한 말장난과 말씨름에 일정 정도 거리를 두고 관심을 보이지 않다가, 철학자들의 추천이 의외로 실용적 의미를 담았음을 새삼 깨달았다. 죽음을 거듭 기억하라는 권고에 담긴 실용적 의미는 혹시 죽음을 생각해 봄으로써 죽음에 익숙해지라는 게 아닐까? 익숙해져 편안해질 때 일어나는 기적을 맛보라고! 익숙해짐은 일종의 만병통치약으로 무엇보다도 죽음을 보는 두려움을 희석해준다. 인간은 믿기 어려울 정도로 거의 모든 것에 익숙해진다. 그 어떤 아픔 또는 기쁨도 습관의 힘, 중화해주고 달래주며 끌어내리는 힘에 저항하지 못한다. 물론 갑자기 찾아오는 사건이나 사고가 부르는 변화는 한동안 익숙함을 뒤흔들지만, 충격과 혼란은 말 그대로 그 순간에만 이어질 따름이다. 다시 적응은 습관을, 습관은 익숙함을 빚어낸다. 번쩍 강타했던 번갯불은 은은한 조명으로 바뀐다. 압도하던 충격은 습관에 압도당한다. 그리고 희소식은 연습을 통해 우리가 익숙해지는 법을 배울 수 있다는 것이다. 연습이 답이다, 연습만이 살길이다. 연습은 제멋대로 일어나는 것만 같은 일을 내 멋대로 다스릴 수 있게 해준다. 연습은 익숙함을 선물해 내가 상황을 주도하게 해준다. 연습은 우리의 두 번째 본성을 만들어준다. 두 번째 본성은 우리 스스로 만들어낸다는 점에서 첫 번째 것과 차이가 있다.

몽테뉴 이전의 그 어떤 저자도 습관과 연습을 이처럼 재기 넘치게 찬미하지 못했다. 죽음을 두고 성찰하며 이런 발상을 할 수 있다니 참으로 놀라운 일이 아닐 수 없다. 그는 연습과 습관으로 죽음이 자랑하는 날카로운 가시를 뽑아버렸다. 하지만 이런 유려하고 아름다운 필치에도 뭔가 모를 허전함은 남는다. 글을 읽으며 우리는 몽테뉴 자신도 그가 쓴 글에 온전히 만족하지 못하고 있음을 알아차린다. 죽음을 영리하게 준비하는 자세를 두고 이곳저곳을 기웃거리며 구불구불 이어지던 생각 끝에 이 에세이는 돌연 다음과 같은 뜬금없는 문장으로 끝나기 때문이다. "그처럼 수고해가며 자잘한 것까지 준비할 시간을 허락하지 않고 불현듯 찾아오는 죽음을 찬양할지니, 세 배는 더 소리 높여 찬양할지니."

죽음에 더욱더 근접하게 다가간, 자신의 개성이 반영된 경험을 원한 몽테뉴는 두 번째 시도에 나섰다. 『에세』 제2권에 수록된 "연습"이라는 텍스트에서 몽테뉴는 자신이 거의 죽을 뻔했던 경험을 이야기한다. 이 이야기는 죽음을 준비하자는 생각이 인생이라는 현실에 뿌리를 내리도록 해준다.

은퇴 생활의 초기에, 내전으로 주변은 불안하고 어수선하기만 했지만 몽테뉴는 말을 타고 외출하기를 좀체 포기하지 않았다. 어느 날도 말을 타고 비좁은 길을 가는데, 반대편에서 어떤 남자가 말을 타고 전속력으로 달려왔다. 말을 멈추지도, 피하지도 못한 그는 몽테뉴의 말과 충돌하며 그대로 쓰러졌다. 몽테뉴는 바닥에 떨어져 정신을 잃었다. 그는 죽은 사람처럼 꼼짝도 하지 않았다. 몽테뉴는 의식을 잃기 전에 반대편에서 달려오던 말이 거대한 검은 형상으로 자신을 덮친다고 느꼈다. 이 검은 형상은 죽음 그 자체였다.

몽테뉴는 자신의 의식이 어떻게 돌아왔는지 그 과정을 아주 세밀하게 묘사한다. 그는 자신이 마치 최면에 걸린 것처럼 느꼈다고 한다. 어렴풋이 정신이 들기는 했는데, 마치 천상도 지상도 아닌 중간 어딘가에 붕 떠 있다는 느낌은 전혀 아프지 않은, 가볍고 편안한 기분으로 그를 물들였다고 한다. "내 영혼을 깊게 물들인 이 기억은 죽음의 얼굴과 그 진짜 본질을 자연처럼 생생하게 보여줌으로써 나를 죽음과 화해시켰다."

몽테뉴는 이런 묘사로 본래 말로 담아내기 어려운 것을 문장으로 표현하려 신중하게 노력한다. "내 인생은 마치 내 입가 언저리에만 걸려 있는 것처럼 보였다. 나는 인생을 완전히 몰아내기라도 할 것처럼 두 눈을 감았다. 무기력함에 나를 온전히 맡기고 이대로 사라지는 느낌을 즐겼다. 내 영혼의 표면을 어루만지는 이 느낌은 다른 모든 감정과 마찬가지로 아주 약하고 부드러웠다. 좀 불편하기는 했지만, 잠에 빠져들 때처럼 기분 좋은 달콤함이 나를 엄습했다."

의식이 돌아오는 과정이 죽음으로 여겨진 상황에서 삶으로 가볍게 넘어오는 것이었다면, 삶에서 죽음으로 넘어가는 과정 역시 가볍고 매끄럽게 이뤄질 수 있지 않을까? "바로 이런 상태야말로 기력을 잃고 죽음과 싸움을 벌이며 의식을 잃어가는 모든 사람이 겪는 것이라고 나는 믿는다. 좀 불편하기는 해도 기분 좋은 달콤함으로 죽음을 맞이하기에 우리의 불평은 사실 아무 근거가 없다. 그저 죽음이 두려운 나머지 상상으로 지레 고통을 떠올리는 탓에 그런 불평이 나오리라."

가벼운 마음으로 죽음을 받아들일 수 있겠구나 하는 경험, 마치 마취당했다가 깨어나는 순간 덕에 죽음의 면모를 알아보았다는 몽테뉴의 다짐은 그동안 부지런히 모은 선인들의 지혜가 전혀 베풀지 못하던 것을 그에게 선물해주었다. 죽음을 얼마든지 평온하게 받아들일 수 있다는 평정심을! 그는 죽음의 문턱을 넘어갈 뻔했던 이 경험을 새겨두고 두려운 순간이나 회색의 단조로운 일상에 지쳤을 때마다 음미해보기로 결심했다. 물론 이런 경험은 직접 해보아야지, 읽는 것만으로는 두려움을 이기기에 충분하지 않다. "나는 이제 죽음 연습이 실제로 죽음과 더 친밀하게 지낼 수 있게 해준다는 점을 깨달았다. … 그런 점에서 내가 지금 쓴 문장은 이론이 아니라 내 경험에서 우러나온 것이다. 제3자를 위한 것이 아니라 바로 나 자신을 위한 것이다."

경험은 흔히 '만드는 것', 곧 인간이 적극적으로 이루어가는 것으로 이해되곤 한다. 그러나 현실에서 경험은 주로 당하는 것, 수동적으로 겪는 것이다. 물론 좋은 경험은 선물처럼 찾아온다. 아무튼 이런 관점에서 몽테뉴는 경험을 베풀어주거나 거두어들이는 것이 저 위대한 자연이라고 보았다. 마지막 에세이들 가운데 한 편에서, 곧 죽기 얼마 전에 쓴 텍스트에서 몽테뉴는 이렇게 말한다. "죽음을 이해할 수 없다 할지라도, 두려워 말라! 자연은 때가 되면, 너희가 무엇을 해야 하는지 정확히 이야기해주며, 일이 어떻게 진행될지 안내하리니, 너희는 고민하지 말라."

몽테뉴는 신이 아니라 자연을 말한다. 죽음 이후의 삶에 몽테뉴는 관심을 보이지 않았거나, 보였다 할지라도 세상에서 떠들썩하게 다루는 그런 수준은 아니었다. 신과 피안은 그냥 믿음의 세계에 속하는 것으로 인정하고 더는 건드리지 않았다. 다만, 이 믿음의 세계라는 곳이 "사기꾼이 들끓는 난장판"이니 조심해야 한다는 경고는 잊지 않았다.

"이리저리 흔들리며 방황하는 정신의 운동을 그 가장 깊고 가장 어두운 구석"까지 추적한 몽테뉴는 정신의 "가장 어두운 구석"에서 많은 놀라운 것을 찾아냈다. 하지만 거기에서 신 또는 악마로 대변되는 믿음의 세계를 찾을 수는 없었다. 구원의 요구로 내면의 가장 어두운 구석까지 샅샅이 파헤치며 정신을 일깨워 믿음의 세계로 데리고 온 루터와는 전혀 다르게, 의심이 많은 몽테뉴에게 믿음의 세계는 그저 늘 새롭게 꾸미려는 중독에 시달리는 망상에 지나지 않았다.

몽테뉴는 회의론자이기는 했지만, 모든 것을 늘 의심하지는 않았다. 그는 단지 집단의 광기에 거리를 두고 싶었을 뿐이다. 의심은 정신의 분야에서 집단의 이합집산에 맞서 개인이 자신을 지킬 수단이다. 의심은 특정 성향을 보이는 정신 집단의 강제를 벗어날 수 있게 해주는 개인의 자기방어 수단이다. 의심은 개별 사례를 주목하는 깨인 경각심이자, 보편적 일반 속에 개인이 매몰당해 사라지지 않게 막아주는 거부의 목소리다. 그래서 몽테뉴는 무조건 경험을 중시했으며, 집단의 주장이라는 유령에게 현혹당하지 않도록 각별히 주의했다. "이론은 흔히 조급한 지성이 서둘러 내놓는 성급한 주장이다." 세간에는 이 아포리즘이 괴테의 것으로 알려졌으나, 몽테뉴가 원작자일 가능성도 있다. 몽테뉴에게 이성은 개별 사례의 역동적 현실을 주목하는 경각심과 다르지 않다.

하지만 이성의 역할이 주의하고 조심하는 것만은 아니다. 이성은 주변을 지각할 뿐만 아니라, 어디로 나아가야 좋을지 방향을 잡아주기도 한다. 방향을 잡아주는 깨어 있는 이성, 루터가 신의 뜻은 아랑곳하지 않고 누구든 도운다며 창녀라고 욕설을 퍼부은 이성은 몽테뉴에게는 만족할 수 있는 인생을 살 수 있도록 도움을 주는 보조 수단이다. 이성은 아직은 도덕의 스승이 아니다. 이성이 도덕의 스승으로 발돋움하려면 칸트가 등장해야만 한다.

이성과 자유. 루터는 그리스도를 향한 믿음으로 자유를 경험했다. 몽테뉴는 이런 에움길이 필요하지 않았다. 자유는 몽테뉴의 직접적인 영약, 생명을 원하는 대로 누리게 해주는 영약이다. 그는 자유에 이론을 헌정하지 않았다. 그는 자유를 연구하지 않고 그저 자유를 활용하며, 날개를 달아주는 창조적 그 힘을 만끽했다. 그의 에세이가 보여주는 자유로운 필치가 그 창조적 힘의 표현이다.

체계를 세우려 하지 않고 펜이 가는 대로 펼쳐낸, 하지만 아무렇게나 멋대로 쓰지 않은 글은 논리의 일관성이나 연역 같은 끈에 조금도 개의치 않았다. 그의 글은 무슨 철학 학파를 세우려 하지 않았으니까. 관찰과 성찰과 사례는 주의 깊게 정리하는 손길로 다듬어졌다. 엄밀한 체계적 질서를 원하는 사람은 많은 쓰레기를 만들어낸다. 이 엄밀한 질서에 맞지 않는 것은 너무도 많기 때문이다. 하지만 몽테뉴는 이 뭔가 맞지 않는 것을 즐겼다. 인생은 이론이 설명하는 것과는 다르니까.

하지만 다양함과 유별난 것을 좋아하는 사람일지라도 지켜야 하는 원칙이 있다. 이 원칙을 나중에 스피노자$^{Baruch\ Spinoza}$*는 이렇게 정리했다. '모든 것을 할 수 없는 사람만이 모든 것을 생각할 수 있다.' "습관에 대하여, 그리고 전래된 법칙을 가볍게 바꾸어서는 안 된다는 점에 대하여"라는 제목의 에세이에서 몽테뉴는 거리낌 없이 즐거워하는 기색을 드러내며 전 세계적인 유별난 풍습(당시 이미 해외의 각종 풍습을 전해주는 소식이 많았다)을 일일이 열거한다. 서양의 질서에서는 찾아볼 수 없으며 그래서 생각할 수도, 실생활에 적용할 수도 없는 이런 기이한 풍습과 관습이 분명히 실제로 존재하지 않느냐고 몽테뉴는 슬그머니 미소를 짓는다. 하지만 몽테뉴는 어느 정도 안정적인 질서에

---

\*   바뤼흐 스피노자(1632~1677)는 네덜란드의 포르투갈계 유대인 철학자다. 데카르트, 라이프니츠와 함께 근대 합리주의 철학을 대표하는 사상가다

기댈 수 있는 사람만이 이런 혼란스러운 다양함을 느긋한 마음으로 즐길 수 있는 거라고 말한다. 차례로 민속적 풍습을 열거한 다음 몽테뉴는 이런 성찰로 끝맺는다. "지혜로운 사람이라면 모든 문제를 그 어떤 예단 없이 평가하는 자유를 구가하면서도, 밖으로는 전적으로 자신이 속한 사회의 풍습과 규범을 준수하는 자세를 보일 줄 알아야 한다고 나는 생각한다."

이 말은 뒤집어 해석하자면 사회생활에서 필연적으로 손해를 보는 일이 있더라도, 적어도 생각하고 글 쓰는 일에서만큼은 자유롭고 싶다는 에두른 표현이다.

"책에 대하여"라는 제목의 에세이에서 몽테뉴는 자신이 어떻게 자유롭게 생각하고 글을 쓰는지 묘사한다. 그는 어떤 것에도 매이고 싶지 않다고 말한다. 어떤 글을 썼다고 해서 "반드시 그래야 한다"고 고집하고 싶지 않다. 물론 자신이 쓴 것을 부정하지는 않겠지만, 그동안 의견이 달라졌을 수 있고, 다른 관점에서 보고 얻은 새로운 경험을 소화하면서 자신이 변화할 수도 있지 않냐고 몽테뉴는 강조한다. 글을 쓴다는 것은 길을 가는 여정의 기록이다. "나는 비록 나의 행보가 통상적이지 않다 할지라도 사람들이 그게 나의 통상적이고 자연스러운 행보라고 알아주었으면 한다." 다른 대목에서는 이런 표현도 나온다. "여기 쓴 글은 … 내가 터득한 사물의 지식을 전달해주려는 게 아니라, 나라는 사람이 어떻게 생각하고 경험했는지 하는 개인적인 고찰이다."

몽테뉴는 세계 전체를 조망하고 독자에게 이 세계가 어떤 곳인지 보여주면서, 무엇보다도 개인으로서의 자신을 드러내려 했다. 이렇게 해서 대단히 독특한 책이 나왔다. 이런 책은 예전에는 볼 수 없던 것이다. 고대부터 몽테뉴 시대에 이르기까지 책을 쓴 필자들은 자신이 기록해둘 만한 가치가 있는 행동을 했다는 자부심을 느낄 때만 자신의 이야기를 늘어놓았다. 특히 회고록이 그랬다. 또는 기독교적인 의미에서 신에 이르는 길을 찾고자 분투하는 경우에 자신의 이야기가 등장했다. 그 아주 탁월한 사례는 아우구스티누스다. 그러나 허구를 이용한 문학이 아니라 지극히 일상적인 면모에서 자신의 생각과 느낌을 솔직하게 드러내는 책, 더욱이 그 어떤 교훈도 늘어놓지 않고 거대한 전체에 기대어 자신을 합리화하지도 않으면서 쓴 책은 예전에는 전혀 들어보지 못한 것이다. 몽테뉴 자신도 이 점을 충분히 의식했다. 이 책은 "전 세계에서 이런 종류로는 유일한 것"이다. 그가 쓴 문장이다.

# 첫 번째 중간 고찰

당연히 르네상스 이전에도 개성을 찾아내고 존중하려는 노력은 있었다. 이를테면 래리 시덴톱$^{Larry}$ Siedentop*은 '개인의 발견'이 이미 고전적인 고대 그리스에서 이루어졌다고 보았다. 그는 이미 고대 그리스에서 개인이 아주 특별히 존중받았다고 논증한다. 개인은 그저 단순히 주어진 존재가 아니며 인간은 개인으로 살아가야 마땅하다면서 개성을 존중해 주는 태도가 고대 그리스의 특징이었다고 한다. 자연적인 개별자와 개성을 자랑하는 개인의 구분은 이미 고대에도 당연한 것으로 받아들여졌다. 개성을 자랑하는 개인들은 되도록 많아야

---

\* 래리 시덴톱(1936~2024)은 미국 출신으로 영국에서 활동한 정치철학자다.

더 좋다고도 여겨졌다. 개인이 추구하는 목적이 다양하고 자신의 개성을 돋보이게 할수록 더욱 좋다는 것이 이러한 관점이다.

장기적인 안목으로 역사를 볼 때, 또 다양한 문화권에서는 예나 지금이나 사회의 공동생활은 집단의 결속을 강조하느라 개성을 무시하는 경향을 드러낸다. 개인의 가치는 어떤 공동체에 속하느냐 하는 소속감과 그 공동체에 얼마나 기여하느냐에 따라 결정된다. 질서가 고착되어 당연한 것으로 여겨지는 사회에서 개인의 자부심 넘치는 태도는 스캔들이거나 구세주의 출현, 대개는 그 가운데 어디쯤으로, 어떤 경우든 논란을 불렀다. 그리고 언제나 이런 논란은 비록 개별적 사건일지라도 변혁의 조짐으로 해석되었다.

독창적인 개성을 개별적으로 존중하며 다양한 개성을 장려하는 목표를 보편적 가치로 여기는 사회로 나아가는 길은 멀고도 험난했다. 일반적으로 사회 구성원들이 서로 다를 바가 없고, 자아를 드러내는 경우가 거의 없었던 반면, 개인 중심의 사회는 저마다 다르며 누구도 다른 사람과 같지 않아야 함을 이상으로 삼았다. 자유 중심의 사회는 공식적으로 풍요한 차별성을 전면에 내세웠다. 그럼 평등은 어땠을까? 자연에서 평등은 없다. 모든 것은 다르다. 어떤 것도 다른 것과 완전히 같지 않다. 그러나 문화 발달이 이룩한 위대한 성과는 법 앞의 평등을 정립한 일이다. 법적 평등의 정립은 개성의 역동적 발현에 유리한 환경을 조성해주었다. 이렇게 본 평등은 누구나 자신의 개별성을 부각할 권리와 기회를 가지도록 보장한다.

타인과의 차별성, 외부와의 차별성은 개성이 가지는 수동적 측면이다. 우리가 주목해야 하는 것은 개성의 적극적 측면이다. 인간은 자신의 장점을 부각하기를 원하며, 이 장점으로서의 차별성이 주목받지 못할 때 상처를 입는다. 장점을 부각하고자 하는 개성의 적극적 측면이야말로 인정투쟁의 핵심이다. 인간은 누구나 자신의 특수함을 인정받고 싶어 한다. 이렇게 볼 때 법 앞의 평등은 전제조건이며, 자신의 차별성을 드러내 인정받는 것은 목적이다.

개인주의의 이상은 유럽 전통에 깊은 뿌리를 내렸다. 그 뿌리는 고대 그리스까지 거슬러 올라간다. 언제부터 집단을 우선시하지 않고 되도록 풍부하고 다양한 개성의 발현을 강조하기 시작했는지, 언제부터 가치 중심을 전체에 두지 않고 개별자에게 집중했는지는 아직 답을 알 수 없는 물음이다. 어쨌든 이 역사는 아주 오랜 역사이며, 여기서 중요한 역할을 한 것은 기독교다. 신이 개인들을 사랑한다는 예수의 메시지는 그에 앞선 민족종교, 그래서 민족이라는 집단의 질서를 강조한 지배적인 율법 종교를 확연하게 뛰어넘는 것이었기 때문이다.

앙리 베르그송Henri Bergson은 종교가 비롯된 원천을 두 가지로 인상 깊게 정리해냈다. 그 하나는 바로 인간의 공동체, 곧 공동의 질서를 유지하고자 단결을 장려하면서 개인에게 압력을 행사한 사회다. 이런 압력을 행사하는 대가인 반대급부는 사회가 제공한다고 약속하는 안전과 안정의 감각이다. 안전과 안정을 미끼로 삼는 것이 민족종교의 경영 비결이다.

다른 원천은 창조적 개인이다. 창조적 개인은 집단과 거리를 두거나, 심지어 집단을 극복할 줄 아는 능력을 선보였다. 세계 극복이란 집단의 자기보존 논리를 넘어서는 몰아지경의 신비적 차원을 펼치는 종교를 세우려는 노력을 뜻한다. 그 대표적인 예는 예수의 말씀이다. "천국은 네 안에 있나니." 기독교, 특히 사도바울 버전의 기독교는 율법을 떠받드는 민족종교를 극복하려 노력한 결과물이다. 개인이 개인으로 존중받는다는 느낌을 가질 수 있도록 민중에게 자존심을 심어줌으로써 집단의 종속을 벗어나 승화하는 일종의 엑스터시를 맛보게 해준 것이 사도바울의 기독교다.

그러나 기독교 역시 거듭 민족종교의 형태로 퇴행하는 모습을 보여주곤 했다. 그래서 그 대항으로 창조적 개인의 정신을 혁신하려는 노력이 되풀이되어 나타났다. 루터는 바로 그런 창조적 개인이다. 종교 집단이 아닌, 신과 독대하는 개인으로 구원의 황홀경에 이르는 믿음은 개인에게 그 개별성을 새롭게 자각하게 해주었다. 습관처럼 다른 사람들과 함께 믿음을 지키는 차원을 벗어나 개인으로 신을 섬기려 노력한 경험은 나중에 '실존'이라 불린 개념의 바탕이 되었다.

루터가 종교의 영역에서 개인으로 살아감을 실현하려 노력한 반면, 이탈리아 르네상스는 예술의 개인주의에 집중했다. 선명한 윤곽으로 자부심 넘치는 개인을 섬세하게 묘사한 그림은 집단과 거리를 두려는 태도와 맞물린다. 미켈란젤로는 조각 작업을 개인에게 달라붙은 집단의 요소들을 깎아내는 것으로 이해했다. 이처럼 르네상스 정신은 투쟁과 경쟁의 분위기뿐 아니라, 마키아벨리의 경우처럼 냉철하며 거의 냉소적인 시선도 자랑했다. 이른바 '르네상스 자연', 곧 개성을 자연 그대로 살리는 르네상스 정신은 권력의지의 구체적인 표현이다. 이 권력의지는 타인을 지배하는 권력뿐만 아니라, 자아 승화의 의지로 자기 자신을 다스릴 줄 아는 힘을 뜻했다. 바로 이런 의지 때문에 니체[Friedrich Wilhelm Nietzsche]는 르네상스에 경탄해 마지않았으며, 괴테는 미술의 용병대장 첼리니[Benvenuto Cellini]*의 자서전을 번역해 독일에 소

---

* 벤베누토 첼리니(1500~1571)는 이탈리아의 조각가이자 화가이며 군인으로, 『자서전(La Vita di Benvenuto Cellini)』에서 개성을 마음껏 뽐낸 인물이다.

개했다. 개인을 선호하는 문화는 안전과 안정이 주는 편안함과는 거리가 멀다. 바로 이런 사실을 르네상스는 확인해준다.

거의 같은 시기에 개인주의의 열망을 체험한 몽테뉴는 이 개인주의를 방어적이며 자부심 넘치는 정신의 아비투스habitus(습성)로 발전시켰다. 몽테뉴는 루터처럼 인격적인 신에 매달리지 않았으며, 르네상스 예술가들처럼 개인의 표현 형식을 천착하지도 않았다. 또는 피코 델라미란돌라와 같은 철학자처럼 완벽한 개인이라는 그림을 그리려 하지도 않았다. 몽테뉴는 자신의 자아를 탐구하는 명상에 집중해, 종교전쟁이라는 집단의 어리석은 요구를 최소한 정신적으로나마 피하려 시도했다. 집단의 질서를 의심할 줄 아는 사회 이성의 결여 탓에 그는 최소한 자아에서 위로와 안식처를 구해야만 했다. 사회와 떨어져 홀로 명상하면서 좋은 사회는 어때야 하는지, 이 생각의 천재 몽테뉴는 자력으로 대단히 유려하면서도 깊이 있게 논증했다. 이렇게 해서 몽테뉴는 내면의 다양함, 개성의 다채로움을 발견했다. 이 논증에 성공하지 못했다면 몽테뉴는 죄책감으로 괴로워했으리라. 그는 원죄라는 죄책감, 집단이 심어준 죄책감을 떨쳐버렸다고 술회한다. 바로 이 점이 몽테뉴를 루터와 구분해주는 대목이다. 루터는 개인적으로 새롭게 다진 믿음으로 죄악에 물든 세상을 바꾸려 했다. 몽테뉴는 홀로 아주 잘 지낼 수 있었기 때문에 마음의 평안함을 누렸다. 물론 몽테뉴 역시 자아를 갈고 닦는 것을 의무로 강조했다. 개인에 집중하면서도 몽테뉴가 적절한 사회·정치적 책임감을 부각한 것은 자아를 중심으로 세계를 보는 관점의 당연한 결론이다. 몽테뉴는 인습과 타협할 줄 아는 개인이었다. 그는 자부심에 넘쳤지만, 반항적이지는 않았다. 그는 설득하려 들지 않았음에도 확신을 심어줄 줄 알았다. 그는 개인으로 살아가는 것을 사명으로 삼지 않았음에도 모범적인 개인이 된 인물이다.

루소 - 개인으로 살아가기,
그리고 타인의 자유를 보는 두려움

제 4 장

장자크 루소<sup>Jean-Jacques Rousseau</sup>\*는 인생이라는 오디세이가 끝나가던 시점에 쓴 『고독한 산책자의 몽상 Les rêveries du promeneur solitaire』(이하 『몽상』)에서, 그의 마지막 책으로 생시에는 출간되지 않았던 이 작품에서 다음과 같이 술회했다. "나는 몽테뉴가 했던 것과 같은 일을 기획했지만, 그 목적은 정반대다. 그는 『에세』를 그저 다른 사람들을 위해 썼지만, 나는 『몽상』을 나 자신을 위해서만 썼기 때문이다. 내가 다가오는

---

\* 장자크 루소(1712~1778)는 프랑스 계몽주의 시대의 철학자이자 정치사상가, 소설가다. 대표작인 『사회계약론』, 『에밀』 등을 통해 근대 민주주의와 교육에 지대한 영향을 끼쳤다. 민주주의, 시민권, 평등 사상의 기초를 제공하여 프랑스 혁명의 정신적 아버지로 불리기도 한다.

죽음을 바라볼 만큼 가장 늙었을 때에도 내가 희망하는 바대로 젊었을 때와 같은 정서를 유지할 수 있다면, 그때 이 글들을 다시 읽으면서 글 쓰던 당시의 즐거움을 내 안에 고스란히 되살려내며, 그렇게 과거의 시간을 다시 불러와 내 존재를 두 배로 늘릴 수 있을 것이다. 사람들을 신물 나게 겪어보았지만, 그래도 나는 사회적 교류가 주는 자극을 즐기면서, 노쇠한 나와 젊은 시절의 나, 이렇게 함께 어울려 좋은 친구처럼 지내는 시간을 즐기고 싶다."

  루소는 이 문장을 1776년, 죽기 2년 전에 썼다. 당시 그는 다시 파리로 돌아와 살았다. 하루하루 경계를 늦출 수 없는 긴장 속의 생활이었다. 1762년에 그를 상대로 내려진 체포령, 교육소설 『에밀Emile』과 『사회계약론Du contrat social ou principes du droit politique』 탓에 내려진 체포령이 여전히 공식적으로 유효했기 때문이다.* 그동안 루소는 직접 여론에 호소할 생각을 포기했다. 그 대신에 그는 얼마 전에 대화체로 쓴 원고 "루소가 장자크를 심판하다Rousseau juge de Jean-Jacques"를 노트르담 성당의 대제전 앞에 놓아 여론의 주목을 받고자 했다. 하지만 이 공간이 쇠창

---

\*   로마 가톨릭을 비롯한 기득권층은 이 두 작품을 관통하는 사상, 곧 문명이 인간을 타락시켰다는 주장이 사회를 전복시키려는 불순한 책동이라며 루소를 체포하려 들었다.

살로 막혀버린 탓에 루소는 이런 조치가 자신의 방어를 방해하려는 책동이라고 의심했다.

당시 시점에서 루소는 유럽에서 가장 많이 읽히는 책들을 쓴 최고의 유명 작가였다. 루소의 인생은 이미 전설의 반열에 올랐다. 그럼에도 그는 자신이 완전히 외톨이라고 느꼈다. 그렇다고 아프거나 괴로운 것은 아니라고 루소는 극구 다짐했다. "나는 그들(사람들)과 어울려 지낼 때보다 고독 속에서 1,000배는 더 행복하다. 그들은 서로 어울려 지내는 삶의 매력을 내 심장에서 깨끗이 지워버렸다." 그는 홀로 생각을 즐기며, 자기 자신과 대화를 나누는 것이 좋다고 몇 차례나 강조한다. 사회에서 아쉽기만 했던 것을 자신과의 대화에서 얻는다고도 했다. 사회의 따돌리기는 고독함을 즐기는 루소에게 아무런 힘을 쓰지 못했다. 글을 쓸 때마다 루소는 자신이 그것을 읽는 첫 독자이자, 아마도 유일한 독자일 거라고도 썼다. 독백이나 다를 바 없는 자신과의 대화를 충분하다고 여긴 이유는 무엇보다도 루소가 자신을 개인의 표본과도 같은 인물이라고 여겼기 때문이다. 자기 자신을 탐구함으로써 인류의 본질을 꿰뚫을 수 있다고 할 정도로 루소의 자의식은 어마어마했다. "이런 신념 덕에 나는 다른 어떤 사람보다도 나 자신에게 더 큰 관심을 쏟아 그 본질을 탐구할 수 있었다." 그가 『몽상』의 세 번째 글에 쓴 내용이다.

루소는 자연과 사회의 어떤 문제와도 씨름했으며, 그것이 항상 자신에게 개인적인 의미가 없었던 적이 없다고 고백한다. 늘 그는 궁극적으로 자신이 누구인가 하는 물음에 매달렸다. 자아를 향한 이처럼 뜨거운 관심이 바로 그를 "고독한 외톨이 Solitär"*로 만들었다. 사람들이 생각하며 글을 쓰는 것은 대개 "겉으로 드러내려고", 다시 말해서 성공과 인정만을 염두에 두기 때문이다. 하지만 그런 이유로 사람들은 오로지 다른 사람의 의견이나 생각에 이르는 길만 알 뿐, 자기 자신에게는 어떻게 접근해야 좋을지 길을 알지 못한다. 루소는 첫 번째의 암중모색 끝에 맛본 실패, 곧 다른 사람들의 다양한 의견에 혼란스러워하며 정작 자신을 잃어버린 뒤에 자신을 회복하고 자신의 목소리를 찾으려 결심했다고 한다. 자신의 고유한 생각과 느낌은 먼저 남의 생각과 느낌을 흉내 내거나 모방했으면 하는 유혹에 맞서 싸워야 키워진다.

개성을 살려 자율적으로 생각하고 느끼는 능력을 루소는 "자연진리"라 불렀다. 대상의 진리를 목표로 나아가며 주관이 이 진실을 최대한 충실하게 살려내려는 능력, 이것이 자연진리다. 저 『고백록 Les Confessions』의 유명한 도입부 문장, 격정을 토로

---

\* 이 Solitär는 '혼자 놀 줄 아는 사람'이라는 의미도 가진다.

하는 문장 역시 이런 이중의 의미에서 이해해야 한다. "나는 유례가 없으며, 누구도 모방할 수 없는 일을 시작한다. 나는 전체 자연진리에서 나와 똑같은 인간을 보여주고자 한다. 이 인간은 바로 나다."

강력한 주장이다. 루소 이전에 이미 자아를 사실적으로 묘사하려는 시도는 있지 않았던가? 이미 그런 시도가 있었다는 점은 루소도 인정하리라. 그럼에도 루소는 분명 자신의 자아 묘사가 독보적인 위치를 자랑한다고 주장할 게 틀림없다. 자신이 발견한 진리가 사회 전체를 물들인 거짓과 확실하게 대립한다고 믿었기 때문이다. 내 안에는 진리가, 저 바깥에는 거짓이 있다고 루소는 선언한다. 루소는 죄로 완전히 물든 세상에 섬광처럼 나타난 진실이다. 전체의 암담한 죄악에 맞서는 순수한 개인이 루소다. 거의 순교자에 가까운 운명을 이 진실의 선지자는 감당한다. 루소의 이런 독백 자체가 놀라운 건 아니다. 이 독백과 결부된 어마어마한 자부심, 이런 자기의식은 실제로 유례없는 것이다.

유례를 찾을 수 없는 이 파격적인 문장은 1749년 여름 루소가 영감을 받은 저 불길한 순간으로부터 15년이 지난 시점에 쓰였다. 이 영감 덕에 루소는 유럽의 정신세계를 지속적으로 바꾸어놓는 결과를 초래했다. 루소 자신은 이 사건을 인생의 변곡

점이라 부르며, 전설로 꾸며내기까지 했다.

그 후텁지근한 여름날 루소는 친구 디드로Denis Diderot*를 면회하려고 파리에서 뱅센에 있는 교도소로 출발했다. 디드로는 신이 없다는 무신론적 주장을 늘어놓는 글을 써서 사람들을 불편하게 했다는 이유로 투옥되었다. 루소는 길을 가다가 우연히 『메르퀴르 드 프랑스Mercure de France』라는 신문에서 디종 지역의 학술원이 상금을 내걸고 "학문과 예술은 윤리의 순화에 기여했을까, 아닐까?"라는 주제로 논문을 공모한다는 기사를 읽었다. "나는 느닷없이 1,000개도 넘는 불빛들에 에워싸여 천지가 하얘지는 느낌을 받았다." 루소가 당시 겪은 일을 말제르브Chrétien Guillaume de Lamoignon de Malesherbes**에게 보낸 편지에서 묘사한 대목이다. 루소는 공모에 응모한 유명한 논문에서 밝혔듯, 그때 얻은 통찰은 너무도 가슴이 벅찬 나머지 아무 말도 할 수 없다고 감격해했다. 통찰은 글자 그대로 그를 강타해 쓰러뜨렸

---

* 드니 디드로(1713~1784)는 프랑스 계몽주의 시대를 대표하는 철학자다. 『백과사전』의 주요 편집자로서, 과학, 철학, 예술, 정치 등 다양한 분야의 지식을 집대성해 계몽 사상의 확산에 크게 이바지했다.

** 크레티앵 기욤 라무아뇽 드 말제르브(1721~1794)는 루이 16세 아래서 정부 요직을 거친 인물로, 젊은 시절 디드로와 가깝게 지내며 교류를 나누었다. 나중에 루이 16세의 변호인으로 활동하다가 처형당했다.

다. 루소는 나무 아래 쓰러진 채 거친 숨을 몰아쉬었다. 그를 압도한 것은 "인간은 본래 선한 본성을 가졌으며, 오로지 사회라는 관습 탓에 나빠졌을 따름이다"라는 가슴 벅찬 확신이었다. 루소는 특정 종류의 사회화가 인간을 그 자아로부터 떼어내, 자신으로부터 멀어지는 소외를 빚어낸다고 확신했다. "겉으로 드러난 본질이 항상 우리 심장의 본 모습을 고스란히 반영하는 것이라면 얼마나 좋을까." 루소는 당시 아카데미에 제출한 첫 번째 논문*에서 이렇게 썼다. 그러나 내면은 사회의 제도, 교류 관습, 공공의 언어, 예술작품 때문에 겉으로 드러나지 않는다. 늘 왜곡과 훼손과 겉핥기만이 인간을 지배한다. 이런 외적인 세계는 내면에 거스르며, 내면을 거부할 뿐만 아니라 거꾸로 내면에 침투해 개인에게 자신이 무엇을 진정으로 원하는지, 실제로 자신이 어떤 느낌을 느끼며 무슨 생각을 하는지 알지 못하게 압박한다. 인간은 스스로 만들어낸 문화 속에서 자신을 잃었으며, 손수 만든 제반 풍습을 족쇄로 자신의 발에 직접 채운다.

학술원 상을 받은 첫 논문은 1752년에 출간되었다. 이 논문

---

* 『제1논문』이라 불리는 이 논문의 원제는 『학문과 예술에 관한 담론(Discours sur les sciences et les arts)』이다.

으로 루소는 그때까지 몇몇 소품 오페라를 작곡하며 기묘한 악보 표기법을 고안해내 그럭저럭 이름을 알리는 성공을 거두었던 수준을 단박에 뛰어넘어 파리를 넘어서까지 유명해지는 기염을 토했다. 이 첫 논문은 무엇보다도 온갖 부정과 불의로 넘쳐나는 사회라는 무대를 묘사하는 데에 집중한다. "사람들은 더는 있는 그대로의 자기 모습을 드러낼 엄두를 내지 못한다." 그 원인을 루소는 자신을 솔직하게 보이려는 욕구가 억눌리는 탓이라고 짚었다.

3년 뒤인 1755년 다시 디종의 현상 논문 공모에 응모한 두 번째 논문\*이 출간되었다. "인간들 사이의 불평등을 빚어내는 토대와 그 기원"이라는 부제를 단 이 논문은 뱅센으로 가는 저 거리의 나무 아래서 경험한 압도적인 통찰을 본격적으로 거론한다. 인간들 사이를 멀어지게 하는 사회의 불행은 사유재산을 갈라놓으면서 시작한다. 사유재산의 분리는 또 다른 분리를 이끌고 와서 결국 경쟁과 권력 다툼을 발생시켜 불평등을 빚어낸다. 이로써 상호 불신과 적대감과 온갖 부정을 벌이면서도 겉으로는 선량한 척 꾸미는 가면놀이가 기승을 부린다. 이 문제

---

\* 『제2논문』이라 불리는 이 논문의 원제는 『인간 불평등 기원론(Discours sur l'origine et les fondements de l'inégalité parmi les hommes)』이다.

의 뿌리는 자연적인 '자기애', 평온한 가운데 자신을 돌아볼 줄 아는 마음가짐으로 이해된 '자기애'가 무너지면서 오로지 다른 사람과의 관계에만 초점을 맞추는 자세다. 이렇게 해서 '자기애(아무르 드 수아amour de soi)'는 오로지 자신만 생각하는 '이기적 아집(아무르 프로프르amour-propre)'으로 변해버린다. 이런 구분은 경쟁과 위계질서에 사로잡힌 아집을 평화로운 '자기애'와 떼어 볼 수 있게 해준다는 점에서 대단히 중요하다. 자기애는 자족할 줄 알지만, 아집은 타인과의 비교를 일삼는다. 아집은 다른 사람보다 더 많이 가지려 하거나, 타인의 인정에 목을 맨다. 『에밀』에서 아집은 늘 자신을 타인과 비교하는 탓에 절대 만족될 수 없다. 중점을 항상 타인에게 두기 때문이다. 반면, 자기애는 중점을 자신 안에 두는 덕에 자아로 하여금 평온을 누리게 한다. 자아는 자신을 발견하고 포착하고자 다른 사람을 거치는 에움길로 돌아갈 필요가 없다.

사회는 서로 적대시하며 거짓말을 일삼는 냉혹하고 이기적인 분위기에 지배당한다. 이런 상황은 자연의 순수한 상태를 오염시켜 변질한 결과다. 루소는 온갖 수사를 동원해가며 열정적으로 당대의 문명을 비판한다. 하지만 루소는 세상 사람들이 흔히 말하는 것처럼 "자연으로 돌아가자"고 훈계하지는 않았다. 볼테르Voltaire는 루소가 그런 주장을 했다는 항간의 소문을 듣고, "네 발로 걷는 게 즐거워지겠군" 하고 꼬집었다고 한다. 하지만 루소는 사회 발전의 방향을 두고 환상을 품은 적이 없다. "그러나 인간이라는 자연은 뒤로 돌아가지 않는다. 일단 멀어진 마당에, 순진하고 평등했던 시절로 돌아가는 일은 절대로 없으리라."

비록 돌아가는 일은 없지만, 루소는 사회적으로 아직 망가지지 않은 인간 자연이라는 개념만큼은 놓으려 하지 않았다. 그는 '자연'이라는 개념을 일종의 가설처럼 쓰는 것이 '인간 자연'이라고 말한다. 다시 말해서 되돌아갈 수는 없지만 인간 본래의 자연, 곧 본성이 이러저러하다고 상정함으로써 인간이 사회화 탓에 무엇을 잃었는지, 개인이 자신의 내면에서 비록 지워진 흔적뿐이라 할지라도 무엇을 되찾아야 하는지 분명히 할 수 있다는 것이 루소의 관점이다. 본래의 본성을 찾아내 해석하는 일을 루소는 "자신의 심장 읽기"라고 불렀다.

하지만 자아를 발견하려면 정확히 어디로 가야 할까?

거짓으로 물든 저 바깥의 사회생활이 혐오스러운 나머지 내면에서 진실을 찾는 사람은 내면을 찾아가는 여정에서 새로운 이중성에 휘말리게 마련이다. 몽테뉴가 이미 보여주었듯, 자아 역시 끊임없이 변화한다. 루소도 이런 경험을 피할 수 없었다. 내면이라는 피난처에서 내심 찾을 수 있다고 기대하는 것, 곧 꾸준한 모습으로 신뢰를 주는 자아란 찾을 수 없다. 늘 한결같은 모습으로 의지가 되어줄 '나'란 이 세상에 존재하지 않는다. 내면의 유일한 진실을 찾는 일은 헛수고로 끝날 뿐이다. 자아의 진실은 오로지 복수 형태로만 존재한다. 루소는 이런 사정을 알기 쉽게 설명한다. "나만큼 나와 비슷하지 않은 것은 없다. 다양하면서도 유일한 존재라는 이 기묘한 나를 다르게 정의하겠다는 것은 참으로 하릴없는 짓이다. 때때로 나는 거칠고도 잔혹한 인간 혐오자였다가, 다시금 언제 그랬냐는 듯 사교의 자극에 유혹받으며 사랑의 기쁨으로 황홀경에 빠진다. 때로 아주 진지하고 경건하게 기도를 올리다가도 … 언제 그랬냐는 듯 방탕을 일삼는다. … 한마디로, 변덕의 신 프로테우스나 카멜레온 또는 여자가 나보다도 덜 변덕스럽다. 내가 누구인지 호기심을 품었던 사람도 언젠가는 내 성격을 알 수 있겠지 하는 희망을 애초부터 접는다. 그들은 나를 언제나 특별한 형태로, 오로지 그 순간에만 내 것인 그런 형태로만 만나기 때문이다."

 루소는 자신의 자아를 "프로테우스" 또는 "카멜레온"에 견준다. 이런 특징 없음, 아니 변화무쌍한 변신의 능력은 물론 자신의 확실한 정체성을 찾으려고 고통을 자처해가며 노력한 사람만이 알아본다. 하지만 루소는 자신을 잊어버리는 몰아지경에 이르러서야 비로소 자아를 찾았다고 느꼈다. 어떻게 해서 그런 경지에 이르렀는지 루소는 1762년 크레티앵 기욤 라무아농 드 말제르브에게 보낸 편지에서 인상 깊게 묘사한다. 루소는 숲속의 어느 한적한 장소, 공원이 아닌 진짜 야생 숲의 한가운데 서 있었다. 주변에는 사람이라고는 그림자도 보이지 않았다. 루소의 표현대로, 그와 자연 사이에 아무것도 끼어들지 않았다. 루소는 자신 안의 깊은 곳에 있는 자연(본성)이 자신을 부르는 소리를 들었다. 순간 루소는 이 내면의 자연이 외적인 자연과 '하나로 녹아드는 황홀경'을 맛보았다. 한편에서는 자연 속에서 자신을 완전히 잃어버리고 오로지 자연에만 몰두하는 감정을 느꼈는가 하면, 이내 주변의 모든 것이 자신 안으로 빨려 들어오는 기분에 그는 가슴 벅찬 감격을 맛보았다. 안과 밖이 서로 맞물려 하나가 되었다. 그야말로 오롯한 감격의 순간, 존재와 하나가 되는 일종의 합체를 체험하는 순간이었다. 그래서 이런 엑스터시의 묘사는 감탄사로 끝날 수밖에 없다. "오 위대한 존재여! 오 위대한 존재여!"

이처럼 홀로 있으며 자기 자신과 독대하면서 전체 자연과 혼연일체를 이루기란 평범한 시민으로 살아가는 인생에 그럴 여유도 시간도 없다는 점에서 결코 간단한 일이 아니다. "시민의 질서에서 벗어나지 않으면서 근본적으로 자연과 하나라는 감정을 지키고자 하는 사람"은 피할 수 없이 "자기 자신과의 계속

되는 모순"에 시달릴 수밖에 없다.

  거짓과 위선으로 얼룩진 사회에서 어쩔 수 없이 하루하루 버티면서 자신과 자연의 조화를 추구하는 이런 모순을 감당할 수 있는 사람이 몇이나 될까? 모순을 참아내겠다는 각오를 다진다면야 불가능한 일은 아니리라. 루소는 자신을 두고 극단을 오가는 인간이라고 말했다. 온전히 사회에 어울리거나, 철저히 사회 바깥으로 나오거나. 루소는 이 극단을 오가는 것이 모순을 견디며 사는 것보다 더 낫다고 여겼다. "인간을 불행하게 만드는 것은 모순이다. … 인간이 겪는 모순을 풀어주고 자신과 하나가 되게 만들어준다면, 너희는 인간을 있는 그대로의 모습으로 존재하게 해줌으로써 행복하게 해주는 것이다. 인간을 전적으로 국가에 일임하거나, 인간을 자기 자신에게 충실하게 하라."

  어떻게 해야 인간을 오롯이 그 자신에게 충실하게 할지 루소는 자신의 교육소설 『에밀』에서 묘사한다. 두 극단 가운데 하나를 다룬 이 소설은 다른 극단을 주제로 한 『사회계약론Du Contract Social ou Principes du droit politique』과 같은 시기에 쓰였다. 『사회계약론』은 개인을 전적으로 국가에 일임한다는 게 무엇을 뜻하는가 하는 주제를 다룬다. 국가의 과제는 "인간에게 그 자연을, 절대적인 실존을 거두어들이는 대신에 상대적인 실존, 곧 자아를 통일적인 공동체에 맞추게 함으로써, 개인이 더는 온전한 하나의 자아가 아니라 하나의 공동체를 이루는 부분으로 느끼게 하는 것이다. 다시 말해서 개인은 공동체라는 전체 안에서만 생각하고 느끼며 살아갈 수 있다."

루소에게 이상적인 국가는 개인들이 전적으로 사회를 중시하는 삶을 택하는 한에서 내면의 모순 없이 살 수 있는 국가다. 이런 개인은 인생의 충족을 자기 자신이 아니라, 국가라는 공동체의 우리에서 찾는다. 그는 자신을 개인으로 만드는 자기애를 포기할 게 분명하다. 그 대신에 그는 공동체와 법을 사랑하게 된다. 이런 공동체 사랑은 개인이 자신의 특수의지를 '공동체 의지', 곧 '일반의지volonté générale'와 하나가 되도록 융합시킨다.

루소는 개인을 일반의지로부터 어떻게 보호해줘야 할까 하는 문제는 별로 신경 쓰지 않았다. 일반의지가 우선시된다면 결국 개인의 자유는 저 수상하기 짝이 없는 전체의 자유에 희생당한다. 집단이라는 정치체제만 자유를 누릴 뿐, 개인은 아니다. 그래서 루소는 『사회계약론』의 결론 부분에서 사회 구성원 모두가 공공을 종교처럼 성스럽게 떠받드는 시민종교religion civile적 자세를 의무로 받아들인다는 신앙 고백이 필요하다고 보았다. 개인이 자신의 정신적 실존을 흔쾌히 사회 일반을 위해 봉사할 수 있게 만들자는 것이 루소의 사회계약이다. 이 시민종교는 국민 개개인이 자신의 사회적·정치적 의무를 "차츰 좋아할 수 있도록" 도와야만 한다. 중요한 것은 사회의 질서를 종교처럼 떠받드는 자세다. 이 종교의 최우선 목표는 "공공의 안녕"이다. 이 종교의 핵심은 지혜롭게 선행을 베푸는 신을 향한 믿음이다. 이 신은 정의로운 사람에게는 보상을, 불의한 사람에게는 처벌을 내리는 포괄적인 섭리를 구사한다. 이런 보상과 처벌은 확실한 목표를 가진다. "사회계약과 그 법을 성스럽게 여기는 믿음을 안정적으로 키워주는 것"이 그 목표다.

시민종교의 교리는 사회와 정치를 이성으로 이끌라는 요구다. 이로써 시민종교는 이성을 성자로 인정한다. 이 교리를 받아들일 자세를 보이지 않는 사람은 사회의 구성원이 될 수 없다. 그럼에도 사회에 머무르며 사회에 보호와 편안함과 안전을 요구하는 사람, 끝내 공공의 안녕이라는 교리를 믿지 않으려 하거나, 겉으로만 믿는다고 위선을 보이는 사람은 "사형을 받아 마땅"하다. 그는 가장 위중한 범죄를 저질렀다. 그는 법의 면전에서 거짓 맹세를 했기 때문이다.

이처럼 개인을 국가에 전적으로 일임하는 것이 하나의 극단이다.

루소가 두 가지 극단, 온전히 개인으로 사는 것과 자신을 전적으로 국가에 일임하는 태도를 상정한 이유는 인간이 모순을 끌어안고는 살아갈 수 없다고 확신했기 때문이다. 인간은 자기 자신과 일체의 모순이 없는 '조화'를 이루어야만 한다. 그는 『사회계약론』에서 이런 확신을 다시금 명확히 언급한다. "사회의 통합을 저해하는 모든 것은 아무 쓸모가 없다. 자기 자신과의 조화를 모순으로 물들이는 모든 제도는 아무 쓸모가 없다." 그래서 "시민의 심장을 국가에 붙들어 매는 노력"은 아낌없이 이루어져야 한다. 이렇게 본다면 자신과 자연과의 내밀한 융합, 루소가 강조했던 영합 역시 통합을 저해한다는 의혹을 살 수 있다.

대체 어떻게 해서 루소는 이처럼 개인의 자아를 반대하는 생각을 했을까?

이 물음의 답은 루소가 자유를 두고 어떤 생각을 했는지 살펴보아야 얻을 수 있다.

루소는 존재 충만을 추구했을 뿐만 아니라 자유의 자발성이 선물하는 황홀경을 높게 평가한 신비주의자다. 그에게 자유는 "위대한 존재"이면서 신비 그 자체이기도 하다. 예를 들어 세계의 태초를 생각할 수 있느냐는 물음에 루소는 우리가 언제라도 다시금 새롭게 시작할 수 있기 때문에 세계의 태초는 얼마든지 생각할 수 있다는 기발한 답을 내놓았다. 루소는 자유를 선택과 중단에만 국한하는 게 아니라, 무엇보다도 시작할 수 있음,

곧 창조적 자발성을 가지고 주도적으로 일을 벌일 힘으로 확장해 이해했다. 루소 이전에도 이후에도 자유를 이처럼 명쾌하게 정리한 철학자는 없었다. 나중에 한나 아렌트Hannah Arendt*가 비로소 시작할 수 있음을 자유의 생동하는 힘으로 이해했을 따름이다. 차분하게 자신의 존재를 음미하는 개인은 세계를 수동적으로 받아들이며 느낄 뿐이지만, 자유는 세계를 창조한다. 자유는 행동을 뜻하며, 존재를 성장하게 한다. 좋은 의미에서든 나쁜 의미에서든. 자유 덕분에 인간은 인생을 자신의 인생으로 살아갈 수 있다. 이런 자아에 충실한 인생은 자신 안에 갇히는 폐쇄적인 것이 아니라, 자신으로부터 벗어나는 개방적인 인생이다. 자유는 경이로움 그 자체다. 심지어 자유는 인간의 자아가 상상도 못 한 놀라운 결과를 빚어주기도 한다. 자유는 예측을 불허하는 힘이다.

루소는 내면의 예측 불가능함과 불확실성을 익히 알았기에, 저 바깥에 무수히 많은 타인의 자유가 초래하는 어마어마한 불확실성을 외면할 수 없었다. 자신의 자유를 누리는 즐거움은 타인의 자유를 보는 두려움으로 바뀐다. 어쨌든 루소는 타인의

---

\* Hannah의 한글 표기는 국립국어원에 따르면 아렌트가 주로 활동한 미국을 기준으로 하여 '해나'다. 아직은 많은 이가 '한나 아렌트'로 사용하므로, 이 책에서는 '한나'로 표기한다. 참고로, 독일을 기준으로 표기하면 '하나'다.

자유가 두렵기만 했다. 실제로 정부와 교회 당국으로부터 추적과 박해를 받았던 루소는 단순한 두려움을 넘어서서 적들에게 포위당한 공포를 느꼈다.

내면에서 예측 불가능한 자발성의 풍요로움으로 체험되는 자유는 밖으로 눈을 돌리며 적들을 목격한다. 자유의 향유는 루소에게 타인의 자유를 보는 두려움과 떼려야 뗄 수 없이 맞물린다. 저마다 자신이 원하는 쪽으로 치닫는 자유, 그 결과를 예측하기 어려운 자유를 보는 두려움 탓에 저 바깥세상은 한 치 앞을 알 수 없는 불투명하고 믿을 수 없는 곳이다. 그래서 루소는 국가라는 커다란 정치 주체, 곧 타인들을 하나로 묶어낼 수 있는 정치 단위를 개인처럼 하나의 커다란 단수로 취급하는 것을 매혹적으로 느꼈다. 국가의 자유? 이건 어떤 자유일까? 이 자유는 루소가 자신의 내면으로부터 알고 있는 자유, 곧 자신의 자유일 수밖에 없다.

결국 국가라는 사회는 루소가 이해한 인간, 곧 개인의 형상대로 존재한다. 이렇게 해서 『사회계약론』은 '일반의지'를 확장된 자아 형태의 국가로 그려내는 유명한 결론에 이른다. 많은 타인의 자유를 보는 두려움이 전체의 자유라는 기묘한 그림을 그려냈다. 그렇다면 사회의 영혼, 사회의 안녕을 보장해줄 심장은 그 사회 안에 담긴 다양성이 아니라, 모든 다름을 하나로 녹여

내는 통일성이다. 루소가 어떻게 해야 개인을 일반의지로부터 보호해줄 수 있을지 그 대책을 미처 고려하지 않은 단 하나의 이유는 바로 '일반의지'를 확장된 자아로 이해한 탓이다.

이미 언급했듯, 루소가 정치적 박해를 당한 것은 그의 피해의식이 빚어낸 망상이 아니라 실제 겪은 고초였다. 1762년 파리 의회의 체포령을 피해 도피해야만 했으며, 제네바에서도 안전하게 머무를 수 없었다. 스위스의 농촌 마을 모티에에서 망명처를 구하고자 했던 루소는 돌팔매를 맞고 쫓겨나야만 했다. 비엘 호수의 생피에르 섬에서도 마찬가지였으며, 파리에서 보낸 말년에도 언제 체포당할지 몰라 불안한 '다모클레스의 칼'에 시달려야만 했다. 더욱이 느낌상의 박해가 실제보다 훨씬 더 위협적이었다는 점이 루소를 힘들게 했다. 그동안 루소는 자신의 옛 친구들, 이를테면 백과전서파의 디드로와 그림<sup>Friedrich Grimm</sup>*과 돌바흐<sup>Paul Henri Thiry d'Holbach</sup>** 등도 박해당한다는 소식을 들었다. 적들에 둘러싸여 지내는 기분이 어떤지 루소는 『고백록』의 마지막 장에서 언급한다. "암흑의 작품"이라는 표현을 쓰면서

---

\* 프리드리히 그림(1723~1807)은 독일의 작가이자 저널리스트이며 음악비평가로 활동하면서 백과사전의 편찬에 참여했던 인물이다.

\*\* 폴 앙리 티리 돌바흐(1723~1789)는 독일 출신으로 프랑스에 귀화해 활동한 계몽주의자다.

그는 이 "어둠 속에 묻혀" 한 치 앞을 알 수 없는 답답한 심경을 토로한다. "내가 빠져버린 고통의 심연 속에서 나는 나를 겨눈 공격과 이 공격에 쓰인 도구를 보았다. 하지만 나는 도구를 쓰는 손도, 공격 도구도 볼 수가 없다."

실제 박해받고 피해의식에도 시달리면서 루소는 차라리 홀로 있는 고독한 자리를 찾았다. 그러나 그는 홀로 있음을 즐기려면, 사회가 더욱 세심하게 다듬어져야 하며 다양성을 포용하는 자세를 갖추어야 한다는 점을 너무도 잘 알았다. 개인화의 기쁨이 사회 덕분에 가능하다는 점도. 또, 사회에 등을 돌린다고 할지라도 사회는 개인을 놓아주지 않는다는 점도. 루소는 문명 이전의 상태로 돌아가는 것이 불가능하다는 점은 물론이고, 그 자신이 이 문명사회가 빚어놓은 특별한 산물이라는 사실 역시 익히 알았다. 원했든 아니든, 개인은 사회에 빚을 진다.

『사회계약론』에서 주장한 원칙대로 판단한다면, 루소는 자신이 아무 쓸모가 없는 인간이며, 심지어 그 책에서 구상했던 시민종교가 자신을 사악한 인간으로 심판하리라는 깨달음으로 괴로움을 견딜 수 없었다. 이런 자기 비난으로 힘겨웠을 때 디드로가 자신을 두고 했다는 말에 루소는 깊은 충격을 받았다. "오로지 못된 인간만이 홀로 있지." 루소는 디드로를 절대 용서할 수 없었다.

『사회계약론』의 저자 루소는 결국 개인 중심과 사회 중심을 대비시키는 자신의 논리에 따라 피할 수 없이 생겨나는 함정에 빠지고 말았다. 루소는 사회가 아니라 자신이 자아의 주인이라고 요구한 생각을 스스로 심판해야만 했다. "루소가 장자크를 심판하다"는 그가 생애에서 남긴 글 가운데 끝에서 두 번째 것이다. 그는 이 글에서 자신은 자연적 존재도, 그렇다고 시민도 아닌 괴물의 표본이라고 한탄했다. 그러나 주변 정황 탓에 어쩔 수 없었다는 변론도 잊지 않았다. 자신은 정글처럼 변모해버린 세상에서 피난처를 찾아 망명한 신세라고 호소했다. 그저 악보를 필사하고, 화초를 돌보며, 꿈을 꾸는 망명 생활을 할 뿐이라고 했다. 그러니 제발 나를 추적하지 말고 평온하게 내버려 달라고, 자신은 위험한 인물이 아니며, 그저 "쓸모없는 시민"이라는 것이 루소의 자기변호다.

마지막 작품, 아마도 루소의 글 가운데 가장 아름다운 명문인 『고독한 산책자의 몽상』에서 루소는 자신을 방어하려는 생각을 깨끗이 버렸다. 결국 루소는 사회에서 완전히 벗어나 고독한 자유를 즐기고자 마음먹었다. 이제 그는 정말이지 한쪽 극단에 이르렀다. 그는 자기 자신과 혼연일체를 이루었다. 타자의 세계는 지평선 뒤로 사라졌다. "나의 첫 번째 고백, 그리고 그동안 나누었던 대화들을 쓰며 나는 늘 나를 경계하며 공격하려는 기득권층의 강도 같은 손에 빼앗기는 게 아닐까 하고 염려했다. 나의 글들이 제발 무사히 다음 세대에 전해졌으면 하는 마음이 간절하다. 이 글을 생각하면 나는 이제 그런 염려와 불안으로 더는 힘들지 않다. 이 글이 아무 쓸모가 없으리라는 걸 잘 알기 때문이다. 내 가슴에 품었던 소망, 사람들이 이 글을 더 잘 알아주었으면 하는 희망도 지워졌다. 이 희망은 그저 무심하게 운명을 받아들이자는 깊은 체념을 … 남겨놓았다."

# 디드로
## - 사교 천재로서의 개인

**제 5 장**

루소는 자아와의 완전한 조화라는 이상에 매달렸다. 사회와 거리를 두는 입장에서든 사회정치적인 맥락에서든, 중요한 것은 이런 조화를 이루는 일이다. 어느 경우든 모순이라는 방해 요소는 제거되어야 한다. "자기 자신과의 조화를 모순으로 물들이는 모든 제도는 아무 쓸모가 없다." 오로지 홀로 자족하거나 정치 주체에 충실하거나, 두 가지 가운데 하나만 우리는 택할 수 있다. 이 두 극단은 서로 합치할 수 없기 때문에, 루소는 양 극단 사이에서 방황한 끝에 고독한 산책자로 꿈만 꾸었다. 이상적인 정치체제를 그려보는 꿈은 요청이 있었을 때, 이를테면 코르시카와 폴란드의 청을 받았을 때 헌법 초안으로 다듬어졌다.

루소의 이런 생각과 관점은 자아의 완벽한 조화라는 이상이 흠잡을 데 없는 완전한 시민이라는 이상과 마찬가지로 변종 괴물 키메라에 지나지 않는다고 본 친구 디드로의 입장과 극명한 대비를 이룬다. 그 자신이 독창적 개성 뽐내기를 즐기는 디드로는 사람들이 모이는 사교 모임을 무척 좋아했다. 개성을 과시하기에는 좌중을 장악하는 사교의 자리와 역할놀이가 안성맞춤이다. 디드로에게 진정한 자아란 공허한 중심에 불과했다. 진정한 자아라니 그런 게 어디 있으며, 그게 무슨 쓸모를 가지느냐고 그는 반문했다. 진리는 자아의 내면 저 깊숙한 곳에 있는 게 아니라, 번쩍이는 아이디어, 물론 나중에 더욱 세심하게 다듬어야 하는 아이디어가 오가는 저 바깥 만남의 자리에서 찾아야 한다. 이른바 '백과전서파'가 교류를 나누던 돌바흐의 살롱에서 디드로는 샘솟듯 하는 아이디어를 자랑하는 중심인물이었다. "글을 통해서만 디드로를 아는 사람은 그를 전혀 모르는 것과 마찬가지다." 마르몽텔<sup>Jean-François Marmontel</sup>*은 이렇게 증언한다. "나는 정신의 이런 화려한 파티를 거의 보지 못했다." 디드로는 이처럼 축제를 즐겼다. 돌바흐의 살롱에서 벌어진 정신의 축제를 두고 디드로는 여자 친구 소피 볼랑<sup>Sophie Volland</sup>에게 이렇게

---

* 장프랑수아 마르몽텔(1723~1799)은 백과전서파에 참여했던 프랑스 작가다.

말했다. "모두 놀란 입을 다물지 못하더군. 나는 이루 말할 수 없는 만족감을 느꼈어. 마치 내 내면에서 불길이 활활 타오르는 것 같았어. … 그날 저녁은 열정이 활활 타오르는 시간이었어, 내가 그 화덕이었지."

디드로가 친구들과의 모임에서 그 화려한 말솜씨를 뽐내며 승리감에 도취한 반면, 루소는 과묵하게 앉아 지켜보기만 했다. 그저 뭔가 무례한 발언이 나올 때마다 불평하듯 끼어들었을 뿐, 입을 꾹 닫고 있는 루소는 낯을 가리는 소심한 사람이라는 인상을 심어주었다. 하지만 결정적 순간을 놓치지 않는 루소의 촌철살인은 주변의 이목을 끌기에 충분했다. 귀족 출신의 여성들은 루소를 보며 모성애를 느꼈다.

1745년에서 1756년까지 거의 10년 동안 루소와 디드로는 서로 뗄 수 없는 친구라는 소리를 들었다. 루소는 디드로의 『백과사전Encyclopédie』 중 몇몇 항목을 집필했다. 서로 견해차, 이를테면 디드로는 이 책의 발간이 학문과 예술의 발달에 이바지할 거라고 굳게 믿었고 루소는 회의적이었던 견해 차이를 보이기는 했지만, 그럼에도 이 우정은 일단은 흔들리지 않았다. 디드로는 이 문제에서도 놀이를 즐기듯 여유만만했다. 그는 친구가 생각을 끝까지 밀어붙일 수 있게 도우면서, 이로써 무슨 결과가 나올지 지켜보곤 했다. 디드로는 아이디어를 가지고 실험하듯 즐기면서도 아이디어에 집착하지 않았다. 그는 유연한 사고방식을 즐기며 자유로운 역동성을 자랑했다. 무슨 생각이든 꼼꼼하게 따지는 디드로였지만, 그 자신은 종잡을 수 없는 인물이었다. 대담하게 즐기며 꾀돌이처럼 행세하면서 그는 『백과사전』이라는 거대한 프로젝트를 어려운 시기에도 이끌었다. 책은 첫 권의 출간 이후 공식적으로 금지되었음에도, 디드로는 필진을 다독여가며 차례로 다음 권들을 쓰게 했다. 당시 책임 검열관이었던 말제르브는 다재다능한 디드로에게 탄복한 나머지 두 눈을 질끈 감아주어, 책들이 계속 출간될 뿐만 아니라 유럽 전역의 서점에 배포될 수 있게 해주었다. 하지만 이미 이 시점에 디드로와 루소 사이의 우정은 균열을 보이기 시작했다.

루소의 『고백록』에 따르면 디드로는 루소가 데피네 부인 Madame d'Épinay*이 마련해준 은신처로 들어간 것을 무척 기분 나쁘게 받아들였다고 한다. 루소와 그녀와의 관계를 디드로가 무척 시기하고 질투하며, 그녀의 여조카 두데토 D'Houdetot와 루소가 연인관계로 발전하는 것을 막으려 안간힘을 썼다고도 한다. 더욱이 디드로는 루소가 당시 동거하던 여인 테레즈 Thérèse가 글

---

\*    루이즈 데피네(Louise d'Épinay, 1726~1783)는 프랑스 작가로, 흔히 데피네 부인으로 알려져 있다.

을 읽을 줄 모르는 문맹이라 루소와 격이 맞지 않는 짝이라며 테레즈와 그녀의 어머니, 그리고 루소 사이를 이간질하면서 무슨 보호자라도 된 양 거들먹거렸다고 루소는 썼다. 그리고 마침내 사회에서 물러나 칩거한다는 이유를 들어 자신을 "못된 인간"이라 불렀다고 루소는 분통을 터뜨렸다.

물론 디드로는 완전히 다르게 보았다. 그는 루소와 데피네 부인 사이의 관계를 방해하지 않았다고 강변했다. 오히려 반대로 데피네 부인이 중병을 앓았을 때 유명한 의사에게 진료받으러 제네바로 가겠다며 루소에게 동행해달라고 부탁했는데 거부하지 않았느냐고 디드로는 따졌다. 그녀가 베푼 후원과 배려에 감사하는 마음에서라도 어려울 때 곁을 지켜주고 제네바로 동행해주었어야 한다고 디드로는 루소를 꾸짖었다.

루소는 사실 '양심'의 갈등 탓에 그녀의 도움 요청을 거절했다. 같이 사는 여인을 생각하면 차마 데피네 부인과 함께 제네바로 갈 수 없었다고 루소는 변명했다. 그러자 디드로는 거두절미하고 핵심부터 찔렀다. "양심의 가책? 그거면 충분한가? 다른 사람의 사정은 양심을 구실 삼아 완전히 무시해도 좋은가?" 디드로는 루소에게, 자아와 조화를 이루었으면 하는 욕구는 이해하지만 그런 욕구는 오히려 혼란에 빠뜨릴 뿐이라고 타일렀다. 사람은 자기 자신과 조화를 이루어야 할 의무뿐만 아니라,

다른 사람을 배려해야만 하는 의무도 가진다면서. 모순 없이 조화를 이루고자 하는 욕구는 오히려 배려 없이 행동하게 만들어 더 큰 모순을 빚을 위험을 키운다고도 했다. 디드로는 양심에만 귀를 기울이지 말라는 경고로 이런 위험을 친구 루소에게 분명히 일깨워주려 시도했다. 인간의 내면이란 너무 변덕스러우며, 믿을 만하지 않아서 더욱 큰 사회적 갈등에 휘말리게 할 뿐이라고 디드로는 꼬집었다. 이런 모든 비판에도 디드로는 여전히 루소와의 우정만큼은 지키고 싶었다. "자네는 내가 좋게 생각하는, 세상에서 유일한 은둔자가 될 걸세."

두 사람 사이의 마지막 만남은 1757년 12월에 이루어졌다. 이 만남에서 두 남자는 끔찍하게 충돌했다. 깊은 충격을 받은 디드로는 자신의 측근인 그림에게 이 만남을 자세히 이야기했다. "이 남자는 너무 흥분했더군. 다시는 이 사람을 보지 않을 거네! 다시 또 보느니 지옥과 악마를 믿겠어. 다시금 그를 찾아가야 할 피치 못할 일이 있다면, 분명 나는 그를 찾아가는 내내 벌벌 떨어야 할 거야. 그와 헤어져 돌아오는데 열이 나더군. … 그가 흥분한 나머지 나를 죽였을 수도 있어! 그는 정원의 반대편에서도 들을 정도로 소리를 질렀지."

이렇게 우정은 산산조각이 나고 말았다.

이때는 마침 디드로가 대화체 소설 『라모의 조카』Le Neveu de

Rameau』를 쓰기 시작한 때와 맞물린다. 이 소설은 루소와의 연관성, 마침 무너져버린 우정을 보는 저자의 감정을 고스란히 담았다. 이 '조카'는 루소와 마찬가지로 자아와의 조화를 추구하면서도 이리저리 흔들리는 다층적인 인물이다. 번뜩이는 재치를 자랑한다는 점도 루소를 연상하게 한다. 다만 그는 루소처럼 어떤 대가를 치르고서라도 자아와의 조화를 구하려 하지는 않는다. 이 조카는 디드로가 루소라는 마법에 대항하고자 내놓은 마법이다. 루소와 비슷한 성향이면서 정반대의 길을 가는 조카라는 인물로 디드로는 옛 친구에게 품은 온갖 감정을 풀어낸다. 디드로는 루소와 다투고 나서 곧바로 이런 글을 썼다. "차분하게 몇 줄 쓰려 해도 잘되지 않는다. 이 인간이 끊임없이 내 작업을 방해한다. 마치 옆에 저주받은 사람이라도 있는 것처럼 혼란스럽기만 하다."

디드로가 『라모의 조카』를 쓰기 시작했을 무렵 두 남자의 관계는 이처럼 회복 불능의 상태였다.

이 대화체 소설은 파산한 천재이자 걸인이며 도시의 부랑자로 유명한 장프랑수아 라모Jean-François Rameau를 주인공으로

---

\*  『라모의 조카』는 디드로가 1761년에서 1774년까지 썼던 작품으로 그의 생시에는 출간되지 않았다. 괴테가 유고를 찾아내 독일어로 번역해서 1805년에 처음으로 세상의 빛을 본 소설이다.

내세우는데, 그는 명성 높은 작곡가 장필리프 라모<sup>Jean-Philippe Rameau</sup>의 조카다. 장프랑수아 라모는 소설의 일인칭 화자인 '나'와 기묘하면서도 심오한 대화를 나눈다. 소설의 화자는 본래 "톡톡 튀는 개성"을 별로 좋아하지 않았다고 말한다. 그러나 조카 라모와의 대화, 그다지 이성적이라고 보기 어려운 톡톡 튀는 대화에 그는 빨려들 듯 휘말린다. 화자는 라모의 거칠고 무질서하지만 신선한 상상과 생각에 푹 빠진다. "나의 생각은 창녀와 다를 바 없다." 요컨대, 화자는 다음과 같은 이유로 '조카' 같은 인물을 높게 평가한다. "그런 성격의 소유자는 교육과 사회의 인습과 전래적인 예절이 만들어내는 지루한 단조로움을 깨뜨리므로 확연히 돋보인다. 그는 한 줌의 효모처럼 사회 전체를 부풀게 해 모든 이에게 그 타고난 자연적인 개성을 일부나마 돌려줄 줄 안다."

'조카'는 사회의 역할놀이를 경멸하기는 하지만, 루소와는 다르게 이 놀이에 참여하기는 한다. 물론 그의 사회를 향한 개방성은 냉소적이기만 하다. 그는 양심과 위선 사이를 오가지도 않는다. 라모도 자신이 신세 지는 사람들의 심기를 때때로 거스르곤 한다. 하지만 라모는 사회에 개방적인 태도를 취한다고 해서 자신이 더 나은 인간이라고 주장하지 않는다. 라모는 자신이 루소처럼 충동적이며 매일 다른 사람으로 행동한다고 자랑한다. 라모는 "변화무쌍한 존재", 곧 "프로테우스"처럼 행동하면서도, 사회가 자신에게 없어서는 안 되며 사회 바깥에서 홀로 사는 것은 상상조차 할 수 없다고 덧붙인다. 라모는 사회에 등을 돌리고 한적한 전원에서 칩거하는 것을 싫어하지만, 루소는 자아로 침잠해, 소외를 강요하는 문명을 벗어난 피안에서 진실한 존재를 탐색하자고 권유했다. 내면의 중시를 디드로는 라모의 의미심장한 행동과 대비시킨다. 라모는 한숨을 쉬고 눈물을 흘리며 불평을 늘어놓다가 분노하며 자신의 이마를 두드린다. "그 안에 뭐가 있는 것처럼 보였어. 하지만 아무리 두드려도 아무것도 나오지 않는군."

이 대화체 소설의 중심에는 자신의 개성으로 도발을 일삼는 개인이 선다. 이런 도발은 경탄과 혐오와 불안을 불러일으킨다. 아무튼 루소가 말하는 숭고한 또는 심오한 진리와는 거리가 먼 개인이다.

디드로는 이 작품을 1760년대에서 1770년대 사이에 걸쳐 썼다. 하지만 출간하지는 않았는데, 아마도 등장인물 대부분, 특히 조카가 살아 있었기 때문에 출간이 어려웠던 모양이다. 게다가 말년의 디드로는 오랜 세월 동안 논쟁을 벌이며 적들을 만들어온 것에 지친 나머지 다시금 시비를 벌이는 일만큼은 피하고 싶었다.

디드로는 돈이 궁했던 탓에 소장해온 책들과 원고를 러시아의 여제 예카테리나 2세Екатерина II에게 팔았다. 이렇게 해서 디드로가 죽고 난 뒤 출간되지 않은 원고는 상트페테르부르크로 넘어갔다. 그곳에서 예전에 『질풍노도Sturm und Drang』라는 희곡을 썼고 그동안 러시아 육군 소장의 지위까지 오른 프리드리히 막시밀리안 클링거Friedrich Maximilian Klinger*가 모처에 보관했던 원고를 발견했다. 그는 원고의 필사본을 완성했으며, 이 필사본은 우여곡절 끝에 1803년 실러Friedrich Schiller**의 손에 들어갔다. 원고를 읽고 흠뻑 빠진 실러는 작품을 괴테에게 보여주고 번역하라고 설득했다. 괴테의 1804년 일기에는 이런 대목이 나온다. "도발적이면서도 절제하고, 재치 있으면서도 대담하며, 부도덕한 동시에 윤리적인 이런 글은 예전에 전혀 보지 못했다. 나는 기꺼이 번역을 맡기로 결심했다." 문장의 함의를 잘 살린 대단히 뛰어난 번역이 완성되었다. 게다가 맥락을 어떻게 읽어야 하는지 친절한 역주도 붙었다. 물론 괴테는 몇몇 지나치게 외설스

---

\* 프리드리히 막시밀리안 클링거(1752~1831)는 독일의 작가로 활동하다가 러시아 군대의 장군이 된 인물이다. 괴테와 죽마고우였던 클링거는 희곡 『질풍노도』(1776)로 당대의 문학 조류를 대표하는 장르 명칭을 만들어냈다.

\*\* 프리드리히 실러(1759~1805)는 독일의 대표적인 극작가이자 시인이다. 독일 문학사에서 가장 중요한 고전주의 작가 중 한 명으로 평가받고 있다.

러운 구절은 포기했다. 그런 구절까지 다 옮겨 검열 당국이 개입할 구실을 주지 않으려 했기 때문이다.

프랑스에서는 19세기에 독일어 판본을 프랑스어로 재번역한 판본만이 유통되었다. 소실된 것으로 여겨졌던 원본 원고가 1891년에야 비로소 센강변의 어느 헌책방에서 발견된 탓이다. 독자들은 '조카'라는 인물뿐만 아니라, 대체 이 글이 말하고자 하는 바가 무엇인지도 몰라 이해하기 어려워했다. 그동안 적잖은 시간이 흐른 데다가 공간적 배경도 달라진 탓이다.

앞서도 언급했듯 현실의 조카 라모는 디드로의 시대에 도시에서 유명한, 또한 악명 높은 인물이었다. 어떤 동시대인은 그를 이렇게 묘사했다. "부자와 권력자에게 발길질을 서슴지 않으며, 삼촌을 조롱하고, 가문의 거창한 이름으로 치장하고, 삼촌을 … 흉내 내고, 따라잡고 넘어서려 안간힘을 쓰면서도 언제 그랬냐는 듯 시치미를 뗀다. 사자처럼 으르렁대고, 닭처럼 활개를 치며, 거북이의 갑옷과 게의 발을 가진 독수리 머리로다." 또 다른 사람은 자신이 만나본 인물 가운데 "가장 기묘한 괴짜"가 조카 라모라고 혀를 내둘렀다. "그는 하나 이상의 타고난 재능을 자랑하지만, 워낙 정신이 산만한 탓에 그 어느 하나도 제대로 키우지 못했다."

"부자와 권력자에게 발길질을 서슴지 않는" 남자란다. 디드로는 '조카'를 두고, 명망가들을 찾아다니며 별 재능도 없고 배울 관심도 없는 그 집안 딸들을 상대로 피아노 교습을 해주고 노래를 가르쳐야 했던 신세였다고 이야기한다. 조카는 사람들을 휘어잡아 자신의 뜻대로 조종한 방법을 들려주곤 했다. 방법은 집집마다 다니며 다른 집안과 관련한 헛소문을 퍼뜨리는 것이었다. 마치 모든 풍문과 비밀을 훤히 꿰고 있는 것처럼 행세하면서 부인의 비위를 맞춰주고, 딸들에게는 슬쩍 암시를 흘렸다고 한다. 정치의 풍향이 어떻게 바뀌는지, 궁정이나 교회, 백과전서파나 예수회, 어느 쪽에서 무슨 일을 벌이는지 떠벌이다가 적당한 때를 봐서 혀를 칼같이 놀려 원하는 것을 얻어냈다고 조카는 자랑했다. "나는 얼간이 연기를 했어. 사람들은 내 말을 듣고 웃으며 이렇게 외치곤 했지. 자네 참 재밌는 친구야." 다시금 다른 사람들에게 조카 라모는 워낙 인기가 좋아 좀체 만나기 어려운 천재 연기를 했다. "나는 서둘러 토시를 벗어 던지고, 피아노 뚜껑을 열고서 바로 시작했다. 늘 시간이 없다는 표정을 지으며 단 한 순간이라도 나를 기다리게 하면, 마치 1탈러를 빼앗긴 사람처럼 소리를 질렀다. 한 시간 뒤에는 어디를 가야만 하고, 두 시간 뒤에는 공작부인을 찾아가야 하며, 점심때는 아름다운 후작부인에게로, 그리고 폰 바게von Bagge 남작 어른의 집에서는 콘서트를 연다는 식이다."

디드로는 '조카'가 이런 환경에서 얼간이를 연기하든 천재를 꾸미든 보이든 항상 냉소적인 개방성을 보였다고 묘사한다. 조카는 기꺼이 연기했을 뿐만 아니라, 이 연극 전체를 굽어보는, 거짓투성이의 연극을 꿰뚫어 보는 역할도 연기했다. 하지만 세계를 굽어보는 역할에서도 그는 자유롭지 않다. 그는 '욕구'를 가진 인간이기 때문이다. 그래서 욕구를 떨치지 못한 채 억지로 "강요받은 저 위의 지위"는 최악의 것이다.

내면과 바깥, 자아와 사회라는 이분법에 "강요받은 지위", 사회를 등지고 자아와의 조화를 추구하는 지위는 주체적 주권과는 정반대의 것이다. 주체적인 사람은 자신 이외의 다른 누구도 필요하지 않으며, 그래서 연기하지 않아도 된다. "다른 사람이 필요한 인간은 욕구에 강요받는 탓에 역할을 맡는다." '조카'의 팬터마임 재능은 역할 맡기라는 게 어떤 것인지 아주 인상 깊게 묘사한다. "이제 그는 미소를 짓다가, 감탄한 사람, 부탁하며 매달리는 사람, 흡족한 사람을 연기하며, 오른발을 앞으로, 왼발을 뒤로 내밀고 등을 구부린 채 머리를 들어 주변을 두리번거리며, 입을 반쯤 벌린 채, 무슨 물건이라도 잡으려는 듯 팔을 앞으로 뻗는다. 그는 명령을 기다리며, 명령을 받는다. 쏜살처럼 사라졌는가 싶더니 다시 돌아와서 하던 일을 계속하며 변명하기에 급급하다. 주변을 주의 깊게 두리번거리던 그는 떨어진 것을 줍고, 방석을 제자리에 놓으며, 의자를 탁자 아래 밀어넣고, 진열용 접시를 들고 문을 연 다음, 커튼을 닫는다. 신사와 숙녀를 알아본 그는 두 팔을 아래로 늘어뜨리고 뻣뻣한 다리로 서서 귀를 쫑긋 세우고 신사와 숙녀의 표정을 읽으려 하다가 마침내 말한다. 지금까지 제 팬터마임이었습니다. 아첨꾼과 기생충, 그리고 궁색에 찌든 인간들이 주로 이러고 삽니다."

이렇게 해서 전체를 아우르는 그림이 완성된다. 전체는 거짓을 진실이라 포장한 것이다. 위 그리고 아래. 아래서는 욕구가, 저기 저 위에서는 야망이 인간을 들쑤신다. 위의 사람들은 꼭 필요한 것만으로 만족하지 않는다. 아래의 사람이라고 살아남는 것만이 목표는 아니다. 아래의 사람은 무엇보다도 살고 싶다. 인생을 인생처럼 살고 싶다. '조카'는 디오게네스의 방법, 곧 포기와 자족을 명확히 거부한다. 디오게네스가 들어가 살던 통은 너무 작다고 조카는 주장한다. 유들유들하게 자족한들 다른 향락의 상실이 상쇄되지 않는다. 그는 욕구를 거두어들이려 하지 않았다. 뻔뻔하고 교활한 꼼수를 써서라도, 욕구는 도덕적 양심의 가책 없이 충족되어야만 한다. 그는 디오게네스를 본보기로 삼지 않았으며, 오로지 다음과 같은 표어에 충실했다. "좋은 와인을 마시고, 맛난 음식을 즐기며, 예쁜 여인들을 차지하고, 부드러운 침대에서 쉬자꾸나. 다른 모든 것은 공허할지니."

욕구의 쟁취를 위해 조카는 음모와 거짓과 뻔뻔함, 그리고 연기를 서슴지 않았다. 하지만 그렇다고 명예까지 저버리는 일은 없었다. 누구를 상대로 어느 정도 저자세를 보일까 하는 결정은 오로지 자신만이 내린다고 했다. "나는 얼마든지 나 자신을 던질 수 있다. 다만 외부로부터의 강제는 받아들이지 않는다. 강제만 없다면 품위 따위는 얼마든지 벗어던질 수 있다." 그는 굴욕적인 상황에서도 당당했다. 치욕에 이를 가는 대신에 그는 자랑스럽게 외친다. "너희가 알 듯, 나는 무식하고 어리석으며 미련하면서도 뻔뻔하고 교활하며 탐욕스럽지." 그러나 소설의 화자는 조카의 이런 주장을 받아들이지 않고 오히려 "조카는 여린 영혼의 소유자다"라고 말한다. 조카는 이렇게 답한다. "내가? 절대 아니야. 내가 어떤 놈인지 근본적으로 안다면, 악마가 나를 잡아갈걸. 진실하다는 게 내 강점이라는 말은 완전히 틀렸어, 거짓말을 하는 게 어느 정도 유용하다는 말은 절대 거짓이 아냐. 나는 입에 들어오는 대로 말하지, 그게 이성적이야, 앞뒤가 맞지 않을수록 더 좋아, 그래야 사람들이 눈치채지 못하지. 나는 그냥 자유롭게 떠벌리는 거야."

조카가 팬터마임으로 연기하는 굴욕은 어디까지나 그의 개인적 굴욕이다. 하지만 그는 대사를 통해 이 굴욕을 일반화한다. 사회는 통째로 굴욕의 체계다. 연기할 필요가 없는 사람은 주체적이라고 그는 설명한다. 그러나 이제 그는 정색하고 묻는다. "도대체 누가 주체적일까?"

 드디어 이야기는 핵심에 도달한다. 지금껏 내내 조카에게 거리를 두고 의젓하게 대화를 유도하던 화자는 이제 그에게 바짝 다가선다. 심지어 화자는 조카가 초안을 잡은 사회 그림을 더욱 과감하게 밀어붙인다. 사회의 역할놀이에서 행세깨나 한다는 주체적 인물은 사실 전혀 주체적이지 않다고 화자는 강조한다. 이들 역시 누군가에 의존하며, 이 누구 역시 또 다른 누군가에 의존한다. 군주 역시 눈치를 보며 자신의 역할을 연기한다. "사랑하는 여인 앞에서 왕은 자세를 바로잡으며, 신 앞에서 왕은 자신의 팬터마임을 연기한다. 장관은 어릿광대처럼 종종걸음을 걷고 … 야심에 찬 인간 군상은 저마다 자신을 돋보이게 할 안무로 춤을 추지만, 하나같이 눈 뜨고 봐주기 역겹다."

 이것이 바로 사회라는 이름의 연극무대다. 이 연극에서 조카는 모든 역할을 두루 연기한다. 모순에 물들어 갈가리 찢긴 채로. 하지만 바로 이런 자기 분열 덕에 조카의 팬터마임 재능은 갈수록 성장한다. 그는 사회에서 사람들이 출세하고 유명해지려 벌이는 싸움을 흉내 낸다. 실패한 작곡가이자 불운한 음악 교사로 그는 또한 존경의 대상이자 경멸해 마지않는 경쟁자들을 흉내 낸다. 심지어 그가 팬터마임으로 보여주는 음악 연주는 어찌나 강렬한지, 화자는(그리고 우리 독자도) 실제 음악을 듣는다는 착각에 빠질 정도다. 이를테면 알베르티<sup>Domenico Alberti</sup>*의 피아노곡을. "그의 손가락들은 건반 위에서 날아다니듯 춤춘다. 저음을 위해 잠깐 고음을 떠난 그는 언제 그랬냐는 듯, 저음의 여운 속에서 이내 고음으로 돌아온다. 그의 얼굴 위로 온갖 격정이 춤춘다. 분노, 가슴에 사무치는 아련함, 즐거움, 고통을 우리는 확실히 구별하며, 피아노와 포르테를 느낀다. 나보다 더 감상 감각이 뛰어난 사람은 분명 시시각각 변모하는 그의 몸짓과 표정과 리듬감으로 곡을 확실히 알아보았으리라."

다른 사람의 작품을 이처럼 팬터마임으로 인상 깊게 '공연'하고 나자 화자는 이런 질문을 던진다. "어떻게 해서 그처럼 열광적으로, 경쾌하면서도 아주 아름답게 다른 사람의 작품을 연주하고 그 원작자를 매혹시킬 수가 있지? 당신은 가치 있는 그 어떤 것도 하지 않았음에도?"

이로써 드디어 조카의 치명적 약점이 거론되었다. 재기발랄한 두뇌의 소유자이자, 영민한 음악이론가이며 조롱을 일삼는 냉소적 인물이자 몽상가, 뚜쟁이, 수다쟁이이며 기생충인 라모

---

\* 도메니코 알베르티(1710~1740)는 베네치아 출신의 작곡가이자 연주자로, 화음을 무시하고 짧은 음들을 단순하게 반복함으로써 주제를 더욱 선명하게 부각하는 이른바 '알베르티 베이스' 연주기법을 잘 활용한 인물로 유명하다.

는 무엇보다도 운이 따르지 않는 작곡가, 자신의 재능이 의심스러운 나머지 거의 미칠 지경에 이른 음악가였다. "그래서 이도 저도 아닌 어정쩡한 내 신세가 정말 짜증스럽다." 라모는 이렇게 말하며 다른 사람의 성공한 작품을, 질투심을 숨기지 않고, 칭찬한다. "그런 작품을 너는 결코 해낼 수 없을 거야" 하는 생각이 그를 갉아먹는다. 분명 영감과 계시를 받았음에도 악상을 악보에 쓰려고 하면, 한심하기 짝이 없는 드라마가 펼쳐진다. "주변을 정리하고 홀로 차분하게 앉아 펜을 들어 쓰려고 하지만, 손톱을 깨물며 머리를 쥐어짜지만 … 신은 어디로 갔는지 사라지고 없다. 나의 천재성을 믿었음에도 결국 나는 펜을 집어 던지며 외친다. 어리석구나, 어리석도다, 멍청한 놈." 그런 다음 그는 다시 주먹으로 이마를 때리며 중얼거린다. "머릿속에 아무도 없거나, 나에게 대답하지 않으려 한다." 자신의 창조적 재능을 겨눈 이 고통스러운 의심의 주문呪文은 끝없이 되풀이된다.

 조카를 괴롭히는 최악의 상황은 어느 모로 보나 자기 자신에게 버림받고 실망한 나머지, 그저 남을 흉내 내는 것으로 도피할 수밖에 없다는 점이다. 디드로의 관점에서 볼 때, 이로써 조카는 창조의 아주 까다로운 비밀을 건드린다. 문제는 정확히 이것이다. 정말 창조에는 중심이라는 것이 필요할까? 완전히 새로운 창조라는 게 과연 가능할까? 그저 앞서 있었던 것을 새롭게 비틀고 조합해내는 것이 창조라는 미친 놀음이 아닐까? 아니, 창조라는 말에 걸맞게 완전히 홀로 있으며 그 어떤 것에도 매이지 않아야 하지 않을까? 창조자의 내면에도 사람들이 모여 환담을 나누며 맛보는 샘솟는 아이디어, 포착하고 흉내 내며 변화를 주는 아이디어의 잔치가 필요한 게 아닐까? 창조란 물론 창작활동을 하는 사람의 정신활동이기는 하지만, 다시금 자기 자신으로부터 떨어져 나와 바깥에서 바라볼 줄 아는 자세가 필요하지 않을까? 디드로는 정확히 이런 뜻에서 다음과 같은 말을 한 바 있다. "나는 나 자신으로부터 얼마든지 떨어져 나올 수 있어. 이런 재능이 없다면 쓸모 있는 어떤 것은 전혀 창작할 수 없지."

물론 자기 자신으로부터 떨어져 나오는 일은 결코 간단한 게 아니다. 자신의 생각을 스스로 버리는 일은 곧 자기소외를 낳을 수 있다. 그러나 고통인 동시에 재능인 이런 능력을 디드로는 조카에게 심어준다. 조카는 꾀가 많아 여러 가지 역할을 능숙하게 연기하고 사회생활을 즐기면서, 사람들을 그의 거친 생각과 태도로 사로잡을 줄 알면서도, 개인으로 남는다. 무엇보다도 놀라운 솜씨는 사회의 거짓을 흉내 내며 조롱하면서 상대하는 "모든 이에게 그 타고난 자연적인 개성을 일부나마 돌려줄 줄 안다"는 점이다.

처음에는 조카에게 확실하게 거리를 두었던 화자는 마침내 조카에게 "경탄"해 마지않는다. 디드로가 보는 이 조카라는 인물은 창조적 정신과 자기소외와 모방과 광기가 어우러진 카오스로, 사회의 창조적인 힘과 파괴력을 렌즈의 초점처럼 집약해 보여준다.

사회와 손익계산을 하려면 우리가 현실적이어야 한다는 게 디드로의 확신이다. 거짓과 가짜가 판을 치는 사회일지라도 우리는 사회에 신세를 많이 진다. 사회를 비판할 때조차 우리는 이런 사실을 잊어서는 안 된다. 사회가 불만스럽다 할지라도 우리는 사회에서 떨어져 나올 수 없다.

"보아라, 우리는 불협화음도 다스릴 줄 알아야 한다." 라모가 한 말이다. 디드로는 다스릴 줄 알았다. 루소는 다스리지 못했다.

# 스탕달
## -스타일을 가진 개인

**제 6 장**

1834년 11월 24일 스탕달$^{Stendhal*}$은 당시 로마 근교의 치비타베키아에서 프랑스 영사로 재직하며 자신의 자서전 『앙리 브륄라르의 생애$^{Vie\ de\ Henri\ Brulard}$』를 쓰기 시작했다. "아마도 나는 3년이나 4년 뒤에 이것(자서전)이 끝나고 나면 마침내 내가 누구였는지, 명랑한지 우울한지, 제정신을 가진 남자인지 돌대가리인지, 용감한지 겁쟁이인지, 그래서 결국 전체적으로 행복했는지 아니면 불행했는지 알게 되리라."

자신이 어떤 인생을 살아왔는지 글로 쓰겠다는 사람이 자신

---

\* 스탕달(1783~1842)은 리얼리즘 문학의 선구자로 평가받는 프랑스 소설가다. 대표작으로는 『적과 흑』과 『파르마의 승원』이 있으며, 야망, 사랑, 계급 투쟁 등을 날카롭게 그려내어 19세기 프랑스 사회의 구조를 사실적으로 묘사했다.

이 누구인지, 그리고 어떤 일을 해왔는지 모른단다. 그보다 20여 년 전에 이탈리아에서 쓴 책 『로마, 나폴리 그리고 피렌체 Rome, Naples et Florence』, 스탕달이라는 필명으로 발표한 첫 책에도 비슷한 표현이 나온다. "나는 어떤 존재인가? 나는 조금도 알지 못한다."

자기 자신을 변화시키고자 하는 사람이 자신의 본래적 자아, 자신의 '진정한' 자아를 알아야만 하는 것은 아니다. 일찍부터 열심히 일기를 써온 마리앙리 벨Marie-Henri Beyle, 나중에 자신을 스탕달이라 부른 벨이 원했던 것은 바로 자기 자신의 변화였다. 진정한 의미의 진실에 도달하고자 하는 사람은 헛수고할 수밖에 없다. 그런 것에는 도달할 수 없으니까. 우리는 기껏해야 상대적 의미의 진실만 맛볼 따름이다. 세상을 바꾸겠다고? 그럼 먼저 자기 자신부터 바꿔야 한다. 먼저 솔선수범해서 길을 열어가야 다른 사람도 따라오는 기적이 일어난다.

1801년 초 18세의 벨이 쓴 일기, 당시 스탕달은 나폴레옹의 이탈리아 원정에 용기병 소위로 참가했는데, 아무튼 그 일기에는 더 뛰어나게 보이고자 앞서 나가려는 의도가 분명히 드러난다. 자신이 누구인지 자아를 알고 싶다는 마음가짐은 자신을 더 낫게 단련하겠다는 욕구다. 오늘날 우리가 즐겨 쓰는 표현대로라면 자아 최적화랄까. 걸출한 개인이 되겠다는 열망은 다른 사람과는 전혀 다르게 행동함을 뜻하지 않는다. 이 열망은 그저 간단하게 늘 하던 일을 다른 사람보다 더 잘하겠다는 뜻이다. 다르게 행동하는 게 아니라, 같은 일을 하면서 더 잘하겠다는 다짐이다. 나폴레옹의 용기병은 스위스의 위험한 협곡을 넘어야만 했다. 군인들은 힘든 나머지 한숨을 쉬며 두려움에 떨었다. 스탕달은 냉철하기만 했다. "그게 일인가요?" 그는 상관에게 물었다. 그는 행동하는 남자로, 두려움을 모르는 저돌적인 남자로 보이고 싶어 했다. 이런 자세는 오래 가지 않았다. 나중에 실제 전투가 벌어지고 장난이 아니라는 것을 목도하자 그는 위험이 없는 보직만 노리며 전전했다. 이런 한직은 그의 사촌이자 전쟁 내각의 총무 장관으로 나폴레옹 보나파르트의 오른팔이라는 평판을 들은 피에르 다뤼Pierre Daru가 마련해주었다.

젊은 스탕달은 깊이 생각하는 자기 성향을 익히 알았다. 깊다고 해서 무슨 심오함을 말하는 것은 아니라고, 그는 묻지도 않았는데 굳이 밝힌다. 생각이 많다는 것은 국제무대를 가볍게 장악하며 우아한 무심함을 자랑하는 신사를 전혀 알지 못하는 소시민의 불행한 습벽이다. 예를 들어 디드로는 이런 신사의 경지에 오르려 무던히 애를 썼지만, 성공했다고 보기는 어렵다고 스탕달은 썼다. 경쾌하고 우아하게 문제를 풀어가는 아비투스는 얼마든지 배울 수 있으며, 특히 상류층의 고급사회에서 가장 잘 익힐 수 있다. 이런 고급사회로 이르는 문 역시 사촌이 열어주었다. 이탈리아 북부를 원정할 때 그랬으며, 1802년 파리로 돌아와서도 마찬가지였다. 1804년 9월 4일 그는 일기에 이렇게 썼다. "이런 경쾌한 우아함을 되도록 충실히 익히고, 생각부터 하는 습관일랑 버려야만 한다. 그런 습벽은 피곤하며, 무겁고 옹졸하게 보일 뿐이다." 그는 사람들 앞에 설 때 자신의 태도가 자신만만하지 못하며 서투르다고도 정확히 기록해두었다. 자신에게는 "특등석의 자신감"이 없다고 했다. 말을 너무 많이 하거나 아예 하지 않는 태도는 문제라고도 했다. 또렷한 정신과 간결한 논리가 중요하지, 주절주절 늘어놓는 태도는 옹졸해 보일 뿐이라나. 물론 그렇다고 무조건 재기발랄해야만 하는 것은 좋지 않다. 억지로 꾸며 보이는 것은 비웃음만 살 따름이다.

비록 자신이 누구인지 정확히 몰랐다 할지라도, 스탕달은 자신이 뭘 원하는지는 빈틈없이 알았다. 그는 여성과 명성과 돈의 성공을 원했다. 이는 특별히 독창적인 목표는 아니지만, 우아하고 멋지게 이룩해야 하는 성공이어야 한다. 이런 성공을 이루려 안간힘을 쓴다는 점을 사람들은 몰라야 한다.

여인의 환심을 사는 성공과 관련해 1811년 9월 스탕달은 지난 10년 동안의 여성 편력을 잠정적으로 결산했다. 그동안 국무원의 감사관으로 활동해온 그는 "거의 모든 소설을 읽고 지고지순한 사랑을 하고픈 간절한 감성을 키웠다." 그러나 그르노블에 사는 선량한 시민인 부모의 판에 박힌 고리타분한 생활을 보며 스탕달은 이른바 '덕성'이 너무 싫어졌다고 한다. 그래서 그는 사랑 문제에서만큼은 "탕아$^{Roué}$", 곧 플레이보이로 인정받고 싶었단다. 다른 사람들뿐만 아니라, 특히 자신에게 인정받는 플레이보이가 그가 추구한 목표였다.

물론 그의 신체적 조건은 난봉꾼을 자처하기에는 민망한 수준이었다. 스탕달은 매우 못생긴 데다가 다리가 짧아 땅딸막했고 뚱뚱했다. 학교 다닐 때 친구들은 그를 "걸어 다니는 탑"이라고 불렀다. 결국 성공적인 여성 편력을 위해 그는 몇 가지 노력을 기울여야만 했다. 이탈리아 북부를 원정할 당시인 1801년 8월 1일의 일기에 그는 자신에게 이런 지침을 주었다. "다른 남자들도 그렇겠지만, 처음으로 숙녀와 잘 때 틀림없이 당황할 것이다. 사실 방법은 간단하다. 그녀가 누우면 뜨겁게 키스를 퍼부어라. 여자가 흥분해서 즐기기 시작할 때까지. 하지만 여인은 거의 습관적으로 방어 자세를 취한다. 그럼 왼팔로, 그녀가 알아차리지 못하게, 턱 아래 목을 감는다. 마치 목을 조르기라도 할 것처럼. 그럼 그녀는 자신도 모르게 반사적으로 자신의 손을 들어 왼팔을 잡으려 움직인다. 그때를 놓치지 말고 오른손의 엄지와 검지로 물건을 잡아 그녀 안에 차분하게 밀어넣는다. 흥분하지 말고 침착하게 넣으면 확실하게 성공한다."

이런 글을 쓸 당시의 상황에 비추어 이런 묘사는 어느 모로 보나 판타지였던 게 분명하다. 나중에 당시를 회고하며 쓴 글에는 이런 대목이 나오기 때문이다. "나는 2년인가 3년 동안 여자라고는 겪어보지 못해서 여자를 향한 내 열정이 거의 메말라버릴 지경이었다."

스탕달의 열정은 두 가지 상이한 관계 유형, 곧 '저급' 관계와 '고급' 관계를 겪은 뒤 메말라버렸다. '고급' 관계에서 그는 채워지지 않는 욕구를 홀로 달래야만 했다. 그는 원하는 숙녀에게 열렬히 구애하면서 그녀를 이상화했다. 이에 해당하는 젊은 시절의 예는 빅토린 모니에Victorine Monnier*다. 하지만 그는 여인에게 접근도 하지 못하고 열병만 앓으며 채워지지 않은 욕구를 다른 방향에서 만족시켜야만 했다. "나는 다른 여인을 취했다." 그는 대리만족을 "취했다"고 표현했다. 예를 들어 마르세유에서 그는 어떤 집 입구의 희미한 가로등 불빛 아래 서 있던 로자라 불러달라던 여인을 따라갔다. "상당히 빨리 메스꺼워졌다. 나는 그녀와 두 번 했고, 여자가 여섯 번 하게 내버려두

---

* 빅토린 모니에(?~?)는 스탕달이 청년기인 1809년 무렵에 만난 친구 여동생으로, 스탕달이 빅토린을 이상화하여 구애했지만 현실에서 이루어지진 않았다.

었다. 혐오감과 이루 말하기 어려운 창피함으로 새벽 여섯 시에 나왔다. 이후 나는 다시 그곳을 어슬렁거렸지만, 다시는 그녀를 보지 못했다."

아무튼 그가 아는 여인은 취하거나 숭배하거나 둘 가운데 하나였을 따름이다.

취하는 여인의 경우 상상력은 아무 쓸모가 없더라고 그는 털어놓았다. 그래서 그는 속이 불편하고 메스꺼웠다. '고급'의 경우는 거리두기를 피할 수 없는 탓에 상상력이 활짝 나래를 펼쳤다. 꿈꾸듯 맛보는 상상 속의 쾌락은 그야말로 샘솟듯 넘쳐났으며, 위대한 연애소설이 쓰일 풍부한 재료를 제공했다.

다른 종류의 쾌락, 미리 앞당겨 맛보는 쾌락은 젊은 스탕달에게 작가로서 성공했다는 상상이 베풀어주었다. 1803년 4월 그는 이렇게 썼다. "나는 무엇을 원하는가? 프랑스의 가장 중요한 작가라는 평판이다."

성공적인 여성 편력이 그의 첫번 째 열정이었으며, 두 번째 열정은 유명해지고 싶은 욕구였다. 본래 그는 군인이나 외교관으로 위대한 업적을 쌓는 꿈을 꾸었다. 그러나 이 꿈을 실현하기에는 자신이 충분하지 않음을 깨닫고 스탕달은 작가로서 명성을 쌓는 것에 만족했다. 여성과 명성을 향한 두 가지 열정은 그에게서 제각각 분출되었다. "내가 상상으로 그리는 사랑이 나를 행복하게 만들지 못하는 것은 얼마 전부터 내가 명성과 사랑에 빠졌기 때문이다."

그가 위의 문장을 쓴 시기는 1803년 여름이다. 이 시기에 그는 파리에서 거의 매일 저녁 극장을 찾아 연극을 관람하고, 일기장에 작품을 세심하게 분석했다. 이렇게 그는 작가들의 작업실을 훔쳐보며 작법을 배워, 할 수만 있다면 작품을 더 잘 쓰고 싶었다. 그는 다섯 개의 작품 초안을 쓰고 일 년 내내 희곡한 작품에 매달렸지만, 완성하지는 못했다. 그의 글솜씨가 부족했기 때문이다. 너무 잘 쓰려고 매달리지 않아야 좋은 글이 나오는 법이다. 스탕달은 글을 쓸 때 악착스러움과 현학적 태도를 버려야 함을 배웠다. 야망에 물들어 반드시 해내고야 말겠다는 소시민이 아니라 여유를 자랑하는 귀족처럼 써야, 이와 더불어 글쓰기를 사랑하고 즐겨야 비로소 읽을 만한 작품이 나온다. "인생을 잘 사는 유일한 비결은 즐거움이다"라는 원칙은 글쓰기에도 고스란히 적용된다. 스탕달은 아직 글쓰기가 즐겁지 않았다. 획기적인 작품이라는 평가를 받는 후기 작품에 이르러서야 비로소 그는 글쓰기를 즐겼다. 후기 작품들은 흥에 겨운 놀이 속에서 탄생했다. 1830년에 발표한 두툼한 소설 『적과 흑 Le Rouge et le Noir』은 불과 몇 달 만에 쓰였다. 더 두꺼운 소설 『파르마의 승원 La Chartreuse de Parme』은 54일 동안 스탕달이 구술해 탄생한 작품이다.

그가 세 번째로 열정을 불사른 것은 돈이다. 스탕달은 돈이 중요한 게 아닌 것처럼 말하고 행동하는 사람을 비웃었다. 돈이 전부다. 돈이 없는 사람은 예를 들어 부족한 자신감에 시달리게 마련이다. "(돈이) 없으면 어딜 가나 주눅이 든다. 없는 탓에 보는 것마다 불행하다는 느낌이 든다. 주눅 드는 원인을 찾는 것이 거의 습관처럼 나를 사로잡았다." 바꾸어 말해서 돈 없이 만나는 세상은 주눅 드는 세계다.

스탕달은 막대한 재산을 모을 일이 절대 없을 사람이다. 하지만 그는 늘 가진 사람처럼 행세했다. 그는 경제 사정이 가장 좋았던 시기, 1809년에서 1812년 사이 파리에서 생활할 때는 세련되게 꾸미고 다녔다. 호사와 사치를 누렸으며 말 한 필이 끄는, 지붕을 접을 수 있는 멋진 마차도 탔다. 너무 많은 의상비를 지출하는 바람에 물론 많은 빚도 졌다. 국무원의 감사관이자 황제의 건물 감독관으로 루브르의 예술품 관리를 맡으며 매우 벌이가 좋았고, 적잖은 뒷돈도 챙겼지만, 그의 낭비벽은 감당하기 어려운 수준이었다.

스탕달은 출세, 여인, 문학, 그리고 돈을 원했다. 그는 감상에 휘둘리지 않게 자신을 단련하고자 마키아벨리를 읽었다. "그의 책은 나를 계집애처럼 만드는 불안정한 정서를 다스려줄 정말 좋은 치료제였다"고 그는 썼다.

중요한 것은 자기 자신의 주인이 되는 일이다. 인간은 그 어떤 것에든 의존할 수밖에 없지만, 외모에 이런 의존성이 드러나도록 해서는 안 된다. 그는 단편 글들을 모아 1832년에 출간한 『어떤 에고티스트의 회상Souvenirs d'égotisme』에서 평생 "꾸며 보이는 기술"을 연마해왔다고 썼다. 에고티즘은 에고이즘과는 다른 의미를 가지는 말이다. 오로지 자기만 생각하는 에고이즘, 심각하게는 자아 중독에 이르는 에고이즘과 달리 에고티즘은 자기 연출의 기술을 강조한다. 약간의 사기와 허풍은 대개 자신이 원하는 모습을 이룰 수 있게 해주어 해가 되는 게 아니다. 내면의 진정한 자아 운운하는 말은 허튼소리다. 중요한 것은 자신을 어떻게 꾸며 보이는가 하는 자기 연출이다. 근원이 아니라 효과가 필요하다. 그래서 연출, 변신, 변장은 포기될 수 없다. "나는 기쁜 마음으로 마스크를 쓰며, 즐겁게 이름을 바꾸리라."

여인, 작가로서의 명성, 돈, 이 세 가지는 그 꽁무니를 따라다녀서는 안 되는 것들이다. 지배해야지 지배당해서는 안 된다. 하지만 주객이 뒤바뀌지 않고 늠름하게 주인으로 살아가는 사람은 극히 드물다. 그러나 문학은 열정을 지배하고 다스리는 장이다. 열정을 언어로 반추하고 성찰함으로써 문학은 탄생하기 때문이다. 언어로 열정을 다스리는 것이 바로 문학이 베푸는 기적이다. 스탕달은 적확하게 고른 단어만으로도 문학은 자부심을 심어준다고 믿었다. 이런 자부심은 "내가 가는 곳마다" 승리를 맛보게 해주었다.

  스탕달은 소설 집필을 시작한 이래 일기를 드물게만 썼다. 그는 소설을 쓰는 열정에 끌려다니지만 않고 열정을 지배했다. 그는 작품의 주인공, 열정을 자랑하는 주인공을 인생이라는 혼란의 한복판에 내보내며 정말 즐거워했다. 평소에도 가면놀이를 좋아한 스탕달은 배우인 동시에 관객일 수 있게 해주는 문학이라는 세계를 만나 마음껏 활개를 펼쳤다. 그에게 문학은 가면무도회와 다르지 않았다. 그는 자신이면서, 자신이 아니었다. 그는 안과 밖을 자유자재로 넘나들었으며, 열정을 발휘하면서 열정을 지배했다.

  아무튼 스탕달이 그리는 세계의 핵심은 언제나 열정이다. 열정을, 그게 어떤 종류의 열정인지와 상관없이, 여한이 없을 정도로 불사르며 사는 것이야말로 인생의 의미다. 이를 넘어서는 것은 무의미하다. 신은 스탕달에게 일종의 만화 소재에 지나지 않았다. 세상을 물들이는 갖은 추악함을 두 눈으로 직시한다면, 신이 해야 할 유일한 사과는, 존재하지 않아 미안하다는 것이라고 스탕달은 썼다. 그는 죽기 얼마 전에, 도무지 신뢰할 순 없지만 신에게 부탁할 몇 가지 소망이 있기는 하다고 썼다. 첫 번째 소망은 페니스와 관련한 것이다. "이 물건은 제발 검지처럼 마음먹은 대로 단단해지고 자유롭게 움직일 수 있다면 좋겠다. … 그리고 보통의 것보다 약 5센티미터 정도 더 길었으면." 길이보다 훨씬 더 중요한 소망은 이렇다. 원하는 대로 발기가 되어야지, 마음은 간절한데 고개 숙이는 일이 없기를. 원하는 대로 세울 수 있다는 것이야말로 진정한 남성의 자율적 결정권이다. 자신이 결심하는 대로 세우는 발기라는 희망이야말로 문학의 글쓰기에 고스란히 적용된다. 글쓰기는 의도적으로 자신을 부추겨 일으켜 세우는 작업이기 때문이다. 그리고 스탕달은 바로 이렇게 소설을 썼다. 창조적 힘에 한껏 고취된 그는 그야말로 불끈 치솟는 창작 열정 덕분에 대작 장편소설들을 도저히 믿을 수 없는 짧은 시간 만에 완성했다.

  이 소설들은 그에게 무엇을 의미할까? 가르치고 계몽하며 폭로하고 비판하면서 어떻게든 자신이 대단히 쓸모 있는 사람임을 소설로 보여주고 싶었던 게 아닐까? 스탕달은 인류와 세계라는 거대한 전체를 변화시키고 싶었을까? 전혀 아니다. 변화와 관련해 그는 일기장에 이렇게 썼다. "어느 날 깨어보니 지구라는 곳이더라. 나는 몸에, 성격에, 운명에 매인 존재가 나라는 것을 깨달았다. 몸과 성격과 운명을 바꾸겠다고 안간힘을 쓰며 정작 인생을 사는 일을 까맣게 잊고 내 시간을 허비해야 할까?"

그럼 인생은 무엇일까? 다시금 강조하건대 인생은 열정이다. 열정은 그 자체로 목적이다. 문학 역시 인생을 기록하고 싶다는 열정의 산물이다. 물론 명성을 얻고, 또 돈도 어느 정도 벌 수 있다면 금상첨화이리라. 스탕달이 소설로 많은 돈을 번 건 아니다. 생시에 출간한 책들로 그가 벌어들인 돈은 대략 5,000프랑 정도였다. 한동안 파리의 살롱들에서 스탕달이라는 이름은 불티나게 사람들 입에 오르내렸지만, 그의 책은 거의 읽히지 않았다. 팔리지 않은 책들은 배가 침몰하지 않게 균형추로 쓰면 좋을 거라고 그는 자조했다. 하지만 스탕달은 자신이 문학의 이해받지 못한 순교자라고 느끼지는 않았다. 100년쯤 지나면 사람들이 자신의 소설들을 읽을 거라고 그는 확신했다. "행복한 소수를 위하여To the happy few." 장래의 독자들에게 스탕달은 자신의 장편소설 두 편을 바쳤다. 그는 미래의 독자들이 충분히 주체적이어서 문학에 가르침이나 도덕적 훈계를 기대하거나, 또는 발전이라는 수상한 목적에 이바지하라는 허튼 요구는 하지 않기를 희망했다. 문학은 열정과 마찬가지로 그 자체가 목적이다. 문학은 인생을 살아내고자 하는 열정의 증언일 따름이다. 스탕달은 예술을 위한 예술L'art pour l'art을 이렇게 이해했다.

스탕달은 흔히 알려진 것처럼 '아웃사이더'는 아니다. 그는 대다수의 평범한 사람들과 마찬가지로 명예와 부와 출세를 추구했다. 그가 사회를 경멸한 것은 자신이 도덕적으로 우월하다고 느껴서 그런 게 아니다. 그는 다만 사회를 교활하고 뻔뻔하며 냉혹하기 짝이 없다고 여긴 나머지 경원했을 따름이다. 그는 하루가 다르게 멍청이와 얼간이가 펼치는 이데올로기 다툼, 종교 갈등, 정쟁에 한사코 거리를 두었다. 개인으로 살아간다는 그의 자부심은 사회의 얼간이들과 어울리지 않겠다는 거부를 기초로 삼았다. 물론 사회활동을 하지 않은 건 아니다. 하지만 여유를 잃지 않는 "덤덤함 désinvolture"을 스탕달은 견지했다.

스탕달은 1812년 러시아 원정에 참여했다. 비록 후미에서 따라가기는 했을지라도 위험한 상황은 피할 수 없이 맞닥뜨려야만 했다. 그는 경악을 금할 수 없는 충격적 만행의 목격자가 되었다. 사람이 사람을 아무렇지도 않게 죽이는 학살, 약탈, 굶주린 나머지 사람이 사람을 먹는 식인 현장을 그는 두 눈으로 똑똑히 보았다. 그는 잔혹한 야만으로부터 다행히도 무사히 돌아오고 난 뒤 밀라노 카페의 어느 작은 테이블에서 이런 글을 썼다. "이 인생에서 수고가 아깝지 않을 유일한 것은 바로 나 자신이다. 이런 생각이 좋은 점은 러시아에서 철수한 것이 레모네이드 한 잔 들이켜는 것보다 더 큰 의미를 띠지 않는다는 점이다."

스탕달은 이탈리아 북부를 원정할 당시에 이미 나폴레옹을 거대한, 실제 이상으로 어마어마하게 큰 '나', 곧 자아로 바라보며 경탄을 금치 못했다. 돌이킬 수 없는 파국을 부른 러시아 원정의 경험에도 그는 나폴레옹을 보는 이런 관점을 조금도 바꾸지 않았다. 나폴레옹은 스탕달에게 신묘하게도 자아를 돌아보도록 고취해주는 마법적 매력을 자랑하는 인물이었다.

나폴레옹이 권좌에서 물러난 뒤 스탕달은 정치를 두고 다음과 같은 심정을 토로했다. "나는 자유를 중시하는 헌법을 가진 나라에 사는 것이 매우 마음에 들기는 한다. 하지만 민족적 자부심이 그리 높지 않으며, 개인의 행복이라는 문제에 별 신경을 쓰지 않는 정치가를 보면, 대체 왜 그가 끊임없이 헌법과 정치의 문제들에 매달리며 자신에게 주어진 소임을 즐겁게 감당할 수 있는지 나는 도무지 이해할 수가 없다. 세계를 무대로 활약하는 남자, 오늘날 그의 습관과 즐거움에 비추어 볼 때 그가 국내의 권력 분배에 신경 쓰며 느끼는 기쁨은 미미할 수밖에 없다. 민족과 개인을 도외시하는 정치는 즐거움은커녕 오히려 해를 끼칠 따름이다."

나폴레옹이 정치의 차원을 넘어서서 스탕달에게 즐거움을 선사할 수 있었던 이유는 간단하다. 나폴레옹은 그에게 단호히 자아를 앞세우기로 결심한 개인이 엄청나게 높은 수준까지 비약할 수 있음을 몸소 보여주며 그를 매료시켰기 때문이다. 찰나와도 같은 인생 시간과 무망하기 짝이 없는 더 나은 피안을 염두에 둘 때 가장 중요한 것은 인생을 즐겁게 살아내는 태도다. 스탕달은 정신적 즐거움을 추구한 에피쿠로스$^{Epicouros}$에게 흔쾌히 동조한다고 고백한다. 지성은 무릇 자신이 좋아하는 일을 하는 데에 필요하다고 스탕달은 설명한다. 넘어서야 할 난관이 적지 않지만, 그렇다고 싸울 게 아니라 지혜롭게 이겨내는 것이 중요하다. 상황에 따라서는 외부에 적응하는 것도 지혜로운 선택이다. 스탕달은 나폴레옹을 지지하기 전에는 공화주의자였지만, 1830년 7월 혁명 이후 재건된 부르봉 왕조에 적응해가면서, 자신이 경멸했던 이른바 시민 왕$^{Roi\ Citoyen}$ 루이 필리프 1세$^{Louis\text{-}Philippe\ I}$를 섬기기도 했다. 그래야 관직에 오를 수 있었으니까. 이렇게 해서 역사는 스탕달을 염치없는 사람이라고 심심찮게 비난하곤 한다. 그저 자신의 자리만 지키는 소인배였다는 것이 비난의 골자다. 하지만 이는 오해다. 스탕달은 확고부동한 태도를 가지는 것을 이상으로 여기지 않았으며, 사회가 강요하는 틀 안에 자신을 가두고 싶지 않았을 따름이다. 대중 앞에서 자백하고 속죄하라는 요구를 그는 거부했다. 그는 사회라는 이름의 대중을 경멸했다. 바로 이것이 루소와의 차이다. 스탕달은 터무니없는 과장을 일삼았다고 루소를 비난한다.

스탕달이 자신을 사회의 도덕적 심판자로 이해하지 않은 것은 자명한 사실이다. 그는 자신이 피와 살로 이뤄진 존재임을 익히 알았다. 그도 여느 사람과 마찬가지로 섹스와 인정과 돈에 목말라했다. 이런 점에서 그는 지극히 평범한 인간이다. 대다수 사람과의 차이는 그가 자신을 속속들이 사회에 동화시키려 하지 않았다는 점이다. 그는 사람들이 흔히 믿는 것을 믿지 않았다. 예를 들어 더 나은 사회를 만들 수 있는 진리를 자신의 내면 안에서 찾을 수 있다고 믿지 않았다. 인류의 개선에 이바지할 수 있다는 망상을 그는 품지 않았다.

그렇다고 스탕달이 겸손하기만 했던 것은 아니다. 그는 일기에 이렇게 썼다. "어떤 영역에서든 자신의 탁월함을 발견하는 사람은 세상이 알아주게 마련이다."

탁월함? 어떤? 그거야 상황에 따라 달라진다. 스탕달은 섹스로 여인을 정복했다고 느꼈을 때, 극히 짧은 시간 만에 '행복한 소수'를 위한 소설을 썼을 때, 거리낌 없이 쓸 수 있는 돈을 벌었을 때, 자신이 '탁월하다'고 느꼈다. 다른 모든 것은 그다지 중요하지 않다. 스탕달은 개인으로 일대일 독대할 수 있는 신이 없다고 보았다. 개인으로 예견하고 그에 이바지해야만 하는 사회의 발달이라는 것도 그에게는 없었다. 인간이 그 앞에서 자신을 변호해야 하는 보편적 구속력을 가지는 도덕 심판도 없다. 인간은 오로지 자기 자신에게만 빚이나 죄책감을 가질 뿐, 다른 어떤 것에도 구속될 필요가 없다. 개인, 스탕달이라는 '에고티스트'는 자신을 변호해야 한다는 강제를 전혀 받지 않으며, 오직 자신을 스스로 조롱하고 비난할 수 있다. 그는 철두철미 사회적 인간이었지만, 사회에게 어떻게 개인으로 살아야 하는지 그 기본 멜로디를 몸소 연주하며 시범을 보임으로써 개인의 삶에 충실했다.

# 두 번째 중간 고찰

의식이 베일에 가려진 채 "인간은 자신을 오로지 인종, 민족, 정당, 단체, 가족과 같은 집단의 형태로만 이해한다"고 야코프 부르크하르트는 썼다. 이 베일이 바람에 나부끼면서 개인이 자신을 전체와 대립시켜보는 흐름이 시작되었다. 나와 세계, 주관과 대상, 개인과 사회라는 이 중대한 분리와 대립의 시대는 데카르트<sup>René Descartes*</sup>가 "사유실체<sup>res cogitans</sup>"와 "연장실체<sup>res extensa</sup>", 곧 인식하는 정신과 공간을 점유하는 물체를 갈라보는 것으로 정점을 찍었다. 데카르트의 저 유명한 실

---

* 르네 데카르트(1596~1650)는 프랑스의 철학자이자 수학자, 과학자로, 근대 철학의 아버지로 불린다.

험, 모든 것이 기만에 지나지 않는다면 어디서 확실성을 찾을까 하는 물음을 품고 모든 것을 의심한 실험은 확실성을 담보해주는 신이 존재할 수밖에 없다는 역추론에 이르렀다. 하지만 이로써 분명해진 사실은 지식과 느낌이 언제나 이를 보증해주는 다른 것의 존재를 필요로 한다는 점이다. 다시 말해서 인간은 온전히 홀로 있어서는 지식도 믿음도 느낌도 그게 확실한 것인지 확인할 수 없다. 신이 존재한다는 가설은 정신이 바닥을 모르고 추락하는 것을 막아주지 못한다. 정신은 그래서 사회가 필요하다. 이것이 정신과 물체를 철저히 분리함으로써 얻어진, 전혀 예상하지 못한 뜻밖의 결론이다. 이로써 인간은 "공동의 의미"가 필요함을 절감했다.

공동의 의미는 직접 찾아내야만 한다. 공동의 의미는 전체 안에 당연히 포함된 것이 아니기 때문이다. 맥락은 듬성듬성 끊겨버렸고, 그동안 공동의 의미 구실을 하던 왕궁의 아치형 지붕은 무너져버렸다. 새로운 공동체, 새로운 단체와 계급, 곧 사회를 규정하는 새로운 일반형식이 생겨나기는 했지만, 혁명이 빚어낸 위기는 개별화한 탓에 도덕적으로 좋은 정신을 저버리고 저마다 자신의 이익만 추구하는 게 무엇을 의미하는지 앞당겨 맛볼 수 있게 해주었다. 망망대해에서 시대의 격랑에 위태롭게 흔들리는 뗏목은 어떻게든 수리하거나 전혀 새롭게 만드는 것

외에는 다른 선택지가 없었기 때문이다. 계몽의 시대는 이런 변혁의 시기였으며, 루소와 디드로는 이 시대가 낳은 아들이었다.

　루소는 극단적일 정도로 개인으로 내몰렸으며, 그래서 공동체가 구원의 손길을 뻗어주기만을, 사회가 구성원으로 받아들여주겠다는 은혜로운 성찬식을 베풀어주기만을 기대했다. 한편에는 자아를, 다른 한편에는 현실로 존재하는 사회를 대비시킨 루소의 생각은 날카로웠다. 그는 자신을 유일한 개인으로 자부했다. "심지어 나는 다른 살아 있는 사람 가운데 한 명이 아니라고 감히 믿어본다." 루소의 파격적인 생각은 이것으로 끝나지 않는다. 루소는 유일한 개인으로서 인류의 더 나은 미래를 만들어낼 수 있다고도 믿었다. 그는 사회라는 현실로 존재하는 거짓과 자신의 내면에 깃든 진리를 대비시켰다. 루소는 이 내면의 진리를 근원적인 자연으로, 사회가 강제하는 소외에서 벗어나는 자유가 "위대한 존재"와 평화롭게 조화를 이루는 것으로 이해했다. 루소는 생애 최고의 순간들, 동시에 가장 외로웠던 순간들에 온몸으로 "위대한 존재"를 느꼈다.

　몽테뉴의 자아는 방어적이었다. 그의 자아는 사회와 대중이라는 비이성에 물들지 않으려 이런 방어적 태도를 취한다. 공세적이었던 루소의 개인과는 확연히 다르다. 몽테뉴는 그만큼 엄청난 자부심을 자랑했으며, 창조적 자유라는 강한 감정을 만끽했다. 하지만 이런 자유를 루소는 개인 또는 사회 어느 한쪽으로만 살아내고 체험할 수 있을 따름이었다. 개인 또는 그가 꿈꿔온 개인과 집단이 혼연일체를 이룬 사회의 자유로. 그러나 이 사회의 자유에서 개인의 자유는 사라질 수밖에 없다. 루소의 문제는 타인의 자유가 자신을 박해한다고 느꼈다는 점이다. 그는 타인들을 피해 자신의 순수한 자아라는 고독으로 달아났다. 이런 처절한 고독 속에서 그는 자신의 상상대로 정의롭게 단장한 사회가 성찬식으로 환대해주리라 기대했다.

 디드로의 천재성은 정확히 타인의 자유를 감당할 수 있을 뿐만 아니라, 다양한 관점과 다채로운 인생 설계를 이용해 마법을 부릴 줄 알았다는 데에 있다. 디드로에게 자유는 언제나 복수의 다양함으로 추구되는 가치이며, 마땅히 실현되어야 하는 당위성이자 모든 존재가 내포한 필연성이기도 했다. 한쪽에는 진리를 아는 개인, 다른 쪽에는 거짓으로 물든 사회를 대비시키는 루소의 관점을 디드로는 거부했다. 사회는 혼란한 것이며, 개인도 그렇다. 사회도 개인도 하나의 개념으로 충분하게 담아낼 수 없다. 개인이든 사회든 완전하게, 아르키메데스의 점처럼 이해될 수는 없다. 바로 이런 이유로도 "백과사전"은 디드로의 인생 프로젝트가 되었다. 세계를 보는 많은 관점, 다양한 정신이 이 책 안에 담겨야만 했기 때문이다. 이 세계는 개인의 대척

점에 부동의 전체로 서 있는 것이 아니라, 그 안에서 개인이 자유롭게 뛰노는 세계다.

  디드로는 세상에서 떨어져 나와 홀로 있다는 것을 상상조차 할 수 없었다. 하지만 루소는 그럴 수 있었다. 때로는 신이 나서, 때로는 두려움에 떨면서. 사교의 천재 디드로는 사람들이 모여 나누는 대화가 주는 자극에서 풍요로운 아이디어를 취해, 아낌없이 사회에 되돌려주었다. 이렇게 해서 디드로는 사회라는 영토를 그 누구와도 혼동될 수 없는 독특한 개인으로 활보했다. 그리고 몰두하는 일마다 조카 라모처럼 천재적으로 고정관념을 뒤흔들고 촌철살인의 조롱으로 새롭게 보게 했다.

  스탕달 역시 사교 재능이 뛰어난 개인이다. 하지만 그는 충분히 예측할 수 있는 범위 내에서 행동하는 위인이었다. 의도한 효과를 일으키는 데에 장인의 솜씨를 발휘한 스탕달은 자신이 다른 사람에게 어떤 영향을 줄지 영리하게 계산했다. 사회에서 그는 물 만난 고기처럼 자유자재로 움직이며, 사회에게 이용당하지 않고 사회를 이용할 기술을 발휘했다. 이런 기술은 그가 이상으로 여긴 주체적 개인만이 구사할 수 있다. 스탕달은 이런 주체적 주권을 "에고티즘"이라 불렀다. 그에게 사회는 아픔으로 얼룩진 곳이 아니라, 얼마든지 연출할 수 있는 열정의 무대였다. 그래서 스탕달에게 문학은, 비록 대중이 그의 작품을 읽기에는 시간이 걸리리라는 것을 확신하기는 했을지라도, 예술로 고양된 사교성이다.

스탕달은 속속들이 사회라는 재료로 빚어진 개인이었으며, 다르게 되려고 전혀 노력하지 않았다. 그는 다른 사람과 다르지 않은 개인, 다만 더 잘하는 개인이었다.

# 키르케고르의 개인과 실존의 발견

**제 7 장**

1847년 12월, 34세의 키르케고르$^{Sören}$ $^{Kierkegaard*}$는 일기에 이렇게 썼다. "'개별자'라는 범주로 나는 이 땅의 모든 것이 체계, 또 체계로만 이야기되던 때의 바로 그 체계를 공격 목표로 삼는다. … 나라는 사람이 역사적으로 의미를 가진다면, 이 의미는 개별자와 무조건 맞물린다. 내가 쓴 글은 아마도 다른 많은 필자의 글처럼 이내 잊히리라. 그러나 개별자라는 범주가 올바르다면, 이 범주로 모든 문제가 깔끔하게

---

\* 쇠렌 키르케고르(1813~1855)는 흔히 "실존철학의 아버지"로 불리는 덴마크 출신 철학자이자 신학자, 작가다. 대표작으로 『이것이냐 저것이냐』, 『죽음에 이르는 병』 등이 있다. 기독교 신앙과 실존의 문제를 깊이 탐구하며, 개인의 내적 신앙을 강조했다.

풀린다면, 내가 정확하게 보고 제대로 이해한 게 틀림없다. 물론 결코 기쁘거나 편하거나 고마운 일은 아니라 할지라도, 분명 드물게 체험할 수 있고 이를 위한 희생을 인간이 매일 바칠 수는 없을지라도, 내면의 적잖은 아픔을 무릅쓰고 개별자에 충실하다면, 나는 나 자신과, 나의 글과 함께하리라."

그런데 키르케고르가 말하는 "개별자"는 대체 무엇을 뜻할까? 당시 흔히 쓰이던 '개체'라는 말을 넘어서는 어떤 의미를 "개별자"는 가질까? 당시 '개체', 곧 '개인'은 주변으로부터 중시받으려는 욕구를 가진 사람, 하지만 이 욕구를 만족시키려고 뭔가를 만들어내고 이로써 인정받아야만 하는 사람을 뜻했다. 키르케고르의 "개별자"는 이 개인과는 무슨 공통점과 어떤 차이를 가질까? 어쨌거나 키르케고르는 당시의 통념을 뒤집고 자신의 고유한 정의를 밀어붙이기가 전혀 쉽지 않았다.

일기를 쓴 시점에서 키르케고르가 골몰하던 문제는 형식적으로든 명목적으로든 기독교를 표방하고 기독교가 신성불가침의 권력을 자랑하던 사회에서 기독교도로 살아간다는 것이 무얼 뜻하는가 하는 물음이었다. 그가 찾은 답은 이렇다. 기독교도로 살아가는 사람은 개별자로 "신 앞에 홀로 선다"는 느낌을 가져야만 한다. 키르케고르는 기독교가 유대교 또는 이슬람과 다르게 민족종교가 아니라고 확신했다. 민족종교란, 집단에 정신적 형식과 윤리적 형식을 제공해 내면의 결속을 다지는 역할을 중시하는 종교다. 그러나 키르케고르는 기독교의 계시는 근본적으로 개인의 개별성을 일깨워 자신의 삶에 충실하기를 요구한다고 보았다. 중요한 것은 개인이 자신을 개별자로 경험하고 이 개별성을 내면에 온전히 새기면서 현실에서도 개인으로 거듭날 수 있게 해주는 믿음과 사랑과 구원의 감정이다.

키르케고르는 기독교가 이미 오래전부터 민족종교와 국가의 종교로 변모하고 말았다는 사실을 익히 알았다. 다시 말해서 기독교는 사회를 떠받드는 정신적 지주가 되어 거의 모든 구성원이 적응해야만 하는 피상적인 종교가 되고 말았다. 기독교는, 누구도 기독교를 바로 자신의 문제로 진지하게 받아들이지 않고 그저 모두 믿으니까 자신도 어쩔 수 없다는, 일종의 의무감에만 기댈 따름이었다. 키르케고르는 기독교를 다시 내면화하는 과제야말로 자신의 소명이라고 여겼다. 내면화란 개인이 기독교를 바로 자신의 인생 길라잡이로 새긴다는 것을 뜻한다. 이를테면 당시 덴마크에서는 프로테스탄트 세례가 국적 취득의 기본조건이었다. 기독교를 믿지 않겠다는 선언은 곧 국적 상실로 이어졌다. 키르케고르는 기독교의 본래적인 의미가 완전히 상실된다고 보고 이 의미를 되살리는 일이 중요하다고 보았다. 신앙을 국민의 의무이자 공공의 책무로 바라보는 이 관점을 다시 실존의 차원으로 되돌려놓는 것은 꼭 필요한 일이다. 키르케고르는 '실존'을 개인과 관련한 문제, 곧 개인이 자신의 개별성으로 세계를 경험하고 인생을 살아가는 자세의 표현으로 썼다.

앞서 인용한 일기에서 "개별자"는 "종교적 관점은 물론이고 시간, 역사, 인류를 관통하는 범주"다.

"개별자"라는 범주는 마치 필터와 같이 모든 것을 이 범주로 걸러 보아야만 그 본연의 의미를 드러낸다. 그러나 먼저 그 자신, 곧 쇠렌 키르케고르가 이 범주를 통해 개별자로서의 자신을 드러내야만 한다. 그는 과연 어떤 개인이었을까?

말년에 인생을 되돌아보며 키르케고르는 자신은 학교 다닐 때는 물론이고 대학교에서도 아웃사이더였다고 회상했다. 언제나 허름한 옷차림이었는데, 돈을 아끼려는 게 아니라 경건하게 보이고자 거친 천으로 짠 것이라 몸에 쓸려 따끔거릴 정도로 옷은 남루하기만 했다. 바지는 길이가 충분히 길지 않고 너무 뻣뻣해 그는 허수아비가 걸어 다니는 것만 같았다. 꼭 막대기가 걸어 다니는 모양새랄까. 윗옷은 너무 길고 헐렁해 그렇지 않아도 마른 몸매의 아이를 깡말라 보이게 만들었다. 대학생 때 쇠렌은 옷차림이 그게 뭐냐는 친구들의 놀림에 복수하려고 앵무새처럼 알록달록하게 입고 돌아다녔다고 한다. 친구들의 놀림에도 그는 동급생과 나중의 과 동료들에 비해 정신적으로 자신이 집채만큼은 더 뛰어나다고 느꼈다. 그는 이런 탁월함을 내심 즐기면서도 친구들에게 표가 나지는 않도록 배려했다. 이런 식으로 그는 친구들을 바보 취급했다. 그는 선생님의 말씀도 잘 듣지 않았다. 이 반항적인 제자의 말대꾸를 오래 참지 못하고 "내가 갈까, 아니면 네가 갈래?"라고 다그치는 선생님의 물음에 그는 건조하게 대답했다. "제가 가죠!" 사람들은 그의 반어적이면서도 냉소적인, 하지만 재치에 넘치는 촌평을 경탄하면서도 두려워했다. 몸은 허약해 보였지만, 정신력만큼은 기민하면서도 빈틈을 보이지 않았다. 날카로움을 자랑하는 그의 논리 능력은 아버지에게서 배운 것이다. 가난한 농부의 아들로 태어나 코펜하겐의 부유한 모직물 상인으로 자수성가한 아버지는 일찌감치 은퇴해 종교적인 명상과 공연한 근심 걱정으로 나날을 보냈다. 아버지는 이런 생각 놀이에 막내아들을 끼워주곤 했다. 이렇게 해서 쇠렌은 신의 처벌을 두려워하는 아버지의 우울한 기분에 물들었다. 아버지는 어려서 목동으로 힘겨운 나날을 보내며 유틀란트반도의 들판에서 어떤 커다란 표석 위에 걸터앉아 자신의 운명을 한탄하다가 신을 저주하는 죄를 지었다고 했다. 아버지는 아들에게 이런 이야기를 들려주며 자신의 음울한 기분을 한껏 꾸미기도 했다. 아마도 하녀를 겁탈했다가 임신시켰던 죄책감도 한몫했던 모양이다. 쇠렌은 일기장에 이렇게 썼다. "아버지와 아들. 두 사람 모두 정신적 재능이 뛰어나며, 재치가 넘친다. 특히 아버지가 그랬다. 집안을 아는 사람은 누구나 아버지와 아들의 대화가 무척 재미있다는 점을 익히 알았다. 부자는 거의 습관적으로 토론을 나누며, 두 명석한 두뇌가 아버지와 아들이 아닌 대결을 펼치는 모양새를 보여주었다. 드물기는 했지만 아버지는 아들을 바라보며, 아들의 근심 어린 표정을 보고 나직하게 말하곤 했다. '가엾은 애야, 너는 차분하게 걱정할 줄 아는구나.' (하지만 아버지는 아들에게 자세히 묻지는 않았다. 오 아프구나! 아버지는 당신이 차분하게 걱정한 탓에 자세히 물을 수도 없었다.)"

아버지는 언제든 심판이 일어날 수 있다며 늘 불안에 시달렸다. 그리고 자녀 가운데 몇 명이 일찌감치 세상을 뜬 것을 신의 처벌로 받아들였다. 사업이 파산하는 게 아닐까 전전긍긍하기도 했지만, 1813년의 심각한 인플레이션에도 재산을 잃지 않은 소수의 행운아 가운데 자신이 속했다는 사실에 아버지는 신의 뜻은 정말 헤아리기 어렵다며 더욱 고민이 깊어졌다. 신이 일단은 더 지켜보겠다는 의지를 내비쳤다고 생각한 아버지는 그해에 전 세계가 도산할 수 있으며, 그때는 건강이 좋지 않은 쇠렌이 희생양이 될 수 있겠다고 염려했다. 이처럼 쇠렌은 아버지가 보기에 오래 살지 못할 아들이었다. 아버지의 이런 음울한 예상을 내면에 새긴 쇠렌은 자신이 실제로 아버지보다 먼저 죽으리라고 굳게 믿었다.

일곱 형제자매 가운데 막내로 뛰어난 재능에 전도유망한 쇠렌을 아버지는 각별히 아끼고 돌보았다. 나중에도 아버지는 쇠렌이 멋을 부리고 다니던 시절, 양복점과 서점과 담배 가게와 레스토랑과 제과점 등에 진 빚을 갚아주며 너그럽게 보살폈다.

대학교에 입학하면서 그는 일단 무엇을 전공할지 모든 과목을 두루 둘러보았다. 동급생은 물론이고 교수들도 쇠렌에게 어쩔 줄 몰라 당황하는 반응을 보였다. 쇠렌은 곧장 모두를 가르치려 들었기 때문이다. 결국 그는 철학과 신학을 선택했다. 그에게 다른 전공과목은 모두 쉬웠고, 너무 가벼웠다. 아버지에게서 물든 우울한 기분, 쇠렌은 이 기분을 두고 늘 자신을 따라다니는 동반자라고 했는데, 어쨌거나 이 우울한 기분은 가벼운 것을 견디기 힘들어했다. 무슨 진지한 사건이 일어나야만 했다.

1835년 여름, 당시 22세였던 쇠렌은 돌연 코펜하겐을 떠나 북쪽 지역의 작은 어촌 길릴라예로 가서 몇 주 동안 그곳에 머물렀다. 온종일 그는 마을 주변을 홀로 걸었으며, 저녁에는 신들린 사람처럼 글을 썼다. 그가 그곳을 찾아간 동기는 스스로 자신과 독대하고 싶다는 열망이었다. 그가 원한 것은 자신 앞에 눈보라처럼 펼쳐지는 가능성, 무엇이든 원하면 할 수 있을 것만 같지만 어느 것 하나 자신을 확실하게 사로잡지 못하는 가능성, 그저 맛보기하듯 다뤄온 가능성 중에서 마침내 현실로 만들 확실한 것을 붙들고 싶다는 갈망의 실현이었다. 그는 일기로 자세히 기록한 이 몇 주를 인생의 전환점으로 느꼈다. "내가 … 지금 내 인생을 두고 나 자신과 생각을 정리하고자 시도할 때마다 생각의 내용은 달라지기만 한다. 마치 어린아이가 주변의 물건들을 구분하는 것을 배우는 데에 오랜 시간이 걸리는 것처럼 다 그게 그것 같기만 한데, … 정신의 저 드높은 영역에서도 늘 모든 것이 같아 보이는 현상이 되풀이된다."

쇠렌은 자신과 거리를 두고 보는 법을 배우고 싶었다. 오롯하게 자신만을 위한 시간을 가지면서 진정 자신이 어떤 인생을 살기 원하는지를 알아내고 싶었다. 그는 자신이 매우 **빠른** 파악 능력과 판단 능력을 가졌음에도 인식의 바다에서 이리저리 쓸리며 정처 없이 헤매는 느낌이 들었다. 마치 큰 집을 장만하고 그 안에 들어가 살고 싶은 생각이 전혀 없는 모양새랄까. 도대체 쇠렌은 정확히 무엇을 원했을까? "나에게 부족한 점은 내가 무엇을 해야 좋을지 확실하지 않다는 점일 뿐, 내가 알아야만 하는 인식은 아니다." 그는 사변적인 진리, 그저 그럴싸하기만 할 뿐, 이 세상에 아무런 구속력을 발휘하지 못하는 진실은 충분히 안다고 믿었다. 그가 간절히 찾고 싶은 것은 실존적 진리, 곧 "내가 무엇을 위해 살고 죽어야 할까?"라는 물음의 답이었다.

그런 답은 지금껏 그 어디에서도 그에게 모습을 드러내지 않았다. 그는 어떤 것이든 매끄럽게 잘 가지고 놀 수 있게 뛰어난 두뇌를 허락해주었음에도 결정적인 답은 주지 않는 인생이 일종의 아이러니처럼 느껴졌다. 그에게 부족한 것은 단호한 결심이다! 그러나 무엇을 위한? 쇠렌 키르케고르라는 "개인"을 위한? 하지만 내면의 자아를 이해할 수 없는 사람이 어떻게 개별자로서의 개성을 살려낼 수 있을까?

어떻게 해야 자아를 발견할 수 있을까 하고 고민하는 이 성찰에서 처음으로 "내면의 행동"이라는 개념이 등장한다. '무엇'이 아니라 '어떻게'가 중요하며, 그저 막연하게 생각에만 매달리는 게 아니라 실천에 옮기고야 말겠다는 내면의 다짐이 중요하다. "나는 이제 시선을 차분하게 나 자신에게 붙들어 매고 내면의 행동을 시작하고자 한다. 오직 이렇게 함으로써만 나는 어린아이가 처음으로 의식적인 행동을 할 때 '나'라고 부르듯이, 더 깊은 의미로 나 자신을 '나'라고 부를 수 있으리라."

"내면의 행동"에 나설 기회는 2년 뒤인 1837년에 찾아왔다. 그는 당시 14세의 소녀 레기네 올센Regine Olsen을 사랑하게 되었다. 격정의 회오리가, 순도 높으면서도 농밀한 감정이 그를 사로잡았다. 끈질기게 그를 괴롭히던 불투명성, 어찌해야 좋을지 모르는 막막함은 이 사랑의 감정이 깨끗이 지워버렸다. 자신은 레기네에게 "정해진 존재"라는 확신이 내면의 농밀한 영역으로 압축되어, 마침내 실존하는 '나'를 느끼게 해주었다. 아마도 아직 완전히 결단한 것은 아닐지라도, 최소한 마음의 문을 열기로 작심한 '나'임에는 틀림이 없다. 그러나 이런 걸 두고 "내면의 행동"이라 할 수 있을까? 그에게 어떤 실질적인 변화가 일어났는가? 쇠렌은 이 변화를 두고 그녀의 존재가 자신 안으로 빨려 들어왔다고 표현한다. 얼마 동안 그는 외적인 행동을 피했다. 무엇보다도 레기네는 아직 너무 어렸다. 나이 때문에라도 그는 기다려야만 했다. 일단은 학업을 마쳐야 했다. 하지만 학업을 끝내기 전인 1838년 8월에 아버지가 세상을 떠났다. 아버지는 아들이 레기네와 맺어지는 것을 꼭 보고 싶다고 했는데. 1840년 여름에 키르케고르는 시험을 치르고 직업을 가질 채비를 마쳤다. 목사나 교수가 될 생각이었다. 그리고 마침내 그는 레기네와의 관계를 내면에서 외적인 행동으로 옮기기로 결심했다. 약혼은 마치 악수하듯 이루어졌다. 그때의 심경을 그는 얼마 뒤 일기에 고스란히 적었다. "1840년 여름 나는 신학의 국가고시를 치렀다. … 9월 8일 나는 드디어 결심을 행동에 옮기고야 말겠다는 굳은 마음으로 집을 나섰다. 우리는 바로 그녀의 집 앞거리에서 만났다. 그녀는 집에 아무도 없다고 말했다. 나는 그 말을 내가 간절히 원하던 초대로 받아들일 정도로 들떠 있었다. 나는 그녀를 따라 집으로 들어갔다. 우리 두 사람은 거실에서 말없이 서로 바라보았다. 그녀는 약간 불안해 보였다. 나는 그녀에게 나를 위해 피아노를 쳐줄 수 있냐고 부탁했다. 그녀는 평소 피아노 연주를 좋아했으니까. 그녀는 피아노 앞에 앉았지만, 자꾸 실수를 거듭했다. 나는 불쑥 악보를 잡아, 좀 과장스러울 정도로 던져버리고 말했다. '아, 음악이 지금 나에게 무슨 소용일까. 내가 찾는 것은 바로 당신이거늘. 나는 2년째 당신을 찾았어요.' 그녀는 아무 말도 하지 않았다. 나는 그녀를 유혹할 그 어떤 짓도 하지 않았다. 심지어 나는 나 자신에게 너의 음울함을 조심하라고 경고했다. 그녀는 아무 말도 하지 않았다. … 나는 곧장 시의 예산 심의 위원(레기네의 아버지)을 찾아갔다. 나는 그녀에게 지나치게 무모한 인상을 심어준 게 아닐까, 무척 두려웠기 때문이다. … 어르신은 반대하지 않는다면서도 마지막 결정은 딸에게 달렸다고 말했다. 다음번 만남에서 그녀는 내 청혼에 '예' 하고 답했다."

1840년 9월 10일 두 사람은 약혼식을 올렸다. 키르케고르는 하루가 지나기도 전에 약혼한 것을 후회했으며, 모든 것을 없던 일로 되돌리고 싶은 마음이 굴뚝같았다. 그러나 이런 마음을 차마 입 밖으로 꺼내지는 못했다. 그는 1년을 기다렸다. 숱한 편지가 그와 그녀 사이를 오갔다. 그의 편지는 대개 은근히 이별을 준비하는 암시였다. 예를 들어 자신이 쓰는 편지는 머지않아 "속절없이 흘러가버린 시간을 되새기게 해줄 추억의 물건"이 될 거라나. 그는 상상으로 그려본 미래에서 현재를 바라보면서 현실을 묻어버릴 구멍을 팠다. 1년 동안 약혼을 깨지 않기는 했지만, 마음속에서 이별은 이미 오래전에 이루어졌다. 1841년 8월 11일 그는 약혼반지를 되돌려 보내면서 이렇게 썼다. "이 편지를 쓰는 사람을 잊으세요, 뭔가 할 줄 아는 게 없지는 않지만, 한 여인을 행복하게 해줄 능력은 없는 남자를 용서하세요."

　레기네는 당혹한 나머지 어쩔 줄 몰라 속을 끓였고, 키르케고르는 죄책감에 사로잡혔다. 인간의 "안으로 들어가 생각하는 것"보다 인간으로부터 "빠져나와 생각하는 것"이 훨씬 더 어렵다. 바꿔 말해서 사랑에 빠지는 것은 아이들 장난처럼 쉬웠지만, 사랑을 끝내고 정리하는 일은 대단히 어렵다는 실토다. 되도록 레기네가 상처를 입지 않도록 키르케고르는 그녀가 어떻게 해야 승리감을 느낄 수 있을지 방법을 찾아 골몰했다. 그는 하릴없는 한량과 난봉꾼 연기를 하면 레기네가 깨끗이 단념할 수 있으리라 믿었다. 그는 있지도 않은 다른 애인을 꾸며냈다.

한동안 레기네는 그의 마음을 되돌리려 안간힘을 썼다. 그러나 꿈쩍도 하지 않는 그를 보며 그녀는 속이 상한 나머지 몸져누웠다. 하지만 오래 가지 않아 그녀는 예전부터 구애해온 고위 공무원에게 결혼을 승낙했다. 키르케고르는 속이 쓰렸지만, 다른 한편으로 안도하기도 했다. 나중에 그는 일기에 결혼생활은 불가능했다고 썼다. 그녀를 "예전과 같은 성실함"으로 대할 수가 없다고 그는 심경을 토로했다. "물론 나는 이런 내 마음을 설명했어야만 했다. 그러나 아버지와의 관계, 아버지의 우울함, 가슴을 짓누르던 잠 못 이루는 기나긴 밤, 신이 노여워할 정도는 아니지만 혼란스럽기만 한 정념과 조금만 한눈팔면 뇌리를 채우는 음탕한 상상 탓에 이러다 미쳐버리는 게 아닐까 하는 두려움을 낱낱이 털어놓을 수는 없지 않은가."

일기에서조차 키르케고르는 자신의 생각을 조금이라도 더 분명하게 정리하지 못한다. 언급되는 것은 그저 아버지에게 물든 우울함, 뜬금없는 정욕의 죄책감, 그리고 레기네에게 자신의 속내를 솔직하게 털어놓을 수 없다는 마음가짐일 뿐이다. 그래서 그는 결혼이 두렵다고 썼다.

하지만 키르케고르의 이런 행보에는 다른, 상당히 분명한 동기가 숨어 있다. 그는 글을 쓰는 생활을 위해 필요한 여유와 독립성을 잃고 싶지 않았다. 비록 가슴 한구석에는 평범한 시민으로 살아갈 기반을 닦고 싶은 마음이 간절하기는 했지만.

키르케고르는 글을 쓸 때 비로소 자신이 진정 개인이라고 느꼈다. 그러나 남편은 다른 모든 남편과 똑같을 뿐이다.

한편으로는 "일반인"이라는 편안한 보통 남자이기를 원하면서도 다른 한편으로는 그 어떤 속박도 받지 않는 개인이고자 하는 이 이중의 갈망은 그가 쓴 첫 책의 주제다. 그를 단박에 유명하게 만든 이 책의 제목은 『이것이냐 저것이냐 Enten-Eller』다.

그는 약혼을 없던 일로 되돌리는 시기에 이 책을 썼으며, 결혼이야말로 진정한 윤리적 인생의 실현이라는 변론을 펼쳤다. 결혼함으로써 인간은 인생을 즐기는 자유뿐만 아니라, 책임도 지는 의무를 소중히 할 줄 안다고 그는 썼다. 그래야 비로소 인간은 성숙한다. 결혼을 받아들이지 않기로 한 저자가 쓴, 이 철학적으로 뛰어난 글은 루소가 쓴 교육소설 『에밀』과 매우 비슷한 성격을 띤다. 루소는 자신의 다섯 자녀를 고아원에 맡기고 그 책을 썼으니까.

제2부의 핵심, 곧 윤리적 인생을 강조하며 결혼을 옹호하는 논리의 핵심은 관계를 맺고 이를 책임지는 자세야말로 시민이 지켜야 할 규범이라는 것이다. 키르케고르는 개인으로서의 삶을 원하면서도 독신생활은 반대했다. 그는 겉으로는 다른 사람들과 다르지 않은 인생을 살기 원한 반면, 제1부에 등장시켰던

심미주의자라는 캐릭터를 통해서는 자신을 다른 사람과 구분 짓는 일에 안간힘을 쓴다. 한쪽은 독창적이며 비교 불가의 유일함을 원했으며, 다른 쪽은 외적으로 평범한 인생을 살고자 했다. 하지만 그의 내면은 강력한 창의력과 실존적 결단력으로 충만했다.

『이것이냐 저것이냐』는 사실 두 권에 해당하는 원고를 한 권으로 편집한 책으로, 익명의 필자가 편집자 역할까지 맡았다. 필자는 우연히 두 원고들을 손에 넣은 것처럼 상황을 꾸몄다. 한 권은 'A'를, 두 번째 책은 'B'를 주인공으로 내세운다. 'A'는 심미주의자로 에로스적 상상을 마음껏 펼쳐내는 다재다능한 인물이다. 반면, 앞서 언급했듯 'B'는 남편이자 고위 관리로 엄격한 윤리를 자랑하는 인간이다. 두 사람은 상대에게 반응하고 비판하면서 거울처럼 서로의 모습을 비춰준다. 심미주의자는 "유혹자의 일기"라는 제목이 붙은 원고를 편집한다. 이 원고에서 아름다움을 최고의 가치로 여기는 심미주의자 A는 자신의 이런 인생관을 극단으로 밀어붙여, 자신의 행위에 아무런 책임을 지지 않으려는 태도까지 보인다. 말하자면 이 텍스트는 독약과 다르지 않다. 심미주의자는 실제 필자 키르케고르와 세 가지 차원에서 다르다.

이 '일기'는 성찰로 단련되어 영리하고 세련된 유혹의 솜씨를 자랑하는 심미주의자를 그린다. 그는 유혹의 힘을 능숙하게 구사하기는 하지만, 처녀를 사랑하지는 않는다. 그가 원하는 것은 처녀에 대한 유혹, 곧 정복일 따름이다. 인간이 인간을 유혹하고 정복하는 목적은 권력, 곧 양심 따위는 안중에도 없이 오로지 자기 자신만 사랑하는 권력의 확보와 과시다. 책 전체의 구도에서 극단적 입장을 대변하는 심미주의자는 물론 키르케고르 자신의 일면이다. 키르케고르 역시 처녀를 유혹해 마음을 사로잡고 교묘하게 내치지 않았던가. 하지만 이런 설정과 묘사를 두고 그가 자신을 심판한다고 보기는 어렵다. 그렇게 보기에는 "유혹자"가 너무나도 유려한 방식으로 악마의 자리에 올라섰기 때문이다.

키르케고르가 풀어가는 이야기는 고도로 복잡하게 얽혔으며, 온통 아이러니로 가득하다. 그리고 평범함에 만족하지 못하는 낭만적 성향과 더불어 놀이를 즐기듯 주체적 주권을 과시하고픈 의지, 도덕적 거리낌이라고는 찾아볼 수 없는 의지를 그는 찬양한다. 농토를 두 부분으로 나누어 전혀 다른 작물을 재배하는 것에 빗댄 "윤작"이라는 제목의 장에서 A, 곧 심미주의자는 예술처럼 멋들어지게 인생을 살아가려면 어찌해야 하는지 지론을 펼친다. 그 비결은 그 누구 또는 무엇과도 매이지 않는 자유다. 현실의 그 어느 것에도 속박되지 않고 붕 떠서, 직업

또는 결혼 같은 개별적인 틀에 사로잡히지 않고 주어진 시간을 향유하는 자유야말로 멋진 인생의 비결이다. 마음 가는 대로 움직일 수 있는 이런 자유를 포기하는 사람은 거부할 수 없이 지루함이 휘두르는 권력의 노예가 될 수밖에 없다. 지루함은 모든 것을 무너뜨릴 위협적인 '무無'다. "지루함은 아무것도 없음으로 비롯되는 감정으로 우리의 현존을 집어삼키며, 바다를 볼 수 없는 무한한 심연을 들여다볼 때와 같은 현기증을 불러일으킨다." 문화와 풍습은 결국 이 위협적인 '무'를 잠시나마 잊고 여흥이나 즐기려는 미봉책에 지나지 않는다. 심미주의자는 문화와 풍습이 빚어주는 환상을 필요로 하지 않는다. 그는 그저 스쳐 지나갈 뿐인 오락과 여흥의 기회를 이용해 밀도 높은 감정의 순간을 만들어내며 인생을 즐긴다. 다만 이런 순간은 지속적이지 않으며, 인생의 안정적인 기반은 다져주지 못한다. 심미적 인생 예술가는 안정적이며 포괄적인 의미 따위는 없다고 주장한다. 충직하게 떠받들기만 하면 힘을 주는 그런 의미는 없으며, 오로지 인간이 스스로 창조하고 그에 맞추어 살아갈 의미만 존재한다. 타인에게 기댈 필요도, 타인과 소통할 이유도 없다. 오직 개인으로 살며 자신의 힘으로 만들어내는 의미만이 중요하다. 심미주의자는 집단을 회피하며 공동체와 거리를 둔다. 일반과 다르다는 것이 개인의 자부심이다. 중요한 것은 독창성이다. 심미주의자는 규범과 의무와 관계를 강조하는 윤리주의자를 남에게 기대는 속물이라고 비난한다. 심미주의자는 말 그대로 자유인이며, 윤리주의자는 공동체에 의존한다.

그럼 윤리주의자의 입장은 어떨까. 법관이자 가정에 충실한 남편 B는 자신이 더 철저한 자유를 누리며 산다고 주장한다. 그의 자유는 심미주의자처럼 변덕스러운 자의적 쾌락, 기회만 호시탐탐 노리는 향락적 자유와 완전히 다르다. 심미주의자는 그때그때 주어지는 기회에 의존한다. 어떤 일이든 중심은 심미주의자 자신이 아니라, 외부에서 주어지는 것에 있다. 이와 달리 유혹에 흔들리지 않는 윤리주의자는 어떤 일이든 그 근거를 자기 자신 안에서 찾아낸다. 심미주의자는 바깥에서 주어지는 것을 즐기는 반면, 윤리주의자는 자신의 생각을 실천에 옮긴다. 사랑을 예로 들어 볼 때 이런 차이는 분명하게 드러난다. 심미주의자는 그저 만나는 상대마다 사랑에 빠질 뿐이라고 윤리주의자는 꼬집는다. 그런 향락적인 사랑은 서로를 아끼는 진정한 사랑에 이를 수 없다. 서로 아껴주고 키워가는 진실한 사랑은 사랑에 빠지는 감정처럼 어느 날 갑자기 찾아오지 않는다. 충실한 사랑은 신의와 단호함으로 키워주어야 하는 것이다. 심미적인 인간은 어떻게든 자신에게 유리하게 이용할 순간만 노리는 반면, 윤리적인 인간은 지속성을 선택하고 이를 실천하려 노력한다.

　아무튼 핵심은 결단이다. 윤리주의자에게 중심은 자신의 결단이다. 윤리주의자는 선택하고 결정한다. 그는 이 길을 갈 각오를 다질 뿐, 다른 길을 기웃거리며 동시에 다른 모든 가능한 길을 가려 하지 않는다. 그는 가능성의 인간에서 현실의 인간이 되기로 결단한다. 우리 인간은 기꺼이 모든 가능성을 틀어쥔 채 남고 싶어 한다. 오늘날 사람들은 이런 걸 '옵션'이라 부르며 마치 다 가진 것처럼 의기양양해한다. 인간은 자신이 무엇을 할지 그 가능성들의 주인으로 남고 싶어 한다. 현실은 그저 좁아든 가능성, 선택지가 줄어든 협착으로 보일 따름이다. 현실은 풍요한 가능성을 결단이라는 바늘구멍으로 걸러낸 것이다. 하지만 어쨌거나 결단은 단순히 가능한 것이 아니라 실제 힘을 발휘하는 현실을 빚어낸다. 물론 결단으로 선택한 현실이 사실이라는 독립적인 논리를 자랑하게 되는 일은 얼마든지 일어난다. 비록 개인이 결단으로 현실을 만들어냈다 할지라도, 사실은 개인의 의지가 개입할 여지를 거의 주지 않는다. 결단과 실천으로 되돌릴 수 없이 빚어진 사실에 우리는 책임을 져야만 한다. 단순한 가능성으로 되돌릴 길은 차단되었다. 일단 행해진 실천은 없던 일로 만들 수 없다. 하지만 이로써 인간은 비로소 본격적인 세계와 만난다. 결단과 그에 따른 행동은 현실이라는 광활한 조직, 마치 한 폭의 거대한 천처럼 펼쳐진 현실이라는 조직에 한 올의 흔적을 남긴다. 비록 미미하기는 할지라도 어디까지나 결단의 주인이 만든 흔적이다. 심미주의자는 주어지는 자유를 향유할 뿐, 자신의 행동으로 자유를 실현하는 것을 회피한다. 현실로 존재하려는 결정과 그에 수반하는 책임을 심미주의자는 외면한다. 심미주의자에게 모든 것은 얼마든지 달라질 수 있으며, 다른 의미로 해석될 수 있다. 그는 풍요한 가능성을 끌어안은 채 현실 앞에서 뒷걸음만 친다.

심미주의자는 독창적 개인으로 마음껏 자유롭게 세상을 주무르고 싶어 하지만, 외부의 매력에 종속되어 이에 휘둘릴 뿐이다. 아름다움을 즐기려는 욕구는 결국 외부에 지배당하는 노예를 만든다. 윤리주의자는 자신을 특별하게 꾸미려 하지 않으며 튀는 일이 전혀 없이 평범한 인생을 살지만, 이 인생은 실존적 실체를 갖는, 그 자신이 선택한 인생이다.

심미주의자는 모든 가능한 것을 원하는 통에, 오히려 자기 자신을 소홀히 다뤄 오히려 그르치고 만다. 윤리주의자는 모든 가능한 것을 포기하는 덕에 자기 자신을 올곧게 세운다.

1843년 여름 『이것이냐 저것이냐』가 발표되었을 때 대중은 키르케고르가 어느 쪽 인물인지 알아보는 데에 오랜 시간이 걸리지 않았다. 사람들은 그를 대단히 영리하면서 한껏 멋을 부리며 재치가 넘치는 외톨이로 여겼기 때문이다. 그는 그만큼 도시의 유명 인사였다. 키르케고르는 책에 등장하는 심미주의자의 면모 그대로였다. 게다가 도시 전체는 키르케고르가 약혼녀를 무안하게 만들었다는 사실을 익히 알았다. 아무튼 겉으로 볼 때 그는 윤리를 중시하는 사람이라는 평가를 받기 어려웠다. 하지만 책을 좀 더 꼼꼼히 읽어본 시민들은 그를 어느 쪽 유형의 인물로 보아야 하는지 머리를 긁적이지 않을 수 없었다. 심미주의자는 유혹적이라고 묘사되었지만, 윤리주의자 역시 그 나름대로 유혹적이었기 때문이다. 그럼 저자는 윤리주의자의 진지함도 갖추었을까? 어쨌거나 책의 전체 관점이 아름다움을 추구하는 인생 미학에 초점을 맞추었다면, 책 제목은 분명 『이것이기도 저것이기도』라는 식으로 달라졌어야 마땅하다. 심미주의자의 태도는 "이것이냐 저것이냐" 하는 엄격한 양자택일을 거부하기 때문이다. 제목에 비추어 키르케고르는 윤리를 진지하게 생각했음이 틀림없다.

하지만 진지함이란 정확히 무엇을 뜻할까? 진지함은 개인이 자신의 실존을 바라보는 태도, 곧 삶과 죽음을 바라보는 자세다. 『이것이냐 저것이냐』 출간 이후 1년이 지난 시점에서 발표된 『철학적 단상Philosophiske Smuler』과 후속작 『철학적 단상에 부치는 비학문적 해설Afsluttende uvidenskabelig Efterskrift til de philosophiske Smuler』

은 바로 이 진지함이라는 문제를 다룬다. 아름다움의 학문적 관찰은 "개인의 결단으로 이뤄가는 실존을 무시하는" 경향을 보인다고 이 책에서 키르케고르는 주장한다. 그렇지만 본격적인 어려움은 바로 이 "실존을 이루는 것"이다. 추상적으로 생각하며 감정을 부풀리게 되면 우리는 이 감정이 자신의 본래 감정인지 알기 어려운 상황에 빠지고 만다. 예를 들어 군중에 휩쓸리다 보면 다른 사람들의 생각과 감정을 자신의 것인 양 착각하는 일이 매우 쉽게 벌어진다. 그 누구도 자기 본연의 모습을 드러내지 못하는 통에 이 사람이 그 사람 같은 상황은 드물지 않게 빚어진다.

모든 자아가 저마다 다르다는 것은 당연한 이야기다. 이런 다름은 외부에서 볼 때의 다름이다. 그러나 자아는 자기 자신과의 관계다. 자신을 위해 다른 사람과 혼동할 수 없는, 누구도 대신할 수 없는 개성을 실현해내는 것, 이게 곧 자기 자신과의 관계다. 바로 이 실현이 중요하다. 자아의 실현은 전혀 당연하지 않은 이야기다. 자아를 실현하는 인간은 전체를 굽어보며 그 안에서 자기만의 개성이 무엇인지 반성할 수 있어야만 한다. 이런 반성적 성찰에 탁월한 솜씨를 보인 대가가 바로 키르케고르다. 게다가 그는 아버지로부터 물려받은 재산 덕에 생계 걱정을 하지 않는 여유를 누릴 수 있었다. 이는 곧 통상적인 직업활동의 강제된 역할에서 자유로움을 뜻했다. 물론 이런 여유는 사회적으로 높은 지위를 누리는 출세까지 맛보게 해주지는 않는다. 오히려 이런 상황은 공허한 기분을 키워 자아를 과시하고자 하는 욕구를 높일 수 있다. 받아들이기에 따라 무척이나 고통스러울 수 있는 상황이다. 키르케고르는 일기에 이렇게 썼다. "아니 이럴 수가, 날카로운 감각과 무거운 우울함에 돈이라니! 오, 내 심장을 괴롭히는 모든 고문의 고통이 키워질 유리한 조건이구나."

날카로운 감각과 우울함과 돈 걱정 없음이 맞물려 자아를 괴롭히는 이 아픔은 종교적 동기, 이루 말할 수 없이 까다로운 신과의 관계 정립으로 더욱 치열해졌다.

신은 인간을 철저할 정도로 개인으로 만든다. 신 앞에서 자신이 개인일 수밖에 없음을 곱씹는 것이야말로 키르케고르가 겪은 종교 경험의 핵심이다. 신 앞에서 비로소, 곧 신을 우러르는 믿음 속에서 비로소 인간은 진정으로 자기 자신을 만난다. 키르케고르는 자신의 두 번째 책 『두려움과 떨림 Frygt og Bæven』에서 사람들이 믿음을 가볍게 다루는 태도, "믿음의 극복"은 쉽다는 태도를 두고 성찰한다. 믿음을 극복했다고 주장하는 사람은 자신이 드디어 현실을 꿰뚫어 본다고 확신한다. 그러나 키르케고르는 그런 주장을 하는 사람은 세상에 몰입하지 못하며, 더더구나 헌신할 힘을 깨끗이 잃는다고 설명한다. 오히려 그런 사람은 자신이 사실이라 고집하는 것만 붙들고 독선을 서슴지 않거나, 아집으로 일그러진 초라한 인생을 살 뿐이다. 몰입과 헌신으로 이해된 믿음은 확신과 같은 게 아니다. 확신은 다른 사람들과 공유하는 것이지만, 믿음은 다르다. 함께 모여 예배를 올린다고 해서 믿음이 키워지지는 않는다. 선행이나 윤리적으로 올바른 확신은 위신을 살려주고 체면은 세워줄지라도 인간 실존의 물음을 풀어줄 수는 없다. 말하자면, 키르케고르에게 믿음은 모든 개인이 전적으로 홀로 수행해야만 하는 일종의 수직적 행동, 수평적인 안전장치가 전혀 필요하지 않고 신과 독대해야만 하는 수직적 행동이다. 믿음은 공동의 작업이 아니며, 신 앞에 홀로 서서 길을 묻는 독대다.

키르케고르는 아브라함이 신의 명령에 순종하느라 아들 이삭을 제물로 바칠 뻔했던 이야기를 매우 감동적으로 들려주며, 그 안에 담긴 함의를 풀어준다. 이 이야기는 믿음으로 신과 독대하는 일이 얼마나 강력한 힘으로 인간의 실존을 뒤흔드는지 묘사한다. 신의 음성은 오로지 아브라함에게만 본래 명령을 거두어들이고 반전을 허락해준다. 신의 명령은 오직 아브라함만이 순종하고 따랐다. 신은 무슨 뜻으로 이런 요구를 하는지 오로지 아브라함에게만 깨우치게 해주었다. 아브라함은 누구에게도 기대지 않고 홀로 신의 명령을 실천에 옮긴다. 또 다른 의미에서도 그는 완전히 혼자였다. 아들을 제물로 바치는 일은 일반의 윤리 상식을 정면으로 거스르는, 보편의 원리를 무너뜨리는 행위였다고 키르케고르는 풀이한다. "과연 누가 보편의 원리가 아닌 더 높은 것에 이르고자 보편을 포기할 수 있을까? 이런 포기는 무엇을 뜻할까?" 간단하게 말해서 아브라함은 아들을 자신의 손으로 살해하는 범죄를 저지를 수밖에 없었다. 도대체 그 드높은 뜻이 무엇이기에 이런 어마어마한 요구를 할까? 하늘에서 들려오는 천사의 목소리는 오해의 여지 없이 신의 뜻을 분명히 전해준다. "그 아이에게 네 손을 대지 말라 그에게 아무 일도 하지 말라 네가 네 아들 독자까지도 내게 아끼지 아니하였으니 내가 이제야 네가 하나님을 경외하는 줄을 아노라."(창세기 22:12)*

신에게 순종하는 자세는 아브라함의 공적으로 치부되었다. 그러나 이는 너무나도 뻔한 이야기, 모든 것을 끝에서만 바라본 이야기가 아닐까? 제물을, 그것도 아들을 제물로 요구했다가 이에 순종하는 자세를 믿음의 증거로 보고 없던 일로 되돌렸다? 신이 제물을 구실로 살인을 요구했으며, 아브라함은 기꺼이 살

---

\*　이 성경 구절은 '개역개정판'을 참조했다.

인을 저지를 각오를 과시했다는 것은 듣기만 해도 불쾌한 이야기다. 그러나 키르케고르는 다른 해석을 덧붙인다. 혹시나 아브라함의 순종만 시험하려 한 게 아니라, 그가 정말 신을 진심으로 믿는지 유혹한 것은 아닐까? 인간을 제물로 바치라는 요구는 신이 아니라 우상이 하지 않는가? 키르케고르는 이 이야기의 좋은 결말만 주목한 게 아니라, 아브라함이 홀로 신과 독대했던 순간, 순종의 시험인지, 아니면 신과 악마를 구분해보라는 유혹인지 속내를 정확히 헤아리기 어려운 애매함에 무방비로 내던져진 순간을 깊이 파고든다. 순종 또는 신을 바라보는 관점, 둘 가운데 어떤 것이 시험의 대상이었을까? 신의 명령이 애매하지 않았다면, 아브라함은 아내와 아들과 노예에게 명령을 감추고 침묵할 필요가 없었으리라. 그러나 그는 침묵했다. 다른 누구도 아닌 자신의 아들을 살육하겠다는 아브라함의 각오는 현세의 그 어떤 것으로도, 특히 이성과 도덕으로는 전혀 정당성을 얻지 못한다. 하지만 아들을 죽이라는 것이 신의 명령이라면, 신은 도덕보다 우위에 설 뿐만 아니라 도덕의 따귀를 때리기도 한다.

아무튼 우리가 익히 아는 인간성은 이 극적인 이야기로 무시되었다. 이 이야기가 다루는 인간다움이 너무 폄하되었는지 또는 지나치게 부풀려졌는지조차 우리는 확실하게 말할 수 없다.

칸트는 이 사안이 간단한 문제라고 보았다. 칸트에게 이 이야기는 "광기에 사로잡힌 종교와 가짜 신앙Afterdienst"*일 뿐이다. 아브라함이 들었다고 하는 명령은 "악마의 속임수"이거나 "상상력"의 산물이다. 그러나 키르케고르는 신의 명령을 풀기 어려운 양면성 그대로 받아들인다. 아브라함은 믿음의 기적을 이룬 영웅인 동시에 원하기만 한다면 사람을 죽일 살인자다. 이 양면성 탓에 아브라함의 이야기는 믿음을 북돋우는 교화적인 것이 아니라, 신 앞에 서서 도대체 지금 어떤 존재를 상대하는지 알 수 없어 느끼는 두려움을 증언한다. 다시 말해서 인간은 아브라함처럼 완전히 홀로 신과 함께 있으면서, 평소 지켜야 한다고 떠받들어 온 상식과 도덕으로부터 분열된 자신을 두렵게 바라본다. 인간은 이처럼 믿음의 도약을 감행하려 할 때 견디기 어려운, 무시무시한 외로움에 시달린다.

"도약"은 "내면의 행동", 곧 자유의 결단을 뜻하는, 키르케고

---

* 이 표현은 칸트의 책 『이성의 한계 안에서의 종교(Die Religion innerhalb der Grenzen der bloßen Vernunft)』에 나오는 것이다. "Afterdienst"(라틴어로 cultus spurius)라는 개념은 독일어에서 "거짓된" 또는 "가짜의"라는 뜻을 가진 "After-"와 "섬김"을 뜻하는 "Dienst"가 합쳐진 말로, 신을 이성적으로 믿는 태도가 아니라 위협과 폭력으로 믿음을 강제하는 것을 뜻한다. 신을 섬기는 진정한 예배가 아니라, 자신이 원하는 이득을 위해 신을 이용하는 믿음이라는 뜻에서 칸트가 쓴 개념으로, 이런 함의를 살리려 '가짜 신앙'이라고 옮겼다.

르의 중요한 개념이다. "도약"이라는 사건을 키르케고르는 한편으로는 자연과학의 인과율과, 다른 한편으로는 헤겔의 "매개"라는 개념과 대비한다. 인과율은 A라는 사건에는 반드시 B가 따른다는 필연성을 뜻한다. 자연은 도약하지 않는다고 키르케고르는 썼다. 자연은 모든 것이 서로 맞물리는 맥락을 가지며, 이 맥락은 자유를 허용하지 않는다. 이런 "전면적인 맥락"을 이해하는 다른 방식은 키르케고르의 시대에서는 헤겔의 "매개"다. 어떤 것이 다른 것과 "매개"되어 맞물릴 때 생겨나는 맥락은 조건에 따른 맥락이다. 이 맥락은 인과율처럼 밀접하면서도 엄밀하지는 않지만, 충분한 객관성을 자랑한다. 이렇게 해서 예전에는 볼 수 없던 돌발적이고 자발적인 새로운 것, 인간의 의지로 만들어낼 수 없는 어떤 것이 생겨난다. 그러나 매개라는 변증법의 세계 역시 도약은 알지 못한다.

이 기묘한 "도약"은 실존하는 개인이 결단을 내림으로써 자신의 자유를 실현할 때 일어난다고 키르케고르는 보았다. 결단할 때마다 도약은 일어난다. 도약으로 인간은 더 커지거나 작아진다. 개성의 색채를 더하면 더할수록, 인생은 도약을 거듭하는 비연속적인 것이 된다. 자율적 결단으로 이뤄지는 도약은 사람들이 애써 회피하기만 하는 부당한 요구에 주어지는 대답이다.

도약을 일으키는 결단은 키르케고르에게 실존적 상황 그 자체다. 20세기의 실존주의는 인간이 처한 상황을 보는 키르케고르의 이런 해석을 고스란히 받아들였다. 물론 이 도약이 가지는 기독교적 의미는 제외하고.

기독교인의 "도약"은 어디로 오르는 도약일까? 이미 레싱 Gotthold Ephraim Lessing*이 말했듯, 도약은 추락의 위험을 무릅쓰고 이뤄지는 것이며, 추락의 심연은 바닥을 모를 정도로 깊고도 넓다. 그리고 인간이 이겨내야만 하는 부당한 요구는 크기만 하다. 신은 독생자 예수를 인간으로 세상에 내려보냈다. 십자가에 매달린 예수는 고통받는 비참한 모습으로 인간을 구원했다. 키르케고르는 이 구원을 굳게 믿었다.

그는 종교를 두 가지 종류로 구분한다. 동일성을 원칙으로 꼽는 종교가 그 하나이며, 이원론을 중시하는 종교가 다른 하나다. 동일성의 종교는 계시가 필요 없다. 깊이 생각할 줄 아는 사람의 심오한 경험은 세계 곳곳은 물론이고 자기 자신 안에서도 신성을 찾아낸다. 세계와 초월자 사이에는 넘어가야만 하는 심연이 없다. 동일성의 종교는 계몽주의를 거치며 근대에 이르러 이성의 종교와 신성을 승화한, 그러나 이승의 도덕으로 해석하

---

\* 고트홀트 에프라임 레싱(1729~1781)은 독일의 극작가이자 문예 비평가로, 계몽주의 연극의 발전에 기여한 인물이다.

는 이성 중심의 종교다. 이 종교는 결국 신성을 도덕으로 대체한다. 그러나 감정을 중시하는 입장도 만만치 않아 신비함의 동일성, 곧 신과 개인을 동일시하는 관점도 있다. 어쨌거나 이성의 합리주의든, 감정의 낭만주의든 신성을 개인의 내면 안에서 찾는 것이 동일성의 종교다.

반면, 이원론의 종교는 현세와 천국 사이의 뛰어넘을 수 없는 심연을 강조한다. 이 심연은 신의 개입이 있어야만 넘어설 수 있다. 예를 들어 신의 아들 그리스도의 재림이 신의 개입이다. 키르케고르는 이런 유형의 종교를 흔쾌히 자신의 것으로 받아들인다. 그래서 그는 신앙을 도약이라고 본다. 인간은 결단의 도약으로 그리스도와 함께하는 "동시성"을 경험해야만 한다. 이 결단의 도약은 그리스도를 본받아 사는 자세를 의미한다.

이성이라는 원리로 현실을 바라보는 태도와 자연과학이 발전을 선물해줄 거라는 근대의 열광에 견주어 볼 때 이런 도약은 당연히 "어리석은 순진함"으로 들린다. 그래서 키르케고르는 도약의 종교가 세상을 꾸준히 개선해주는 데에 이바지하지 않으며, 오히려 세계로부터 빠져나오라고 부추긴다고 보았다. 이 종교는 세계로부터 등을 돌리는, 속세와 절연하는 종교다. 천국의 구원, 죽음 이후의 충만한 삶을 바라는 희망으로 이 종교는 만족하지 않는다. 이 종교의 신도는 구원받았다고 느끼는 순간을 틀림없이 경험한다. 예수가 말하는 "내면의 천국"이 바로 그 구원을 의미한다. 구원은 이미 믿음 안에 주어진다. 도약을 감행한 사람은 구원의 축복을 누린다. 그래서 도약의 종교는 구원의 약속에 그치지 않고, 구원의 경험을 선물한다. 도약의 종교는 이성과 과학에 뒤처지는 순진한 차원을 넘어, 인간 내면의 거듭남을 이루어준다.

그러나 키르케고르가 안은 심각한 문제는 인생의 대부분 시간을 그 자신이 신앙을 가진 신도로 보내지 않았다는 사실이다. 그는 어디까지나 믿음을 사람들이 알아듣기 쉽게 풀어준 작가였을 따름이다. 그의 종교적 상상력은, 그 자신도 숙지했듯 압도적이었다. 키르케고르는 인간이 도약대 위에 서는 순간, 도약할 때의 상황을 아주 세세한 부분까지 하나도 놓치지 않고 성찰하며 묘사할 줄 알았다. 마찬가지로 이미 뛰어오른 사람의 심정과 감정도 그는 마치 자신의 것처럼 생생하게 상상할 수 있었다. 하지만 도약은 생생하게 상상하는 것만으로 턱없이 부족하다. 도약하려는 사람은 홀로 신 앞에 서서 결단해야만 한다. 이런 도약에 성공하는 행운의 순간을 키르케고르는 몇 번 맛보았다. 1837년 5월 19일 일기에 그는 이렇게 썼다. "이루 형언할 수 없는 기쁨, 사도 바울의 개종이 설명할 수 없는 이유로 불현듯 이루어졌듯, 무어라 말하기는 어렵지만 우리 가슴을 뜨겁게 달구는 기쁨이 있다. '기뻐하라 내가 다시 말하노니 기뻐하라' 세상의 이런저런 것에 기뻐하는 게 아니라, 영혼이 환호하며 외치는구나. … '나의 기쁨이 나는 기쁘구나' ….'"*

 인생에는 드물기는 하지만 기쁨의 순간이 찾아온다. 그런 황홀한 절정은 아쉽지만 지속적이지는 않다. 고통의 질곡 속에서 헤매는 일은 피할 수 없다. 그럼 대체 우리는 어떻게 살아야 할까? 그리스도를 본받는 삶은 지혜와 칸트의 도덕만으로는 부족하며, 산상수훈이 주어져야만 한다. 그리스도의 가르침에 충실한 자세야말로 비로소 기독교를 기독교답게 만든다고 키르케고르는 생각했다. 물론 당시의 공식적인 기독교, 국교인 기독교는 그가 생각한 기독교와는 거리가 멀었다. 이런 사정은 오늘날도 마찬가지다. 서구 사회에서 기독교가 승리한 이후, 서구 사회가 "기독교적"임을 표방한 이후, 진정한 기독교는 무너졌다. 오로지 개인만이, 순교를 각오하는 개인만이 기독교에 생명력을 불어넣었을 따름이다. 순교만이 "신앙의 증거"다. 기독교를 생업의 수단으로 삼는 목사는 일반적으로 이런 개인이 아니다. 생업에 매달리지 않았던 키르케고르는 목사들을 "돈벌이에 눈먼 사기꾼 군단"이라고 꾸짖었다.

---

\* 인용문 가운데 성경 구절은 빌립보서 4장 4절에 나오는 것이다.

인생의 막바지에 이르러 키르케고르는 성찰의 공간을 벗어나 실천에 나섰다. 그는 홀몸으로 덴마크의 국교를 상대로 투쟁을 시작했다. 그는 아버지가 생전에 존경한 주교 민스터$^{Mynster}$에게 누를 끼치지 않으려 그가 사망하기를 기다렸다가 공세에 나섰다. 그는 『순간$^{Øjeblikket}$』이라는 팸플릿을 제작해 배포했다. 이 소식지는 그가 유일한 필자로 이름을 올렸으며, 단 하나의 주제만 다루었다. 현재 기독교가 보이는 비기독교적 작태, 이것이 그 주제다. "순간"이라는 제목은 신이 인생에 자비로운 손길을 펼쳐 개인으로 하여금 믿음으로의 도약을 감행할 결단을 호소하는 때를 염두에 둔 표현이다. 실존적으로 치열한 이 순간에서 개인을 그리스도와 갈라놓았던 역사의 시간은 의미를 잃고 무너진다. 종교를 문화의 소유물로, 인습적 도덕으로 몰고 다닌 전체 문화 전통은 그리스도와의 "동시성" 앞에서 불타버린다. 이 "동시성"을 받아들이는 사람은 교회 중심의 기독교를 버릴 수밖에 없다.

이것이 1855년 5월에서 9월 사이에 모두 열 번 발행된 소식지가 담은 유일한 메시지다. 키르케고르는 이 소식지의 발간을 위해 상속받은 재산을 모두 소진했다. 그는 현세의 기독교를 겨눈 이런 공격의 강도를 계속 높여가면서 자신의 생명력도 소진될 것임을 예감했다.

결국 1855년 10월 2일 그는 거리에서 뇌졸중으로 쓰러져 병원으로 실려 갔다. 그곳에서 그는 11월 11일 목숨을 잃었다.

『순간』을 발간하며 그는 마지막으로 세간의 뜨거운 주목을 받았다. 그러나 공세가 거듭되면서 세상의 관심은 시들해졌다. 사람들은 일상으로 돌아가 저마다 먹고살기 바빠 키르케고르에게 눈길조차 주지 않았다. 그동안 공공의 안녕을 어지럽혔다는 구실로 체포되리라 예상했던 키르케고르는 순교자의 반열에 오를 각오를 다졌다. 하지만 무엇 하러 사회가 그렇게까지 하겠는가. 그는 그저 개인, 무리와 떨어져 평생 외롭게 산 개인이었거늘.

슈티르너
- 자신의 '일체'를 없음 위에 세운 개인

제 8 장

키르케고르는 자신이 신 앞에 선 개인이라고 느꼈다. 같은 시기 막스 슈티르너$^{Max\ Stirner}$*는 자신의 책 『유일자와 그 소유$^{Der\ Einzige\ und\ sein\ Eigentum}$』를 괴테의 시에서 빌려온 문장 "나는 모든 것을 없음 위에 세웠노라$^{Ich\ hab'\ Mein\ Sach'\ auf\ Nichts\ gestellt}$"로 서두를 열며 쓰기 시작했다. 사회를 변혁하고

---

* 막스 슈티르너(1806~1856)는 독일의 철학자로, 청년헤겔파에 속하며 마르크스, 엥겔스, 브루노 바우어, 아놀트 루게 등과 더불어 사회 변혁의 길을 모색한 인물이다. 특히 무정부주의에 큰 영향을 끼쳤다. 『유일자와 그 소유』는 1845년에 발표한 책이다. 인용된 괴테의 문장은 그가 쓴 시 「허영이여, 허영의 헛됨이여!(Vanitas! Vanitatum vanitas!)」에 등장하는 것으로, 본래 독일어 표현은 '모든 것에 무관심하다'는 뜻이다. 그러나 슈티르너 철학의 의중을 살리려고 이와 같이 옮겼다.

자 하는 열망으로 젊은이들이 신열을 앓던 19세기에서 어떻게 해야 개인으로 살아갈 수 있을까 하는 물음에는 두 가지 상반된 방향의 답이, 곧 한쪽은 신을 찾고 다른 쪽은 '무無'를 강조하는 답이 주어졌다. 그러나 이 대립은 극복될 수 없는 게 아니다. 슈티르너의 '무'는 공허함, 모든 것을 집어삼키는 허무의 블랙홀이 아니라, 창조적인 힘을 발휘하는 것이기 때문이다. 그가 말하는 '무'는 초개인적인 힘의 강제에 맞설 때 발견된다. '무'는 일종의 내재적 초월성이기도 하다. '무'는 창조적 자유가 들어설 백지다.

  키르케고르와 슈티르너는 사람들이 입만 열면 자유와 발전을 이야기하던 시절에 활동했다. 하지만 자유와 발전을 노래하는 시대에서도 개인은 사회 또는 국가라는 집단이 휘두르는 권력의 그늘에서 신음했다, 이론으로든 실제로든. 사람들은 개성이 아니라, 보편적이고 합법칙적인 형식에 담아낼 수 있는 것에 열광했다. 경제적 이득과 자연 지배에 도움을 주는 지식을 선호했으며, 이런 분위기에 편승해 정치는 계급들, 더 나아가 국가를 그때껏 들어보지 못한 방식으로 단합시키는 일에만 골몰했다. 시대의 근본 특징은 뭐든지 갈수록 덩치를 키우는 단위의 대오 형성, 이를테면 신흥 중산층, 공장, 군대 등 세력의 과시였으며, 산업혁명이 이런 과시욕에 불을 지폈다. 이런 변화가 드리운 그늘은 새롭게 출현한 대중문화가 가려주었다. 개인에게 둔감한 리얼리즘과 물질주의가 시대정신을 물들이기 시작했다.

19세기 후반부의 이 리얼리즘은 되도록 인간을 작게 생각하고, 인간을 거대한 것과 함께 세우려는 예술작품을 속속 선보였다. 근대의 자연과학과 기술은 우리 모두에게 이득을 가져다준다며 이 '거대한 것'으로 포장되었다.

헤겔류의 관념론 시대는 지나갔다. 사람들은 더는 정신의 고공비행을 원치 않았으며, 사실이라는 발 딛고 설 땅을 다지려 안간힘을 썼다. 경험주의, 실증주의, 감각주의가 앞다투어 호객 행위를 했다. 무수한 관련 논쟁 서적들이 범람하는 가운데 의사이자 철학자 하인리히 촐베 Heinrich Czolbe는 경고한다. "충분히 인식할 수 있는 세계를 멋대로 지어내고 꾸며댄 초감각적인 인공물로 대체해가며 개선하겠다고 호들갑을 떨고, 인간에게 초자연적인 기술을 첨부해주어 자연을 지배하는 존재로 만들겠다니, … 주어진 세계로 만족할 줄 알라."*

하시만 기술을 신봉하는 감각에 '주어지지' 않은 것이 무엇이

---

\* 하인리히 촐베(1819~1873)는 독일의 의사이자 철학자다. 의학을 전공하고 평생 군의관으로 복무했으며, 제대 후에 철학 연구에 전념했다.

라! 관념론이 이야기하던 생성과 존재, 정신의 자기실현은 이들의 눈에 원자들의 춤바람이며, 에너지의 변화 형식에 지나지 않았다. 개인의 자기의식은 개인이 자신을 과대평가한 과대망상일 뿐이다. 인간 안에서 사는 정신은 호르몬의 화학반응에 따른 두뇌의 기능에 불과하다.

종교를 비판하는 사고방식의 개선 행진도 워낙 당당해 막기 어려웠다. 이 종교 비판에는 종교적 요소, 곧 발전에 대한 믿음이 가미되어 있었기 때문이다. 사물과 생명을 그 가장 기본적인 성분으로 분석한다면, 신비의 너울을 뒤집어쓴 자연의 작동원리를 알아낼 수 있다고 이 믿음은 주장했다. 모든 것이 어떻게 만들어졌는지 알아낼 수만 있다면, 우리는 얼마든지 모든 것을 똑같이 본떠 만들 수 있다. 자연을 포함한 모든 것의 신비를 엿보겠다는 의식은 과학 실험을 통해 창조의 신을 마치 현행범처럼 체포해, 뭐가 어떻게 만들어지며 무엇이 생명의 비밀인지 자백을 받아내겠다는 호언장담을 일삼았다. 마르크스Karl Marx\* 역시 예전에 드높고 숭고한 것으로 떠받들어진 정신을 지상으로 끄집어내려서 분석하려 들었다. 그는 정신을 두

---

\* 카를 마르크스(1818~1883)는 독일 출신의 철학자, 경제학자, 사회이론가이자 혁명가다. 자본주의 사회를 비판적으로 분석하고 실천적 사회변혁을 주장하면서 프리드리히 엥겔스와 함께 사회주의운동의 기초를 마련했다.

고 사회적 노동이라는 기초 위에 세워진 상부구조에 불과하다고 폭로했다.

모든 것이 노동이다. 그 실제 의미보다 훨씬 더 큰 옷을 입은 노동은 갈수록 더 많은 인생의 측면들을 해석하고 평가하는 기준의 위치에 올라섰다. 인간은 바로 그가 하는 일이며, 사회는 노동사회이고, 자연도 진화로 계속 변화하고 발전하는 일(노동)을 한다. 노동은 사회를 떠받드는 기초로, 일종의 신격화 대상으로까지 격상되었다. 사회를 하나의 거대한 기계로 보는 그림은 개인을 톱니바퀴와 나사로 취급했다. 노동 중심의 관점은 시대의 자화상을 장악했으며, 어디로 방향을 잡아야 할지 가늠하는 길라잡이 구실을 했다.

개인, 그리고 개인의 자유공간은 거의 거론되지 않았다. 물론, 3월 혁명 이전의 시기 Vormärz*에서 자유 권리를 쟁취하려는 정치투쟁이 뜨겁게 달아오르기는 했지만, 이 싸움은 개인이 아니라 사회단체들이 주도했다. 자유를 핵심 가치로 표방하는 각종 정치단체가 결성되었으며, 이 단체들은 보안을 철저하게 강조하는 폐쇄적 구조로 운영되었다. 프라일리그라트 Ferdinand

---

\* '포어메르츠(Vormärz)'는 1848년에 일어난 독일 3월 혁명 이전의 시기를 말한다. 정확한 시기 구분은 어려우나 대략 1815년부터 1848년까지의 시기로, 왕정을 무너뜨리려는 정치투쟁이 활발했던 때다.

Freiligrath*는 이런 사정을 다음과 같이 노래했다. "시인은 높은 망루 위에 서서 망을 보았네 / 망루는 정파의 성벽보다도 더 높았지." 이에 헤르베그Georg Herwegh**는 이렇게 화답했다. "정파! 정파! 누가 정파에 가담하지 않으랴, / 모든 승리의 모태인 정파에." 해방투쟁에서도 개인이 설 자리는 없었으며, 정파라는 이름의 조직만이 힘을 쓸 수 있었다. 하이네Heinrich Heine는 개인과 조직 사이의 괴리를 노래한 시를 쓰기도 했다.

사회의 분위기가 이런 만큼 1844년 말, 혁명 전야에서 상당히 도전적인 제목으로 출간된 『유일자와 그 소유』는 대중의 이목을 단박에 사로잡았다. 자신의 이름을 막스 슈티르너라고 밝힌 저자의 본명은 요한 카스파 슈미트Johann Caspar Schmidt다. 당시 베를린 운동권에서 거의 알려지지 않은 인물이었던 그는 마치 무無에서 홀연히 솟아오른 듯 이름을 알렸다가 이내 다시 자취를 감추었으며, 세기말에 이르러서야 사람들은 그를 다시 발견했다.

잊힌 자라는 후광이 그와 그의 작품을 에워싸고 놓아주

---

\* 페르디난트 프라일리그라트(1810~1876)는 독일의 시인이자 번역가로 혁명운동에 활발히 참여했던 인물이다.

\*\* 게오르크 헤르베그(1817~1875)도 독일의 시인으로, 노동운동을 대표하는 인물이다.

지 않았다. 당시 포이어바흐$^{Ludwig\ Andreas\ von\ Feuerbach}$*에서부터 마르크스와 엥겔스$^{Friedrich\ Engels}$**에 이르기까지 정신투쟁의 주역들은 이 도발적인 책의 출간 이후 엇갈린 반응을 보이며 설왕설래를 그칠 줄 몰랐다. 한편으로는 열광했으며, 다른 한편으로는 이 책에 한때나마 혹했던 것에 보복이라도 하려는 듯 악의적인 비판과 폄하도 끊이지 않았다. 예를 들어 마르크스는 슈티르너의 책을 읽고 서평을 쓴다면서 그 책보다 더 두꺼운 장문의 혹평을 작성해, 결국에는 서랍 안에 넣어두었다. 포이어바흐는 슈티르너를 두고 "가장 천재적이며 자유로운 작가"라고 불렀지만, 그 이상의 언급은 없었다. 후설$^{Edmund\ Husserl}$***은 슈티르너의 "힘이 유혹적"이라고, 게오르크 지멜$^{Georg\ Simmel}$****은 "주목해야 할 개인"이라고 각각 평가했다. 카

---

\* 루트비히 안드레아스 폰 포이어바흐(1804~1872)는 독일의 철학자이자 인류학자다. 종교와 관념론, 특히 헤겔 철학에 대한 비판으로 유명하다.

\*\* 프리드리히 엥겔스(1820~1895)는 독일의 철학자, 사회이론가이자 혁명가다. 카를 마르크스와 함께 현대 사회주의운동의 기초를 세웠다.

\*\*\* 에드문트 후설(1859~1938)은 현상학의 창시자로, 하이데거, 사르트르 등의 실존철학에 큰 영향을 끼친 독일의 철학자다.

\*\*\*\* 게오르크 지멜(1858~1918)은 독일의 철학자이자 사회학자로, 사회적 상호작용과 사회적 형식에 대한 연구를 통해 사회학의 새로운 지평을 열었다고 평가받는다.

를 슈미트Carl Schmitt*는 슈티르너에게 "마음을 빼앗겼다"고 실토했다.

니체는 바젤에서 어떤 대학생에게 심부름을 시켜 대학교 도서관에서 슈티르너의 책을 대출받아오라고 했다. 직접 빌리지 않은 것으로 미루어 니체는 분명 슈티르너라는 이름과 연결되는 것을 꺼렸던 모양이다. 이다 오버베크Ida Overbeck는 언젠가 니체와 대화를 나누다가 슈티르너가 거론되자, 잔뜩 흥분해서 이 잊힌 저자의 글을 격찬했다고 한다.** 하지만 이내 니체는 신중하게 이렇게 덧붙였다. "하지만 선생님께 분명히 말씀드리건대 그 사람 이야기는 더는 하지 않고 싶습니다. 잊어주세요. 사람들은 표절이네 어쩌네 말이 많을 겁니다. 그러나 그런 이야기는 신경 쓰지 마세요. 제가 알거든요."

슈티르너라는 이름이 니체의 저작물 가운데 그 어디서도 언급되지 않는다 할지라도, 슈티르너의 생각이 니체에게 남긴 흔적, 심지어 니체의 중심 사상에 남긴 흔적은 숨길 수 없이 드러

---

\* 카를 슈미트(1888~1985)는 나치스의 이론적 기초를 제공했다고 평가받는 독일의 정치학자이자 공법학자다.

\*\* 이다 오버베크는 신학자 프란츠 오버베크(Franz Overbeck, 1837~1905)의 아내다. 이 부부는 바젤대학교 교수를 지내던 시절 니체와 같은 집에 살면서 각별한 우정을 가꾸었다.

난다. "앎은 그 가시를 자기 자신에게 겨눈다." 니체와 슈티르너에게 똑같이 등장하는 문장이다. "개인은 세상을 사로잡은 광기를 곳곳에서 알아본다. 그래서 그는 생각함으로 기존의 사상을 해체하고자 하는 의지를 불태운다."

생각함의 칼날이 자기 자신을 겨누게 하는 이런 반전은 니체뿐만 아니라 슈티르너에게도 대단히 의미심장하다. 생각함은 집단 위주의 굳어진 관념, 창조적 자유를 억압하는 굳어진 사상에 저항한다. 생각으로 관념을 뒤엎는 이런 반전은 니체뿐만 아니라 바로 슈티르너에게서 목격하는 현상이다. "나는 공허함이라는 의미의 무가 아니라, 창조적 바탕인 무, 내가 그것을 가지고 모든 것을 창조하는 무를 말한다. 나의 생각함으로 빚어지지 않은 일체의 것은 사라져야 한다!" 현재에 충실한 나의 삶으로 포착되고 채워지지 않은 것은 그게 무엇이든 "나의 사안"이 아니다. 실존적으로 구체적인 것만이 "나의 사안"이며 다른 모든 것은, 비록 그것이 나를 짓누르는 권력을 가졌다 할지라도 허튼소리와 연기처럼 사라지는 허망한 것이다. 우리는 이름뿐인 개념과 이념과 권력의 마법에 사로잡혀 휘둘린다. 사라져라, 헛된 것이여!

슈티르너는 19세기의 철학자들 가운데 가장 철저한 유명론자다. 그는 실체 없이 이름만으로 인간을 사로잡는 모든 개념과 이념과 관념을 유명론을 앞세워 철저히 파괴한다. 우리를 사로잡은 관념의 허구를 폭로하는 슈티르너의 글은 상식을 뒤흔드는 충격을 안기지만, 대단히 천재적이다. 중세의 유명론자들과 마찬가지로 슈티르너는 보편개념, 특히 신과 관련한 보편개념을 아무 현실성이 없는 허구, 안개처럼 사라지는 '숨결'이라고 폭로한다. 인간의 중심에서 우러나는 창조적 힘은 때때로 유령을 만들고, 이 유령이 오히려 인간을 억압한다. 종교가 신앙을 강제하려 구사하는 모든 미사여구는 관념의 허깨비와 다르지 않다. 자연과학과 기술의 발전을 추켜세우는 이데올로기 역시 관념의 허깨비다.

생각이 빚어내는 유령이 오히려 생각의 주인을 얽어매는 족쇄를 채울 수 있다는 깨달음은 이미 포이어바흐가 종교를 비판하면서 선보인 바 있다. 그리고 마르크스는 생산의 구조가 노동과 사회에 족쇄를 채울 수 있다는 쪽으로 이런 깨달음을 적용시켰다. 이렇게 볼 때 슈티르너는 헤겔 좌파의 소외 비판 전통에 속하는 철학자다. 하지만 슈티르너는 비판을 더욱 날카롭게 다듬었다. 계몽주의는 "우리 바깥의 피안", 곧 신, 그리고 신에게 기대는 사회도덕을 무너뜨렸다. 이로써 "계몽이라는 사업은 완수되었다." 하지만 "우리 바깥의 피안"이 사라졌다고 해도, "우리 안의 피안"은 끄떡도 하지 않는다. 신은 죽었다. 그러나 신은 우리 안에서 다양한 모습의 유령으로 계속 출몰한다. 슈티르너는 이 유령들과 맞서 싸웠다.

"우리 안의 피안"은 예를 들어 가족과 사회가 우리에게 심어 준 양심이기도 하다. 나중에 프로이트$^{Sigmund\ Freud}$*는 이것을 "초자아$^{Über-Ich}$"라 불렀다. 슈티르너는 더 나아가 "인간됨"이나 "휴머니티" 또는 "자유"와 같은 규범적인 보편개념이 우리 안에 구축한 지배체계 역시 "우리 안의 피안"이라고 여겼다. 우리는 이런 보편가치를 소중히 여겨 무엇인가 실천하거나 포기하지만, 이런 개념 역시 이름뿐인 허울에 지나지 않는다고 그는 보았다. 이런 개념들은 사회가 그 결속을 위해 내세운 보편적 의무에 불과하다. "유일자"는 이런 보편개념들의 그물망 안에 자신이 포로로 사로잡혔음을 의식한 인간이다. 사회의 교활한 음모에 휘말린 사람은 최선의 자아, 곧 자기 본래의 실존을 그르치고 만다.

키르케고르와 마찬가지로 슈티르너 역시 실존주의를 선도하는 생각을 펼쳤다. 실존이 본질에 앞선다. 인간은 자신이 누구

---

* 지그문트 프로이트(1856~1939)는 오스트리아의 신경과 의사로 정신분석학의 창시자이자 현대 심리학의 핵심 개념을 제시한 20세기 대표 사상가 중 한 명이다. 그는 인간 행동의 근본적 원인을 탐구하며 내면의 갈등과 무의식을 강조해, 현대의 심리학과 문화 전반에 큰 영향을 끼쳤다.

인지 이해하기도 전에 이미 실존한다. 다시 말해서 실존은 기초이며, 그런 다음에야 본질이 온다. 바꿔 말하면 이런저런 상황에는 이래야 마땅하다고 생각해낸 것, 다른 사람들이 어떻게 해야 좋다고 생각하는 것, 이러저러하게 행동해야만 된다는 것은 모두 당위성의 세계다. 다양한 형태로 사람을 사로잡아 광기에 빠뜨리는 유령의 영역이다. 이른바 "역사의 논리", 사회의 법칙, 휴머니즘과 발전, 자유주의와 사람들이 즐겨 입에 올리는 프롤레타리아, 혁명을 사명으로 하는 프롤레타리아 따위는 모두 관념의 허깨비다. 유명론자 슈티르너에게는 모든 것이 그저 '명사$^{nomen}$', 곧 실체를 가지지 않는 생각의 보편자일 뿐이다. 하지만 이 허울뿐인 보편자에 사로잡힌 인간들은 집착하며 광기를 번뜩이면서 현실을 만들어낸다. 이렇게 해서 유령은 현실이 된다.

특히 슈티르너는 "인간성"을 두고 대다수 사람이 좋은 뜻으로 하는 덕담이나 속담 같은 입에 발린 말이라고 비판한다. 인간은 본래 동물학의 분류 개념이며, 괜스레 윤리적 의미를 가미해 "인간성"이라는 규범으로 탈바꿈시킨 것이다. 슈티르너는 유명론자로서 이제 그저 무수히 많은 개인이 있을 뿐이며, 이 개인은 저마다 자신의 고유한 경험을 한다고 강조한다. 사람은 누구나 남이 어떤 경험을 했는지 듣기는 한다. 그러나 이야기를 통해 듣는 경험이 본인의 경험은 아니다. 인간이 서로 소통을 나눌지라도 결국 자신의 경험에서 벗어나 세상을 보는 것은 아니다. 다시 말해서 실제로 자신의 입장을 벗어나 남의 입장을 전적으로 이해한다는 것은 불가능하다. 그리고 인간이 저마다 구성원으로 속하는 집단은 나름의 고유한 의미를 자랑하는 무슨 고차원의 본질을 가지지 않으며, 그저 집합일 뿐이다. 다만 다수로 이뤄졌다는 점이 유혹적인 힘을 발휘한다. 마치 다수의 의견이 진리인 것처럼 여기는 심리가 이 유혹의 정체다. 이 심리는 "집착"으로 키워지기도 한다. 우리는 이 "집착"으로부터 벗어나도록 자신을 자유롭게 해방시켜야만 한다.

"자유"는 또 다른 규범적인 보편개념이다. 슈티르너는 인류에게 자유를 안겨줄 사회 기계와 역사 기계를 제작하겠다는 시도를 신랄한 아이러니로 비판한다. '인간에게 자유를!'이라는 구호를 내걸고 오히려 인간을 이 해방 기계의 종복으로 만드는 거 아니냐며 그는 자칭 혁명 그룹을 힐난했다. 이렇게 해서 자유의지는 해방으로 이끌겠다는 논리에 종사해야 하는 각오로 전락하고 만다. 역사상 실제로 존재한 사회주의의 역사는 슈티르너의 염려가 기우가 아니었음을 고스란히 확인해준다.

슈티르너의 유명론은 기존의 지배적인 관념을 무너뜨리고자 하는 생각이다. 사회와 관련한 이념만 비판의 대상인 것은 아니다. 이는 곧 자기 자신을 겨눈 자아비판이기도 하다. 슈티르너는 인간이 그 어떤 것에도 굴종할 이유가 없다고, 특히 어제 한 자신의 생각일지라도 거기에 얽매여 노예 노릇을 해서는 안 된다고 강조한다. 어제는 내가 그렇게 판단했지. 오늘 다른 판단을 내린다고 누가 막을까? 일관성! 하지만 일관성은 문제가 많은 요구임을 우리는 유념해야만 한다. "내가 어떤 대상을 두고 내리는 모든 판단은 내 의지의 피조물이다. … 그리고 다시금 이런 의견은 '나'를 이 피조물, 곧 판단에 굴종시켜서는 안 되며, 창조자로 남아야 한다고 요구한다. 끊임없이 새롭게 판단하는 나에게."

'나'는 창조적 자발성을 발휘하는 순간에 존재한다. 내가 이끌어내는 것은 경직되어, 창조하는 나를 제한하고 발목을 잡을 수 있다. 왜 우리는 어제의 것에 지배당해야 할까? 자신의 창조적 감각에 충실하면서 현재에 집중해야만, 지나간 나에 집착한 나머지 종속적이게 되는 일을 피할 수 있다. 살아 약동하는 나는 늘 새롭게 시작한다. 경직되고 고정되지 않아야 자아는 자신을 실현하며, 이 실현은 일관되지 않은 불연속선의 형태로 이루어진다.

'나'라는 자아는 창조자이자 피조물이다. 그리고 창조자는 자신의 피조물에 종속되지 않는 것이 중요하다. "매 순간 보여주는 너의 모습이 곧 너의 피조물이다. 그리고 이 '피조물' 탓에 창조자인 네가 휘둘릴 수는 없다. 너는 너 자신보다 더 뛰어난 존재이며, 너 자신을 능가한다."

중세의 유명론은 개념이라는 그물망으로 신을 담아내려는 이성에 맞서 신은 개념으로 파악될 수 있는 게 아니라고 방어했다. 유명론자 슈티르너는 종교, 휴머니즘, 자유주의, 사회주의와 같은 해석과 고정관념에 맞서 창조적인 자아를 방어했다. 중세의 유명론자가 신을 무에서 자신과 세계를 창조한 어마어마한 절대자로 보았듯, 슈티르너는 "자신의 '사안' 일체를 없음 위에 세운 개인"을 유일자로 파악했다.

소시민이라는 슈티르너의 사회적 지위에 비추어 그가 말하는 "유일자"가 경제적으로 쪼들려 크게 제약받지 않았을까 하는 의문이 제기되었다. 하지만 우리는 먼저 그가 말하는 자유를 더 면밀하게 살펴야 한다. 이미 스토아철학이 알았듯, 우리는 객관적 현실에만 영향을 받는 게 아니라 그 현실을 보는 우리 자신의 의견에도 좌우된다. 사실 말이 쉬워 객관적 상황이지, 그것이 정확히 무엇인지를 우리는 알기 어렵다. 하지만 우리는 객관적 대상을 보는 우리 시각, 그 대상을 다루는 방식, 다른 사람들이 그 대상에 가지는 의견은 얼마든지 영향을 끼칠 수 있다. 객관적 사실보다는 자기 의견을 고집하고 다른 사람들도 동조하게 만드는 상당히 많은 방법을 우리는 구사할 줄 안다. 또 이런 과정에서 우리는 자신의 주체성을 내보일 수 있다. 자아의 창조 능력을 강조하고 자유를 마음껏 펼칠 공간, 계속 길어내도 좀체 마르지 않는 우물과도 같은 자유를 이야기하는 슈티르너의 논리는 주관적 의견에 관한 한 틀린 말은 아니다.

하지만 슈티르너의 실존적 해방 구호에는 어딘가 모르게, 물론 슈티르너 자신이 의도하지는 않았겠지만 좀 우스꽝스러운 울림이 묻어난다. 슈티르너는 마치 돈키호테를 물구나무 세운 것 같은 인상을 불러일으킨다. 돈키호테는 풍차를 상대로 싸움을 벌이며, 이 풍차가 자신을 괴롭히는 현실이라고 믿었다. 반대로 슈티르너는 자신을 괴롭히는 현실과 싸우면서 이 현실을 그저 풍차라고, 쉽사리 물리칠 수 있는 "유령"이라고 주장한다. 그래서 슈티르너의 글에는 고압적인 분위기가, 모든 걸 위에서 굽어보고 있다는 고고함의 의식이 느껴진다. "나는 모든 것을 없음 위에 세웠노라"라는 글을 쓴 사람은 그 어떤 것에도 위축되거나 집착하지 않는다. 최소한 상상에서만큼은, 슈티르너는 자신의 관여 없이 맺어진 모든 것과 관계를 끊고 오로지 자신이 직접 맺은 관계만 인정하겠다고 자랑스럽게 선포한다. 다시 말해서 슈티르너는 단지 의지의 결단만으로 사회의 "유령"을 쫓아버리고 "타불라 라사<sup>tabula rasa</sup>"\*를 만들 수 있다고 믿었다. 그래서 "앎의 가시를 지식(관념 - 옮긴이 주)을 향해 겨눈" 슈티르너의 철학은 한편으로 대단히 탁월한 해방선언이기는 하지만, 다른 한편으로 자신의 가능성을 지나치게 과대평가한 나머지 객관적 진리를 찾으려는 노력을 소홀히 한 외톨이의 놀라운 기획이었다.

슈티르너는 발상의 전환으로 자아의 자유를 키워주는 결론뿐만 아니라, 관념을 의심해보자면서 정작 자신의 생각은 의심하지 않으려는 자아 지양, 곧 자아의 자유를 키우겠다면서 오히려 자유를 제한하는 결과도 빚어내고 말았다. "생각 속에 구원이 있다"고 믿는 것이야말로 생각하는 사람이 저지르는 특히 심각한 자기기만이라고 그는 설명한다. 인간은 생각이 만들어내는 문제들을 생각으로 해결하겠다는 태도를 일체 버려야 한다. 그저 충분하게 자유를 노래하며 관념 없는 생생한 삶의 현장을 역동적으로 살아나가는 것만이 중요하다. 슈티르너는 "격식을 갖추려 안간힘을 써가며 생각하기보다는 마음 내키는 대로 행동하는 자의"를 추천한다. "생각 없이 기쁘게 사는 태도야

---

\*    타불라 라사는 아무것도 쓰여 있지 않은 빈 서판이라는 뜻으로, 일체의 경험 이전의 인간 정신 상태를 이르는 말이다. 라이프니츠(Gottfried Wilhelm Leibniz)가 로크(John Locke)의 경험론을 비판하면서 사용했다.

말로 생각으로 뒤채며 믿을까 말까 고민하는 잠 못 이루는 기나긴 밤"을 끝내줄 명약이라면서.

　아무런 구속을 받지 않는 인생이 이상적이기는 하지만, 쓸데없는 일로 시간을 허송하거나, 위기로 얼룩져 지친 삶까지 바람직하다는 말은 할 수 없다. 생각에 끌려다니기보다 주어진 시간을 즐기는 존재. 마침내 생각을 멈추는 쪽으로 나아가고자 슈티르너는 사유했다. 이런 선택은 슈티르너가 3월 혁명 이전 시기에 비판을 위한 비판이라는 극단적 정파와의 경쟁에서 이를 극복하려 제시한 대안이다. 마침내 비판을 멈추고 무비판적인 평온을 누리고자 하는 비판이 슈티르너의 철학이다. 슈티르너의 유일자는 자기 자신을 위해서, 예외를 허용한다 하더라도 단 몇 명의 유일자와 더불어 느슨한 단체, 입회와 탈퇴가 언제라도 자유로우며, 원하는 대로 마무를 수 있는 단체에 가끔 들르는 인생을 살고 싶었을 따름이다. 아무런 구속 없이, 오로지 자기 자신하고만 즐기는 삶을.

　슈티르너는 이런 철저한 자아 관계와 자기 소유를 "에고이즘"이라고 불렀다. 이 표현은 통상적인 용례처럼 오로지 자신의 이득에만 집착하는 이기주의를 뜻하지 않는다. 슈티르너를 두고 흔히 이기주의자라고 평가한 것은 오해. 오히려 에고이즘은 자신의 실존을 결단하며, 이 실존을 그 어떤 초개인적인 제도

나 기관에 탈취당하지 않으려는 자세를 의미한다. 사람은 저마다 자신의 인생을 살며, 누구나 자신의 죽음을 맞이한다. 아무도 대신해줄 수 없는 유일한.

　유일하다는 것은 탁월하다는 뜻에서 유일무이함을 말하는 게 아니라, 오로지 실존적으로 다른 누구도 대신할 수 없으며 그 어떤 사람으로도 대체될 수 없다는 의미를 가질 뿐이다. 언어는 보편적이며 전체를 포괄하는 특성을 가지는 탓에 유일자를 충분히 표현할 수 없다. 말로는 담아낼 수 없는 무엇인가가 늘 남는다. 언어의 표현은 일종의 껍질 벗기기와 같다. 차례로 껍질을 벗겨내며 속내를 알아보려는 시도가 언어 표현이다. 본래의 자아라고 말할 수 없는 껍질은 이를테면 관념, 이념, 확신, 도덕 표상 등이다. 껍질은 의미로 짜인 사회라는 그물망에 우리를 가둔다는 점에서 언어이기도 하다. 언어는 어떤 사람으로 하여금 자기 자신으로부터 벗어나게 해주기는 하지만, 자기 자신을 잃어버리게 만드는 것이기도 하다. 자신의 진짜 속내를 말로 표현하는 대신에, 말로 포장된 자기 자신 앞에서 사람은 당황하기도 한다. 이런 점에서 슈티르너는 철저하게 언어를 비판한다. "말은 단어이자 관념이며 개념이다. 그러나 당사자가 진짜 생각하는 것은 그 어떤 단어, 관념, 개념도 담아낼 수 없다. 그가 말하는 것은 그의 생각이 아니며, 그가 생각하는 것은 말해질 수 없다." 말해질 수 없는 것, 그것은 오로지 삶으로 살아질 수밖에 없다.

 슈티르너는 자신의 생각함을 해방 행위로 이해했다. 어제라는 공간을 깨끗이 비워 오늘의 삶에 충실한 공간을 만들자는 이런 요구는 놀랍게도 대단히 옹졸한 태도를 이끌어낸다. 일체의 것을 없음 위에 세우려는 노력은 그 어떤 편견이나 선입견이 없는 몰입과 헌신을 허락하지 않는 근본적인 불신과 맞물린다. 해방의 요구는 한편으로 열정적인 공격을 펼치며 모든 환상, 위선, 광기를 파괴하기는 하지만, 이에 반해 자아는 두려움에 질려 방어적으로 자신을 "소유물인 자산"으로서 지키기에 급급하다. 불신에 물든 자아는 절대 속는 일이 없어야 한다는 다짐으로 자신을 방어할 벽을 쌓고 이 영역을 한사코 지키려 안간힘을 쓴다. 자아는 세계를 신뢰할 수 없기 때문이다. 어떤 일에 몰입하고 헌신하는 것은 '집착'이 아닐까 의심받는다. 자아는 단지 자신의 통제력을 잃지 않아야 한다. 유일자는 자신의 바깥에 있는 모든 것을 무시하거나 자신의 소유로, 곧 '자산'으로 만들어야만 한다. 자신의 손아귀에 들어오지 않는 것을 보며 자아는 위협받는 느낌에 시달린다. 이런 사정은 사랑에도 똑같이 적용된다. "나의 사랑은 철저히 나 자신에게 이득을 주는 에고이즘에 충실할 때 비로소 내 것이 된다. 그래야 내 사랑의 대상은 실제로 내 것 또는 내 자산이다. 내 자산에게 나는 빚이 없으며 빚질 일도 없다. … 그럼에도 나는 최대한 주의를 기울여 자산을 지켜야 한다. 바로 나 자신을 위해 … 이런 마음가짐을 두고 사랑이라고 할 수 있을까? 여러분은 다른 단어를 안다면, 그것을 고르도록. 그럼 아마도 사랑이라는 달콤한 단어는 야비한 세상과 더불어 말라비틀어져버리겠지. … 나는 적어도 … 옛 울림 그대로 … 나의 대상, 곧 내 자산을 '사랑'하리라."

슈티르너는 이런 태도가 세상과 다른 사람을 그저 '이용'하는 게 아닐까 하고 자문했다. 그는 이런 태도가 확실히 이용이라고 인정한다. 하지만 "이용한다"는 것이 무슨 뜻인가? 슈티르너가 생각하는 '이용'은 이렇다. "밖에서 내 안으로 들어오는 모든 것을 개방적으로 받아들이되, 이 받아들임에서 나 자신을 빼앗기지 않도록 하자."

다시금 저 옹졸함, 곧 자기 자신을 빼앗길까 봐 두려워하는 마음가짐으로 혹시 '광적으로 집착하는 태도'가 생겨날지 경계하는 불신이 고개를 든다. 이 두려움과 불신에 사로잡힌 주체는 세계를 바라보며 저 세계로부터 주어지는 것을 자신의 자산으로 만들지 못한다면 잃어버릴 수밖에 없는 손실의 대상으로 여긴다. 다른 사람들의 세계는 위협적인 자아 상실이거나 자아가 누릴 향락의 대상이다. '유일자'에게 제3의 것은 존재하지 않는다. 가지거나 빼앗기는 선택지만이 있다. 이런 긴장이 해소될 조짐은 어디에도 없다. 그래서 인간은 늘 조심하고 경계해야만 한다. 가지느냐 빼앗기느냐 하는 긴장의 싸움을 멀찌감치 떨어져서 보는 여유는 그저 꿈속에서만 누릴 수 있다.

"유일자"는 자신의 주권을 쟁취하려 싸운다. 그러나 "유령"에게서 해방되어 자신의 자아를 찾은 사람, 그는 대체 누구인가? 그가 누구인지야 인생이 보여줄 거라고 슈티르너는 답한다. 그럼 일명 막스 슈티르너인 요한 카스파 슈미트가 남긴 몇 안 되는 인생 흔적을 추적해보면 무엇이 보일까?

우리 눈에는 인생 대부분에서 실패를 맛본 쓸쓸한 한 남자가 보인다. 직업적으로도 사생활에서도. 그는 여학생을 위한 사립 '학습 및 교육기관'에서 형편없는 보수를 받는 교사로 일하다가 결국 포기했으며, 두 번의 결혼에서 한 번은 사별하고 한 번은 이혼했다. 베를린에서는 우유배달 사업을 시작했다가 몇 달 지나지 않아 파산했다. 조촐한 수수료를 받는 위탁판매상을 했지만 빚 때문에 그는 두 번이나 교도소 신세를 져야만 했다. 인생의 상당 부분을 그는 홀몸으로 살았고, 말년에는 빈민촌에서 곤궁한 생활을 했다. 1856년 그가 사망했을 때, 세상은 이미 그를 오래전에 잊었다.

자신의 일체를 없음 위에 세운 남자는 실제로 무명씨, 아무도 알아주는 사람이 없는 쓸쓸한 신세가 되고 말았다. 그는 공통점이라고는 거의 없는 사람들과 어울려 살아야만 한 탓에 깨끗이 잊히고 말았다. 그 한 권의 책 『유일자와 그 소유』마저 없었더라면, 그는 완전히 잊혔으리라.

작품은 광채를 간직했지만, 저자라는 인물은 신산한 세월의 무게에 눌려 등허리가 휘고 말았다. 도스토옙스키<sup>Fyodor Dostoevsky</sup>는 "지하실 문 구멍"을 통해 슈티르너에게 이런 이야기를 들려준다.* "인간은 혈혈단신으로 자신을 똑바로 세우려는 의지를 가져야 해. 이 자립성이 무슨 대가를 요구하며, 어디로 이끌든 간에."

맞는 말이다. 슈티르너는 "자립성"의 성취에 뜨거운 열정을 품었다. 그러나 그 어떤 것도 본받지 않고 어떤 것의 뒤도 따르려 하지 않은 유일자는 당당하게 스스로 격려해가며 자립의 길을 가기는 했지만, 무력감만 맛보는 쓰라린 경험을 피할 수는 없었다.

---

\* "지하실 문 구멍(Aus dem Kellerloch)"이라는 표현은 도스토옙스키의 작품 『지하 생활자의 수기(Записки из подполья)』의 독일어판 제목이다. 국내에는 "지하에서 쓴 수기", "지하로부터의 수기" 등 여러 제목으로 번역되었다. 옮긴이는 2018년 판본을 참조했다.

# 소로
## - 칩거와 홀로 삶의 실험

제 9 장

슈티르너의 『유일자와 그 소유』가 출간되던 바로 그해에 대서양의 반대편에서 헨리 데이비드 소로 Henry David Thoreau*는 매사추세츠의 월든 호숫가 오두막으로 들어갔다. 개인으로 산다는 것이 어떤지 몸소 느껴보려는 실험이었다. 그의 이름을 유명하게 만든 이 실험은 1845년 7월 4일에 시작되었다. 이날은 미국의 독립기념일이기도 하다. 그는 호숫가에 손수 지은 오두막에서 생활했다. 소로는 어디 저 먼 야생에

---

\* 헨리 데이비드 소로(1817~1862)는 미국의 작가이자 철학자다. 대표작으로는 자연 속에서의 삶을 성찰한 『월든』, 양심에 따른 저항과 불복종을 내세운 『시민 불복종(Civil Disobedience)』 등으로 현대 생태주의, 사회운동 등에 깊은 영향을 주었다.

서 벌이는 극단적인 모험을 즐기려 하지는 않았다. 그의 오두막은 본래 주거지인 콩코드에서 단지 몇 마일밖에 떨어지지 않았다. 그는 또한 완전히 홀로 살지도 않았다. 오히려 그는 오두막에서 손님을 맞기도 했으며, 또 누군가를 손님으로 찾아가기도 했다. 어쨌거나 그의 이런 선택은 세간의 이목을 끄는 쉬어감, 일종의 전환점이었다. 소로는 문명의 익숙한 편안함을 포기하고, 오두막 주변에 가꾼 채소와 호수에서 잡은 물고기, 그리고 숲에서 사냥한 것으로 생활했다. 그는 도시라는 환경이 주는 편안함과 자극과 각종 떠들썩한 사건을 자신이 어디까지 포기할 수 있는지 시험하고 싶었다. 정신은 마침내 누구나 문을 열고 들어와 저마다 자신을 주목해달라며 보채는 일종의 술집이 아니어야 한다고 그는 썼다. 소로는 자신이 무엇을 주목할지 스스로 결정할 수 있는 곳을 찾고 싶었다. 이 과정에서 과연 어떤 자아가 모습을 드러낼지 그는 호기심을 누를 수가 없었다.

"나는 숲으로 들어갔다." 소로가 『월든 Walden, or Life in the Woods』에서 쓴 문장이다. "나는 참다운 인생, 실제의 인생에 좀 더 가까이 가기를 희망하고, 혹시 배울 것을 놓쳐 죽어갈 때 내가 제대로 살지 못했구나 하고 후회하는 일이 없도록 성찰하고 싶다. 나는 인생이 아닌 것은 살고 싶지 않다. … 우리는 차분히 앉아 생각하며 의견과 선입견, 전통, 속임수, 가상 따위의 엉망진창을 파헤쳐(헤치고 나아가) … 우리가 현실이라 부르는 반석과도 같이 단단한 땅에 이르고 싶다."

소로는 숲속의 고독으로 칩거해 슈티르너도 찾았던 것, 곧 진짜 현실을 탐색하고자 했다. 그리고 슈티르너와 마찬가지로 소로 역시 먼저 "의견이라는 시궁창", 슈티르너의 경우에는 이데올로기라는 "유령"을 벗어나야만 자신의 본래 자아를 되찾을 수 있다고 확신했다.

슈티르너는 자신의 본래 자아에 이르렀다. 그 "창조적인 없음"에로. 그러나 소로에게는 세계 전체가 활짝 열렸다. 그는 그때껏 전혀 체험해보지 못한 자연을 발견했다. 자연은 그에게 자아로부터 눈을 돌려 그 압도적인 현재를 있는 그대로 받아들이도록 허락해줌과 동시에 받아들여야만 한다고 몰아붙였다. 슈티르너는 해방의 몸부림으로 세계를 잃은 반면, 소로는 세계를 얻었다. 슈티르너는 움츠러들었지만, 소로는 자신의 세계를 확장했다. 한쪽은 거부의 몸짓으로 빈한해졌으며, 다른 쪽은 몰입으로 풍요로워졌다.

소로는 자연에 칩거함으로써 자율과 자급자족의 능력을 시험하고 싶었다. 먹고사는 일 일체를 스스로 해결하는 자급자족은 개인으로 생활에 필요한 능력을 갖출 때만 이룩할 수 있음을 소로는 명확히 알았다. 그리고 그의 생활 능력은 그야말로 천부적이었다. 그는 부모 집을 손수 지었다. 비가 새는 이웃집 지붕을 고쳐주기도 했다. 자신이 사는 지역 콩코드를 위해 무보수로 조경 관리와 정원 돌보기를 해주었으며, 나중에는 측량사로도 봉사했다. 소로는 한때 랠프 월도 에머슨<sup>Ralph Waldo Emerson</sup>*의 집에 기거했는데, 살림살이라고는 손끝 하나 못 대는 에머슨이라 일종의 잡역부 노릇을 했다. 소로는 수도관이 터져 생긴 피해를 복구하고 수리했으며, 화덕을 놓았고, 정원을 돌보며 마루를 깔았다. 소로는 이 모든 걸 할 줄 아는 능력이야말로 이상적인 "전인격"의 조건이라고 여겼다. 이런 전인격을 갖출 때 분야마다 일을 나누는 사회의 분업은 사라진다. 그가 월든 실험을 감행한 동기도 바로 이 전인격의 실현이다. 그는 오두막을 짓고 땅을 개간했으며 낚시와 사냥을 즐기면서 생활에 꼭 필요한 것을 모두 자신의 힘으로 해결했다. 이것이 그가 생각한 자급자족이다. 이 자급자족을 바탕으로 할 때만 소로가 자신에게 세운 까다로운 요구, 곧 자율성의 실현이 가능해진다. 모든 것을 자신의 힘으로 결정하고자 하는 사람은 일단 자기 자신을 돌볼 줄 알아야만 한다.

---

\*  랠프 월도 에머슨(1803~1882)은 미국의 시인이자 사상가다. 인간성을 존중하는 범신론적 초월주의로 독보적인 작품세계를 구축한 인물이다.

소로는 28세에 월든 호숫가의 오두막에 들어가 그곳에서 족히 2년을 살았다. 콩코드 지역에서 가난한 연필 제조업자의 아들로 태어난 소로는 가까운 하버드대학교에서 고문헌학, 철학, 수학, 동물학, 식물학 등 다양한 공부를, 그것도 대부분 독학으로 섭렵했다. 이 단편적인 학업을 끝내는 일에 그는 별반 관심을 보이지 않았지만, 부모는 끝내야만 한다고 다그쳤다. 소로는 저항한 끝에 학업을 완전히 포기했다. 책의 세계는 파고들수록 그에게 반쪽 세상이었기 때문이다. 그는 이 반쪽 세상에서 빠져나왔다. 그는 대개 홀로 지역을 누비고 다니며 오랫동안 순례했다. 사람들은 그를 외톨이라고 불렀다. 그는 생각에 골몰하는 내성적인 성향은 아니었다. 그는 사람들에게 개방적이었지만, 자연에 더 큰 관심을 두었다. 모든 감각을 동원해 자연을 포착할 때마다 그는 활짝 깨어나는 기쁨을 맛본다고 했다. 자신의 내면을 들여다보려고 그는 언제나 바깥의 자연에 눈을 돌렸다.

1837년 가을 그는 일기를 쓰기 시작해 생애의 말년에 이르기까지 충실하게 기록했다. 첫 일기에는 다음과 같은 대목이 나온다. "홀로 있으려면 나는 현재에서 벗어나야 한다고 본다. 나는 나 자신을 피해야 한다." 저 바깥에서 벌어지는 일, 어떤 식으로든 그의 눈을 사로잡는 일이 그에게는 기록될 소중한 가치를 가졌다. 물론 그렇다고 해서 자신의 생각과 느낌이 기록될 필요가 없다는 뜻은 아니다. 하지만 진정으로 자신의 고유한 생각과 느낌을 그는 주목하고 싶었다. 소로는 자극이 넘쳐나는 도시 생활에는 자신의 고유함을 찾아낼 수 없다고 여겼다. 도시의 번잡함으로부터 그는 자신을 지키고 싶었다.

『월든』의 일기에서 소로는 자신이 원하는 옷을 맞추려 했던 경험을 이야기한다. 여성 재단사는 요즘은 누구도 그런 옷은 입지 않는다고 말렸다고 한다. 그녀의 말투는 마치 "운명과 같은 범접할 수 없는 권위를 인용하듯 … 우리는 은총과 은혜의 여신을 숭배하는 게 아니라, 오로지 유행을 섬깁니다"라고 말했다. "그녀는 실을 잣고 짜며 권위적으로 재단했다. 파리의 우두머리 원숭이가 여행 모자를 쓰면 미국의 모든 원숭이가 똑같은 모자를 쓴다."

재단사 여인이 소로가 스스로 디자인한 옷을 두고 혹평했듯, 콩코드의 주민들은 소로가 월든 호숫가에 칩거하기로 한 결정을 두고 어이없다는 반응을 보였다. 대체 뭐하자는 거야? 그런 짓은 그냥 하지 않는 거잖아, 시민이 지켜야 할 의무도 몰라! "마치 사람들은 생활방식을 자신이 선호하는 대로 고른 것처럼 여긴다. 하지만 그렇지 않다. 그들은 다만 다른 선택지가 없다고 지레 포기할 따름이다. … 선입견의 포기에 너무 늦은 때는 결코 없다. … 오늘날 누구나 그게 맞는다고 입을 모아 말하거나, 입 꾹 닫고 그저 받아들이기만 하는 것일지라도 내일이면 틀렸음이 드러날 수 있다. 이처럼 의견이란 안개와 같거늘."

　소로는 이 안개에서 탈피하고자 숲으로 들어갔다. 누구나 자신의 의지와 상관없이 외부로부터 주어지는 운명에 시달리기는 하지만, 꼬리에 꼬리를 무는 의견 역시 운명이 될 수 있다. 스스로 빠지는 운명은 소로와 같은 선택을 하지 못하게 막는다. 다른 사람의 의견뿐 아니라, 더욱 심각한 것은 스스로 품는 생각, 왜 나는 이 모양일까 하고 씨름하는 자화상이다. 인간은 누구나 이런 자화상의 포로와 노예가 될 수 있다. 일기에서 소로는 이런 자화상을 벗어던지는 연습, 자신의 생각에서 자유롭게 풀려나는 연습을 한다.

　하버드를 나온 뒤 소로는 곧장 콩코드에서 고등학교 교사 자리를 얻었다. 그러나 학생에게 체벌하지 않았다는 이유로 그를 나무라는 학교 당국에 분통이 터진 소로는 단 몇 주 만에 교사를 그만두었다. 콩코드 주민들은 그처럼 좋은 보수를 받는 직업을 간단하게 포기한 청년을 보며 고개를 절레절레 저었다. 교육자로서 열정만큼은 포기하고 싶지 않았던 소로는 자신보다 두 살 많은 형과 함께 일종의 대안학교를 세웠다. 이 학교는 그리스어와 라틴어, 수학, 그리고 자연 현장학습을 위한 걷기 등을 가르쳤다. 소로는 어떤 친구에게 이렇게 편지를 썼다. "우리는 학생의 동반자가 되어주고 싶네. 그리고 우리는 그들과 함께 배우고, 그들에게 배우고 싶다네."

학교는 2년 넘게 대단히 성공적으로 운영되었다. 수용할 수 있는 정원 이상의 학생들이 앞다투어 지원했다. 자유로운 분위기, 이론과 실습을 겸비한 현장 위주의 학습방식이 인기를 끌었다. 학생에게 손수 주머니칼을 만들어보게 하면서 금속을 다루는 법을 익히게 해준 것이 좋은 예다.

예전에 사람들은 소로를 보고 괴팍하기 짝이 없다고 수군거렸으나, 이제는 보기 드문 훌륭한 교사라고 입이 마르도록 칭찬했다. 그런 만큼 학교가 1841년 초에 문을 닫자 아쉬움은 크기만 했다. 형의 갑작스러운 죽음에 충격을 받은 소로는 혼자서 학교를 계속 이끌고 싶지 않았다.

그동안 소로는 지역에서 가장 명망이 높은 인물과 가깝게 지냈다. 그보다 15년 연상인 이 인물의 이름은 랠프 월도 에머슨이다. 에머슨은 나중에 미국 철학의 창시자라는 명예를 얻었다. 당시 이미 에머슨은 사람들이 그를 보고자 찾아올 정도로 유명했다. 에머슨은 이른바 "초월주의"를 대표한 인물이다. 초월주의란 낭만적인 자연 감성, 교회와는 거리를 둔 영성, 낭만적 정신과 실천적 자유를 강조하는 인생관을 함께 묶어놓은 사상이다. 초월주의의 낭만적 정신은 "무한함을 가려볼 감각과 취향"(슐라이어마허Friedrich Schleiermacher)*이라고도 한다. 에머슨이 초월주의의 핵심을 정리한 실팍한 책자 『자연Nature』을 소로가 오두막으로 가져간 것만 봐도 에머슨에게 깊은 영향을 받았음을 잘 알 수 있다.

에머슨은 자신의 동시대인들에게 유럽의 옛 전통을 존중하는 태도를 너무 과장하지 말고, 완전히 새로운 문화를 대담하게 개척하기 시작하자고 권고했다. 인간은 저마다 신 앞에 홀로 서며, 그래서 전통적 교회는 필요 없다. 이와 똑같은 마음가짐과 자세로 개인은 매혹적인 자연과 마주해야 한다. 인간은 저마다 자신의 손으로 길을 열어가며 삶의 터전을 다져야 한다. 새출발을 위한 과감하면서도 자부심에 넘치는 소로의 이 다짐이 바로 월든 호숫가의 실험을 감행하게 만든 동기다. 소로는 에머슨이 쓴 다음과 같은 문장을 읽었다. "왜 우리는 우주와 가지는 우리 본연의 관계를 기쁘게 받아들여서는 안 되는가? 어째서 우리는 전래된 것이 아닌 우리 스스로 일군 시와 철학을, 굳어진 역사보다는 열린 계시의 종교를 누려서는 안 될까? 우리는 잠시 자연의 품 안에 사는 미약한 존재임에도, 자연은 넘

---

\* 프리드리히 슐라이어마허(1768~1834)는 독일의 신학자이자 철학자로, 근대 프로테스탄트 신학을 정립한 인물이다.

치는 생명력을 베풀어 자연과 조화롭게 살 수 있도록 힘을 채워준다. 그럼에도 왜 우리는 과거라는 말라붙은 뼈다귀를 헤집거나, 바로 지금 이 순간을 사는 세대가 과거의 먼지를 뒤집어 쓴 옷과 마스크로 변장해야 하는 이유는 무엇인가? 오늘은 오늘의 해가 떠오른다. 저 들판에는 더 많은 목화와 아마가 자란다. 우리는 새로운 땅, 새로운 사람들, 새로운 생각을 안다. 우리의 고유한 작품, 고유한 법, 그리고 다른 누구도 아닌 우리 자신에게 깊은 믿음을 키우자."

에머슨이 열광한 자연은 도도하게 흐르는 생명력을 선사하는 자연, 우리가 흠씬 젖기만 하면 되는 자연, 약간은 문학적인 분위기를 자랑하는 자연이다. 소로가 그리는 자연은 그보다는 더 견실했다. 그는 비바람을 고스란히 맞으며 자연의 심술도 이겨내려 했다. 소로에게 자연은 구원의 고향만이 아니라 위험한 짐승이기도 했다. 이처럼 그는 자연을 있는 그대로 받아들였으며, 자신의 손으로 오두막을, 자연으로부터 지켜주는 오두막을 지은 것에 자부심을 느꼈다. "작업이 점차 각을 잡아가며 안정감을 가지고 커가는 것을 지켜보는 내 가슴은 기쁨으로 벅차올랐다."

하지만 칩거라는 실험은 집안만 돌보는 것으로 충분하지 않다. 칩거하는 사람은 이따금 기분전환을 꾀하며, 무엇보다도 사람들과의 교류에 신경 써야만 한다. 외톨이로 우두커니 지내는 것은 집에도, 사람 성격에도 좋지 않다. 사람들이 집 앞을 오가지 않으면 피할 수 없이 우울증이 생겨난다고 소로는 썼다. "자연의 한복판에서 자신의 감각에만 집중하는 사람에게 암울한 우울함은 절대 있어서는 안 된다."

그러니까 소로는 목가적인 자연, 한가로이 정취를 맛볼 수 있는 자연을 원한 게 아니다. 그는 동물을 "이웃"이라고 부르기는 했지만, 또 동물을 사랑이 담뿍 담긴 시선으로 묘사하기는 했지만, 동물의 잔혹함을 냉철하게 기록하기도 했다. 예를 들어 그는 오두막의 마룻바닥에서 무자비하고 잔혹하게 벌어지는 "개미들의 전쟁"을 자신이 목격한 그대로 기록했다. 소로는 개미 투사 몇 마리를 유리잔으로 덮어놓았다. "개미들은 족히 30분도 넘게 유리 아래서 서로 싸웠다. … 내가 다시 들여다보았을 때 검은 투사는 적의 목을 몸통에서 끊어냈다. 두 개의 아직 살아 있는 머리들이 투사의 등 양쪽에 걸렸다. … 마치 우승 트로피라도 자랑하는 것만 같은 그 모습은 유령처럼 기괴했다."

자연이라는 거울은 인간의 고유한 특성 역시 잘 알아볼 수 있게 해준다. 인간은 자연이 거부하고 밀어내는 바로 그런 모습으로도 경험할 수 있어야만 한다. "무한하지 않고 비인간적이며 위로를 주지 않는 자연을 보았다면 우리는 순수한 자연을 알지 못한다." 언젠가 소로는 산에 올라 정상에 섰을 때 산이 이렇게 말하는 것만 같았다고 썼다. "이 땅은 너를 위한 게 아니다. … 나는 이 땅을 너의 발을 위해 만든 게 아니고, 공기를 너의 호흡을 위해 만든 것도 아니며, 이 바위를 네 이웃으로 만든 것도 아니다."

하지만 소로의 이런 관점은 에머슨처럼 자연을 범신론적으로 이해하고 열광하는 태도와는 별 상관이 없다. 나중에 소로는 에머슨이 자연과 실제로 가깝게 지내는 것을 기꺼워하지 않았다고 비판했다. 자연이 인간을 올곧게 세워주는 힘을 느끼려면 먼저 우리는 위협적인 자연을 경험해야만 한다. "숲으로 들어가 처음 몇 주 동안 나는 사람과 가깝게 지내는 것이 명랑하고 건강한 삶에 필수적이지 않을까 하는 의문을 품었다. 그만큼 홀로 있는 것은 불편하게 느껴졌다. … 장대비가 내리는 동안 이런 생각에 사로잡혀 있었을 때, 돌연 나는 자연이 주는 편안하고 달콤한 위로를 느꼈다. 빗방울 소리를 들으며 바깥의 풍경을 물끄러미 바라보았을 때 내 마음은 평안해졌다."

자연과의 이런 친교 경험은 언젠가 뉴욕을 방문한 소로의 눈을 휘둥그레지게 만들었다. 뉴욕의 대중문화는 자연 속에서 즐기는 차분한 시간과 더없이 선명한 대비를 이루었기 때문이다. "나는 그들(대중)이 넋을 놓고 구경하는 것을 보며 내 눈이 다

부끄러웠다. 그들은 내가 생각했던 것보다 1,000배는 더 범속했다. … 세상은 100만 명의 사람이 단 한 명과 비교해 아무 의미를 가지지 않는다는 점을 대체 언제 배울까?"

그러나 점차 소로는 대중이 압도적인 자연과 뭔가 비슷한 점을 가진다는 사실을 깨달았다. 대중을 집단이 아닌 개인별로 살펴보면, 이들은 모두 좋은 이웃이 될 수 있는 사람이다. 소로는 뉴욕 방문에서 몇몇 이주민, 노르웨이, 잉글랜드, 독일 출신의 이주민을 알게 되었다. "정말 존중받아 마땅함에도 도시라는 환경은 이들을 그저 그런 사람으로 만든다." 그리고 소로는 이들이 새로운 인생에 적응하고자 고군분투한다는 것을 관찰했다. 하지만 이 사람들이 거리를 바쁘게 오가며 서로 무관심하다는 점도 충격적이었다. 서로 어깨를 부딪히며 오가는 대중 속의 고독이랄까. 하지만 워낙 많은 사람 사이에서 개인이 의미를 잃고 만다는 점을 막을 수는 없다는 사실 역시 그는 깨달았다. "매일 그처럼 많은 사람이 서로 스치고 지나간다면 결국 피와 살로 이뤄진 진짜 인간을 존중하는 태도는 시들해지게 마련이다."

대중을 단순한 "사람들 무리"로 보는 것은 바깥의 관찰자뿐만 아니다. 그저 대중 안의 한 사람으로 살아가는 인간은 격심한 자존감 상실을 겪는다. 소로는 몸소 이런 상실감을 맛보았으며, 대중의 분위기에 편승함으로써 이를 만회했으면 하는 유혹도 느꼈다고 털어놓는다. 이런 유혹에 휘말리게 되면 사람은 결국 자기 자신을 잃는다.

소로는 대중과 관련한 이 경험으로 민주주의를 다시 생각해보았다. 원칙적으로 민주주의에 찬성하기는 하지만, 개인은 늘 다수의 결정에 굴복해야만 할까? 이런 의문을 지울 수 없었던 소로는 매사추세츠주 정부에 인두세를 내는 것을 거부했다. 당시 주는 다른 주들과 연합해 멕시코를 상대로 전쟁을 치렀으며, 탈출한 노예들을 남부 주들로 강제 송환해야 한다는 법을 받아들이기로 했기 때문이다. 소로에게 이런 법은 인간성을 짓밟는 만행일 따름이다. 분개한 소로는 국가에 불복종할 권리를 요구했다. 그는 민주주의를 두고 "개인을 진정 존중하는 쪽"으로 발달해온 점은 높이 사지만, 다수의 결정과 국가 주권을 강조하느라 개인의 의미를 퇴색시키고 말았다고 꼬집었다. "국가가 개인을 존중하지 않고 그 독립적인 힘을 인정하지 않는 한, 진정으로 자유롭고 계몽의 정신에 투철한 국가는 결코 존재할 수 없다."

하지만 다수결로 이뤄지는 의사결정 외에 다른 어떤 방법으로 국가 주권이 실현될 수 있을까? 물론 국민은 개인으로 이뤄지며, 주권은 개인에게서 나온다고 소로는 말한다. 그렇다 하더라도 주권은 다수결로 확인할 수밖에 없는 탓에 개인의 의사 통합 외에는 달리 방법이 없다. 소로도 결국 이런 사실은 인정한다. 개인의 통합을 위해 제도와 기관이 필요하며, 법이 제정되어야 한다. 소로는 무엇보다도 다수가 개인의 존엄을 존중해주는 분위기가 조성되어야 한다고 강조한다. 소로의 이런 관점은 일반의지를 강조했던 루소와는 정면으로 충돌한다. "모든 개인을 공정하게 다루고, 서로 이웃처럼 존중해줄 수 있는 국가를 떠올릴 때 나는 즐겁기만 하다." 소로가 쓴 문장이다. "몇몇 개인이 의사결정에 참여하지 않고 합의를 이루려는 노력도 하지 않더라도, 이웃이자 더불어 사는 사람으로서 자신의 의무를 다한다면 국가는 그 개인을 존중해주어야 한다."

개인은 양심적으로 자신의 투표권을 행사해야만 한다. 하지만 투표로 자신의 양심을 입법기관과 정부에게 넘겨주는 것은 아니다. 멕시코를 상대로 전쟁을 벌이는 것과 남부 주들의 노예제도를 지원하는 것에 반대해 납세를 거부함으로써 소로는 양심이 어디까지나 개인의 소유라는 점을 실천에 옮겼다. 첫 번 구금은 단 하루만 철창신세를 졌다. 어떤 숙모가 그에게는 말도 하지 않고 세금을 대신 내주었기 때문이다. 탈출한 노예를 이웃 국가 캐나다로 몰래 빼돌리는 비밀조직과 협력한 일은 소로를 훨씬 더 큰 위험에 빠뜨렸다. 심지어 그는 공개적으로 이 일을 인정하기까지 했다. 물론 세세한 내막은 절대 밝히지 않고.

말년에 이르러, 남북전쟁이 터지기 전에 노예해방을 둘러싼 갈등이 갈수록 심각해졌을 때 소로는 평소 정치에 거리를 두던 태도를 버리고 이 싸움에 직접 뛰어들었다. "나는 사회가 내 안으로 침입해 나를 짓밟도록 수수방관만 해왔다." 세상에서 벌어지는 모든 일에 분노를 참을 수 없었던 소로는 더는 칩거하지 않았다. "예전에 나는 천당과 지옥 사이의 그 어딘가에서 살고 있다는 환상을 품었더랬다. 하지만 지금 내가 완전히 지옥에 빠지고 말았다는 점을 더는 부정할 수 없다."

사실 그의 말에는 약간 과장이 섞였다. 소로는 콩코드와 자신의 숲에서 평소처럼 지냈기 때문이다. 하지만 더는 좌시할 수 없다는 심정으로 소로는 일기에 지금 싸움에 나서지 않는다면, 자기 자신을 부정하는 것과 같다고 썼다. 그는 곳곳을 누비며 노예제도를 반대하는 불꽃 같은 연설을 했다. 심지어 소로는 저 유명하고 악명 높은 캔자스 출신 농부 존 브라운 John Brown*과 연대해 해방운동을 벌이기도 했다. 존 브라운은 아들 가운데 한 명을 살해하고 다른 한 명은 미칠 정도까지 고문한 노예

---

* 존 브라운(1800~1859)은 미국 육군의 퇴역 대령으로, 노예해방을 위해 싸운 사회운동가다. 무장투쟁을 벌이다가 적의 손에 죽어 순교자의 반열에 오른 인물이다. 남북전쟁 당시 그를 기리는 노래는 북부 연방군의 군가였다.

주인들에게 복수를 다짐하고 실천에 옮긴 인물이다. 이후 존 브라운은 본격적으로 노예제도를 반대하는 무장투쟁을 벌이며 일종의 해방군을 조직해 각지를 누비며 투쟁하면서 싸움에 필요한 기부금을 모금했다. 그는 1859년 10월 16일에 스물한 명의 투사들, 일곱 명의 백인과 열네 명의 흑인을 데리고 노예제를 지지하는 버지니아 주에 있는 연방군 무기고를 급습했다. 이 소식이 알려지면 전역의 노예들이 마침내 싸움에 동참할 거라는 것이 존 브라운이 품었던 희망이다. 이 기습을 벌이기 전에 그는 콩코드를 찾아 소로와 만나기도 했다. 하지만 존 브라운과 그의 투사들은 제압당했으며, 고작 몇 명만 도주에 성공했다. 존 브라운은 적의 손에 목이 매달렸다.

소로는 끝까지 존 브라운을 변호했다. "나는 어떤 경우에도 살인을 하거나 살해당하고 싶지 않다. 하지만 피할 수 없는 상황은 얼마든지 이해할 수 있다. … 나는 노예해방의 경우 무기와 권총을 쓰는 게 정당하다고 믿는다. 도구는 이를 사용해도 좋은 사람들의 손에 쥐어졌다. … 그(존 브라운)는 불멸의 경지에 올랐다."

소로는 "진정한 삶에 가까이 가고자" 숲으로 들어갔다. 그는 월든 호숫가에서 나중보다, 예를 들어 노예제를 반대하는 투쟁을 벌였던 말년보다 인생에 더 가까이 다가갔을까?

어쨌거나 두 경우 모두 소로는 개인으로서의 자신을 지켰으며, 개인으로 살아가는 경험이 놀라운 힘을 선물한다는 것을 체험했다.

숲속의 생활은 소로에게 자아를 발견하라고, 실존의 책임은 스스로 져야지 자연이 대신해줄 수 없다고 가르쳤다. 자연은 모태 속의 편안함 같은 행복을 베풀어주지 않았다. 자연은 어머니가 아니다. 자연 안에서 소로는 무엇인가 소유할 수 없는 절대적인 것의 한가운데에 있음을 발견했으며, 오로지 자연에 자신을 조화롭게 맞출 때만 그 앞에서 자신을 주장할 수 있음을 깨달았다. 그는 월든 호숫가에서 사회 안에서는 절대 이룰 수 없는 인생에 성공했다. 그는 사회 바깥에서 해방을 위해 함께 싸웠으며, 자기 자신과의 결속도 이루어냈다.

# 세 번째 중간 고찰

키르케고르와 슈티르너와 소로에게 사회는 개인의 깊은 내면까지 침범해 정작 중요한 본질을 가려서 보지 못하게 하는 힘, 개인이 자신의 뜻대로 할 수 없는 힘을 뜻한다. 키르케고르에게는 신과의 관계가, 슈티르너에게는 자신의 고유한 창조적 없음이, 소로에게는 자연과의 내밀한 관계, 자신의 본성인 자연은 물론이고 외적인 자연과의 내밀한 관계가 중요했다.

그저 사회 안에서만 활동하는 사람은 "오랫동안 자기 자신의 진짜 목소리를 듣지 못한다"는 말로써 소로는 세 사람이 느낀 불편함의 핵심을 정리해냈다. 오롯이 자기 자신에게 속하려는 이들의 열정적 시도는 관성에 사로잡힌 사회의 반감을 샀다.

19세기 중반만 하더라도 시민사회의 사고방식과 생활방식은 세 인물을 받아들일 수 없었다. 중도층 시민의 눈에 이들은 아웃사이더이자 극단주의자에 지나지 않았다.

당시 시민사회를 지배하기 시작한 사고방식과 생활방식은 현실에 충실한 물질주의로, 근면함을 강조하며 경제적 성공을 목표로 삼았다. 예술과 도덕과 학문 역시 직간접적으로 경제적 성공에 보탬을 주는 것이어야 했다. 사람들은 돈을, 곧 유용함과 돈으로 가치를 매길 수 있는 것을 중시했다. 부지런함과 시간 엄수와 질서와 절약이 중요한 미덕으로 꼽혔다. 또한 시민사회는 경쟁 덕에 대단히 역동적이었다. 역동적 경쟁은 경제성장과 자유주의 정치와 민주화와 해방을 이끌어왔다. 기술과 과학이 열어준 생활의 편리함은 경제적 이득을 최우선 가치로 삼는 기능 중심으로 사회를 탈바꿈시켰다. 19세기 중반의 시민사회는 발전을 굳게 믿는 낙관적인 분위기를 자랑했다.

키르케고르와 슈티르너와 소로는 시민사회의 다양한 측면에 제각각 다르게 반응했다. 세 인물은 개인에게 저마다 다른 의미를 부여했다.

키르케고르는 시민사회의 기독교에 반응했다. 종교를 일종의 무아경, 곧 아집과 독단을 버리고 신과 독대하자는 뜻에서 키르케고르는 민족종교로 전락해버린 기독교와 싸웠다. 그리스도를 본받는 삶을 살라는 요구는 절제와 중도를 중시하는 시민사회의 가치관, 경제적 성공과 사회에 유용한 시민을 강조하는 가치관과 합치될 수 없다고 키르케고르는 설명한다. 시민사회가 보는 신은 기껏해야 통상적 도덕의 보증일 뿐이며, 종국에는 신을 포기할 수 있으며 머지않아 실제로 포기하게 되리라고도 그는 진단했다. 키르케고르는 신의 죽음이 임박했다고 예견했다. 하지만 이로써 인간 역시 남김없이 위축되어 초월적 신에 전혀 기대지 못하고 범속한 시민으로 전락하고 말리라. 키르케고르가 말하는 "실존"은 개인을 향해 이런 범속한 시민이 되는 일만큼은 피해야 한다는 절박한 호소다. 이 호소에 화답한 쪽은 20세기의 실존주의다.

슈티르너는 시민사회가 중시하는 가치와 도덕은 바로 "유령"일 뿐이라고 질타했다. 그는 이 유령에 사로잡히지 않으려 전력을 다해 싸웠다. 그럼에도 그는 내면의 해방을 소유 개념으로 해석할 정도로 시민사회에 깊이 물들었다. 그는 자신의 정신을 빼앗길 위협에 맞서 자기 자신의 소유주로 남고 싶었다. 그는 각종 제도와 관념으로 무장한 시민사회를 개인의 고유한 정체성을 침해하는 악의적인 권력이라고 보았다. 사회의 권력은 개인의 내면에 교묘하게 파고들어 똬리를 틀기에 그 정체를 알아보기가 쉽지 않다. 그래서 정신의 현재를 의심의 눈길로 살피는 일은 꼭 필요하다.

　나만의 고유한 자아는 이를 지켜줄 힘이 있어야 찾아진다. 자아란 이처럼 자신의 손으로 일으켜 세워야 비로소 빛을 발한다. 자아를 찾으려면 정신의 침해, "유령"의 침범을 막을 내면의 충분한 힘이 필수적이다. 타자의 간섭과 침해를 막고 고유함의 잃어버린 영역을 되찾게 해주는 것은 바로 이 힘이기 때문이다. 이렇게 이해된 "유일자와 그 소유"는 역동성을 자랑해야 확보될 수 있는 차원이다. 니체는 나중에 이 내면의 힘을 "권력의지"라고 불렀다. 그러나 슈티르너는 오로지 자아 방어, 곧 자신의 자아 소유를 방해하는 일을 막으려는 데만 관심을 쏟았을 뿐, 자아 확장에는 별 신경을 쓰지 않았다. 그는 그저 다른 사람, 어떤 제도, 무슨 사안에도 휘둘리지 않는 자기 자신을 지키려 했을 뿐이다. 그는 자신이 스스로 부여한 것이 아닌 규칙은 깨끗이 무시했다. 슈티르너가 생각하는 개인은 무엇보다도 국가의 자산일 수 없다. 19세기 말에 재발견된 슈티르너가 무정부주의에 중요한 개념을 제공한 배경은 바로 이것이다.

　소로는 시민사회가 인간의 전인격을 분업으로 갈가리 갈라놓고 배려라고는 없이 자연을 다루는 태도를 비판하고 저항했다. 그는 개인이 어디까지 홀로 설 수 있는지, 평소 사회의 분업으로 마련되는 생필품을 스스로 만들어 쓸 수 있는지 시험해보려 했다. 소로는 사회에 거리를 두고, 몸소 체험하는 자연이 어떤 느낌을 주는지, 이 과정에서 그때껏 자신이 몰랐던 자아의 측면이 어떻게 드러날지 손수 확인하고자 했다. 그는 또한 "아스팔트로 포장되지 않은 곳"에서 살면서, 더는 "여행자들이 탄 마차의 수레바퀴"가 덜커덩거리는 소리에 주의를 흐리지 않고 차분하게 자기 자신과 대화를 나눈다면 정신에 무슨 일이 일어나는지 알아내려 했다. 더 나아가 착취나 낭만의 대상이 아닌 자연 그 자체가 무엇인지도 체험하고 싶었다. 소로는 자신이 걸어서 호수 바닥에 이르려면 얼마나 깊이 들어가야 하는지 호수에 수심을 재는 측연을 빠뜨려 직접 측정해서 자연을 구체적이고도 생생하게 포착하고자 했다. 마찬가지로 소로는 갈수록 더 복잡해지는 모양으로 탑을 쌓아 올리는 문명, 바닥을 내려다보면 현기증마저 일으키는 고층빌딩이 우뚝 선 바탕이 정확히 무엇인지 최소한 한동안만이라도, 근접하게나마 밝혀내고 싶었다. 그의 실험은 거짓과 악의가 판을 치는 세상에서도 마음만 먹으면 얼마든지 올바른 인생을 살 수 있음을 증명해 보이고자 하는 시도이기도 했다. 실험의 결과가 열광할 만한 것은 아닐지라도, 포기할 줄 알 때 얻는 것이 있다는 통찰 덕분에 소로는 신선한 힘이 충전되는 느낌을 맛보았다.

# 슈테판 게오르게와 게오르크 지멜의
# 개인 법칙, 막스 베버의 내적인 다이몬

**제 10 장**

빙겐에서 함께 어린 시절을 보낸 어떤 죽마고우는 슈테판 게오르게Stefan George*와 함께 왕과 장관 놀이를 했던 기억을 이야기했다. 슈테판이 규칙을 정하고 '왕 노릇'을 맡았다. 역할은 4주 뒤에 바꾸기로 했다. 그러나 슈테판은 퇴임을 거부했으며, 이로써 놀이는 끝나고 말았다.

독불장군 슈테판은 그의 세계와 자신을 숨기는 비밀 언어도 지어냈다. 이 비밀 언어는 아주 가까운 단 몇 명의 친구에게만 살짝 알려주었다. 이 비밀을 허락받는 친구는 그에 합당한 복잡

---

\* 슈테판 게오르게(1868~1933)는 독일의 상징주의 시인이자 번역가다. 19세기 말, 20세기 초 독일 문학계에서 중요한 위치를 차지하며 상징주의 문학운동에 큰 영향을 끼쳤다.

한 의식을 치러야 했다. 작은 왕국은 고유한 비밀 언어로 보호되었다. 게오르게는 나중에 시를 쓰면서 이 비밀 언어를 심심찮게 쓰곤 했다. 물론 비밀 언어로 쓴 구절은 누구도 해석할 수 없어야만 한다. 아마도 시집 『제칠륜Der siebente Ring』(1907)에 수록된 "근원들Ursprünge"이라는 제목의 시에서 마지막 두 행은 이 비밀 언어의 유일하게 남은 흔적이리라. "하지만 갈대 궁전의 강가에서 / 쾌락의 고고한 급류가 우리를 집어삼키고 / 아무도 쓰지 않은 노랫소리가 울려 퍼지며 / 우리는 목이 쉬도록 따라 부르며 모든 것의 주인인 양 우쭐댔지. / 아티카의 합창은 달콤하면서 뜨겁게도 / 언덕과 섬들 위로 울려 퍼졌네. / 코 베소소 파소예 프토로스CO BESOSO PASOJE PTOROS / 코 에스 온 하마 파소예 보안CO ES ON HAMA PASOJE BOAN."*

다름슈타트에서 김나지움을 다닐 때 동료 학생들에게 이미 게오르게는 오만한 외톨박이였다. 어떤 친구는 그를 두고 조롱투로 이렇게 시를 썼다. "단어의 의미는 기가 막히게 골라내지만, / 그러나 자신이 무슨 카드를 쥐었는지 아무에게도 보여주지 않네." 다른 친구는 게오르게와 함께 산책하다가 볼링장 앞

---

\* 이 구절이 무엇을 뜻하는지는 아직 누구도 풀어내지 못했다. 시집 제목에 들어간 'Ring'은 반지 또는 바퀴를 뜻하는 단어로, 게오르게에게 이는 '동호회'를 의미한다.

에 그가 갑자기 멈추어 서서 이렇게 말했다고 전언한다. "여기가 우리가 말했던 신성한 장소라고 가정해보자. 네가 진지하게 믿는다면, 네가 정말 그처럼 강력한 믿음의 힘을 타고났다면, 이곳은 진짜 신전이야. 나와 함께 들어갈 용기가 있니…?"

대략 같은 시기에 쓰인 시 「악마의 스탠자Teuflische Stanzen」는 이렇게 노래한다. "여전히 모든 신이 인간의 형상이었을 때 / 한결같이 축복받은 멍청이뿐이었어. / 오로지 바보가 말하는 것만이 신탁이었네 / 오로지 단 한 번도 존재한 적이 없는 것만 오점을 가지지 않았다네." 이 시는 게오르게가 익명으로 『예술 회보Blätter für die Kunst』에 투고한 것이다. 하지만 게오르게의 비밀 세례를 받은 친구들은 평소에도 냉소적인 조롱의 시를 즐겨 쓰며, 모임을 가질 때마다 "에기나의 미소äginetischen Lächeln"*를 낭송하곤 하던 게오르게의 솜씨를 한눈에 알아보았다. 타고난 귀재는 신비의 은유를 즐기면서도, 그 신비의 정확한 정체를 꿰뚫어 볼 수 있게 해주었다.

게오르게는 마법이라도 부리듯 사람들을 휘어잡았다. 막스

---

* 에기나의 미소는 그리스의 에기나 섬에서 출토된 아르카익 시대(기원전 6세기) 조각상들에서 나타나는 특유의 미소를 가리키며, 예술 속에서 구현된 이상과 조화를 상징한다. 슈테판 게오르게는 여기에 고전적인 이상, 정신의 숭고함을 투영했다.

코모렐Max Kommerell*은 게오르게가 만든 문학 동호회, 이른바 게오르게 일파George-Kreis에서 탈퇴하고 난 뒤 그의 마법적 매력을 이렇게 설명했다. "그리고 이제 주변 전체는 그의 마법에 걸린 것 같았다. 그가 나타날 때마다, 전설처럼 하얀 머리를 갸웃하고 발산하는 매력에는 도망가는 게 불가능해 보였는데 … 내 발은 나도 모르는 사이에 그를 향해 다가갔다. 그래서 무슨 일이 일어났냐고? 나는 9년 동안 자발적으로 모임에 봉사했다. 거칠 것 없는 모험, 마치 3,000년 전의 저 먼 왕국에서 벌이는 것만 같은 모험, 하지만 단지 내면의 모험에 9년을 봉사했네."

빙겐의 와인 중개상으로서 상당한 부를 쌓아 사람들의 부러움을 사는 아버지는 대학 입학 자격시험을 치른 아들에게 마음껏 자유를 구가하도록 허락했다. 일단 세상 구경이 하고 싶었던 아들은 아버지에게 필요한 돈을 받아 1888년에서 1889년 사이에 런던과 스위스, 이탈리아, 스페인, 파리를 여행했다. 파리에서 슈테판은 말라르메Stéphane Mallarmé** 모임을 알게 되었

---

\* 막스 코모렐(1902~1944)은 독일의 문학 역사학자이자 작가이며 번역가로 활동한 인물이다.

\*\* 스테판 말라르메(1842~1898)는 프랑스의 시인으로, 상징주의의 창시자로 간주된다. 그가 만든 살롱인 화요회(火曜會)에는 지드, 클로델, 발레리 등 20세기

으며, 앞으로 파리에서 살고자 결심했다. 직업을 가진 시민으로 살아가는 대신에 시인이 되고 싶었다. 작가가 아니라 시인이. 그의 눈에 작가는 문학이라는 직업에 종사하는 시민, 사회생활에 어떤 식으로든 쓸모를 만들어내야 하는 시민이었을 따름이다. 그는 대중에게 봉사할 의무를 져야 하는 작가가 싫었다. 그런 것은 아무 자극을 주지 않았기 때문이다. 그는 말라르메에게서 언어 연금술의 작업장을 보는 것만 같았다. 자연주의와 리얼리즘으로 얼룩진 시를 깨끗이 정화하는 언어 연금술에 그는 푹 빠졌다. 이것은 오로지 예술을 위한 예술, 곧 '순수시Poésie pure'다. 말라르메의 시는 자신의 왕국을, 고유한 의미의 우주를, 신선한 느낌의 코스모스를 빚어냈다. 말라르메의 시를 읽으며 게오르게는 학교 다닐 때 자신이 만들었던 비밀모임을 떠올렸다. 그래서 그는 매주 화요일 저녁에 5층의 말라르메 집으로 올라갔다. 시인은 펠트 슬리퍼를 신고 젊은 숭배자를 맞아주었으며, 원탁에 앉아 함께 시를 읽고 대화를 나누었다.

게오르게는 그때까지, 곧 1889년까지 작품이라고는 전혀 발표하지 않았다. 그가 선택받은 사람들의 클럽에 한자리 차지할 수 있었던 것은 오로지 개인적 카리스마 덕이다. 그는 자부심에

---

초의 대표적 문학가들이 모여들었다.

넘쳤으며 당당함이 돋보였으나 거만하지는 않았다. 사람들은 그가 시에 무조건적으로 몰입한다고 느꼈다. 시는 그의 인생을 절대적으로 사로잡은 중심이었다. 그가 말라르메파에 동질감을 느낀 이유는 의미와 느낌을 자유롭게 빚어내는 창작 정신이다. 오로지 시적인 언어 조합에서만 존재할 뿐, 다른 어디서도 볼 수 없는 독특함이 그는 좋았다. 이처럼 그가 이해하는 시는 절대적인 독특함, 외부와의 관계가 전혀 없이 내면으로만 향한 섬세한 의미의 천, 의미로 한 올 한 올 정성스럽게 짠 천이다. 이것은 곧 그 자체로 완결되는 세계, 곧 비밀스러운 연금술의 상징주의 세계다. 오로지 '순수시'만 숭배하는 이들은 다른 문학 세계와는 품위 있게 거리를 두었다. 이러한 정신적 귀족주의의 자기 연출은 슈테판 게오르게에게 특별히 거만하면서도 고고한 분위기를 심어주었는데, 그에게 말라르메의 소탈한 펠트 슬리퍼는 없었다. 그 자신도 당당하고 고고했던 루트비히 클라게스Ludwig Klages[*]는 나중에 치열하게 경쟁한 게오르게를 두고 이런 표현을 썼다. "언젠가는 사고를 칠 본성을 가진 위인이 말하자면 탈선하지 않으려 예술에 빠졌다."

---

[*] 루트비히 클라게스(1872~1956)는 독일의 철학자이자 심리학자다. 환경의식에 눈 떠 생명운동을 주도한 인물이다.

"예술을 위한 예술"을 중시했지만, 이들이 진정 원한 것은 예술로 인생에 신선함을 불어넣는 개혁이었다. 엄격한 형식과 스타일을 자랑하는 시를 교육 모델로 삼으려는 것이 이들의 목표였다. 예술은 일단 방어적으로 기존의 인생과 거리를 두며, 그런 다음 공세적으로 인생을 혁신해야 한다. 먼저 아름다움을 일상에서 격리해 지켜내고, 그리고 나서 아름다움이 일상을 장악하도록 해야 한다. 이를 위해서는 개인이라는 힘의 원천이 동호회를 중심으로 조직되어 사회 전반에 영향을 미쳐야 한다. 게오르게는 이런 동호회를 이미 학교에서 결성했으며, 말라르메의 5층 집 지붕 아래서 다시 찾아냈다. 독일로 돌아온 게오르게는 동지를 새로 모으기 시작했다. 오직 남자 회원들로 이뤄진 동호회는 동성애적인 성격을 짙게 풍겼다. 점차 모임은 엄격한 규칙과 위계질서를 갖추고 안팎으로 잘 다듬어진 체계를 자랑하는 일종의 교단으로 발전했다. "불꽃 주위를 거니는 사람은 / 불꽃에 사로잡히기 마련이지." 게오르게가 파리에서 돌아와 생애의 말년에 이르기까지 시 창작에 매진할 수 있었던 것은 "시를 쓰는 일이 곧 인생을 다스리는 지배"라는 통찰 덕분이었다.

1891년 말 빈에서 호프만슈탈Hugo von Hofmannsthal\*과 처음 만

---

\*　후고 폰 호프만슈탈(1874~1929)은 오스트리아의 대문호다. 인상주의와 상징

났을 때도 게오르게는 지배자처럼 보일 정도로 당당했다. 그곳은 김나지움 학생 호프만슈탈이 자주 드나들던 카페 '그리엔슈타이들Griensteidl'이었다. 다섯 살 연상인 게오르게는 "시의 신동"이라는 평판을 듣는 18세의 젊은 미남 청년을 보자마자 사랑의 감정을 느꼈던 게 분명하다. 나중에 호프만슈탈은 첫 만남의 순간을 이렇게 묘사했다. "한눈에도 대단히 열정적으로 보이는 남자가 거만한 자세"로 테이블로 다가오더니 몇 가지 묻고는 척 보아도 "자신이 찾아다니고 있는 유럽에서 몇 안 되는 인물 가운데 내가 한 명이라고 말하면서, 시가 무엇인지 아는 사람들과 모임을 결성하고 싶다"고 말했다고 한다.

게오르게는 호프만슈탈을 자신의 동호회에 끌어들이고 싶었다. 하지만 호프만슈탈은 얼마 전에 출간된 게오르게의 시집 『찬가Hymen』와 『순례행Pilgerfahrten』을 읽고 감탄했음에도 가입은 거부했다. 1891년 12월의 첫 만남 이후 호프만슈탈은 게오르게에게 한 편의 시를 보냈다. "너는 나에게 상기시켰지 / 내 안에 은밀하게 숨은 비밀이 무엇인지 / 너는 영혼이라는 현악기의 줄을 위해 / 속삭이듯 불어오는 바람이었네." 겉으로 호프만슈탈은 자신의 평소 모습 그대로 공손하게 예의를 지켰지만,

주의 작품을 썼다.

일기에는 이렇게 썼다. "그동안 두려움이, 이 자리에 있지도 않은 사람을 욕하고 싶은 욕구가 우쭐우쭐 커졌다." 그는 게오르게를 욕하지는 않았지만, 이 '두려움'을 억제하려 "예언자"라는 제목의 시를 썼다. "이 홀에서 그는 나를 영접했네 / 홀은 기묘하게도 나를 힘으로 압도하며 두렵게 만들었네 / … / 그의 수수하면서도 나직한 목소리에서는 / 지배하려는 유혹의 힘이 뻗어 나와 / 주변의 공기를 압도하며 숨 막히게 하는데 / 그는 손도 안 대고 죽일 수 있어."

호프만슈탈은 퉁명스럽게 굴면서 좀체 마음을 열지 않았다. 모욕을 느낀 게오르게는 그에게 결투를 신청했다. 호프만슈탈의 아버지가 황급히 중재에 나서서 큰 불상사 없이 충돌은 마무리되었다. 두 남자는 언제 다투었냐는 듯 교류를 회복했다. 게오르게는 당당하게 구애했고, 호프만슈탈은 상대에게 경탄하면서도 거리를 둔 채로. 게오르게는 호프만슈탈 아버지에게 편지를 써서 자신의 생각을 밝혔다. "저에게는 그(호프만슈탈)가 사전에 서로 자세히 알지 못했음에도 저의 창작활동을 이해하고 존중해준 독일어권 최초의 인물입니다. 그것도 제가 고독이라는 바위 위에서 떨기 시작했던 바로 그때 말입니다."

이 자부심에 넘치는 슈테판 게오르게를 "고독이라는 바위 위에서" 떠는 사람으로 상상하기는 쉽지 않은 일이다. 하지만 그의 말은 사실이다. 시 한 편 쓰는 데에 성공하면 그는 자신이 강한 남자라고 느꼈다. 시로 길어 올린 힘이 그를 다음 시를 쓸 때까지, 또는 자신이 원하는 사람을 사로잡을 때까지 지탱해주었다. 중간의 공백기에 그는 시를 쓸 수 있는지 자신의 능력을 의심하고 심지어 절망에 시달리며 음울한 기분에 빠졌다. 이런 감정을 이겨내고 시 창작에 성공하면, 시는 자신의 심복을 끌어모을 승리의 트로피였다.

10년 뒤인 1902년 여름에 호프만슈탈이 편지로 창작 위기를 털어놓았을 때, 게오르게는 이렇게 화답했다. "당신을 괴롭히는 유령은 나를 평안하게 버려둔 적이 거의 없소. 젊었을 때는 최악의 유령일지라도 아무 도움 없이 이겨낼 정도로 강했지만, 나중에 나는 우리를 묶어주는 고리$^{Ring}$(동호회)가 없었다면 틀림없이 무너졌을 거요."

시로 이뤄진 이 고리는 독특한 개성이 엄격한 형식을 갖추어 세상에 자신의 존재를 알리는 등용문이다. 게오르게에게 이 형식은 무조건 아름다워야 한다. 아름다움이야말로 인생에 품위를 제공한다. 호프만슈탈이 누군가를 "그는 예술이 아니라 인생의 사람이다"라고 소개했을 때, 이 말을 들은 게오르게는 그런 소개말은 "모욕"과 다르지 않다고 꼬집었다. "예술을 모르는 사람이 인생을 산다고 자부할 수 있을까?"

결국 호프만슈탈은 게오르게도 동의해줄 수 있는 표현을 찾아냈다. "먼저 인생으로부터 거리를 두어본 사람만이 인생을 아는 법이다. 거리를 두는 신비로운 방식, 그 도구는 곧 시를 쓰는 예술이다."

시를 창작하는 일은 평범한 인생에 거리를 두는 신비한 방법, 심지어 인생으로부터의 소외다. 어쨌거나 시는 의미를 다루는 영역이며, 일상과는 전혀 다른 영역이다. 이렇게 볼 때 시는 일견 평범한 인생과 거리가 멀다. 사람들은 시 없이도 얼마든지 인생을 산다. 하지만 다시 보면 시는 인생의 다른 차원, 훨씬 더 깊고 "신비로운 차원"이다. 인간은 한동안 인생에 거리를 두고 떨어져서 그 깊이를 가늠해볼 시간을 가져야 한다. 이런 시간 속에서 길어 올려지는 언어, 이것이 시다. 시로 인생에 일정 정도 거리를 두고 바라볼 때만 인간은 의미로 충만한 인생을 살 수 있다.

시는 일상의 인생에 거리를 둠으로써 삶을 승화시킨다. 니체는 삶의 승화를 "절정에 이른 황홀"이라고 불렀다. 그래서 게오르게는 에디트 란트만<sup>Edith Landmann</sup>*에게 이렇게 말했다. "시는 종

---

\*  에디트 란트만(1877~1951)은 독일의 철학자다. 경제학자인 남편과 함께 게오르게의 동호회 회원으로 활동하며 후원했다.

교와 대비된다. 종교는 신을 찾는 모든 이에게 깃든다는 점에서 민주적이지만 … 예술 재능은 누구에게나 충분히 주어지는 게 아니다." 시는 게오르게에게 개인 그 자체다. 많은 사람이 모이는 공동의 광장에 최대한 거리를 두어야 시는 탄생한다. 게오르게는 단호하게 광장을 거부한다. "많다고 숫자를 거들먹거리는 것만으로도 상스럽다."

1897년 11월 14일 베를린 베스트엔트 지역의 레프시우스 하우스Lepsiushaus\*에서 소규모의 엄선된 회원만을 상대로 슈테판 게오르게의 시 낭송회가 열렸다. "모두 익히 아는 얼굴이다. 오로지 나직한 음성으로만 대화가 이루어졌다. 그때 문이 열리며 어떤 남자가 들어와 허리 숙여 인사하고는 자리에 앉았다. 그의 뒤에 일본식으로 짠 짙은 황금색의 천이 커튼처럼 드리운 탓에 노란 불빛이 그를 후광처럼 감쌌다. … 나는 지금껏 살아오며 그처럼 기묘한 얼굴은 처음 보았다. 일로 지친 듯한 창백한 낯빛에 눈꺼풀은 피곤하고 무거워 보였으며, 통명해 보였지만 표현력이 풍부한 목소리는 감흥으로 떨렸다. … 시간이 갈수록

---

\* 레프시우스 하우스는 이집트 유물을 전문적으로 연구한 독일 고고학자 카를 리하르트 레프시우스(Karl Richard Lepsius, 1810~1884)가 마지막으로 거주하던 집이자 연구 공간이었고, 19세기 후반 독일 학계에서는 중요한 의미를 지닌 장소 중 하나였다. 현재 이집트박물관이 들어서 있다.

우리는 최면에라도 걸린 것처럼 분위기에 푹 빠졌다."

루 안드레아스살로메$^{Lou\ Andreas\text{-}Salomé}$*가 모임에 참석했던 경험을 『포시셰 차이퉁$^{Vossische\ Zeitung}$』이라는 신문에 묘사한 한 대목이다. 릴케와 함께 낭송회에 초대받고 참석한 그녀는 시인의 인품이 주도하는 "그처럼 당당하고 압도적인 변화"는 예전에 결코 본 적이 없는 것이었다고 『판$^{Pan}$』이라는 잡지에 썼다.

'레프시우스 하우스'에서 열렸던 독회에는 철학자 게오르크 지멜도 참석했다. 때마침 '개인주의'라는 문제를 다루었던 지멜은 게오르게라는 인물과 그의 작품들로 개성이라는 게 무엇인지 생생하게 목격했다. 지멜은 이후 자신이 목격한 내용을 "개인 법칙"이라고 불렀다.

게오르게의 행동과 태도, 그리고 몸짓언어는 세세한 부분까지 치밀하게 배려해 연출했다는 점에서 실제 합법칙성을 보여준다. 그의 시 역시 엄밀한 형식을 자랑한다. 합법칙성은 보편적인 특성을 가지게 마련이다. 그러나 게오르게가 고른 형식은 그

---

\* 루 안드레아스살로메(1861~1937)는 독일 혈통으로 러시아에서 태어나 유럽 각지를 방랑하면서 당대의 숱한 지성인과 교류를 나누었던 여성 작가다. 니체의 열렬한 흠모를 받았고, 릴케와 오랜 동안 연인 관계를 유지했으며, 나중에는 프로이트와 만나 정신분석에도 매진했다.

의 특수한 개성을 자랑하는, 그야말로 개인적 법칙이다. 그가 선택한 규범은 개성의 내적인 실체를 형식 안에 담아내 더욱 풍요롭게 만든다. 지멜의 제자이며 오랜 세월 동안 게오르게와 가깝게 지낸 에디트 란트만은 게오르게의 개성을 이렇게 설명한다. "게오르게의 본질은 우리에게 무릇 이래야 본질이다 하는 규범을 보여준다. … 이 규범은 그의 본질과 인생과 교훈을 온전히 하나로 조화시킨다. 극단적일 정도의 단순함과 균일한 형식과 꾸밈없는 모습은 인생 최고의 정신적 요구에 맞게끔 세세한 부분까지 완벽하게 지배한다. 니체는 이런 정신적 지배를 '위대한 스타일'이라 불렀다. 위대한 스타일은 강력한 의지를 가진 인간만이 보여줄 수 있는 것으로, 산만함을 가장 혐오한다."

레프시우스 하우스에서 첫 만남이 있은 지 몇 달 뒤에 지멜은 1898년 게오르게를 다룬 첫 논문을 발표했다. 두 사람은 같은 해 로마에서 만나 이 논문을 두고 대화를 나누었다. 이로써 1901년 두 번째 논문, 더욱 깊이 있게 주제를 다룬 「슈테판 게오르게: 예술철학 연구Stefan George. Eine kunstphilosophische Studie」가 발표되었다.

지멜은 개성을 표현하는 게오르게의 몸짓에 깊은 인상을 받았다. 완급을 조절해가며 가릴 것은 가리고 욕구를 절제하는 표현은 게오르게라는 개인을 유감없이 드러냈다. "게오르게의 시는 그 내용을 다른 것이 아닌 바로 시만이 전달해줄 수 있다는 인상을 준다. 다시 말해서 그의 시는 예술형식에 반하는 어떤 자립적인 자극을 동원하지 않는다." 지멜이 쓴 첫 번째 논문에 나오는 대목이다. 두 번째 논문에서 지멜은 어떤 자극을 막아야 하는지 더 정확하게 설명한다. 시는 "자연주의 본능"이라는 자극에 맞서야만 한다.

지멜은 "자연주의 본능"이야말로 우리가 개인으로 거듭나는 것을 막는 자극이라고 보았다. 차별성을 키워 자기만의 개성을 가꾸려는 사람은 본능적 충동에 저항할 수 있어야만 한다. 본능이란 모든 인간이 공통으로 가지는 생물적 본성이다. 엄격한 "미학 법칙", 본능을 다스리며 아름다움을 노래할 줄 아는 형식을 지켜나가는 자세만이 개성을 키워준다. 지멜은 게오르게의 시를 그 좋은 예로 추켜세운다. 개성을 도모하며 본능을 뛰어넘어 인생을 아름답게 승화하려는 노력의 산물이 게오르게의 시라고 지멜은 설명한다. 승화의 노력은 "인생의 내용을 인생 자체(본능에 충실한 인생)를 넘어서 자라게 해준다." 이 승화를 이루게 해주는 것은 다름이 아니라 "미학 형식", 곧 아름다움을 빚어내려는 노력이다. 지멜은 이런 노력이 고도로 개인화한 삶의 승화를 이루어준다고 강조한다.

지멜은 게오르게의 작품과 아비투스를 "개인 법칙" 개념의 출발점으로 삼았다. 또 니체의 저 유명한 아포리즘, "되어라, 너로 존재할 수 있도록!Werde, der du bist!"에도 자극받았다.

개인 법칙은 오로지 그 개인에게만 적용되는 것이라야 한다. 개인이 자신만의 고유한 특성을 빚어낼 수 있도록 지향점으로 삼아야 하는 것이 개인 법칙이다. 말하자면 개인을 이끄는 내면의 나침반 또는 내면의 '텔로스Telos'(목적)는 다른 사람과 다르다는 차별성이 아니라, 개인 자신만의 고유한 특성을 빚겠다는 각오다. 차별성을 보이겠다는 단순한 의지는 턱없이 부족하다. 차별성은 다른 사람을 부정적으로만 바라보기 때문이다. 다른 사람과 다르다는 것만으로 고유한 특성은 빚어질 수 없다. 지멜은 이런 사정을 유행이라는 예를 들어 설명한다. 유행에 따르는 자세는 자신의 고유한 스타일이 아니라, "개인을 일반에 녹여버리는 결과"를 낳을 뿐이다. 유행을 좇는 사람은 자신의 개성을 결코 키울 수 없다.

하지만 어떻게 우리는 개인 법칙을 발견하고 따를 수 있을까? 개인 법칙은 규범이라는 보편을 뜻하는 게 아니다. 어떻게 해야 개성을 발현할 수 있을지 그 길라잡이, 지멜이 말하는 '당위성'이 있어야만 한다. "나의 총체적 인생"으로부터 나만의 개성을 길어 올릴 때 개인은 품격과 구속력을 갖출 수 있다. 그렇지 않다면 우리는 오로지 보편적인 도덕 정언명령과 법에만 갇힐 따름이다. 개인 법칙은 개별자의 자의와 선호에 휘둘리지 않아야 한다. 개인 법칙은 바로 우리의 자아로부터 길어내 스스로 자신에게 부과하는 의무여야 한다.

지멜의 이런 구상은 자율적 결정이 오로지 보편적인 도덕 법칙과 규칙에 따라 이뤄져야만 한다고 본 칸트의 논리를 겨눈 반론이다. 칸트의 생각은 이원론적이다. 우리 안의 도덕 법칙은 모든 개인을 아우르는 보편적 가치다. 정신과 감정의 특수성을 가지는 개인은 칸트의 눈에 보편가치와 대립하는 전혀 다른 차원이다.

지멜은 개인을 격상시킴으로써 이런 이원론을 극복하고자 했다. 무릇 이래야만 한다는 당위성은 보편의 영역이 아니라, 개인의 인생 안에서 우러나야 한다. 다시 말해서 당위성은 정언명법이나 보편적 윤리 규칙보다는 개인의 존재와 더욱 밀접하게 맞물려야 한다.

개인 법칙은 개인 각자의 문제일 뿐이고 정언명법과 같은 절대적 보편성을 가진 요구를 하지 않는다는 점을 지멜은 아주 면밀하게 보여주는 능력을 유감없이 발휘한다. 그의 논리에 따르면 개인 법칙은 개인 각자가 자신에게 맞는 게 무엇인지 느끼게 해준다. 또는 '취향'과 깊은 관련을 가진다는 설명도 가능하다. 주어진 인생에 충실하고자 노력하면서 본능을 극복하려는 개인은 자신의 취향과 맞는 태도와 행동을 하게 마련이다. 개인 법칙은 양심의 모습으로도 작용한다. 하지만 양심에 귀를 기울여야 하는 이유는 이 양심이 바로 자신의 것이기 때문이다. 양심은 개인에게 네 본연의 모습을 회복하라고 호소한다. 그래서 양심은 개인 각자의 인생에 그에 독특한 '스타일', 곧 기품을 제공한다.

개인 법칙이 보편적인 윤리와 도덕을 지켜야 하는 의무를 벗어나는 것은 아니지만, 그 이상의 무엇인가를 가진다. "정언명법 논리"는 "윤리의 창조적 측면"을 담아내지 못한다고 지멜은 강조한다. 윤리의 창조적 측면이야말로 어떻게 인생을 살아야 할지 그 방향성을 잡아준다는 점에서 개인 법칙의 기초다. 창의성의 도움을 받을 때 "특정 인격의 독특한 스타일과 리듬감, 기본 몸짓 등 겉으로 드러나는 모든 측면은 … 다른 누구와도 혼동되지 않는 그만의 특성이 된다."

개인 법칙이 구체적으로 무엇을 이뤄내는지는 이론이 충분히 묘사할 수 없으며, 무슨 법전처럼 체계적으로 정리될 수 있는 것도 아니다. 이 물음의 답은 오로지 사례를 살필 때 찾을 수 있다. 지멜은 게오르게라는 인물로부터 출발한다. 게오르게와의 만남 이후에 쓴 괴테 연구 논문에서 지멜은 바로 이 '개인 법칙'이라는 주제를 다룬다. 지멜이 보는 괴테는 개인 법칙이 무엇인지 완벽하게 체험한 인물이다. 괴테는 저 유명한 시「원초적인 말. 오르페우스 풍으로Urworte. Orphisch」\*에 이렇게 썼다. "네가 추구한 법칙 그대로 / 너는 너 자신으로 존재해야만 해. 너는 자신으로부터 도망갈 수 없어. / … / 그리고 시간과 힘을 분산하지 말아야 해 / 다져온 형식이 생동감을 발휘하도록."

  괴테는 무엇이 맞는지 아닌지, 자신과 합치하는지 신호를 주는 느낌에 충실함으로써 개인 법칙을 따랐다. 괴테는 색채론을 연구하면서 수학을 공부해보라는 추천을 받고 예나에서 몇 주 동안 수학 수업을 받았다. 그러나 결국 공부를 중단하며 괴테는 이렇게 말했다. "이건 내 본질에는 필요하지 않은 것이야." 자신과 맞지 않는다 싶으면 깨끗이 무시하는 이런 태도야말로 괴테가 창의력을 발휘할 수 있는 바탕이었다고 지멜은 진단한다. 괴테의 지평선은 매우 광활했으며, 무수히 많은 세계를 받아들였지만, 정확히 자신이 소화할 수 있는 만큼에 만족했다. 괴테는 "이 세계들에 생산적인 답을 주었다"고 지멜은 격찬한다. 괴테는 자신과 어울리지 않는 일이다 싶으면 되도록 멀리했다. 받아들이는 힘, 소화하는 힘, 이렇게 얻어진 것을 드러낼 줄

---

\*  "원초적인 말. 오르페우스 풍으로"는 괴테가 1817년 10월 7일과 8일에 걸쳐 쓴 시로, 1820년에 처음으로 발표되었다. 전설의 오르페우스를 소재로 삼아 인생을 주도하는 악마, 우연, 사랑, 강제, 희망을 노래한 작품이다.

아는 힘은 서로 균형이 잘 맞아야만 한다. 마음껏 고르며 즐기는 수천 가지의 가능성이 아니라, 현실로 만들어 내 인생으로 살아갈 가능성이 중요하다. 바로 이것이 내 길이구나 하고 가능성을 골라 결정하는 일은 물론 바늘귀를 온몸으로 통과하는 것만큼이나 어렵다. 하지만 이렇게 걸러진 가능성만이 나만의 고유한 개성으로 자리를 잡는다. 가능성의 인간은 자신을 제한해야만 현실의 인간이 된다. "보편에 맞추어 살고자 하는 사람, 남들이 다 하는 그대로 따라가는 사람은 아무것도 되지 않는다. 예술가에게 제한은 자기 자신으로부터 의미 있는 것을 이루고자 하는 모든 이에게 그러하듯 꼭 필요하다."

지멜은 괴테의 "탈피"에 특히 주목한다. 탈피란 다른 사람으로 변모하면서도 자신에게 충실할 수 있는 기술을 뜻한다. 물론 이 기술에는, 너무 많은 수고와 희생만 치르지 않는다면 '보편적인 것'에 자신을 적응시키면서 보편이라는 보호막 안에서 우리는 자신의 고유한 특성을 방해받지 않고 계속 키워가야 한다. 이것이 바로 괴테가 보는 '개인 법칙' 버전이다. "카이사르의 것은 카이사르에게…." 모든 저항이 바람직한 것은 아니며, 많은 경우 피상적인 적응만으로도 충분하다고 괴테는 썼다. 탈피 역시 이런 의미를 가진다. 자신의 껍데기를 벗어던짐으로써, 간섭을 피한다.

괴테라는 인물로 지멜은 개인 법칙이 무엇을 뜻하는지 아주 잘 그려냈다. 하지만 이렇게 생각을 정리할 수 있게 결정적인 계기를 제공한 것은 스타일에 자부심을 가지고 엄격한 형식을 지키는 게오르게와의 만남이다.

가톨릭 고위 사제인 몬시뇰Monsignore처럼 우아하게 차려입고 늘 두 개의 직물 가방을 들고 다니며 당당하면서도 겸손을 잃지 않는 게오르게는 자신을 따르는 추종자들 사이에서 왕처럼 행세하면서 자신의 동호회에 정신 귀족의 스타일을 심어주었다. 그는 홀로 있는 일이 거의 없었으며 그를 따르는 일파 없이는 살지 못했지만, 정말이지 탁월한 의미에서 '개인'이었다.

지멜은 게오르게와 1897년에서 1907년까지 교류를 나누었다. 지멜은 게오르게에게 무척 호감을 가졌던 나머지 1905년에 발표한 『역사철학의 문제Die Probleme der Geschichtsphilosophie』에 이런 헌사를 붙였다. "시인이자 친구인 슈테판 게오르게에게."

게오르게는 이 철학자가 자신의 인품과 작품을 높이 사는 것에 대단히 흡족해하며 영광으로 여겼다. 물론 그가 철학자를 항상 정확히 이해할 수는 없었다. 동호회 사람들은 그런 게오르게를 놀리듯 "지멜을 닮아간다"고 했다. 게오르게는 베를린을 찾을 때마다 지멜의 집에 묵었다. 그는 지멜의 아내 게르트루트Gertrud와는 사이가 더욱 좋았다.

지멜이 게오르게에게 개인 법칙이라는 구상을 다듬을 자극을 받은 것과 마찬가지로, 막스 베버Max Weber*는 토마스 카를라우프Thomas Karlauf**가 게오르게 전기에서 밝혔듯 거의 같은 시기에 게오르게를 비롯한 그 일파와 만나 토론을 나누며 "카리스마 지배Die Charismatische Herrschaft"라는 개념을 다듬었다.

막스 베버와 게오르게는 1910년에 처음으로 만났다. 두 사람을 중심으로 한 모임은 중간 접점인 하이델베르크에서 이루어졌다. 모임에는, 예를 들어 프리드리히 군돌프Friedrich Gundolf***와 에트가어 잘린Edgar Salin****이 참여했다. 막스 베버는 한동안 거리를 두고 슈테판 게오르게를 관찰했다. 그는 무엇보다도 게오르게 시의 당당하면서도 단호한 분위기에 깊은 인상을 받았

---

\*   막스 베버(1864~1920)는 독일 출신의 법률가, 정치학자, 경제학자, 그리고 사회학자로, 근대 사회학의 창시자 중 한 명으로 꼽힌다. 마르크스, 뒤르켐과 더불어 현대 사회학 이론에 지대한 영향을 끼쳤다. 대표작으로 『프로테스탄트 윤리와 자본주의 정신(Protestantische Ethik und der Geist des Kapitalismus)』이 있다.

\*\*  토마스 카를라우프는 1955년생의 독일 저술가로, 주로 위인의 전기를 쓴 인물이다.

\*\*\* 프리드리히 군돌프(1880~1931)는 독일의 문학가이자 시인이다.

\*\*\*\* 에트가어 잘린(1892~1974)은 독일의 경제학자이자 역사학자이며 번역가로도 활동한 인물이다.

다. 이 시기에 베버는 엘제 야페$^{Else\ Jaffé*}$에게 자극을 받아 예술에 더욱 큰 관심을 쏟았으며, 문화사회학이라는 대규모 연구 프로젝트를 계획하기도 했다. 베버는 베를린에 와서 지멜을 방문해 게오르게와 관련해 자세하게 물어보았다. 그때만 해도 베버는 약간 조롱 투를 담아 게오르게를 "바이헨-슈테판$^{Weihen-Stefan}$"이라 불렀다.**

1910년 친구 아르투르 잘츠$^{Arthur\ Salz***}$가 휴가 여행을 함께 가기로 했다가 게오르게가 찾아온다고 연락해왔다며 취소했을 때, 베버는 충분히 이해할 수 있다고 화답했다. 자신이라도 그런 남자와 만날 기회는 소중하다면서. "나는 그런 기회를 여행뿐만 아니라, 많은 다른 일, 아니 모든 일에 우선시할 게 틀림없다."

게오르게 신화는 이처럼 막스 베버의 마음도 사로잡았다. 이렇게 보면 게오르게가 처음 방문했을 때, 마리안네 베버$^{Marianne}$

---

\* 엘제 야페(1874~1973)는 독일 최초의 여성 사회학자다. 막스 베버와 그의 동생 알프레트 베버(Alfred Weber)의 연인이었으며, 남편과 사별하고 알프레트와 동거했다.

\*\* 'Weihen-Stefan'은 바이에른의 유명한 수도원 '바이헨슈테판(Weihenstephan)'에 빗댄 표현으로, '신성한 슈테판'이라고 운을 맞춰 놀리는 말이다. 이 수도원은 기록상으로 전 세계에서 가장 오래된 맥주 양조장을 운영하기도 한다.

\*\*\* 아르투르 잘츠(1881~1963)는 독일의 사회학자이자 경제학자로, 막스 베버의 오랜 친구다.

Weber가 스크랩북에 담아두었듯, 막스 베버가 "좀 당황한 모습"을 보인 것은 놀라운 일이 아니다. 마리안네 베버는 게오르게가 "특별히 의식한 자세를 취하지 않았음에도 소탈한 품위와 함께 진정성이 돋보였다"고 썼다. 그래서 베버는 "그의 특별한 개성을 높이 평가하며 고유한 창의력에 바탕을 둔 귀족적인 인품의 묵직한 무게를 고스란히 느껴보고 싶다"고 했다.

개인적 만남이 이뤄진 바로 그해에 베버가 쓴 편지에서 처음으로 "카리스마"라는 개념이 등장한다. 물론 이 개념은 게오르게와의 맥락을 그 배경으로 가진다. 얼마 뒤 프랑크푸르트에서 열린 제1회 사회학자 대회에서 막스 베버는 다시금 슈테판 게오르게를 언급했다. "예술가의 세계 감각으로 무장한 종파는 사회학의 관점에서 볼 때 … 대단히 흥미로운 현상이다. 이들은 오늘날에도, 종교 종파와 완전히 똑같이, 육화한 신을 가졌다. 내가 염두에 두는 종파는 슈테판 게오르게 동호회다. 종파가 그 추종자들에게 심어주는 실천적 인생관, 인생 전체를 보는 마음가짐은 매우 광범위한 영향을 미친다. … 나는 종파라는 단어를 완전히 가치중립적인 의미에서 쓴다. 종파라는 표현은 '협소'하고 '편파적'이라는 어감을 준다는 점에서 종종 지탄받곤 하지만, 이는 근거없는 선입견일 뿐이다. 특별한 이상, 확실하게 다져진 이상은 열광적인 추종자들로 이뤄진 종파를 형성하는 과정에서 … 그 생명력을 얻는다."

 카리스마 지배, 이때부터 막스 베버의 핵심 개념으로 쓰인 카리스마 지배는 강한 후광을 자랑하는 인물, 개인을 중심으로 하는 세력권이 생겨남을 뜻한다. 카리스마는 믿음의 힘과 결합한다. 막스 베버는 대중사회의 시대에서 카리스마가 지배하는 영역이 밝은 미래를 약속해준다고 보았다. 근대의 사회 전반에 걸친 "합리화"(베버)로 생겨나는 폐단을 상쇄해줄 수 있는 것은 믿음에 기반하는 카리스마이기 때문이다. 기술과 과학과 계산적 정신이 삶과 노동의 세계를 장악하는 '합리화'는 믿음이 가진 마법적 힘을 부정하는 "탈마법화"를 일으킨다. 문제는 이 탈마법화가 인간의 심층까지 장악하려 한다는 점이다. 과연 계산적 이성이 정신과 감각과 감정을 가지는 인격 전체를 완전히 사로잡을 수 있을까? 또는 사로잡는 것이 바람직한가? 어쨌거나 막스 베버가 보기에 합리성이 전부는 아니다. 나중에 그는 유명한 강연 "직업으로서의 학문"에서 합리성을 올바로 쓸 줄 아는 사람, "내면의 '다이몬$^{daemōn}$'을 발견하고 그에 순종하는 사람만이 인생이라는 미로를 헤쳐 나갈 실마리를 얻는다"고 강조했다. 막스 베버의 눈에 "내면의 다이몬"을 강력하고도 단호하게 따르는 사람은 바로 슈테판 게오르게다.

 플라톤에 따르면 '다이몬'은 소크라테스가 내면의 목소리라 불렀던 것이다. 본래 인간과 신의 중간에 떠도는 영혼이라는 뜻을 가졌던 다이몬은 소크라테스에게 인생의 길을 알려주는 안내자이자 내면의 스승이었다. 우리는 이 내면의 목소리에 이성적으로 따라야 한다. 하지만 이성적이라는 말과 계산적 합리성은 구분되어야 한다. 인생의 길을 안내하는 내면의 목소리는 계산적 합리성으로는 들을 수 없다. 막스 베버는 인간의 이런 심층 영역이 초월적 차원일 수 있다는 비판에는 흔쾌히 동의한다(나중에 막스 베버에 열광한 카를 야스퍼스Karl Jaspers*는 합리성과 초월성의 이런 구분을 더욱 철저히 밀어붙였다). 하지만 자신은 종교는 잘 모르는 음치라며 이 대목에서 더는 아무 말도 하지 않고 침묵했다.

나중에 합리화 문제를 다룬 자신의 연구 성과를 요약하면서 막스 베버는 마지막으로 슈테판 게오르게와 그를 따르는 무리를 언급한다. 논지는 강렬했지만, 실명은 거론하지 않았다. "합리성과 지성, 무엇보다도 탈마법화와 더불어 살아야만 하는 것은 우리 시대의 운명이다. 그러나 이로써 궁극적이며 가장 숭고한 가치는 퇴색하고 말았다. 공공에서 사라진 이런 가치는 개

---

* 카를 야스퍼스(1883~1969)는 독일의 대표적인 철학자이자 정신병리학자다. 실존철학의 창시자 중 한 명으로 하이데거와 함께 독일 실존철학을 발전시켰다.

인들이 형제처럼 밀접한 관계를 맺고 뜻을 함께 나누는 모임에 숨어버렸다. 오늘날 지극히 작은 규모의 동호회에서만, 사람과 사람이 얼굴을 맞대고 대화하는 동호회에서만 피아니시모로 은근하게 가슴이 뛰는 것은 … 우연이 … 아니다. 옛날에 예언자가 이끄는 거대한 공동체에서 활활 불타던 격정의 불꽃, 공동체를 하나로 묶어주는 감격을 선물하던 불꽃은 지금은 동호회 안에서만 하늘하늘 여리게 탈 뿐이다."

막스 베버는 슈테판 게오르게를 시야에서 놓치지 않았다. 베버에게 게오르게는 저 "격정의 불꽃"을 활활 타오르게 만들던 몇 안 되는 개인 가운데 한 명이다. 물론 예전의 격정은 사라지고 피아니시모이기는 하지만, 그래도 불꽃은 불꽃이다.

# 리카르다 후흐의
# 믿음과 탈인격화 비판

**제 11 장**

리카르다 후흐Ricarda Huch*가 소설가이자 역사학자이며 에세이스트로 대중에게 인정받아 인기가 절정에 달했을 때, 토마스 만Thomas Mann**은 1924년 그녀의 예순 번째 생일을 맞아 "독일 최초일 뿐만 아니라, 아마도 유럽 최초의 여성" 작가를 자랑할 수 있게 되었다고 썼다.

리카르다 후흐는 그런 칭송이 과장되었다고 받아들였다. 그

---

\*    리카르다 후흐(1864~1947)는 독일의 여성 작가이자 역사학자이며 철학자다. 여성으로서 독일어권에서 최초로 역사학 박사학위를 취득한 인물이다. 워낙 많은 작품을 써서 작품 목록만 228쪽에 달한다.

\*\*   토마스 만(1875~1955)은 독일의 대문호로 20세기를 대표하는 작가다. 1929년 노벨 문학상을 받았다.

녀는 단 한 번도 자신을 높이 추켜세우지 않았으며, 늘 자신과 조화를 이루는 삶을 살았다. 이는 무엇보다도 그녀가 내면의 다이몬이 들려주는 소리에 충실했기 때문이다. 그녀는 정확히 '다이몬'을 강조하기도 했다. 후흐는 다이몬을 막스 베버가 아니라 괴테에게서 찾아냈다. "다이몬은 아기에게 걸음마를 가르치듯, 우리를 이끌며 매일 우리가 무엇을 해야만 하는지 일러준다. 우리는 그 목소리에 귀를 기울여야만 한다."

후흐에게 '내면의 다이몬'은 개인이 자신의 고유한 개성을 발현할 수 있도록 돕는 힘이다. 자신이 추구하는 이상이 무엇인지 아직 분명하지 않을지라도, 내면의 목소리에 따라 살면서 너 자신을 믿어라. 또는 게오르크 지멜이 개인 법칙이라 불렀던 것을 믿고 따르자.

리카르다 후흐는 자신의 길을 가려는 시도에 끼어드는 허영과 자만을 예민하게 경계했다. 후흐에게 그런 끔찍한 허영의 구체적 사례는 슈테판 게오르게였다. 그녀는 1900년을 전후해 뮌헨에서 지내던 때 볼프스켈Karl Wolfskehl* 무리의 모임에 갔다가 게오르게를 소개받았다. 사람들은 그녀를 모임에 끌어들이려

---

* 카를 볼프스켈(1869~1948)은 독일의 작가이자 번역가다. 유대인 출신으로, "뮌헨의 코스모폴리턴"으로 불릴 만큼 다양한 문화적 교류에 참여했으며, 히틀러의 폭압에 맞서 게오르게를 비롯한 여러 문인과 함께 저항했다.

했지만, 후흐는 한사코 거리를 두었다. 그녀는 게오르게를 두고, "기적처럼 아름다운 시"를 쓴 것이 "당대 독일인들에게 시가 예술임을 상기시켜준" 공헌임은 틀림없지만, 너무 지나친 허영을 부렸다고 꼬집었다. "게오르게의 개성은 감동적이라기보다 좀 불편하다"고 그녀는 썼다. "그처럼 호들갑을 떠는 행세"는 아마도 "유머 감각이 부족한 탓"으로 보인다고도 했다. 예술에 진지하게 헌신해야 하는 것은 맞는 말이기는 하지만, 예술은 아름다운 놀이일 뿐이고 무슨 거룩한 구원은 아니라고 후흐는 강조했다. 과장된 행동은 금물이라면서.

그녀는 볼프스켈과 더 친숙했다. 그는 모임의 제사장 노릇을 하기는 했지만 어디까지나 역할놀이일 뿐, 이 역할을 실제로 진지하게 여기는 것은 아니라고 그녀에게 분명히 이야기해주었다. 볼프스켈은 말하자면 "두 개의 세계"를 명확히 구분할 줄 알았다. 후흐는 그런 볼프스켈에게 호감을 느꼈다. 그녀 역시 그 어떤 독단에 사로잡히지 않으려 주의했다. 그녀가 무엇보다도 중시한 것은 자유다. 게오르게도 자유를 중시한다는 점, 특히 무엇이든 평준화해버리는 대중문화로부터 자유롭기를 원했다는 사실을 그녀는 익히 알았다. 자신도 대중화가 싫기는 하지만, "튀어 보인다고 해서 대중화를 막을 수는 없으며, 지도자의 신격화는 개성의 존중이라기보다 대중화에 힘을 보태는 어리석은 선택"이라고 그녀는 썼다. 그 밖에도 후흐는 "넥타이를 귀족처럼 제대로 맸는지 신경 쓰는 사람들"보다는 노동자들에게 끌리는 자신을 발견했다.

게오르게파와 그들의 호들갑을 멀찌감치 떨어져 지켜보며 비판하는 과정에서 리카르다 후흐는 오히려 자신의 자아를 본격적으로 의식하고 자기주장을 펼칠 힘의 원천을 찾아냈다. 이 시기에 그녀는 예전의 인생 위기로 잃었던 종교적 믿음을 다시 발견하기도 했다. 그녀는 그때껏 걸어온 인생길을 지탱해주고 이끌어온 것이 바로 이 믿음이었음을 깨달았다. 하지만 기존의 믿음을 고스란히 받아들인 게 아니라 새롭게 다듬어 자신의 고유한 것으로 만들었다. 그녀는 이런 소회를 종교철학 책에, 무엇보다도 『루터의 믿음Luthers Glaube』(1916)과 『탈인격화Entpersönlichung』(1921)에서 상세히 밝혔다.

1864년생인 리카르다 후흐는 젊었을 때부터 시와 소설을 왕성하게 썼다. 그녀는 근심이라고는 모르는 유복한 어린 시절과 청소년기를 보냈다. 적어도 언니의 남편인 동시에 사촌오빠인 인물과 사랑에 빠지기 전까지는. 이 복잡한 관계는 몇십 년 동안 그녀의 운명을 결정했다. 집안의 불편한 상황 탓에 그녀는 취리히로 가서 역사와 문학과 철학을 공부하기 시작했다. 당시 독일에서 여성이 대학교에 진학한다는 것은 꿈도 꾸지 못할 일이었다. 그러나 그녀는 꿋꿋하게 학업에 매진해 독일 여성으로는 최초로 박사학위를 취득했다. 청소년 시절부터 후흐는 문학 습작을 즐겼다. "나는 늘 글쓰기가 좋아서 언젠가는 나의 열정을 충분히 풀어내는 작품을 쓰리라고 자신했다." 하지만 일단 그녀는 취리히 시립도서관에서 일해야 했으며, 어떤 사립학교에서 아이들을 가르치기도 했다.

첫 두 편의 소설 『루돌프 우르스로이 주니어의 추억Erinnerungen von Ludolf Ursleu dem Jüngeren』(1893)과 『미하엘 운게르Michael Unger』(1903)는 자전적 색채가 강한 작품으로, 사촌오빠이자 형부인 리하르트 후흐Richard Huch와의 지난 사랑을 소화하려고 쓴 것이다. 첫 번째 소설은 이 사랑이 "진정으로 활활 타오르는 불꽃"이었다고 비유한다. "늘 더 많은 먹이를 원하는 짐승처럼 결코 만족할 줄 몰랐으며, 경이로운 아름다움으로 부풀어 오르면서 방해가 되는 모든 것을 집어삼켰다."

이 사랑의 길을 가로막은 것은 무엇보다도 리하르트가 자신의 자녀에게 품은 책임감이다. 리카르다와 리하르트가 1897년 파리로 가서 새출발을 감행하려 했을 때, 리하르트는 도저히 아이들을 떠날 수 없다며 마지막 순간에 포기했다. 리카르다는 바닥을 알 수 없는 깊은 인생 위기로 추락하고 말았다. "모르겠다. 무얼 위해 일어서는지, 무얼 바라고 먹는지, 무엇 때문에 일을 하는지, 무엇을 위해 존재하는지 나는 정말 모르겠다"고 그녀는 친구인 마리 바움Marie Baum*에게 한탄했다.

리카르다는 브레멘으로 갔다가 다시 빈으로 이주했다. 그곳에서 그녀는 에르마노 체코니Ermanno Ceconi라는 이름의 의사와 만나 사랑에 빠졌으며, 곧 결혼해 딸 마리에타Marietta를 낳았다. 단란한 가정은 일단 행복한 시간을 보냈다. 하지만 몇 년 뒤, 그동안 가족은 뮌헨으로 이주했는데, 리하르트 후흐가 마침내 아내와 갈라서자 리카르다는 곧장 그와 함께 살기로 작정했다. 1905년 10월 16일 여자 친구에게 보낸 편지에 리카르다는 이렇게 썼다. "리하르트를 다시 보았어. 그 순간 9년이라는 세월이 깨끗이 지워지더군. … 이 시절 동안 나의 과거를 짓누르던 바위는 폭풍에 날아간 듯 흔적도 없이 사라졌어."

리카르다는 1905년 체코니와 결별하고 리하르트 후흐와 결혼했으며, 딸은 전남편 체코니와 번갈아 가며 돌보기로 합의했다. 그러나 마침내 실현된 꿈은 악몽으로 바뀌고 말았다. 모든 것을 경직시키는 냉기가 두 사람을 사로잡았다. 리카르다는 체코니와 이혼한 것을 후회했다. "이 무슨 참담한 혼란일까, 모든

---

\* 마리 바움(1874~1964)은 독일의 정치인이자 사회운동가, 여성운동가다. 바이마르 공화국 시절 독일민주당 소속으로 최초의 여성 국회의원 중 한 명이었으며, 사회복지 발전에 크게 기여했다.

것은 내가 어린애일 때부터 인간이라기보다는 신처럼 우러러온 리하르트를 사랑한 결과다. 남자를 향한 여인의 헌신적 사랑은 기실 자신도 모르는 사이에 저질러버린 범죄였다. 여인은 홀로 서는 법을 배워야 한다."

이 위기를 겪으며 리카르다는 무분별하게 열정을 따르는 것이 인격의 성숙일 수 없음을 몸서리치게 깨달았다. 이제 그녀는 정확히 '홀로 서는 법'을 익히고 실천하고 싶었다. 이는 곧 한 남자를 향한 헌신적인 사랑에서도 자립성은 꼭 필요하다는 자각을 뜻한다. 이런 상황에서 그녀에게 도움을 준 것은 새롭게 깨어난 믿음이다. 어려서부터 그녀는 프로테스탄트 교육을 받고 자랐다. 하지만 신앙은 그녀에게 별 감흥을 주지 못했다. 심장을 건드리지 못하고 심드렁하기만 했던 신앙은, 그러나 이제 그녀의 심장을 온전히 사로잡았다. 리카르다는 신앙이 본래 무엇인지 명확히 밝히는 일에 온 힘을 쏟았다.

이제 믿음은 리카르다에게 확신한다거나 참으로 여긴다는 의미의 종교적 독단 이상으로 심오한 것이다. 다시 말해서 믿음은 단순한 확신과 습관적 의례의 문제가 아니다. 위기를 겪으며 그녀가 새롭게 발견한 믿음은 인지적 차원, 이를테면 상상과 환상으로 실체를 확인했다고 고집부리는 일종의 지식, 학문보다는 수준이 떨어지는 그런 종류의 지식이 전혀 아니다. 오히려 믿음은 우주를 다스리는 힘의 원천인 동시에 자신의 고유한 힘을 길어올릴 원천을 온전히 느끼는 경험이다. 자신이 우주와 함께 호흡하고 있다는 힘의 경험은 인간의 내면을 변화시킨다.

『루터의 믿음』에서 리카르다는 루터보다는 그 우주적 힘을 경험한 이야기에 더 치중한다. 자유를 선물하며 근심을 떨치게 해주어 두려움에 사로잡힌 소극적 도덕을 극복할 수 있게 해주는 힘을 어떻게 자신의 것으로 체험했는지 그녀는 이야기한다. 이 믿음은 사회의 강제에서 인간을 해방시켜 자신의 고유한 실존이 무엇을 의미하는지 깨닫게 해준다. 신을 우러르는 믿음에서 개인의 자신감이 솟아난다.

유명한 종교사회학자 에른스트 트뢸치Ernst Troeltsch*는 『루터의 믿음』을 리뷰하면서 리카르다 후흐의 신앙 이해가 정확히 무엇을 지향하는지 매우 적확하게 짚어냈다. 신을 우러르는 믿음에서 솟아나는 "삶의 기쁨, 세상의 그 어떤 것에도 얽매이지 않는 기쁨을 … 과학, 합리적 사고, 정치와 경제 발전을 신봉하는 근대인은 그게 무엇인지 전혀 알지 못한다."

실제로 리카르다 후흐는 "서양 사람들이 일반적으로 더는 신

---

\* 에른스트 트뢸치(1865~1923)는 독일의 자유주의 신학자이자 철학자이며, 종교사회학을 개척한 인물이다. 신의 계시는 기독교만이 아니라 모든 종교가 중개해줄 수 있다고 주장하여 일대 파란을 일으켰다.

을 믿지 않는다"는 점과 남은 것은 기껏해야 "도덕 법칙"에 기대려는 안간힘일 뿐이라고 꼼꼼하게 확인한다. 하지만 도덕적 양심이 우리 인간을 구원하지는 않는다. 그래서 리카르다 후흐는 도덕 법칙에 순종하는 자세가 아니라, 신 앞에서 인간을 변호하고 자유롭게 만들어준 그리스도, 신의 은총을 체현한 그리스도를 중시하는 루터의 "은총 이론"에 주목한다. 하지만 후흐가 이해하는 신은 피안의 심판자가 아니다. 인간은 오로지 자기 자신 안에서 신을 찾아낼 때만 신과 만날 수 있다. 후흐는 낭만주의 전통을 그대로 받아들여 "우리 안의 신"이라고 썼다. "신은 저 바깥, 자연과 인간의 바깥이 아니라 인간의 내면에서 우러나와 작용하는 힘이다. 이 힘은 인간이 자신을 극복하고 참된 인간다움을 이룰 수 있게 돕는다."

이런 믿음은 사회와 계산적 이성과 기계의 강제에 맞설 균형추를 잡아줌으로써 개인의 존엄을 지켜준다. 근대로 접어들며 과학과 기술을 맹신하는 태도로 빚어지는 "탈인격화"는 이 믿음이 막아줄 수 있다. 리카르다 후흐는 같은 제목의 책에서 "탈인격화의 역사와 논리"를 자세히 살핀다. 신과의 독대는 탈인격화로 얼룩진 수평적 지평을 수직으로 가로지름으로써 개인의 인격을 강화해준다. 수직으로 신을 우러르며 인생이 나아가야 할 방향성을 묻는 신과의 독대가 약해지거나 아예 사라진다면,

사회라는 수평적 세력이 득세한다. 그렇게 되면 인간은 사회라는 이름의 거대한 기계에 완전히 사로잡혀 도구로 전락하고 만다. "베이컨Francis Bacon* 이후 발전이라는 이상이 개인의 무한한 발달이라는 이상을 밀어내고 그 자리를 차지해버렸다. 발전은 인간이 아니라 도구와 설비를 중시해가며, 그 자체가 무한한 것인 양 받아들이게 강제한다."

막스 베버가 "합리화"라 불렀던 것을 리카르다 후흐는 "탈인격화"라 명명했다. 그리고 인생이라는 미로를 풀어나갈 수 있게 실마리를 제공하는 막스 베버의 "내적인 다이몬"은 리카르다 후흐에게서 개인이 정신적 실존과 정치적 실존을 이룰 수 있게 도와주는 믿음으로 바뀌었다.

1918년의 11월 혁명Novemberrevolution** 동안 리카르다 후흐는 인민 대표자 회의 체계가 벌이는 즉흥적인 의사결정에 호감을 품고 지켜보았다. 심지어 '정신 노동자 대표'를 맡아달라는 제안

---

\* 프랜시스 베이컨(1561~1626)은 영국의 철학자이자 정치가, 과학자다. 근대 경험론과 과학적 방법론의 선구자로 평가받는다. 스콜라 철학을 비판하고 관찰과 실험에 기초를 둔 귀납법을 확립하여, 근대 과학의 방법론에 커다란 영향을 주었다.

\*\* 1918년 11월 7일 독일 제국이 붕괴되면서 제1차 세계대전이 끝나고 바이마르 공화국이 탄생하는 계기가 된 혁명을 말한다.

을 받아들이기도 했다. 하지만 이내 자리에서 물러났는데, 그녀는 혁명을 표방한 이 평의회가 "오로지 직업적 이해관계에만 충실하려는 목적으로 전혀 정치역량을 발휘하지 못했다"고 어떤 편지에 썼다. 이후 후흐는 프리드리히 나우만Friedrich Naumann의 독일민주당DDP 후보로 바이마르 공화국 의회 선거에 나가겠다고 지원했다.* 당선되지는 못했지만 이로써 후흐는 민주화 과정에 일조하려는 정치적 책임에 충실했다.

정치적으로 자유 보수적 성향에 가까운 것으로 알려진 리카르다 후흐가 1923년 무정부주의자 바쿠닌Mikhail Bakunin**의 전기를 발표하자 여론은 놀랍다는 반응을 보였다. 이 전기에서 후흐는 온전히 자기 취향에 맞게 바쿠닌을 괴짜 외톨이로 그려낸다. 자연스러운 권위를 자랑하는 남자, 하지만 권력욕은 없으며, 충동적이고 열정적이면서도 철학을 좋아해 즐겨 읽은 책이 피히테Johann Gottlieb Fichte***의 『축복받는 삶의 지침Anweisung zum seligen

---

* 프리드리히 나우만(1860~1919)은 독일의 신학자이자 자유주의 정치가로 바이마르 공화국의 독일민주당 초대 당수를 지낸 인물이다.

** 미하일 바쿠닌(1814~1876)은 러시아 출신의 혁명가이자 철학자로, 근대 아나키즘(무정부주의)의 창시자 중 한 명으로 평가받고 있다.

*** 요한 고틀리프 피히테(1762~1814)는 독일 관념론을 대표하는 철학자다. 칸트의 비판철학에서 출발하여, 자아의 절대성과 자유를 강조하는 독자적인 철학 체계를 발전시켰다.

Leben』이라는 식으로 후흐는 바쿠닌의 초상화를 그렸다. 바쿠닌은 사랑으로 사회의 결속을 이뤄낼 수 있다는 꿈을 꾸었으며, 그래서 크고 중앙집권적인 정부를 마땅치 않게 여기면서, 작고 자율적인 공동체, 이를테면 러시아 자유농민의 전통적인 '미르Mir'를 선호했다.

리카르다 후흐는 바쿠닌이 어떤 인생을 살았는지 호감이 느껴지는 매우 따뜻한 필치로 들려준다. 1814년 러시아 귀족 가문의 후예로 태어난 바쿠닌은 농노들이 바치는 공납으로 살고 싶지 않아, 생활비를 스스로 해결하려 한동안 수학 교사로 일했으나 교사로 써주는 데가 별로 없었다. 군대에서 장교로 경력을 쌓아 나중에 행정관리가 되었으면 좋겠다는 가족의 충고를 그는 거부했다. 결국 그는 가족에게 손을 벌릴 수밖에 없었다. 또, 기회가 있을 때마다 돈을 빌리기도 했다. 갚는 일은 드물었는데, 그래도 사람들은 대개 용서했다. 바쿠닌은 자신의 호주머니 사정이 좋을 때는 늘 아낌없이 베풀었기 때문이다. 그는 돈을, 그리고 어떤 형태든 사유화를 경멸했다. 모스크바에서 그는 무엇보다도 독일 철학을 공부했다. 바쿠닌은 작가 알렉산드르 게르첸Alexander Herzen, 문학 비평가 비사리온 벨린스키Vissarion Belinsky, 작가 이반 투르게네프Ivan Turgenev 등이 참가한 모임에서 언제나 중심이었다. 1840년 그는 서유럽으로 건너가 베를린에서(거기서 그는 키르케고르와 만나기도 했다) 철학자 셸링Friedrich Wilhelm Joseph von Schelling의 강의를 들었다.

키가 2미터에 가까운 거구로, 빛나는 정신력에 온화한 눈매를 가진 잘생긴 남자 바쿠닌은 그 편안한 맑은 목소리로 가는 곳마다 좌중을 사로잡는 중심이었다. 권력자들에게 바쿠닌은 "위험한 불순분자"였다. 그는 드레스덴의 봉기에서는 음악가 리하르트 바그너Richard Wagner와 함께 바리케이드에서 투쟁하다가 프로이센 군대에 사로잡혔다. 드레스덴에서 그는 사형을 선고받고, 결국 오스트리아를 거쳐 러시아로 추방되어 1861년에 탈출하기까지 수감 생활을 해야만 했다. 탈출에 성공한 바쿠닌은 다시 혁명 투쟁에 뛰어들어 폴란드와 프랑스와 이탈리아에서 싸웠다. 이탈리아에서는 가리발디Giuseppe Garibaldi 장군과 함께 힘을 모으기도 했다. 사방에서 그를 잡으려 수배령이 떨어졌음에도 바쿠닌은 초조한 기색 없이 늘 맑고 여유로운 삶의 즐거움을 자랑했다. 물론 런던의 카를 마르크스는 그런 바쿠닌을 탐탁하게 여기지 않았다. 바쿠닌이 러시아 스파이라는 소문을 퍼뜨린 쪽이 마르크스였다는 몇몇 방증이 있다. 마르크스는 바쿠닌이 '제1인터내셔널', 곧 '국제노동자동맹International Workingmen's Association'에서 제명당할 때까지 비방과 험담을 그치지 않았다. 바쿠닌은 1876년 스위스 베른에서 죽었다. 그의 묘비에는 생전에 그가 한 말이 새겨졌다. "불가능한 것을 감행하지 않는 사람은 가능한 것을 결코 이룰 수 없다."

바쿠닌을 위대한 개인으로 그려낸 후흐의 책은 이른바 "이상화理想化의 예술"이라는 스타일로 쓰인 것이다. 이보다 앞서 후흐는 카롤리네 슐레겔Caroline Schlegel*을 찬양하며 쓴 낭만주의 책에서 이런 스타일을 이미 선보인 바 있다. 이 예술은 개인을 "시간의 조각난 단편들로 보지 않고 창의적으로 집약해 전체"로 그려낸다.

정치적으로나 개인적으로 리카르다 후흐가 바쿠닌에게 보였던 호감은 카를 마르크스와 대비해보면 더욱 분명해진다. "마르크스가 예전 기득권자보다도 더 심한 중앙집권적 인간형이라면, 바쿠닌은 탈중심적 인간형이다. 마르크스는 종교적이며 낭만적 성향의 바쿠닌이 인간의 내면에서 솟아나는, 대개 의식하지 못하지만 절대 자의적이지 않은 힘의 흐름을, 이 힘이 때때로 파괴적이라 할지라도, 존중하고 섬겼다는 점을 아주 잘 알았다. 나중에 바쿠닌은 이렇게 말했다. '그는 나를 보고 감상적인 이상주의자라고 하더군. 맞는 말이야. 나는 마르크스를 어둡

---

\* 카롤리네 슐레겔(1763~1809)는 독일의 여성 작가이자 번역가로, 프랑스혁명에 심취해 저항운동을 벌인 인물이다. 낭만주의의 여러 사상가와 작가와 교유하면서 그들의 뮤즈로 추앙받았다.

고 충직하지 않은 인간, 허영에 사로잡힌 인간이라고 했지. 이것도 맞는 말이야.' 바쿠닌은 사람들과 어울리기 좋아하며 민주적이었다. 그는 인간을 가장 소중히 여겼다. 아마도 인간을 향한 이런 사랑은 그의 유일한 열정이었으리라. 마르크스는 프리드리히 엥겔스를 제외하고는 … 친구 한 명 없었다. 국제 사회주의의 과학적 창설자는 대중을 싫어하는 불친절한 인간이다. 미하일(바쿠닌)의 통 크고 포괄적이며 카오스적인 본성을 마르크스는 이해하지 못해 거부감만 품었다."

리카르다 후흐는 바쿠닌을 "종교적이고 낭만적인 성향의 남자"라고 칭했다. 바쿠닌은 세상 저 바깥의 신이라는 생각을 떨쳐버리기는 했지만, 불의를 용인하지 않고 맞서 싸우는 파괴적인 면모를 보이는 동시에 사랑으로 우리를 단합시키는 창조적인 "우리 안의 신"을 굳게 믿었다. 이런 믿음과 더불어 인격적 특성, 이를테면 관대함과 열정과 헌신, 창의적 자유, 주체성, 친절, 개방성, 그리고 흔쾌히 정신적 모험을 즐기려는 탐구열을 자랑하는 바쿠닌은 선량한 시민 집안 출신임에도 투쟁적인 여성 작가 후흐의 눈에 기꺼이 본받고 싶은 모범이었다.

1933년 리카르다 후흐는 자신이 용감하고 흔들림이 없는 개인임을 유감없이 과시했다. 나치스는 권력을 잡은 뒤 학술원 문예분과의 회장 하인리히 만Heinrich Mann에게 자리에서 물러나라고 요구했다. 퇴임하지 않으면 분과 전체를 해체하겠다면서. 하인리히 만이 물러나자 리카르다 후흐는 분과의 비서 오스카 뢰르케Oskar Loerke에게 편지를 썼다. "하인리히 만이 자리를 내놓을 수밖에 없어 대단히 유감입니다. 내가 보기에는 문화 장관이 우리 분과를 정말로 해체할 용기를 가졌는지 지켜보았어도 좋지 않았을까요."

리카르다 후흐는 이렇게 항의한 유일한 인물이었다. 새로 구성된 집행부는 눈엣가시 같은 회원을 쉽사리 제거할 수 있도록 조직을 장악하고자 정권에 명시적으로 충성을 맹세하겠다는 성명에 서명할 것을 요구했다. 그러자 리카르다 후흐는 곧장 학술원의 새로 임명된 총장 막스 폰 실링스Max von Schillings에게 항의 편지를 썼다. "(나는) 이의 있습니다. … 그런 요구가 어떤 결말을 불러올지 예상조차 하지 못하는 당신의 능력이 의심스럽군요. 그래서 저는 답하기를 거부하겠습니다. … 저는 학술원에 입회하면서부터 항상 회원 선택의 기준은 예술적 성취와 인격 외에 절대 다른 것이 끼어들어서는 안 된다고 강조해왔습니다."

학술원 집행부는 집요했다. 집행부는 명성 탓에 후흐를 제명할 수는 없었다. 서명해달라는 끈덕진 요구에 그녀는 1933년 4월 9일의 편지에서 왜 충성 선언에 서명할 수 없는지 그 이유를 상세히 썼다. 편지를 쓸 때 이미 그녀는 더는 학술원 회원이 아니라고 느꼈다. "독일인이 독일에 자부심을 느끼는 것을 나는 거의 당연한 일로 여겼다. 그러나 무엇이 독일 정신인지, 독일 정신은 어떻게 확인될 수 있는지 하는 물음에는 저마다 다른 의견을 가지리라. 현재의 정부가 이런 것이 민족적 자부심이라고 정해놓고 따르라고 한다면, 그것은 나의 독일이 아니다. 중앙집권, 잔혹한 방법을 거침없이 동원하는 강제, 생각이 다르다고 찍어누르는 탄압, 터무니없이 과장된 자화자찬을 나는 구제불능의 비독일적 특성이라고 본다. 이처럼 정부가 고집하는 생각과 내 의견이 현격한 차이를 보이는 마당에 국립학술원에 남는 것은 불가능해졌다."

후흐의 입장 표명은 공개되지 않았으며, 학술원에서 탈퇴한 것도 공식적으로 전혀 언급되지 않았다. 그래도 한동안 별 탈 없이 지낼 수 있었던 것은 그녀가 워낙 유명했기 때문이다. 또, 무솔리니가 리카르다 후흐의 가리발디 책을 매우 높이 평가해 그녀를 우상 섬기듯 했다는 점도 그녀를 건드릴 수 없는 이유였다. 이탈리아 판본은 숱한 쇄를 찍었다.

명성 덕분에 안전할 수 있었던 리카르다 후흐는 계속 책을 쓰고 출간하는 일에 전념했다. 1934년에는 독일 민족의 신성로마제국 역사로 기획된 세 권 가운데 첫 번째 책이 발표되었다. 그녀는 이미 이 첫 권으로 나치스 정권의 비위를 건드렸다. 문제가 된 것은 중세의 유대인 박해를 다룬 묘사였다. "14세기 유대인 박해는 독일 민족의 가슴 깊숙한 곳에 숨었던 야수적 본성을 자극하고 선동했다. 그 결과 오히려 유대인이 어떤 영웅적 행동을 할 수 있는지 보여줄 수 있는 계기가 마련되었다."

사람들은 후흐가 '제국'의 의미를 나치스가 원한 제국주의적 맥락에서 해석하지 않고 그저 정치조직으로 묘사하며, 그녀가 11월 혁명에서 꿈꿨던 연방적 성격의 무정부주의적 형태였다고 비난했다. 국가 숭배나 중앙집권주의를 넘어서 자립적 시민과 자치단체로 이뤄진 다채로운 조각보 같은 제국이었다.

그래도 두 번째 책은 1937년에 출간되었다. 하지만 이 책이 끝이었다. "아돌프 히틀러의 독일에서 오늘날 이런 종류의 요물은 설 자리가 없다." 당시 나치스 당 기관지에 나오는 표현이다.

리카르다 후흐는 1935년에서 1947년까지 예나에서 딸과 사위와 함께 살았다. 사위는 법학자 프란츠 뵘Franz Böhm이다. 1937년 장모와 사위는 사적으로 저녁 식사 초대를 받아 간 자리에서 반유대주의를 비판했다고 밀고당했다. 하지만 이번에도 후흐는 별 탈 없이 넘겼다. 다만 사위가 예나대학교의 강사 자리를 잃었다. 1944년 7월 20일 이후에는 리카르다 후흐의 주변 인물들, 곧 친구와 지인이 당국의 괴롭힘에 시달렸다. 사위가 구금을 피할 수 있었던 것은 단지 이름을 바꾸었기 때문이다.

종전 직후 소비에트 점령군과 독일 공산주의자들은 리카르다 후흐를 설득해 문화 건설을 꾀하려 들었다. 그래서 그녀는 튀링겐 지방의회의 의장, 가장 연장자가 맡는 자리에 올랐다. 하지만 이내 후흐는 자신의 것이 아닌 목적에 도구가 되고 말았음을 깨닫고 직을 내려놓았다. 하지만 서독과 동독 전체를 아우르는 제1회 작가대회가 베를린에서 열렸을 때 후흐는 명예 의장을 맡는 것은 마다하지 않았다. 그녀의 개회 연설은 대단히 인상적이었다. 모든 참석자가 기립박수로 화답했다. 하지만 후흐는 어딘가 모르게 그 자리에 없는 사람처럼 보였다. 친구 마리 바움에게 그녀는 이런 편지를 썼다. "그런 행사에 내가 얼마나 재능이 없는지는 네가 잘 알지. 물론 기분 좋은 일도 많았어. 그런데 말이야, 나는 사람들이 흰 코끼리를 구경만 하는 게 아니라 사랑하기도 하나 의문이 들더라."

소비에트 점령군은 후흐가 작가대회에 참석하겠다고 하자 튀링겐에서 나가도 좋다는 허가를 내주지 않았더랬다. 몰래 빠져나온 후흐는 대회가 끝난 뒤 베를린에서 프랑크푸르트로 도피해 딸의 가족에게로 가는 데에 성공했다. 그곳에 도착하고 며칠 뒤인 1947년 11월 17일 83세를 일기로 그녀는 사망했다. 전쟁으로 폐허가 된 독일 땅에서 난방이라고는 되지 않는 추운 열차를 갈아타며 힘든 여행을 한 탓에 탈진한 것이 사망원인이다.

  망명지에서 알프레트 되블린<sup>Alfred Döblin</sup>*은 이렇게 썼다. "단 하나의 목소리가 울리며 … 나에게로 전해진다. 리카르다 후흐의 음성, 힘과 정신과 용기를 두루 갖춘 늠름했던 여인. '너희는 다시는 그런 위인을 보지 못하리라.'"

---

\* 알프레트 되블린(1878~1957)은 유대인으로, 독일의 작가이자 심리학자다. 나치스를 피해 망명을 다니며 쓴 작품들로 이른바 "아스팔트 문학"을 대표하는 작가로 꼽힌다.

# 대중의 시대가 드리운 그늘에서

**제 12 장**

"많다고 숫자를 거들먹거리는 것만으로도 상스럽다." 슈테판 게오르게의 일갈이다.

게오르크 지멜과 막스 베버는 슈테판 게오르게를 개인주의자의 척도로 삼았으며, 리카르다 후흐는 게오르게에게 거리를 두었다. 그러나 세 인물은 모두 대중이라는 규모에 집착하는 현상을 개인의 심각한 위기로 받아들여 이의 극복을 도전과제로 삼았다. 지멜은 "개인 법칙"을, 막스 베버는 "합리화"와 "내적인 다이몬"을 그 해결방안으로 제시했으며, 리카르다 후흐는 "탈인격화" 비판으로 맞섰다.

대중의 시대는 산업 발달로 본격적인 막을 올렸다. 도시는 예전에는 결코 볼 수 없던 속도로 성장했으며, 일터와 주거지역으로 인구가 집중되었다. 철도와 자동차 산업의 발달은 교통의 폭발적인 증가를 초래했다. 라디오, 인쇄기, 전화 등의 기술적 소통 수단은 20세기 초반에 빠르게 발달해 사람들의 일상을 파고들었다. 새로운 차원의 사회 네트워크가 구축되었다.

사회는 갈수록 더 시끌벅적해졌으며, 대중은 이런 요란함이 인생이라는 착각에 사로잡혔다. 일찌감치 사회는 개인을 유도해 의존적으로 만들고 착취하기만 한다는 의심의 목소리가 힘을 얻었다. 이미 고대 그리스의 정치가 솔론Solon만 하더라도, 아테네 시민은 개인일 때 영리한 여우지만 여러 명이 모여 집단을 이루면 양처럼 멍청해지거나 맹수처럼 표독해진다고 주장한 바 있다.

아테네처럼 전체를 비교적 잘 굽어볼 수 있는 사회에서 확인할 수 있었던 인간의 이런 기묘한 행태, 곧 개인일 때와 무리일 때의 확연히 다른 태도는 19세기에 역사의 무대에 올라온 익명의 대중에게서 더욱 두드러졌다. 어리석기 이를 데 없거나 포악한 대중이라는 역사적으로 새삼스러운 현상은 유혹적인 동시에 위협적이었다. 보들레르Charles Pierre Baudelaire,[*] 포Edgar Allan

---

[*] 샤를 피에르 보들레르(1821~1867)는 프랑스의 시인이자 비평가, 수필가, 미술 평론가, 번역가다. 근대 상징주의 문학과 현대시의 선구자로 손꼽힌다. 대표작으로는 『악의 꽃(Les Fleurs du mal)』이 있다.

Poe,* 모파상Guy de Maupassant**은 이런 양면성을 인상 깊게 묘사한 최초의 작가들이다. 보들레르는 이렇게 썼다. "산책하며 생각이나 즐기는 고독한 개인은 모든 것을 싸잡아 뭉개버리는 공동체를 보며 숙취로 쓰라린 속을 달랠 뿐이다. 대중과 쉽사리 결탁하는 사람은 돈과 명성을 마음껏 누리며 신나게 즐기고 살지만, 개인주의자에게 이런 향락은 닫힌 채 열리지 않는 가방이며, 우직하게 자신의 길을 고집하는 사람에게는 입을 꽉 다문 석화처럼 결코 맛볼 수 없는 것으로 남는다."

대중은 자극과 재미를 달라며 "돈과 명성이라는 향락"으로 유혹하고, 냉철하게 자신의 평정을 지키고자 하는 사람은 거들떠보지도 않는다. 평소 기꺼이 향락에 몰입하곤 했던 보들레르는 그런 황홀한 향락을 대중에게서도 구하기는 했다. 하지만 그는 엄격히 절제해가며 향락을 구했다. 다시 말해서 산책하는 시인으로.

모파상은 대중에게서 유혹보다는 위협을 보았다. "대개 대중

---

\*    에드거 앨런 포(1809~1849)는 미국의 시인, 소설가, 문학 평론가다. 미스터리·추리 소설 장르의 선구자로 알려져 있다.

\*\*   기 드 모파상(1850~1893)은 19세기 프랑스의 자연주의 문학을 대표하는 소설가이자 단편소설의 거장으로 손꼽힌다. 인간과 사회의 다양한 모습을 사실적으로 냉철하게 묘사했다.

은 나와 맞지 않는다. … 나는 대중을 보며 기묘하고 참기 어려운 불편함을 느끼며, 마치 저항하기 어렵고 그게 뭔지 설명할 수도 없는 영향력에 온 힘을 쥐어짜가며 맞서 싸우듯 소름 끼치게 짜증스럽다. 그리고 실제로 나는 내 안으로 파고드는 대중의 먹물 같은 영향력을 상대로 싸운다. 이미 여러 차례 내가 확인한 사실은 홀로 살면 지성이 키워지고 활기를 띠지만, 다른 사람들 사이에 섞여 있기만 하면 지성은 둔해지고 가라앉는다."

에드거 앨런 포의 단편소설 「군중 속의 사람The Man of the Crowd」*에서 화자는 번잡한 런던 거리에서 자신의 눈길을 사로잡는 어떤 기묘한 행인을 따라간다. 화자는 보행자를 따라 하루 동안 밤낮을 가리지 않고 시내를 누빈다. 보행자는 어느 모로 보나 정해진 목적지 없이 여기저기 들쑤시고 다니는 게 분명하다. 그는 군중 속에 섞였을 때는 생기가 넘치며, 주변에 아무도 없으면 불안해한다. 심지어 공포에 사로잡힌 나머지 숨쉬기도 힘들어한다. 홀로 있을 때 그는 기묘하게도 무색무취한 인간이다. 대중 속에서 그는 예언 능력, 인색함, 냉혹함, 악의, 피에 굶주린 잔인함, 의기양양함, 명랑함, 충격적 자극, 의심 등 인간

---

\* 「군중 속의 사람」은 1840년에 발표되었다. 독일어판 제목은 "Massenmensch", 곧 "대중 인간"이다.

이 가질 수 있는 모든 특성을 뿜낸다. 작품의 끝부분에 이 인간은 "지우기 힘든 죄를 지어내는 천재"라는 표현이 나온다. "그는 홀로 있음을 이겨내지 못한다. 그는 대중 인간이다."

19세기 말에 대중이라는 현상을 최초로 연구해 높은 수준의 이론을 선보인 인물은 정신과전문의이자 재야 학자 귀스타브 르봉Gustave Le Bon*으로, 『군중심리학Psychologie der Massen』이라는 책을 썼다. 그는 이 책으로 '대중심리'라는 새로운 연구분과를 창설해냈다. 프로이트는 이 책을 토대로 심리 연구를 더욱 발전시켰다. 또한 르봉의 책은 대중을 실질적으로 조종할 지침서로 활용되기도 했다. 이를테면 무솔리니는 르봉이 분석해낸 "원리"로 "오늘날 이탈리아의 기존 질서를 튼튼히 다지는 데에" 응용했다고 털어놓기도 했다. 이런 맥락에서 르봉이 쓴 다음 문장은 전혀 놀랍지 않다. "군중은 어디든 여인처럼 유약하고 변덕스럽다. 그러나 가장 유약하고 변덕스러웠던 쪽은 라틴어를 쓰던 군중이다. 이들을 이용해 지지기반으로 삼는 사람은 대단히 빨리 아주 높게 올라갈 수 있다." 히틀러 역시 르봉이 말한 군중의 "여성적인 심리"에 눈이 번쩍 뜨여 다각도로 활용했다. 히틀러

---

*  귀스타브 르봉(1841~1931)은 프랑스의 심리학자이자 사회학자다. 그의 책 『군중심리학』(1895)은 최초로 대중심리를 다루었다.

는 『나의 투쟁Mein Kampf』에서 군중은 "여인처럼 힘을 갈망하는 감정"에 휘둘려 "잔혹함의 요구"를 느낀다고 썼다.

르봉은 개인이 대중 속에서 움직일 때 어떻게 변화할까 하는 물음을 추적한다. 전체 분석을 요약하며 그가 정리한 답은 이렇다. "대중 속의 개인이 보이는 주된 특징은 인격의 상실, 정체를 알 수 없는 힘에 당하는 지배, 늘 같은 방향으로만 느끼고 생각하기, 주입당한 생각을 즉각 실현하려는 경향 등이다. 대중 속의 개인은 더는 그 자신이 아니며, 자신의 의지로 더는 어쩔 수 없는 일종의 자동기계가 된다."

대중 속에서 개인은 자신을 통제할 힘을 잃고 "자동기계"가 되어버린다. "군중심리"에 사로잡힌 개인은 광기를 보이거나 최면에 걸린 것처럼 행동한다. 르봉의 시대에 프랑스에서는 최면술의 전통과 맞물려 의사의 최면 처방이 유행했다. 환자는 저마다 최면을 시술해달라고 아우성이었다. 젊은 지그문트 프로이트는 살페트리에르Salpêtrière의 샤르코Jean-Martin Charcot*에게서 최면술을 배워, 나중에 최면의 약간 순화한 변형인 이른바 "전이"를 만들어냈다.

---

\* 장 마르탱 샤르코(1825~1893)는 프랑스의 신경학자로, 신경의학을 창시한 인물이다. 살페트리에르는 그가 재직했던 병원 이름으로, 이곳에서 최면과 히스테리에 관한 연구가 집중적으로 이루어졌다.

개인을 최면으로 치료할 수 있다면, 대중에게도 최면을 걸 수 있지 않을까, 그리고 개인이 대중의 최면에 걸리지 말라는 법도 없지 않을까 하고 르봉은 의문을 품었다. 이렇게 해서 르봉은 대중 최면이라는 구상을 다듬었다. "오늘날 우리는 어떤 인간에게 최면을 걸어 자신이 누구인지 모르게끔 의식을 마비시켜 그의 의식과는 반대되는 일을 하도록 만들 수 있음을 안다. 이렇게 하면 개인은 자신의 성격과 습관으로는 상상조차 할 수 없던 일도 자행하도록 유도된다. 주의 깊게 관찰한 결과, 오랫동안 대중의 영향에 노출된 개인은 자신도 모르는 사이에 특별한 상태에 빠진다는 점이 입증되었다. 이런 상태는 흡사 마법에 걸린 것과 같다."

대중은 지도자, 곧 영향력을 행사하는 "최면술사"가 필요하다. 하지만 마찬가지로 강력한 영향력은 대중 자체가 발휘한다. 대중은 서로 최면효과를 전파해가며 힘을 키우기 때문이다. 이런 현상을 르봉은 "마법"이라고 표현했다. 이 마법의 마법사는 지도자와 전염 공동체, 곧 대중이다. 이런 식으로 앞서 르봉이 묘사한 특성을 띤 "군중심리"가 빚어진다. 이 심리는 주로 이미지에 지배당한다. 대중은 의심이라고는 모르며, 극단에 치우치는 감정 폭력을 일삼는다. 선과 악, 우리 아니면 타인, 친구 아니면 적이라는 이분법이 대중을 사로잡는다. 그에 맞춤한 희생양을 노리며 대중은 모든 종류의 음모론을 즐긴다. 이들은 스스로 의심하는 법이라고는 모른다. 이들은 환영 속에서 살면서 현실을 한사코 부정하지만, 또한 망상으로 현실을 빚어내는 힘을 과시하기도 한다. 군중심리는 익숙한 습관에 매달려 보수적이며, 새로운 것을 두려워한다. 이들은 미래로 나아가는 삶이 아니라 과거에 지배당하는 인생을 산다.

대중 속의 개인은 본래의 지적 능력과 윤리 수준에 미치지 못하는 행동을 한다. 심지어 자기 자신을 망각하고 자신을 아낌없이 희생하는 이해 못 할 기적까지 보여준다고 르봉은 지적한다. "아마도 대중이 자신의 머리로 왜 이래야 하는지 이해하지 못하면서도 숱한 전쟁을 치르며, 마치 사냥꾼의 거울에 최면이 걸린 종달새처럼 쉽사리 도살당하는 선택이 이기적 욕심은 아니지 않을까."

아무튼 르봉이 품은 의아함이 고스란히 전해지는 문장이다. 어찌 됐든 군중 속의 개인은 더는 그 자신이 아니며, 갑자기 다시금 홀로 남게 되는 것을 무척 불편하고 두려워한다. 자기 자신이 두렵기만 한 군중 속의 개인은 마치 고향이라도 그리워하듯 대중으로 돌아가려 안간힘을 쓴다.

르봉의 이론은 무엇보다도 '절박한 상황'에 내몰린 대중, 이를테면 시위, 집회, 민주화 데모, 봉기, 한마디로 집단적 흥분 상태에 빠진 대중을 분석 대상으로 삼았다. 거의 같은 시기에 유명한 콜레주 드 프랑스$^{\text{Collège de France}}$의 철학 교수 가브리엘 타르드$^{\text{Gabriel Tarde}}$*도 마찬가지로 대중 한복판의 개인을 분석했다. 하지만 타르드는 제도와 조직에 더 초점을 맞추었으며, 여론의 소통 구조를 연구했다. 그는 '절박한 상황'의 대중보다는 길든 대중을 상대한 셈이다. 흥분한 군중심리는 오히려 집단의 결속을 저해하며 개인 차원을 벗어나지 못하게 한다고 타르드는 논증한다. 타르드는 "모방 법칙$^{\text{Die Gesetze der Nachahmung}}$"만으로 권력 지배는 충분하다고 그가 1890년에 같은 제목으로 발표한 저서에서 주장했다. 그의 주장을 핵심만 간추린 문장은 이렇다. "사회, 그것은 모방이며, 모방은 일종의 몽유병과 다르지 않다." 군중심리는 흥분이 아니라, 그저 모방의 결과, 몽유병 환자처럼 따라다니며 흉내 내는 결과일 뿐이다.

어떤 사회가 흔들림 없는 일상을 유지할 수 있게 해주는 것은 연쇄 고리처럼 맞물려 일어나는 모방이다. 모방은 독창성과 자발성과 모험정신이 드문 탓에 일어난다. 예전에 하던 대로 고

---

\* 가브리엘 타르드(1843~1904)는 프랑스의 대표적인 사회학자이자 심리학자다. 미시사회학의 선구자로, 사회를 '모방'과 '발명'의 상호작용으로 설명했다.

집하는 관성 법칙은 힘과 수고를 줄여주기에 훨씬 더 강력하다. 독창성을 자랑하는 일은 대단히 어렵기 때문에 그저 하던 대로 따르려는 모방이 일어난다. 독창적 개인으로 살아가는 인생은 그냥 너무 힘들다. 단지 극소수의 사람만이 이러한 수고를 감당하며, 독창성을 자랑할 능력을 갖추었다. 사람들은 대개 모방할 뿐이다. 사회와 문화는 보기 드문 혁신과 그에 따르는 부단한 모방으로 생겨난다고 타르드는 진단한다. 말이 나온 김에 짚어보자면, 모방과 관련해 자연과학이 유전자의 거울효과를 언급한다는 점도 흥미롭게 볼 만한 대목이다. 혈통을 통해 유전자가 후손에게 전달될 때 유전자 형질의 왜곡이나 변화와 같은 실수가 벌어지지 않는다면, 유전자 거울효과로 말미암아 대체로 같은 형질이 계속 나타나게 된다는 것이다. 타르드는 이미 모방과 혁신이라는 문화의 원리가 거울효과를 통해 자연에서도 나타나고 있다고 보았다. 리처드 도킨스$^{Richard\ Dawkins}$*는 100년 뒤 이른바 "밈$^{meme}$***"이라는 개념을 제안하면서 유전자 거울효

---

* 리처드 도킨스(1941~)는 영국의 동물학자이자 진화생물학자다. 특히 유전자 중심적 진화론과 밈 이론을 통해 생물학과 문화 연구에 혁신을 가져온 것으로 평가받고 있다.
** 밈은 "유전자처럼 자기복제적 특징을 가지고 번식해 대를 이어 전해지는 종교, 사상, 이념과 같은 정신적 사유"를 뜻한다.

과에서 기묘한 결론을 이끌어냈다. 자연에서 유전자가 맡는 역할을 문화에서 담당하는 것이 곧 "밈"이다. 이념, 스타일, 행동방식, 건축양식, 멜로디 등으로 나타나는 밈은 모방을 통해 복제된다. 복제 오류 때문에 유전자에 나타나는 새로운 것, 곧 변이는 "적합함"을 자랑해 많은 모방을 촉발시키면서 더욱 널리 퍼져나간다. 도킨스는 예를 들어 '신'이 역사에서 한동안 대단한 대중적 인기를 끈 밈이었다고 주장한다. '신'이라는 밈은 마치 '바이러스'처럼 퍼져나가 각 종교와 문화마다 다른 형태로 대중의 마음을 사로잡았다. 계몽 역시 그 자체로 모방을 통해 힘을 얻은 밈이며, 신 바이러스를 막을 면역체계 노릇을 했다고 그는 분석한다. 또 도킨스는 다양한 밈 사이에서도 일종의 생존 투쟁이 벌어져, 더욱 많은 모방을 얻어내는 쪽이 승리한다고도 덧붙였다.

다시 타르드로 돌아가 보자. 소수의 독창적 개인, 곧 몇 안 되는 변이가 가져다주는 새로움이 중요한 이유는 늘 같은 전체가 되풀이되면서 경직되는 것을 막아주기 때문이다. "뭔가 새로운 것을 제시하는 자발적 계기들이 마련되어야 하며, 그 계기들은 모방을 통해 퍼져나가거나 최소한 퍼지고자 노력하면서 세계에 새로운 욕구와 새로운 만족을 가져온다."

모방은 처음에는 피상적이기는 하지만, 거듭되면서 매우 깊게 들어갈 수 있다. 될 수 있는 한 여러 차례, 충분히 오랫동안 모방하기만 한다면 인간은 오로지 모방만으로 이뤄지게 마련이다. 그럼 모방의 몸짓과 마스크 뒤에는 아무것도 없다.

이를테면 화가 보티첼리Sandro Botticelli는 처음으로 마돈나 그림을 완성하고 난 뒤에 그 원본을 계속 모사해가며 연작을 선보임으로써 자기 자신을 모방하는 예술작품을 완성했다. 자신의 작품을 모방하는 기법은 역설적이게도 독창성과 모방을 하나의 인물 안에 결합해놓는 결과를 낳았다. 이런 것도 일종의 자아실현이라고 할 수 있지 않을까. 그때그때 주어지는 착상으로 인생에 변화를 주면서 사는 것도 분명히 나쁘지 않은 자아실현이다.

자기 자신의 모방 역시 에너지를 절약해가며 기존의 것을 지키려는 관성 법칙에 따른다. 개인의 일관된 정체성을 유지하기 위해 예전의 자신을 모방하기도 하기 때문이다. 독창성과 자발성은 연속성을 끊어놓지만, 반복과 모방은 연속성을 지켜주고 이어준다.

대중이 앞다투어 따라 하는 모방, 그래서 대중을 결속시키기에 좋은 모방이 필요로 하는 것은 간판으로 내세울 지도자다. 대중은 지도자를 흉내 내기 즐기며, 이런 식으로 꼬리에 꼬리를 무는 모방이 대중을 하나로 묶어준다. 집단적 모방이라는 이런 현상을 타르드는 "몽유병"이라고 불렀다. 이것은 일종의 최면으로, 르봉과는 다르게 무의식을 불러내려는 최면은 아니다. 타르드의 최면은 르봉과 비교해 합리적이다. 타르드의 모방은 군중심리에 장악당하는 것이 아니다. 모방하는 사람은 스스로 결정해 흉내 내기는 하지만, 암시적인 영향은 받는다. 팬이기를 자처하는 모방은 자율적인 결정인 것 같지만, 기실은 자기기만이다. 단지 소수의 개인만이 정말 기발하게 모방하며, 대개는 그저 따라 할 뿐이다. 문화는 이런 식으로 이루어진다고 타르드는 진단한다.

 타르드는 소통 수단을 주목한다. 그는 물리적으로 대중을 운집시켜 과시하는 것뿐만 아니라, 매체가 만들어내는 여론이라는 가상의 대중에 더욱 큰 관심을 두었다. 당시의 대중매체는 신문이다. 하지만 타르드가 신문에서 읽어낸 것은 디지털로 고삐가 풀린 오늘날의 대중매체 환경에 그대로 적용해도 손색이 없는 선견지명이다. 직접 대면하고 이뤄지던 모방 대신에 원거리에서 영향을 주고받는 대중의 출현을 그는 예상했다. "원거리에서 힘을 주고받는 것은 원거리에서 생각을 주고받는 것과는 비교가 되지 않는 차원이다." 이 차원에서 가상의 대중이 생겨난다. 개인은 홀로 있을 수 있지만, 이 가상 대중에 둘러싸인다. 군중에 포위당해 옴짝달싹할 수 없는 개인의 처지를 데이비드리스먼<sup>David Riesman</sup>*은 1950년대 초반에 출간한 자신의 책에서 실감 나게 묘사했다. 강력한 영향력을 자랑한 이 책의 제목은 『고독한 군중<sup>The Lonely Crowd</sup>』이다.

옛날의 대중매체는 기술적으로 쌍방향 소통을 이뤄낼 수 없었다. 수신자는 그저 일방적으로 수신만 할 뿐, 동시에 발신자일 수는 없었다. 디지털 시대에 접어들어 이런 사정은 변했다. 인터넷과 '소셜미디어'는 실제로 쌍방향 소통을 할 수 있게 해주었다. 이른바 '팬덤 형성', 진영 간 대립 조장, 폭동 선동, 여론 재판 등 가상의 공간에서 벌어지는 사건은 개인을 대중 안에 잡아둠과 동시에 대중으로부터 몰아낸다. 개인은 홀로 있음에도 집단의 일원이 된다. 인터넷 환경에서 체험과 의견의 주체인 개인은 홀로 차분하게 생각을 정리할 시간과 여유를 누리기 어려우며, 부단히 다른 사람들과 비교하고 또 다른 사람에게 확인받아야 한다는 유무형의 압박에 시달린다. 자신의 고유한 생각은 네트워크에서 대중의 공감과 '좋아요'를 받아야만 실제 모습을 드러내며, '매스미디어'의 축복을 얻는다. 미디어의 현실이 실제 현실보다 더 현실적이다. 규모라는 물리적 크기로 위세

---

\*　데이비드 리스먼(1909~2002)는 미국의 사회학자이자 비평가이며 교육자다. 저서『고독한 군중』을 통해 집단적 동조(conformity) 현상을 다루며 20세기 미국 사회와 문화의 특성과 변화를 분석했다.

를 자랑하며 개인에게 영향을 미치면서 군중심리학 선구자들의 주목을 받은 '버전 1 대중'은 원격으로 더욱더 효과적인 영향력을 행사하는 '버전 2 대중'으로 변모했다. 말하자면 '대중 2.0'은 인터넷상의 각종 플랫폼과 '소셜미디어'를 마치 생명수처럼 여기고 그 안을 헤엄쳐 다닌다.

게다가 최근 들어 개인은 사회 전체를 뒤덮은 통계라는 자료에서 자신은 어떤 그룹에 속하는지 확인해야만 한다. 자신이 선호하는 것, 질병, 의견 등이 설문조사로 확인된 통계자료에서 몇 위의 집단에 해당하는지 확인하며 개인은 희비를 맛보며 시간을 헛되이 보낸다. 이처럼 개인은 자신이 통계로 파악된 어떤 모집단에 속하는지 알아야만 직성이 풀린다. 다시 말해서 오늘날 통계는 그게 없으면 불안하기만 한 생명수다.

혁신과 모방의 법칙은 디지털 매스미디어 세계로 고스란히 넘어와 예전보다 더욱 강력한 힘을 발휘한다. 그곳에서 혁신과 모방은 '인플루언서 influencer'와 '팔로워 follower'라고 한다. 각종 관련 기술은 갈수록 더 많은 사람들을 리더인 '인플루언서'가 되어 구독자인 '팔로워'를 사로잡으라고 부추긴다. 이런 걸 두고 사람들은 심지어 민주화라고 해석한다.

이미 대중 1.0, 곧 물리적 규모의 대중에서 익명은 중요한 역할을 했다. 가상의 대중 2.0에서 익명은 더욱 중요해졌다. 네트워크상에서 저질러지는 각종 추문과 추행과 파렴치한 행위는 바로 이 익명성 탓에 벌어진다. '1.0'이든 '2.0'이든 사람들은 익명 뒤에 숨어 책임과 책무를 회피한다. 공격이 난무하는데, 도대체 어디서 공격이 오는지 알 수가 없다. 차마 입에 담기 어려운 욕설과 비난이 들끓는데, 누가 그러는지 알 길이 없다. 개인으로 강력한 영향력을 과시하면서도 얼마든지 숨어 있을 수 있다.

르봉과 타르드보다 약 반 세대 뒤에 프로이트는 두 사람과 마찬가지로 이 "충격적인 사실"에 주목했다. 프로이트는 개인이 "특정 조건 아래서 일반적인 예상과 기대와는 전혀 다르게 느끼고 생각하며 행동한다는 점"을 면밀하게 관찰했다. 이 특정 조건은 "개인이 '군중심리'라는 특성을 획득한 대중에 섞이도록 하는 것"이다.

프로이트는 『대중심리와 자아분석 Massenpsychologie und Ich-Analyse』이라는 책에 이 연구 결과를 담아 1921년에 발표했다. 전쟁, 전쟁에 대한 열광, 혁명과 전체주의운동의 첫 번째 물결 등의 경험을 담아낸 이 책으로 프로이트는 개인심리학을 넘어서서 집단의 문화 현상을 해석하는 전환점을 마련했다.

프로이트는 르봉의 "군중심리"라는 개념이 너무 불투명하며,

"무의식"이라는 개념도 명확하지 않다고 보았다. 그리고 타르드와 관련해서 프로이트는 "모방"이 지나치게 이성적으로 접근한 개념이라고 지적했다. 그는 두 연구자가 "인간 심리의 근본", 곧 심리의 "근원 현상"까지 파고들지 못했다고 비판한다. 프로이트는 이 근원 현상을 "리비도Libido", 곧 "에로스 또는 성적 충동"이라고 명명했다.

이제 프로이트는 그때까지 개인에게 국한된 것으로 보았던 '근원 현상'을 가족 드라마라는 맥락으로 확장해 적용했다. 리비도는 이로써 대중의 내적 맥락이 발휘하는 힘으로도 이해되었다. 그러나 프로이트가 보기에 르봉이 말한 것처럼 수상쩍은 군중심리가 개인을 압도하지는 않는다. 오히려 개인은 리비도라는 근원적인 욕구를 가족과 섹스 대상을 넘어 더 큰 집단까지, 곧 개인의 몸이라는 차원을 넘어 집단의 몸까지 확장시킨다. 대중이 가지는 내적인 힘과 역동성은 개인의 근원인 리비도, 사회로까지 확장된 리비도에서 생겨난다. 대중이 지도자에게 매달리는 의존성은 바로 이 리비도가 설명해준다. 대중은 지도자를 바라보며 "아버지의 대역"으로 여기기 때문이다. 이런 지도자상, 반드시 인물일 필요는 없으며 가치나 어떤 상징으로 충분한 지도자상은 대중을 특정 집단으로 묶어낸다. 이 집단은 누구도 마음대로 빠져나가지 못하게 눈에 불을 켜고 감시한다. 이런 의미에서 정치는 언제나 공동체의 근간인 리비도를 장악하고 관리하는 일이다. 다시 말해서 정치는 리비도에서 우러나는 힘을 공동체로 확산하는 작업이다.

물론 리비도는 그처럼 간단하게 사회로 확장되는 것이 아니다. 이런 확장을 개인의 '나르시시즘'이 막기 때문이다. 그래서 나르시시즘의 방향을 틀어 자아에서 우리로 향하게 하는 일은 꼭 필요하다. 이는 실패하기 쉬운 지난한 작업이다. 특히 대중의 폭발적인 결집, 대단히 불안정한 '흥분한 군중'은 단지 순간적으로 나타나는 현상일 뿐이다. 그래서 프로이트가 주목한 것은 지속성을 계산에 넣고 조직되는 "인공적인 대중", 이를테면 군대나 교회 신도들이다. 물론 이런 대중은 흥분에 휩싸인 일시적 대중보다는 더 안정적이기는 하지만, 마찬가지로 해체될 위험에 시달린다. 이들을 묶어주는 '사회적 감정'은 '적대감'을 그 바탕으로 두며, 적대감은 안전하다는 느낌이 상실되는 위기의 순간에 다시 대중을 개인들로 분해할 정도로 변화에 취약하기 때문이다.

하지만 이런 불안정함에도 개인은 한동안 대중 안에서 가족관계로 입은 손상과 트라우마를 지도자라는 대체효과로 상쇄해가며 해소할 수 있다. 집단의 일원이 되면 신경쇠약의 압력은 줄어든다. 망상이라는 현실감 상실에도 개인은 이른바 '동지'와 망상을 공유하면서 아무렇지도 않게 살아간다. 그 좋은 예가 대중 현상으로서의 종교다. 프로이트에게 종교는 오로지 대중 현상에 지나지 않았다. 믿음은 함께 추종할 '동지 신도'를 가져야만 유지된다. 종교는 집단의 망상, 충분히 많은 사람이 공유하며 서로 확인해줄 때만 성립하는 환상이다. 이 대목에서 프로이트의 해석은 종교를 "군중심리의 환영"이라고 본 르봉의 견해와 맞아떨어진다. 두 사람이 보기에 오로지 홀로 종교적 의미의 믿음을 시도하는 사람은 실패할 수밖에 없다. 이들의 관점에서 키르케고르 같은 사람은 길을 잘못 든 비극의 주인공이다. 종교는 홀로 있는 개인에게 아무것도 아니기 때문이다. 개인은 늘 의심에 사로잡히며, 그래서 계몽에 민감하다. 그러나 군중심리는 계몽이라면 질색한다. 군중심리가 열정적으로 노리는 것은 마치 손바닥 뒤집듯 대체 종교로 만들어버릴 것, 이를테면 민족주의, 전쟁, 반유대주의 따위다.

　르봉과 타르드와 프로이트는 대중이 일종의 전염 공동체로, 암시와 모방과 투사와 모든 종류의 환영이 번식하는 온상이라는 점에서 의견이 일치한다. 그 결과 개인의 이성과 개성은 위축되고 만다. 세 사람은 모두 대중이 발휘하는 심리의 힘에 경악해, 개인의 자아의식을 강화해주고자 했다.

르봉은 대중 안에서 개인에게 일어나는 일을 "마법"이라고 불렀다. 헤르만 브로흐Hermann Broch*는 "마법Die Verzauberung"이라는 제목으로 1934년부터 소설을 썼으나, 이 작품은 끝내 미완으로 남았다. 이 작품은 악마적인 카리스마를 자랑하는 기묘한 위인이 어떤 마을 공동체 구성원들의 심리를 변화시켜 끝내 마을을 초토화하는 이야기를 들려준다. 이 '마법'에 저항할 수 있는 사람은 거의 없었다.

브로흐는 어떤 편지에서 이 소설의 바탕에 깔린 기본 구상을 설명한다. "대중심리로 빚어지는 사건은 의심할 바 없이 '객관적 묘사'로 생생하게 그릴 수 있기는 하다. 이를테면 … 제국 수상궁 앞에 운집한 군중 앞에서 발코니에 나타난 히틀러가 찢어지는 목소리로 외쳐댄다거나 충격적인 포그롬pogrom, 곧 유대인 대학살을 매우 구체적으로 묘사할 수도 있다. 그러나 이 모든 묘사는 비록 역사적 배경을 가진다 할지라도 공허할 수밖에 없다. 이런 묘사는 그저 대중심리가 이러저러한 움직임을 만들어낼 뿐,

---

\*    헤르만 브로흐(1886~1951)는 오스트리아 출신의 소설가다. 1938년 오스트리아가 독일에 병합되자 미국으로 망명해 예일대학교의 독문과 교수로 활동했다. 그의 삼부작 『몽유병자들(Schlafwandler)』은 근대 유럽 소설의 가장 중요한 작품으로 평가받는다. 인권과 전체주의와 경제를 심도 있게 다룬 작품들로 사후에 노벨상 후보에 올랐던 인물이다.

대중심리의 본래적인 정체와 영향력을 전혀 밝혀주지 못하기 때문이다. 우리는 대중심리의 행동이라는 것이 도대체 왜, 그리고 어떤 방식으로 개인의 영혼을 사로잡는지, 그 자체로는 도무지 이해할 수 없는 사건에 개인이 휘말리는지 물어야만 한다."

소설에서 시골 의사는 사건에 휘말려 마법의 매력에 사로잡히면서도 저항한다. 그가 이처럼 버틸 수 있었던 것은 소설의 두 번째 주인공인 지혜로운 노년의 농부 기손 부인 덕이다.

마을 사람들을 마법으로 사로잡는 유혹자 마리우스 라티는 '피와 땅Blut und Boden'\*의 본능을 자극해 마을 사람들을 집단적 몽환에 빠뜨린다. 결국 몽환은 집단의 린치 살인을 부르고 만다. 반대로 기손 부인은 자연 사랑으로 충만한 영혼의 소유자이며, "만물을 포용하는 존재"의 후광을 빛낸다. 라티가 집단적 망상, 저급한 개인으로 마법을 부린다고 한다면, 기손 부인은 "초개인적 차원의 마법"을 구사한다. 어머니 기손도 화자가 "모든 생명"이라 부르는 것과의 결속으로 개인의 한계를 넘어서기 때문이다. 브로흐의 작품은 이처럼 전체라는 상태로 넘어가는 어둡고 밝은 면을 함께 그려낸다.

"대중심리가 빚는 사건"이라는 주제를 브로흐는 놓지 않았

---

\*　'피와 땅'이라는 표현은 나치스의 이데올로기로 민족우선주의를 뜻한다.

다. 몇 년 뒤, 망명지 미국에서 그는 "대중 망상 이론"이라는 주제로 대작을 쓰기로 계획을 세웠다. 이 작품도 완성되지는 못했다. 브로흐는 물론 군중심리를 다룬 르봉, 타르드, 프로이트의 고전들을 익히 알았다. 하지만 그는 그때까지 사회학과 심리학이 밝혀낸 것보다 더 근본적으로 대중 망상이라는 현상을 다루고 싶다는 의지를 불태웠다. 브로흐는 대중 망상 속에서 깨어 있는 데에 지친 정신이 진화의 이전 단계로 퇴행하는 것을 발견했다. 브로흐는 대중 망상의 최면과 암시에 가까운 황홀경을 "의식이 몽롱한 상태"라고 표현했다. 대중 망상은 더는 무의식의 차원이 아니며, 그렇다고 온전히 의식되는 것도 아니다. 정신은 그저 "몽롱하다." 그러나 정신은 동시에 개인화를 의미하기 때문에, 몽롱함이란 자신의 개성을 반은 의식하고 반은 의식하지 못하는 상태다. 나의 고유한 개성이 현재하는 동시에 상실된, 또는 아직 이룩하지 못한 개성이라는 아주 불쾌한 상황이 곧 몽롱한 상태다. 이런 어정쩡한 중간 상태는 긴장으로 얼룩지게 마련이며, 그래서 위험하기도 하다. 공격성은 언제라도 분출할 수 있다. 대중의 "의식이 몽롱한 상태"는 모든 것을 기괴하고도 섬뜩한 충격으로 돌변하게 한다. "이처럼 갑작스러우면서도 직접적으로 자아를 상실한 동물 상태로의 퇴행 앞에서 인간은 자신의 존재와 본질의 원천이 고갈되는 것을 느끼기 시작한다." 두려우면서도 분노에 사로잡힌 개인은 대중 망상으로 추락하고 만다.

브로흐는 대중 망상 이론을 스케치하는 동안 『베르길리우스의 죽음Der Tod des Vergil』을 썼다. 나중에 이 작품으로 브로흐의 이름이 노벨상 후보로 거론되었다. 소설이 묘사한 것은 죽을병에 걸린 베르길리우스Publius Vergilius Maro가 아우구스투스Augustus 황제의 함대와 함께 그리스에서 출발해 이탈리아 남부 해안의 브린디시에 도착하는 여행, 베르길리우스 인생의 마지막 시간이다. 베르길리우스는 아직 완성하지 못한 「아이네이스Aeneis」 원고를 품에 지녔다. 그는 이 작품에 자신감을 가지지 못해 절망에 시달렸다. 그는 황제와의 오랜 대화에서 작품을 쓰려던 자신의 본래 의도가 살아나지 못했다며 아무래도 실패한 모양이라고 털어놓는다. 옛 신들을 작품으로 되살려내고 싶었지만, 이에 필요한 "깊은 깨달음"을 얻어내지 못했다고 그는 실토한다. 작품은 역사의 의미가 점차 상실되어가는 것을 막을 수 없어 공허하기만 하다며 베르길리우스는 괴로워한다. 아우구스투스는 그게 무슨 소리냐며, 베르길리우스가 그리고자 하는 시대는 이 작품으로 찬란한 빛을 얻을 거라고 격려한다. 결국 황제는 베르길리우스가 원고를 불살라버리는 것을 막는다.

아우구스투스와의 대화가 소설의 주된 부분을 이루기는 하지만, 중요한 핵심은 웅장한 분위기를 자랑하는 제1장에서 이미 묘사된다. 왜 베르길리우스가 그토록 작품에 만족하지 못하고 괴로워하는지 그 이유가 비교적 자세히 다루어진다. 들것에 실려 베르길리우스는 가마꾼이 길을 잘못 드는 바람에 보는 것만으로도 구역질이 나는 거리를 지나간다. 꾀죄죄한 걸인들로 거리에는 악취가 진동했으며, 상스러운 말투와 음탕한 행동은 절로 눈살이 찌푸려지게 했다. 베르길리우스는 이제껏 본 가운데 가히 최악이라고 할 수 있는 더러운 무리가 마치 자신을 집어삼킬 것만 같아 두 눈을 질끈 감았다. 그때 그는 벼락이라도 맞은 것처럼 번쩍 깨달았다. 이런 악취를 풍기는 타락한 참상에 비추어볼 때 「아이네이스」와 같은 작품은 완전히 무의미하다. 서사시는 '순수'하려 한다. 시간의 차원을 벗어나 '영원'하기를 갈망한다. 순수한 정신의 아름다움을 시는 노래해야 한다. 하지만 어떻게 그럴 수 있을까? 모든 것을 집어삼킬 것만 같은 이 진창 속에서. 끝날 줄 모르는 탄식의 멜로디가 행간에 울려 퍼지는 가운데, 마치 진창에서 벗어나려는 듯 대중을 빠져나와 개인으로 솟아오르려는 안간힘과 다시 진창 속으로 빨려드는 안타까움을 그리는 문장이 끝없이 이어진다. "아, 시간을 벗어난 영원함이라는 이 환각이 문제였구나, 무어라 이름 붙일 수 없는 어둠, 이 카오스의 분토에서 빠져나오려 안간힘을 쓰는,

피조물의 덤불을 헤치고 나와 상승하려는 안간힘의 허망함이여 … 늘 거듭 경멸해 마지않으면서도 그때마다 다시 일으켜 세워야만 하는 인생, 이 인생을 영원함이라는 환각이 추행했구나, 자기 자신을 밟고 올라서도록, 자기 자신에게서 빠져나와 모든 한계를 넘어 영원함으로 상승하도록 환각은 인생을 학대했구나, 마치 추락은 없는 것처럼, 시간으로, 현세라는 감방으로, 피조물로 되돌아갈 일은 없을 것처럼, 심연이 입을 벌려 집어삼키지 않을 것처럼."

대중적인 것에서 탈피할 수 있다고 믿는 예술가의 열망, 대중에게서 벗어나 고결한 개인이 되고자 하는 섬세한 갈망은 진창 같은 대중을 보는 순간, 오히려 개인인 예술가에게 죄책감, 일종의 회한으로 돌변한다. 속세에서 이전투구를 일삼으며 살아가는 인간에게 과연 영원함으로의 비상이 가능할까? 다시 굴러떨어질 수밖에 없는 난장판을 굽어보는 브로흐의 심정은 이루 말할 수 없이 참담하다. 이런 깨달음은 저 소크라테스 이전 철학자 아낙시만드로스Anaximandros의 심오한 명언, 곧 개인은 전체에서 떨어져나오려 안간힘을 쓰지만 결국 다시 전체로 퇴행할 수밖에 없다는 말과 무관하지 않아 보인다. 하지만 그런 심오한 의미는 차치하고라도, 브로흐의 매우 구체적인 경험, 곧 전체주의 정권에 사로잡힌 대중 탓에 망명의 길로 내몰릴 수밖에 없었던 쓰라린 아픔이 베르길리우스를 통해 대변된 것이리라.

헤르만 브로흐는 망명길에 오르기 전인 1932년에서 1938년 사이에 빈에서 엘리아스 카네티$^{Elias\ Canetti}$*와 친구로 가깝게 지냈다. 카네티는 1927년부터 대중 현상을 다룬 책을 쓸 자료를 모았다. 브로흐는 이 주제로부터 친구의 관심을 돌리려 시도했다. 이미 그 주제는 충분히 다루어져서 더는 할 말이 없을 거라나. 카네티는 이후 브로흐와 이 주제를 놓고 이야기하는 것을 피하며, 연구는 계속했다. 전쟁이 끝났을 때 카네티는 브로흐가 곧 독자적인 대중 이론을 발표할 거라는 소식을 듣고 자신의 여자 친구에게 보낸 편지에 이렇게 썼다. "그(브로흐)는 예전에 대중 심리와 관련한 나의 생각을 별거 아니라며 한사코 무시하더군. … 나는 그 친구가 내 얘기를 듣고 비로소 이 문제에 관심을 두었을 거라고 확신해. 하지만 그는 너무 느려. … 물론 내가 그보다 훨씬 앞서 있지. 아마도 그는 내 생각의 대부분을 이용했을 거야."

그렇지만 카네티 역시 집필은 느리게만 이루어졌다. 1960년

---

* 엘리아스 카네티(1905~1994)는 불가리아 출신의 유대인으로, 영국에서 활동하면서 주로 독일어로 작품을 쓴 작가다. 1981년 노벨 문학상을 수상했다.

에서야 비로소 기념비적인 작품 『군중과 권력<sup>Masse und Macht</sup>』이 발표되었다. 카네티는 자신의 회고록 『귓속의 횃불<sup>Die Fackel im Ohr</sup>』의 두 번째 권에서 어떻게 이 주제를 다룰 열의를 불태우게 되었는지 그 계기가 된 사건을 이야기한다. 그는 1927년 7월 15일 빈에서 법원의 부당한 판결에 분노한 노동자들이 사법부 건물을 습격해 방화하는 현장을 목격했다. 경찰은 발포 명령을 받았고, 이 사건으로 90명이 사망했다. "마침내 나는 이곳에서 내가 나중에 '열린 군중'이라 부른 것을 몸서리치게 체험했다. 도시의 사방에서 몰려드는 인간들로 이뤄진 열린 군중은, 사법 정의를 표방하지만 잘못된 판결로 불의를 상징하는 건물을 목표로 삼아 흔들림 없이 꿋꿋한 행렬로 진군했다. 나는 군중이 무너질 수밖에 없음을, 이 무너짐이 두려운 나머지 무너지지 않으려 모든 걸 걸었다는 것을, 손수 붙인 불의 한복판에 서로를 부둥켜안고 불길이 타오르는 한 무너지지 않을 수 있다고 다짐하는 현장을 똑똑히 지켜보았다. … 불꽃이 이글거리며 섬뜩한 빛을 발하던 그때 나는 우리 세기를 살아가는 군중의 참모습을 똑똑히 목도했다."

『군중과 권력』은 그때까지의 대중심리 연구를 훌쩍 뛰어넘는다. 카네티는 군중 본능을 연구하는 고고학자이자 민속학자가 되었다. 아니, 아예 어떻게 대중이 형성되는지 모든 형태를 망라

해 연구하는 형태론을 선보였다. 피난길에 오른 군중, 행진과 행렬에서 천천히 걷는 군중, 교회와 콘서트에서 숨을 죽이며 귀 기울이는 청중, 몸은 자유롭게 움직이지 못할지라도 최소한 박수를 치거나 노래를 부르는 청중, 각종 경기장에서 마음껏 흥분하는 관중, 그리고 두 눈으로 볼 수는 없지만 죽은 사람들의 무리, 상상과 미디어에서 만나는 가상의 대중까지 카네티는 두루 섭렵한다. 그리고 그는 대중의 한복판에서 개인이 어떻게 변화하는지 묘사한다. 선동과 증오를 일삼는 이른바 '부화뇌동 군중', 오늘날 네트워크상에서 욕설의 난장판을 만들어 특히 심각한 문제를 낳는 형태의 '군중'을 두고 카네티는 이렇게 썼다. "위험하지 않은, 오히려 허락되었으며 추천받기까지 한 살인, 다른 사람들과 함께 저질러지는 살인은 상당히 많은 사람에게 거부하기 어려운 유혹이다. 게다가 반드시 짚어봐야 할 점은 죽음의 위협, 모든 사람이 자신도 언제든 당할 수 있다고 믿는 위협, 늘 다양한 변종으로 가해지는 위협은 죽음을 빌미로 시선을 다른 곳으로 돌리려는 욕구에서 비롯한다. 우리가 이런 위협을 끊임없이 주목해야만 하는 이유다. 선동에 휘둘리는 군중으로 정치는 국민의 시선을 다른 데로 돌리려는 욕구를 해결한다."

전염성이 강한 권력에 취해, 익명이라는 보호장치에 숨어 대중에 편승한 인간은 개인이라면 절대 하지 않을 일을 천연덕스럽게 한다. 어떻게 해서 그럴 수 있을까? 대중심리 연구의 선구자들은 개인이 대중과 하나가 되려는 뿌리 깊은 욕구를 그 동기로 지목했다. 하지만 카네티는 대중과 개인의 합체가 아니라, 분리가 최우선 동기라고 본다. 다시 말해서 개인임을 고집하며 자신의 울타리를 방어하고, 타인과 접촉하는 것이 두려워 인간은 군중을 찾는다는 게 카네티의 진단이다. "인간이 자신을 둘러싸는 울타리를 세우며 간격을 유지하는 것은 이 접촉의 두려움에 따른 선택이다."

인간은 낯선 타인과 접촉하는 것이 두려워 간극을 만든다. 사회적 지위, 소유 등으로 인간은 울타리를 쌓고 행동의 규제, 이른바 '에티켓'이라는 형식 따위를 만들어내 타인과 거리를 두어야 안심한다. 하지만 "이 거리두기로 인간은 경직되고 메말라버린다." 접촉의 두려움 탓에 거리를 두는 수고를 마다하지 않는 인간은 오로지 무리, 곧 대중 안에서만 위로를 얻을 수 있다. 대중 안에서 접촉의 두려움은 대중과 기꺼이 하나로 녹아들려는 각오라는 정반대의 것으로 물구나무선다. "돌연 모든 것이 하나의 몸으로 합체된 것처럼 일사불란해진다."

인간은 개인으로 살아가는 부담을 대중 속에서 떨쳐버린다. 이로써 대중 자체가 행동하는 주체가 된다. 모든 것은 대중의 이름으로 속속 이루어진다. 일단 형성된 대중은 더 큰 대중이 되려 수단과 방법을 가리지 않는다. 몸집을 키워야 한다는 압박이 대중의 가장 중요한 특성이다. 부풀리고 확장하면서 대중은 "열린 대중"이 된다. 이 열린 대중은 그 어떤 울타리, 곧 경계도 존중하지 않는다. 그래서 대중이 일으키는 폭동은 모든 경계를 짓밟고 파괴한다. 유리창이 깨지고 문짝이 날아가며 사물함이나 서류 등 아무튼 경계를 연상하게 만드는 모든 것은 없어져야만 한다. 계급, 위계질서를 비롯해 인간 사이의 거리두기를 지켜주던 모든 문화 시스템도 마찬가지다. 대중의 흥분이 번지며 이런 경계는 무너진다. 그리고 흥분은 마치 들불처럼 번져나간다.

이 불은 실제로 대중을 흥분시키고 결집하는 화력을 발휘할 뿐만 아니라, 역동적 대중의 상징으로 받아들여지기도 한다. "그것(불)은 어디서나 같은 양상을 보인다. 불은 삽시간에 주변을 장악하며, 높은 전염성과 함께 좀체 채워지지 않는 허기를 번뜩인다. 그것은 어디서나 발화하며, 매우 급작스럽게 타오를 수 있다. 무서운 파괴력으로 적을 지워버린다. … 이 모든 특성은 대중의 특성이다."

1927년 7월 15일 불타는 빈 사법청 앞에서 벌어진 참혹한 사건에서 카네티는 약간 거리를 두고 떨어져 두 손으로 머리를 감싸고 절규하는 어떤 남자를 보았다. "다 태워버려! 모든 서류를!" 이 순간 카네티는 그때 한창 구상 중이었던 소설의 주인공이 "책 인간", 자신이 가진 "모든 책들과 함께 불살라지는 인간"으로 그려져야 한다는 깨달음을 얻었다고 한다.

불타는 사법청이라는 저 근원적인 장면은 『군중과 권력』이라는 위대한 에세이뿐만 아니라 카네티의 유일한 소설, 처음에는 『방화Brand』, 다음에는 『칸트 불을 받다Kant fängt Feuer』로 바뀌었다가 결국 1935년 『현혹Blendung』으로 발표된 소설을 쓸 계기를 제공했다.

이 소설은 대도시의 군중이 이룬 세계와 절연하고 엄청난 양의 책들에 둘러싸여 완전히 외톨이의 삶을 사는 중국학 전공자 페터 키엔의 이야기를 들려준다. 그는 개인, 하지만 "세계가 없는 두뇌"다. 그는 책에서 길어 올린 의미의 우글거리는 군상에 푹 빠진 나머지, 집안 살림을 도와주던 여인에게 속아 그녀와 결혼한 뒤 가진 걸 모두 빼앗긴 채 집에서 쫓겨난다. 이제 그는 대중 속에서 헤매며 사기꾼에게 무방비로 갈취당하는 "두뇌 없는 세계"로 빠지고 만다. 형이 그를 다시 구출해 도서관에 출입할 수 있게 해준다. 하지만 도서관은 그에게 아무런 보호를 제공하지 못한다. "서가에서 책들이 바닥으로 쏟아져 내렸다." 그는 군중과도 같은 책들에 깔려 압사당할까 봐 두려워한다. 하지만 그래도 여전히 그는 책에서 보호를 구했다. 그는 책들을 차곡차곡 쌓아 그 위를 권좌 삼아 앉았다. 그리고 두려웠던 공격, 자신을 압사시키려는 공격에 대비라도 하듯 책들에 불을 붙였다. "마침내 불꽃이 그를 집어삼키자, 그는 큰 소리로 웃음을 터뜨렸다. 평생 단 한 번도 그렇게 웃지 않았던 웃음을."

소설은 키엔의 이런 자기 화형과 웃음으로 끝난다. 그러나 소설을 끝맺은 작가는 절대 웃을 수 없었다. "내가 나를 위해 창조해낸 사막은 모든 것을 뒤덮기 시작했다. 우리가 그 안에서 살아가는 세상이 을러대는 위협을 나는 당시, 곧 키엔의 자기 화형 때 가장 강력하게 실감했다." 이 "세계의 위협"은 대중의 시대가 드리운 그늘이다.

# 실존철학
- 야스퍼스와 하이데거

제 13 장

대중에게 물리적으로 포위당하는 일상의 경험 또는 매체, 일단은 인쇄매체로 대중에게 포위당하는 경험은 이런 환경에 맞서 개인에게 자기주장에 충실해야 한다는 욕구를 일깨웠다. 개인은 자기 자신을 주목해 자아를 새롭게 다졌다. 키르케고르 이후 사람들은 자아에 충실하려는 이런 태도를 '실존Existenz', 곧 자신의 힘으로 자아를 세우는 실존이라고 불렀다. 키르케고르의 실존 사상을 실마리로 삼아 20세기에 독자적인 철학, 실존주의가 발달했다.

르봉, 타르드, 프로이트, 브로흐, 카네티 등 대중심리의 고전들은 개인이 어떻게 대중에 사로잡히는지 묘사했다. 이 사로잡힘은 변신이다. 인간은 더는 예전의 개인이 아니었으며, 혼자 있으면 절대 하지 않을 일을 스스럼없이 저질렀다. 다르게 느끼고 다르게 생각하면서, 암시의 이런 효과가 줄어들더라도, 좀체 자기 자신을 인간은 알아보지 못했다. 대중은 고삐 풀린 망아지처럼 거침이 없었지만, 자유를 구가하지는 못했다. 하이데거 Martin Heidegger*의 말을 빌리자면 대중 안에서 "누구도 다른 사람과 다를 바 없었으며, 아무도 그 자신이 아니었다."

대중은 개인을 기본 요소로 가지며, 개인에게 귀를 기울이는 한에서만 '깊이'를 얻는다. 그러나 실존철학이 보는 대중은 개인에게 귀를 기울이기는커녕 겉보기에만 매달리는 천박한 힘으로 개인을 그 '깊이', 곧 개인의 자아로부터 떼어놓을 따름이다. 개인은 자신의 실존에 이르는 길을 잃는다. 카를 야스퍼스가 1931년 실존주의의 현주소를 진단하려 쓴 논문 「시대의 정신적 상황 Die geistige Situation der Zeit」에는 이런 문장이 나온다. "기술과 도구와 대중만으로 개인은 남김없이 설명되지 않는다. 생존을 위해 인간이 스스로 만들어낸 거대한 도구와 형식은 물론 인간에게 영향을 끼치기는 하지만, 인간의 실존을 위해 절박하게 필요한 것은 아니다. … 인간은 누구나 자신의 실

---

\* 마르틴 하이데거(1889~1976)는 20세기 독일의 대표적인 철학자다. 실존주의적 존재론과 해석학적 현상학을 개척한 인물로, 현대 철학 전반에 큰 영향을 끼쳤다.

존을 이룰 수 있으며, 대중을 이루는 하나의 요소 그 이상의 존재다. 개인은 기계나 대중에게 떠넘길 수 없는, 오로지 자신만이 이룰 수 있는 실존의 요구를 가진다. 따라서 개인은 대중 속에서 자신을 잃어서는 안 된다. 대중 속에서 자신을 잃는 개인은 실존을 상실한다."

야스퍼스와 실존철학을 학계 너머로 알린 것은 바로 이 논문이다. 그러나 철학계라는 좁은 마당에서 야스퍼스는 여전히 아웃사이더였다. 하이델베르크 철학계의 좌장 하인리히 리케르트Heinrich Rickert\*는 마찬가지로 하이델베르크에서 교편을 잡았던 야스퍼스가 우리 사람이 아니라며 동료들에게 넌지시 중얼거리곤 했다. 실제로 의학을 전공했으며, 정신병원에 근무하면서 1913년 출간되자마자 해당 분야의 교과서로 자리 잡은 『일반 정신병리학Allgemeinen Psycho-Pathologie』이라는 전공 서적으로 야스퍼스는 자신의 이름을 세상에 알리기도 했다. 하지만 이 시기에 이미 야스퍼스는 전공을 바꾸려 결심했다. 그는 특히 정신질환자의 극한에 처한 상태를 보면서 자연과학을 지향하는 심리학으로는 인간의 심리를 결코 충분하게 이해할 수 없음을 깨

---

\* 하인리히 리케르트(1863~1936)는 독일의 철학자로 신칸트학파를 대표하는 인물이다. 하이델베르크대학교 철학 교수를 지냈으며, 하이데거의 스승이다. 1932년 퇴임했을 때 그의 석좌교수 자리는 야스퍼스가 물려받았다.

달았다.

 1883년 오스나브뤼크에서 은행장의 아들로 태어난 카를 야스퍼스는 학교 다닐 때 이미 철학에 끌렸다. 야스퍼스는 자신의 철학 사랑이 청소년 시절 심한 기관지 질환을 앓은 것과 깊은 연관을 가진다고 털어놓았다. 의사는 기관지가 너무 좋지 않아 서른 살을 넘기기 어려울 거라는 진단을 내렸다고 한다. 충격을 받은 야스퍼스는 여전히 학생이었음에도 방에 틀어박혀 "세상이 무너지는 아픔"으로 스피노자를 읽었다. 어떤 의사가 실력이 뛰어나다는 소문을 듣고 야스퍼스는 바덴바일러라는 소도시로 소문의 주인공인 의사 알베르트 프랭켈Albert Fraenkel을 찾아갔다. 그 의사는 그에게 상세한 자가 치료법을 알려주고, 몇 차례 함께 연습까지 해주는 친절을 베풀었다. 몸을 피곤하게 만드는 일을 피할 것, 매시간 기관지를 깨끗이 비워낼 것, 하루에 여러 차례 휴식을 가질 것 등을 의사는 꼼꼼하게 주문했다. 야스퍼스는 이 지시를 하나도 빼지 않고 철저하게, 그것도 평생 지켰다. 그는 86세까지 살았다.

 야스퍼스가 애초부터 철학을 택하지 않은 이유는 먼저 자연과학으로 학문의 기초를 다지고 싶었기 때문이다. 그래서 그는 의학을 선택했다. 자신이 아팠던 탓에 그는 환자들을 돕고 싶기도 했다. 엄격한 실증과학에서 야스퍼스는 사실에 충실한 지식을 기대했으며, 철학에서는 의미를 얻고자 했다. "철학은 어마어마한 가치를 가진다. 철학이 없다면, 인생은 끔찍할 수밖에 없다." 그래서 야스퍼스는 정신의학 분야에서 인정받은 것으로 만족할 수 없었으며, 철학 공부에 매진했다. 1919년에 발표한 두 번째 대작 『세계관의 심리학Psychologie der Weltanschauungen』으로 그는 마침내 철학자로도 이름을 알렸다. 직업적으로도 성공이었다. 몇몇 교수가 격하게 반대하기는 했지만 하이델베르크대학교의 철학과 석좌교수로 부름을 받았기 때문이다. 야스퍼스가 회고하건대, 『세계관의 심리학』은 철저하게 실존철학의 입장에서 쓴 책이다. "생각하는 인간이 자기 자신을 돌보는 노력"이 책의 주된 내용을 이루기 때문이다. 또, 책이 소개하는 다양한 사고방식도 저마다 실존의 기획으로 해석될 수 있어서 독자가 자기 인생을 어떻게 살아야 할지 결단하는 순간에 길라잡이 노릇을 할 것이기 때문이다.

야스퍼스는 외로움 탓에 일찌감치 철학 사랑을 키우기는 했지만, 철학을 업으로 삼을 결단을 하게 된 결정적 계기는 키르케고르를 처음 읽었을 때, 그리고 하이델베르크에서 막스 베버와 만나 개인적인 친교를 가졌을 때 얻었다.

야스퍼스가 키르케고르를 읽고 '실존' 개념의 영감을 얻은 건 분명한 사실이다. 그가 막스 베버를 모범으로 받아들이게 된 정황은 좀 복잡하다.

　야스퍼스는 막스 베버의 금욕주의에 깊은 감명을 받았다. 거의 세상을 등지다시피 하고 조금도 소홀함 없이 학문에 전념하며 본능적 충동, "내면의 악마"를 몰아내려 노력하는 막스 베버를 보며 야스퍼스는 숭고함을 느꼈다. 도대체 왜 그토록 학문에 몰두하느냐는 야스퍼스의 물음에 베버는 금욕적 냉철함과 철저한 객관성의 의미를 강조하며 이렇게 답했다. "그거야 무엇을 얼마나 어디까지 견딜 수 있는지 보려고. 하지만 그런 이야기는 하지 않는 게 더 좋아."

　이 금욕주의는 베버의 가치중립 요구 안에도 담겨 있다. 인간이 저마다 소중히 여기는 가치를 중시하며 사는 것이야 당연한 이야기다. 그러나 학자는 금욕으로 자신을 단련할 줄 알아야 하며 가치중립의 자세를 견지하려 노력해야만 한다. 막스 베버의 신조는 실증과학이 우리 삶의 본래 문제가 시작되는 곳에서는 멈춰야 한다는 것이다. 이런 객관적 자세를 지킬 때만 과학은 유용하다. 다시 말해서 야스퍼스의 용어를 쓴다면 실존이 시작하는 곳에서 과학은 아무 소용이 없다. 야스퍼스의 "실존조명Existenzerhellung"은 막스 베버가 "내면의 악마"라고 부른 부분에 조명을 들이대고 이 악마와 겨루려는 싸움이다.

　야스퍼스는 『세계관의 심리학』 출간 이후 10년이 넘게 책을 출간하지 않았다. 철학계에서는 외톨이로 취급되었으며, 이미 실패했다고 사람들은 수군거렸다. 1931년에 야스퍼스는 마침내 사람들의 주목을 받은 시대 진단 책 『시대의 정신적 상황$^{Die\ geistige\ Situation\ der\ Zeit}$』을, 이듬해에는 세 권으로 된 실존철학의 주저 『철학$^{Philosophie}$』을 발표했다. 이 책은 하이데거의 『존재와 시간$^{Sein\ und\ Zeit}$』과 더불어 실존주의의 출현을 알린 신호탄이다. 실존주의는 먼저 독일에서, 나중에는 프랑스에서, 특히 장폴 사르트르$^{Jean-Paul\ Sartre}$\*라는 이름으로 꽃을 활짝 피웠다.

야스퍼스는 나중에 자신의 대표작 『철학』에 붙인 후기에서 철학의 과제는 "학문을 포기하지 않고, 우리의 삶을 지탱해줄 강력한 확실성의 기준이 무엇인지 살피는 일이다"라고 썼다. "중요한 것은 철학함을 우리 현실을 이해하려는 노력으로, 이 개인적 노력으로 얻는 생각의 결과물을 다시 개인에게 전달해주는 소통으로 받아들이는 자세다. 철학함은 무슨 공식이나 명제, 단어에 대한 지식, 또는 감동을 주는 위인을 바라보는 관조로서 의미를 가지지 않는다. 철학함이 주목하는 의미는 오로지 내면의 행동으로 얻어지는 깨달음이다."

---

\*   장폴 사르트르(1905~1980)는 프랑스 출신 철학자이자 문학가로, 무신론적 실존주의를 제창했다. 인간의 자유, 책임, 존재의 의미를 근본적으로 탐구하며, 문학가의 사회참여를 강조했다.

야스퍼스의 철학은 자아의 이런 각성과 성장, "실존의 위기"를 맞이해 내가 나 자신에게 주는 이른바 "등 떠밀기"를 언급하며 실존의 변죽만 울리지는 않는다. 그런 이야기는 계속 되풀이되면 단조롭고 지루해질 뿐이다. 야스퍼스는 이 핵심 주제에 색깔을 입히고 구체적인 일화를 더해 철학함에 생기를 불어넣는다. 모두 세 권으로 이뤄진 그의 『철학』 첫 권은 일상과 학문에서 우리가 인생의 지향점을 어떻게 찾아야 하는지 매우 폭넓게 다룬다. 세 번째 책 『형이상학Metaphysik』은 초월자를 생각과 그림과 상징과 기호와 제례로 포착해온 서양 문화의 성과와 그 흔적을 추적한다. 그 사이에서 중심을 잡아주는 두 번째 책은 『실존 규명Existenzerhellung』이다.

자신의 실존을 이룬 사람은 어떤 인생을 살까? 실존을 이루지 못한 사람은 무엇을 잃을까?

실존은 야스퍼스에게 개인의 자아실현이다. 이 실현은 여러 역할을 연기해야 하는 사회생활, 그에 따른 의례, 경쟁을 피상적인 겉모습으로 경험하고 이를 극복하는 차원의 경험이다. 이런 겉모양이 내 인생일 수는 없다. 야스퍼스는 이런 사정을 표현하고자 씨앗을 감싸고 있는 껍질이라는 비유를 쓴다. "진정한 자아는 … 자신의 자아를 감싼 껍질을 깨고 나온다. 자아는 껍질을 거짓이라고 판단하고, 저 깊은 곳의 본래적인, 무한하고 참된 자아를 이루려 노력한다."

인격의 핵심, 그것은 곧 실존이다. 실존은 인간 내면의 핵심이지만, 자신을 드러내려는 의지와 함께 그 실현을 반드시 이루어야 한다는 의무감을 심어준다. 다시 말해서 실존은 자아의 표현이며 이를 위한 실천적 행동이다. 내면의 현실만으로 남는 실존은 일종의 가능성일 뿐이며, 따라서 턱없이 부족하다. 자아는 피할 수 없이 자신을 드러내려는 의지를 불태우는 탓에 밖으로 드러낸 실존, 곧 행동과 언어와 자기 연출에서 원하는 바를 이루지 못하고 적절한 형태를 얻지 못할 위험에 시달린다. 자아로 살아가는 실존은 끊임없이 자기소외의 위험에 노출된다.

하지만 겉으로 드러나는 자기소외, 그래서 곧바로 느끼는 자기소외만 있는 것은 아니다. 내면의 자기소외는 감추어져 있기에 더욱 복잡하다. 말하자면 자기 자신을 잘못 파악하는 탓에 내면의 자기소외가 빚어진다. 자아는 핵심이라는 비유가 암시하듯, 고정된 실체가 아니다. 자아는 역동적이어서, 고정된 존재가 아니라 일종의 사건 다발로 보아야 한다. 실존의 자아는 내면에 정적으로 머물지 않으며, 늘 운동하는 자아실현이다. 이것이 바로 인격이 담은 신비다. 인격은 나와 자아라는 대립 쌍을 보여준다. 나는 나와 만나 나 자신, 곧 자아를 인식한다. 나는 자아와 결합해 조화를 이루어야만 힘을 발휘한다. 나는 '나-자아'가 되어야 한다. 바로 이런 조화와 합치가 "실존"이다.

그런데 이제 하나의 문제가 고개를 든다. 자기 만남에서 포착되어야 하는 자아는 어떤 객체, 하나의 대상으로 객관화할 수 없다. 자아는 남김없이 송두리째 객관화할 수 없다. 객관화를 시도할 때마다 살아 움직이는 자아는 객관화에 담아지지 않는 면모를 보이기 때문이다. 창조자는 자신의 손으로 빚은 피조물 안으로 완전히 사라지지 않는다. 인간의 내면에서 생동하는 자아는 남김없이 대상으로 포착될 수 없다. 자아를 객관화한 표상과 관찰은 한마디로 불가능하다. 생동하는 힘, 이 '나-자아', 곧 실존은 관찰하고 묘사하는 학문의 대상이 아니다. 실존은 예를 들어 심리학이 시도하는 객관적인 묘사로 포착되지 않으며, 오로지 성찰로만 접근할 수 있다. 오직 개인만이 성찰로 실존철학에서 무엇이 맞고 어떤 게 틀리는지 확인할 수 있을 뿐이다. 개인이 자신의 실존을 자각하느냐 여부가 결정적인 핵심이다. 그래서 야스퍼스의 철학함은 늘 호소의 울림을 가진다. 학문은 개념으로 파악하고자 하는 반면, 실존철학은 거꾸로 파악하고자 하는 자아로부터 확인을 받아야만 한다. 학문은 보편타당성을 추구하지만, 실존철학은 개인이 자신에게 요구하는 각성만으로 충분하다. 학문은 보편화하고, 실존철학은 개인화한다.

인식이든 실천이든 나는 언제나 내면의 자아가 원하는 대로 따라 살고자 노력한다. 하지만 나는 내면의 자아를 명확하게 포착하는 것은 아니다. 나는 자아를 분명히 포착하고자 의지를 불태우지만, 자아는 늘 저만치 떨어져 전모를 드러내려 하지 않는다. 야스퍼스의 표현대로라면 자아는 항상 "부재중"이다. 이런 부재는 야스퍼스가 보기에 인간이 실존을 획득하는 데에 쓰라린 실패를 맛보게 하는 주된 원인이다. 실존은 밀어붙인다고 해서 이뤄지는 게 아니다. 자신의 힘으로 이룰 수 없는 것을 감당하고 인내해야 실존은 성공할 수 있다. "자아는 나에게 선물된 것일 따름이다." 이 문장은 부재하는 자아를 찾는 데에 성공하는 맥락을 염두에 둔 표현이다. 물론 그런 선물은 자아 탐색의 노력이 없다면 아예 주어지지 않는다. 나는 자아와 마주하기 위해 길을 떠나야만 한다. "자기 자신으로 살아가려는 의지는 마주 와주는 선물을 필요로 한다." 이 선물은 '은총'이라 부를 수도 있다.

내가 '나-자아'라는 조화를 이루며 실존을 포착하는 일은 일상에서 꾸준하게 일어나는 게 아니다. 실존의 성취는 승화의 순간, 무엇보다도 시련을 통해 자신을 담금질해야 하는 극한상황, 이를테면 죽음, 슬픔, 투쟁, 죄악뿐 아니라 행운, 성취, 권력을 맛보는 상황에서 이루어진다. 야스퍼스는 작품으로 독자들에게 그런 한계상황을, 비록 상상 속에서 그려보는 상황이라 할지라도, 몸소 경험할 수 있게 해주었으면 하는 야심을 품었다.

실존철학은 인간을 일깨우려는 외침이다. 세상에 부대끼며 살지 말고 너 자신을 회복하라는 호소다. 이런 기획의 바탕에 종교적 의미가 깔려 있다는 점은 흘려볼 수 없이 분명하다. 자기 자신의 믿음을 회복하는 일종의 개종, 실존에로의 전향이 실존철학이다.

일상에 휘말려 자아로부터 멀어진 나는 깨어나야만 한다. 나의 내면이 밝아지고 자신감을 가져야 하지만, 그렇다고 이기적인 왜곡이 일어나서는 안 된다. 나는 내면만이 아니라 외부를 향해서도 열려 있어야만 한다. 타인에게, 세상 전체에게. 물론 자신을 열어놓는다고 해서 자아를 잃어서는 안 된다. 실존은 생명력의 핵심이자 열린 자세의 버팀목이어야 한다.

나와 자아가 이루는 결합의 근원은 제약받지 않음의 감정이라고 야스퍼스는 설명한다. 자아는 세상의 그 어떤 것에도 제약되어서는 안 된다. 사물이나 소유에 매달리는 사람은 실존을 이룰 수 없다. 자아는 자유를 먹고 산다고 야스퍼스는 선언한다. 자아는 자신을 붙들어 매는 것이 무엇이든 초월할 수 있다.

자유와 관련해 야스퍼스는 명확히 칸트의 전통을 고수한다. 우리의 지성은 바깥의 사물을 보며 인과율을 인식의 기본 도식으로 활용한다. 이런 인식에 익숙해진 나머지, 지성은 내면의 문제도 사물처럼 취급한다. 인과율이란 한마디로 모든 것이 원인을 가지며 이 원인에 따른 필연적인 결과라고 보는 논리다. 이 도식에 맞춰 자연과학은 엄격하게 인과율을 지킨다. 이처럼 과학으로 파악된 인과율의 고리에서 자유는 들어설 자리가 없다. 하지만 과학이 우리 인간이 경험할 수 있는 모든 세계를 포괄하지는 못한다. 우리가 세계를 보는 관점은 내적인 것과 외적인 것으로 나뉜다. 내면의 눈길로 우리는 언제라도 세계라는 무대를 뒤집을 수 있다. 이처럼 우리는 원인과 결과라는 도식에 끼워 넣을 수 없는 행동을 선택하고 결정할 수 있다. 칸트는 이런 결정을 "자유로 빚어진 인과율$^{Kausalität\ aus\ Freiheit}$"이라고 불렀다. 다시 말해서 자유는 얼마든지 새롭게 시작할 수 있는 자발성이다. 인간은 인과율이라는 조직으로 짜인 세계 안에 엮여 있을지라도 새로운 시작을 언제라도 감행할 수 있을 만큼 자유롭다. 심지어 나는 이 자유를 부정할 수 있을 정도로 자유롭다. 자유를 부정하는 선택은 자유의 증명이다.

실제로 문제의 핵심은 세계를 바라보는 두 가지 시간의 대립이다. 내면의 관점에서 볼 때 자유로 경험되는 것이 바깥에서 보기에는 인과적 필연성, 곧 원인과 결과에 따른 달리 어쩔 수 없는 선택으로 보일 수 있다. 그런데 나는 나 자신을 바깥에서도 볼 수 있기 때문에, 이 두 가지 관점은 내 안에서 결합되어 있다. 예를 들어, 한편으로 스스로를 자유롭게 느끼면서도 한편으로는 이를 단지 두뇌의 신경 반응으로 해석할 수 있다. 이 경우 시냅스 이론, 곧 시냅스의 작용방식에 더해 인간의 자유의지가 실현하는 그 방식을 기초로 설명하려 시도하는 이론은 시냅스의 효과를 다룬 과학지식과 이를 해석한 입장을 조화시킨 결과물이다.

물론 이 조화 역시 세계를 보는 두 가지 관점, 곧 이원론에 여전히 묶여 있다. 한편으로는 인과율이라는 원칙을 고수하는 과학이, 다른 한편으로는 모든 것을 남김없이 인과율로 설명하려는 관점에 저항하는 자유 경험이 서로 대립한다. 이원론의 문제를 의식한 야스퍼스는 실존철학을 과학에 대립하는 것으로 구상하지 않았다. 본래 의학자였던 그는 항상 과학을 존중하기는 했지만, 과학을 넘어서서 자유공간을 내면에서 탐색하고 탐문하려는 노력이 실존철학임을 분명히 했다.

야스퍼스가 보는 자유는 창조의 자유다. 창조 자유는 예전에 존재하지 않았던 것을 현실로 만들어내는 능력을 우리에게 심어준다. 어떤 것을 현실로 만들어내는 사람은 열린 자세로 가능성을 받아들이기는 하지만, 이 가능성 가운데 하나를 선택하는 결단을 내려야만 한다. 가능성을 읽어낼 줄 아는 감각과 결정을 내리는 능력이 함께 어우러지는 것이 창조적 자유다. 이 자유는 아무런 대안 없이 현실에 사로잡혀 지내는 암담한 상황을 막아준다. 자유는 뜻을 펼칠 공간을 열어준다. 자유는 닫히려는 문을 발로 밀고 나아가는 것이라고도 우리는 말할 수 있다. 자유의 문을 열어두려고.

자유를 이야기하면서 야스퍼스는 또 다른 거대한 주제로 넘어갈 문을 연다. 그것은 곧 초월성이다. 열린 문을 향해 나아가 인간은 경계를 넘어설 수 있다. 경계를 넘어감이라는 초월은 한계 극복으로 새로운 지평을 연다. 인간은 초월함을 통해 궁극적인 존재, 개념으로는 파악될 수 없는 존재와 만난다. 자아 안에서, 저 바깥의 세계에서 현현하는 이 존재를 야스퍼스는 "포괄자das Umgreifende"라고 불렀다. 이는 우리가 평소 "신"이라 부르는 존재의 다른 이름이다.

초월자와의 이 관계가 야스퍼스의 실존, 곧 자아 관계를 규정하는 특징이다. 다시 말해서 자아의 근본 바탕은 초월자다. 내가 나의 자아를 향해 문을 열어놓는다는 것은 문을 열어놓음으로써 일어나는 역동적 운동을 고스란히 받아들임을 뜻한다. 실존의 결단으로 문이 열리며 시작하는 운동은 이제 더는 멈춤이라는 것을 모른다. 개방적 운동은 끝없이 나아가며 모든 것, 무한함을 포괄한다. 실존의 결단은 무한한 자아, 존재 전체를 열린 마음으로 포용한다.

개방성은 삼중의 의미로 열어놓음이다. 자신의 자아를 그 어떤 선입견이나 집착 없이 열린 마음으로 받아들이는 자세는 더불어 사는 사람들을, 다음으로는 초월자를 기꺼이 수용한다. 이 개방성은 눈앞의 이익에 집착하는 이기주의의 빗장을 극복하게 해준다. 실존의 개방성은 자아를 무한한 전체 앞에서 겸허하게 만들기 때문이다. 그래서 야스퍼스는 "실존의 가능성에 등을 돌리려는 의지"가 곧 악이라고 규정한다. "악한 의지는 오로지 자신의 이익만 절대화할 뿐이어서 … 오히려 자신을 망친다." 물론 인간은 개방을 반대하며 더 나은 자신을 포기할 수 있는 자유도 누린다. 하지만 "선함을 선택하는 개인은 무한한 발달을 위해 자신을 활짝 열어놓는 자유를 누린다." 이렇게 해서 야스퍼스의 실존적 자아는 초월자를 경건하게 받아들일 뿐만 아니라, 이기주의를 넘어서서 더불어 사는 도덕을 소중히 여길 줄 알게 된다.

초월적이고 도덕적인 의미의 "포괄자"를 우리 인간은 자유로운 정신, 경계를 넘나드는 정신으로 경험한다. 이 포괄자는 종교가 말하는 계시로 존재를 알리는 신이 아니다. 또한 그래서 야스퍼스는 계시를 믿으라는 종교의 독단적 요구를 단호히 거부한다. 그리고 야스퍼스는 닫힌 것, 독단으로 경직된 것, 그가 세계상과 세계관의 닫힌 상자라 불렀던 것을 바숴버리고 생각함이라는 인간의 고유한 실존적 뿌리로 돌아가자고 권면했다.

실존의 문제는 같은 시기에 다른 인물도 다루었다. 그의 이름은 마르틴 하이데거다.

야스퍼스와 하이데거는 1920년 초 프라이부르크의 후설 연구실에서 열린 커피 모임에서 처음 개인적으로 만났다. 철학자들의 만남이 어찌나 뻣뻣했던지 분위기가 숨이 막힐 정도였던 모양이다. 야스퍼스는 마침 수영을 즐기고 나와 후설을 방문하러 들렸던 차라 상황이 어색하고 부담스러웠다. 나중에 그는 이렇게 회상했다. "나는 무언가 소시민적인 분위기, 어딘지 모르게 비좁다는 느낌을 지우기 어려웠다. 인간과 인간이 나누는 자유로운 교류, 정신적인 번뜩임, 고상한 기품의 감각은 찾아볼 수 없었다. … 단지 하이데거만이 다르게 보였다. 나는 그의 좁은 연구실로 찾아가 단둘이 마주앉았다. 마침 루터의 책을 공부한 것을 이야기하는 하이데거의 간결하면서도 깊이 있는 언어에 나는 호감을 느꼈다."

때마침 가문이 오랫동안 믿어온 가톨릭과 결별한 하이데거는 여전히 후설 석좌교수 밑에서 시간강사로 일하기는 했어도 이미 거물의 후광을 자랑했다. 상아탑에 안주하는 이른바 '강단 철학'을 겨눈 하이데거의 신랄하면서도 과감한 비판 덕분에 그는 대학교에서 톡톡한 명성을 누렸다. 하이데거는 자신을 개인으로 꾸며 보이며, '아우게이아스의 외양간Augiasstall'*을 청소할 적임자로 자처하기도 했다. "나는 실존과 더불어 분노한다." 당시 하이데거가 편지에 썼다는 문장이다.

첫 만남에서 아주 희미하기는 하지만 서로 마음이 통한다는 공통점을 확인한 야스퍼스와 하이데거는 이후 계속 만남을 이어 나갔다. 야스퍼스는 하이데거에게 이런 편지를 썼다. "우리 두 사람은 우리가 원하는 게 무엇인지 알지 못합니다. 다시 말해서 우리는 아직 분명하지 않은 앎을 공유하고 있습니다."(1922년 11월 24일) 하이데거는 야스퍼스에게 이렇게 썼다. "정말이지 구체적인 불확실함이 조금이라도 더 확실해졌으면 좋겠습니다."(1923년 7월 14일) 하지만 오래 가지 않아 두 사람 사이에는 일종의 "투쟁 공동체"가 언급되기 시작했다. 하이데거는 야스퍼스의 초대를 받아 하이델베르크를 다녀오고 난 뒤 이렇게 썼다. "당신에게서 보낸 여드레가 늘 나와 함께합니다. 여드레 동안 겉으로는 아무 일도 없었던 것 같지만 불현듯 이뤄진 행보, 아무

---

\* 아우게이아스(Augeas)의 외양간은 그리스 신화에 등장하는 것으로, 엘리스의 왕 아우게이아스의 엄청나게 더럽고 큰 외양간을 가리키며, 오랜 폐단 탓에 극도로 더러워진 공간을 뜻한다. 헤라클레스가 불가능할 것만 같던 외양간 청소를 깨끗이 해낸 전설이 그 배경이다. 말하자면 하이데거는 학계에 만연한 적폐 청산을 주장하고 나선 셈이다.

런 감상 없이 신랄한 행보는 우리에게 우정을 가져다주었습니다. 우리 '양측'에서 커지는 확실함, 당신에게 분명한 투쟁 공동체, 이 모든 것은 저에게 비장함을, 철학자가 세계와 인생을 보며 느끼는 비장함을 불러일으킵니다."(1922년 11월 19일)

투쟁 공동체? 무엇을 겨냥한 투쟁? 두 사람이 투쟁의 적을 분명하게 언급하지는 않았지만, 어쨌거나 옛 전통을 고수하며 실존에 저항하는 철학, 이를테면 문화철학의 좌장 하인리히 리케르트 같은 이에게 반대하는 것이다. 리케르트는 기회가 있을 때마다 실존철학을 "걸핏하면 인생 들먹이기"라며 "실존 변절"이라고 깎아내렸다.

젊은 하이데거는 어딘지 모르게 화를 참는 듯한 표정으로 일찌감치 철학 무대에 등장했다. 그가 노여워한 대상은 당시의 철학적 유행, 이를테면 신칸트학파, 가치철학, 외래 종교를 빙자한 형이상학, 모든 걸 역사화하는 세계관 따위의 유행이다. 하이데거의 눈에 이런 유행은 곧 꺼져버릴 거품이자 지켜지지 않을 화해였다. 옛것을 새것처럼 포장하거나, 귀에 걸면 귀걸이 코에 걸면 코걸이 하는 식으로 너무 뻔해서 하나 마나 한 식상한 이야기가 이런 유형의 정체이기 때문이다. 그저 사람들의 입맛에 맞춰 팔아먹는 요깃거리는 인간의 본래적 실존과 아무 상관이 없다. 제1차 세계대전이 끝난 뒤인 1919년 프라이부르크에서 하이데거가 한 전설적인 첫 강의의 제목은 "철학의 이상과 세계관의 문제Die Idee der Philosophie und das Weltanschauungsproblem"였다. 이 강의는 비상非常 학기의 대학생들, 곧 모두 군용외투를 입고 털모자와 장갑을 착용한 채 난방도 되지 않은 추운 강의실에서 오돌오돌 떨면서도 한마디라도 놓칠세라 귀 기울여 듣던 대학생들을 상대로 했다. 이때 하이데거의 결연한 표정은 마치 책상 위의 너저분하게 널브러진 잡다한 책들을 일거에 쓸어버리려는 것만 같았다.

그는 물었다. 과학 또는 가치관 또는 세계관이 우리에게 보여주겠다는 현실의 해석 이전에 우리는 본래의 현실을 어떻게 체험할까? 그런 것은 모두 부차적인 가공일 뿐이며, 그 안에서 우리는 "체험의 근본"을 찾을 수 없다. "체험의 근본", 이것은 세계의 숨겨진 비밀을 수신할 수 있게 해주는 주소지, 다시 형이상학의 보물을 마법이라도 부리듯 꺼내놓을 수 있는 검은 자루가 아닐까? 당시 대학생들의 귀에 강의는 분명 그런 울림을 주었다. 이는 훗날 철학자가 된 카를 뢰비트Karl Löwith와 가다머Hans-Georg Gadamer가 증언해주는 사실이다. 그러나 세계관에 굶주리고 형이상학의 갈증에 시달린 나머지 하이데거의 강의에서 심오하고 궁극적인 의미를 기대했던 사람은 이 냉철하면서도 열정에 넘치는, 간결하면서도 성이 찰 때까지 장황하게 설명하는 이 검은 머리에 찌르는 것만 같은 눈빛을 자랑하는 젊은 강사에게 한 수 배워야만 했다. 그는 강단의 선지자로 자신을 연출하거나 상투성에 젖은 강단 철학에 혼을 파는 대신에, 철학 자체를 체험하라고, 철학 자체를 새겨들으라고 요구했다. 전쟁이 끝난 직후 11월의 잿빛 하늘 아래 바로 지금 이 공간, 이 철학의 강단에서. 그럴싸한 사탕발림에 혹하지 말고 주의를 집중해 우리가 바로 지금 살아가는 이 시대의 현상을 주목하자고, 바로 현상학으로 파악된 현실을! 하지만 후설에게서 배우듯, 의식의 내면에서 벌어지는 현상을 꼼꼼히 기술만 할 게 아니라 혼신의 힘을 다해 세계를 체험하는 학교가 곧 철학이라고 하이데거는 열변을 토했다. 철학은 지금 당장 맞닥뜨리는 "세계 내 존재In-der-Welt-Sein"의 이해다. 지금 우리 눈앞에 존재하는 것, 곧 '현존재Dasein'를 집중적으로 파악하려는 시도를 강조하며 하이데거는 "탈생명Ent-leben"과 "탈세계Ent-welten"를 경계해야 한다고 강조한다. 그가 말하는 "탈생명"과 "탈세계"는 "세계 내 존재"의 체험을 과학에 초점을 맞춰 객관화하는 방법에 매달린 나머지 체험된 세계맥락을 저버리는 태도를 뜻한다. 일체의 신비주의에서 벗어나려는 그의 냉철한 탐구는 우리에게 그 바탕에 깔린 열정, 현상 그대로의 세계를 포착하고자 하는 열정을 느끼게 한다. 하이데거는 이런 열정을 오로지 편지로만, 이를테면 여자 친구 엘리자베트 블로흐만Elisabeth Blochmann에게 보낸 편지에서만 명확하게 언급한다. "우리가 원하는 새로운 생명, 아니 우리 안에서 살아지기 원하는 생명은 보편적인 것, 다시 말해서 겉보기뿐인 가짜(피상적 허울)를 포기한다. 새로운 생명은 근원성을 소유하기 원한다. 곧, 인공적으로 꾸며진 것이 아니라 전체를 아우르는 직관의 명증함을."(1919년 5월 1일)

하이데거는 이를 "의미로 충만한 인생의 고도로 긴장된 집중력"이라고도 표현했다. 이 집중력이 바로 야스퍼스가 같은 시기에 "실존"이라고 부른 것이다.

"밀도 높은 집중력"은 몇 년 뒤 발표된 『존재와 시간』에서 "고유함"과 "비非고유함"을 구분하는 중요한 의미 영역이다.

『존재와 시간』은 분명 철학사를 빛내는 몇몇 역작 가운데 하나다. 책의 제목이 이미 공언하듯 '전체'를 다룬다. 책에 등장하는 용어는 절대 책을 읽지 않았을 사람들이 흔히 주장하는 것처럼 애매하게 중얼거리지 않는다. 하이데거는 번뜩이는 통찰을 간결하면서 새로움이 돋보이는 문장으로 구사한다. 물론 이해하기 어렵고 좀 어두운 분위기를 띠기는 하지만. 간결하고 단순한 용어를 학문적이지 않다며 회피하는 철학계에 하이데거는 신선한 충격을 안겼다. 일반 대중은 책의 어두운 분위기를 오히려 하이데거의 후광으로 받아들였다. 현존재 자체가 그처럼 어두운지, 아니면 하이데거의 분석이 그런 분위기를 자아내는지 하는 물음의 답은 열린 채 남았다.

『존재와 시간』은 인간의 "세계 내 존재" 방식을 탐구해 이를 출발점으로 삼아, '존재'라는 것이 무엇인지 묻는 길, 곧 존재에 접근할 길을 열어간다. 결국 책의 내용은 근본적인 존재론이다. 인간은 존재를 묻는, 자신의 존재와 더불어 존재 일반의 물음을 제기할 줄 아는 특성을 그 본질로 가진다. 인간은 열린 자세로 존재를 바라본다. 이런 뜻에서 하이데거는 인간을 존재를 비추는 "조명Lichtung"*이라 부른다. 『존재와 시간』에 등장하는 용어는 이렇다. "현존재의 존재적 특징은 존재론을 추구한다는 점이다." 존재가 무엇인지 밝히려는 노력, 이것이 존재론이다.

인간은 존재의 의미를 묻는다. 의미 탐구의 여정에서 우리는 그 어떤 실체적인 것, 발을 디디고 설 수 있게 해주는 것, 이를테면 신적인 것과 마주친 끝에 결국 시간과 만난다. 시간과의 만남, 이것이 전체의 핵심이다. 존재의 의미는 시간이다. 시간은 그 어떤 것도 고정된 채 남겨놓지 않는다. 존재의 의미가 시간이라는 말은 곧 전통에서 우리가 흔히 마주치는 어떤 포괄적인

---

\* 하이데거가 구사하는 개념어는 선명하면서도 비유적인 함축을 담는다. 'Lichtung'은 빛을 밝게 비춘다는 뜻 외에, 숲속의 빈터, 울창한 숲 한가운데 빛이 환하게 드는 장소를 의미하기도 한다.

이념도, 신도, 역사의 목적도 존재 의미를 보증해주지 않는다는 뜻이다. 시간은 멈추지 않지만, 우리는 멈춘다. 우리는 유한한 존재이기 때문이다. 우리의 시간은 끝이 정해진 시간, 죽음의 시간이다. 그래서 근심은 피할 수 없다. 근심은 하이데거가 보기에 시간을 경험하도록 우리에게 봉사하는 내면의 소리다. 그리고 무엇보다도 이 근심이야말로 인간을 떨쳐 일어나게 만든다. "자신을 근심한다"는 말은 미래라는 시간의 지평에 자신을 열어놓는다는 것을 의미한다. 다시 말해서 미리 앞당겨 미래를 그려보고 가능성과 위험 요소와 대안을 고민해가며 불확실할지라도 결정을 내리고자 인간은 근심한다. 비록 이 결정이 잘못된 선택이거나 자기기만일지라도.

"근심"은 현존재의 기본특성일 뿐만 아니라, 일종의 기분이기도 하다. 기분이라는 인간 정서가 근본적으로 어떤 의미를 가지는지 주목한 것이야말로 하이데거가 철학에 결정적으로 기여한 공적 가운데 하나다.

철학은 일반적으로 생각함으로 생각을 시작하는 작업이다. 그러나 생각함은 생각으로 시작하는 게 아니라 기분으로 시작한다. 이런 사실을 언어로 표현해낸 사람은 하이데거가 유일하다. 우리의 "세계 내 존재"는 늘 어떤 기분, 이를테면 기쁨, 지루함, 경외심, 슬픔, 사랑, 두려움 따위의 기분에 사로잡혀 있다. 물론 생각은 이런 기분을 중립화하려 시도하기는 한다. 하지만 맑은 머리라 할지라도 기분을 쉽게 떨치기 어려우며, 기분의 원인을 밝혀내야 더 낫다고 여긴다. 실존에 힘쓰든 아니든.

하이데거의 철학은 상당 부분 냉철한 분석을 자랑한다. 하지만 실존을 이루려는 각오를 밝히는 부분에 이르러 분위기는 확 바뀐다. "고유성"과 "비고유성"을 이야기하며 하이데거의 실존적 열정은 활활 불탄다.

"비고유성"은 습관이다. 습관에 사로잡힌 사람은 대개 자기 자신, 곧 고유한 자아와 더불어 있지 못하고 저 바깥의 일과 사물, 작업이나 의견 또는 타인에게 머무른다. 습관에 물든 인생은 이런 통례에 끌려다닌다. 이것은 누구나의 세계이며, 그 누구나 역시 그저 그런 누군가다. "저마다 다른 사람과 같으며, 누구도 그 자신이 아니다." 이 세계는 불특정 다수의 대명사 '그'의 세상이다.

그러나 '그'는 많은 경우 '비고유성'이라는 보호막을 뚫고 나온다. 그것은 야스퍼스가 "한계상황"이라 부른 순간이다. 예를 들어 인간은 앞으로 자신을 찾아올 죽음을 의식하는 순간 치솟는 두려움이 그런 한계상황이다. 물론 '그'는 모든 인간이 죽는다는 사실을 안다. 그러나 모든 인간이 죽는다는 보편성은 누구나 자신의 고유한 죽음을 맞이해야만 한다는 사실을 가려버린다. 『존재와 시간』에서 죽음을 다룬 장은 책 전체에서 가장 유명한 부분이다. 그도 그럴 것이 여기서 존재의 문제가 극적인 절정으로 치닫기 때문이다. 자신의 죽음을 앞당겨 그려보는 두려움 속에서 인간의 고유한 존재는 정말이지 내실 없는 허망한 시간처럼 보인다. 이제 존재의 본질이 시간이라는 점은 더할 수 없이 분명하게 입증된다. 그리고 시간 앞에서 우리는 앞당겨 근심하고 뒤돌아 근심하며, 근심이 근심을 낳도록 노심초사하며 자신을 지키려 안간힘을 쓴다. 예측을 불허하는 시간에 맞서 우리는 문명이라는 방지책을 마련해가며 버팀목과 지속성과 안전을 충분히 확보했다고 스스로 최면을 건다. 이런 방호벽 뒤에서, 그리고 습관에 의지해가며 관행과 규제 운운하는 장광설 탓에 인생은 비고유성의 늪에 빨려들어간다.

이런 상태는 흔히 보는 익숙한 상황이다. 그래서 근본적인 상황이다. 비고유성은 우리가 익숙하게 여기는 정상이다. 이에 반해, 고유성은 숨을 한 번 고르고 들어가야 하는 2차적인 사건, 익숙한 습관을 떨치고 일어서서 자아에 이르는 매우 탁월한 자유 행위다. 통상적으로 '그'는 자아로부터 떨어져 있다. 그래도 전체적으로 인생은 무리 없이 살아진다. 그저 대세에 따라가기만 하면 되니까. 이처럼 비고유성은 중심이 없는 상태, 또는 더 정확히 말하자면 인격의 중심이 있어야 할 자리에 '그'가 둥지를 틀었다.

그런데 고유하다는 것은 정확히 무엇을 뜻할까?

고유성은 특별한 목표 설정과 가치를 자랑하는 특별한 행동 영역이 아니라, 인생의 어떤 영역이든 달라진 태도와 마음가짐을 나타내는 표현이다. 고유성의 정신은 가장 간결하게 정리하자면 이렇다. 네가 원하는 일을 해라, 다만 혼신의 힘을 다해 완전히 몰입해서. 네가 스스로 결정하고 책임을 감당하자. 스스로 결정을 내린 일에 도망가서는 안 된다. 누구도 대신해줄 수 없다는 각오로 자유롭게 결정해야 한다.

중요한 점은 실존의 이런 정신이 불특정 다수의 '그' 뒤에 숨어 있는 개인에게 호소력을 발휘한다는 사실이다. 물론 실존의 문제는 오로지 개인이 홀로 감당해야만 한다. 하이데거는 개인이 자신의 인생을 책임지는 이런 자세를 "실존적 유아론 der existenziale Solipsismus"이라 불렀다. 개인은 실존의 결단을 다른 사람에게 떠넘길 수 없다. 오로지 자신이 감당해야 한다는 점에서 실존은 유아론이다. 하이데거가 "고유성"이라 부르는 것은 곧 야스퍼스의 "실존"이다. 자신의 고유성을 회복하는 사람은 자발성과 주도적 결단력, 그리고 창의성의 자유를 만끽한다. 야스퍼스의 표현을 빌리자면, 자신의 실존을 포착한 사람, 곧 "나-자아"가 고유한 자유를 누린다. 그래서 고유성은 지속적인 상태가 아니라, 흔히 결단이 내려지는 순간에만 번쩍 빛을 발하는 광휘다. 결단? 무엇을 위한 결단?

'무엇을 위한' 결단인지 그 답은 개인이 알아내고, 이 결단에 따른 책임을 져야 한다고 하이데거는 말한다. 결단을 위한 보편적인 기준 같은 것은 없으며, 철학도 개인의 결정을 대신해줄 수 없다. 하이데거는 도덕적 설교를 분명하게 거부한다. 결정과 이에 따른 결과는 보상, 밀도 높은 인생이라는 보상을 그 자체로 베푼다. 그리고 밀도는 존재의 농밀함과 다르지 않다. 우리는 이런 농밀함을 결단의 순간에 느낄 뿐만 아니라, 바로 그 순간에 특히 강렬하게 맛본다. 당시 강의에서 하이데거는 데카르트를 패러디하듯, "나는 결정했다. 고로 나는 존재한다. 하지만 무엇을 위한 결단인지 나는 모른다"라고 말했다. 학생들은 하이데거의 이 "결단주의Dezisionismus"*를 아주 잘 이해하면서 한편으로 오해하기도 했다. 하이데거는 무엇을 위한 결단이어야 하는지 전혀 언급하지 않고 오로지 결단의 중요성만 강조했다는 관점은 정확한 이해다. 오해는 결단에 대한 이런 호소에서 자아를 주목해야 한다는 함의를 읽어내지 못한 탓에 빚어졌다. '무엇을 위한' 결단

---

* '결단주의'는 정치학과 법학의 이론으로, 어떤 결정을 내릴 때 그 내용이나 근거보다는 결정하는 주체를 가장 먼저 고려해야 한다는 주장이다. 독일의 법철학자 카를 슈미트가 도입한 개념이다.

인지 개인은 자기 자신과의 충분한 대화와 숙의로 확인해야 하며, 그 책임을 온전히 져야 한다. 이 결단을 도와줄 그 어떤 충고 또는 자문가, 심지어 최종 명령권자에게 기대어선 안 된다.

사실 이런 식의 결단 논의는 도식적이다. 결단이라는 형식만 강조되고 있기 때문이다. 물론 형식상 내려진 결단은 실존의 흐름을 타고 내용을 채울 수는 있다. 1929년 초에 열린 다보스대학교 학술대회에서 하이데거는 에른스트 카시러$^{\text{Ernst Cassirer}*}$와 벌인 저 유명한 논쟁에서 결단의 형식주의적 측면을 인정하기는 했다. 당시 정치와 철학의 휴머니즘을 대표하는 귀인 카시러, 그리고 반짝이는 설산의 정상에 앉았을 뿐만 아니라 철학적으로 과감한 하강을 대표하는 남자이기도 했던 하이데거는 서로 첨예하게 충돌했다.** 카시러는 하이데거가 습관이라는 이름의 허울이라고 비난했던 문화를 "인간의 집"이라며 변호했다. 이에 맞서 하이데거는 인간을 그 편안한 허울에서 벗어나도록 일깨워 결단 앞에 세우는 것이야말로 철학의 과제라고 강변했

---

* 에른스트 카시러(1874~1945)는 20세기 독일을 대표하는 철학자이자 철학사 연구자다. 신칸트학파 중 마르브르크학파에 속하며, 칸트의 비판철학을 인간의 모든 문화 형식에까지 확장해 자신만의 독특한 문화철학을 수립했다.

** 설산의 정상에 앉았다가 과감하게 하강한다는 표현은 하이데거가 나치즘에 동조한 것을 염두에 둔 문장이다.

다. 이런 실존철학은 "심연을 메워줄 바다"을 다져주며, "현존재가 실존하는 최고의 형식은 삶과 죽음 사이에서 현존재가 결단을 내리는 지극히 적은 몇몇 순간일 뿐이다"라는 통찰을 열어준다고 하이데거는 설명했다.

이런 순간을 알지 못하는 사람은 "현존재의 비밀"을 전혀 모르는 탓에 "내면의 충격"을 겪지 못한다고 하이데거는 같은 해에 프라이부르크대학교 석좌교수로 취임하며 한 유명한 형이상학 강연에서 강조했다. "내면의 충격"은 "현존재의 비밀을 읽어내는 순간 체험하는 것으로 현존재에 위대함을 심어준다."

하이데거의 철학함은 그런 위대한 순간의 탐색이다. 이런 순간은 "경악스러운 충격"을 안겨주는 것일 수도 있다. 야스퍼스는 하이데거가 말하는 충격에 불편함을 느꼈으며, 하이데거가 1933년에 국가사회주의 정당, 곧 나치스에 입당하기로 결단했을 때 경악했다. 1933년 8월 두 사람이 마지막으로 만났을 때 야스퍼스는 하이데거가 몽환에 사로잡혀 뭔가 음험한 위협을 발산한다고 느꼈다.

하이데거에게는 철학적으로나 정치적으로 대체 무슨 일이 일어났던 것일까?

"고유함"을 추구하는 하이데거의 성향은 개인으로 남고자 하는 개인, 곧 대중 또는 대중적 운동에 섞이려 하지 않는 개인을 추구했다. 하지만 하이데거는 나치즘의 대중운동이 흘리는 암시에 사로잡히고 말았다. 나중에 한나 아렌트는 "폭도와 엘리트의 야합"이라는 표현을 썼다. 그녀의 이런 표현은 옛 애인 하이데거를 염두에 둔 것이기도 하다. 이제 대중의 암시에 사로잡힌 개인 하이데거는 자신의 고유성을 향해 돌파하려는 개인과는 전혀 다른 변화를 보여주었다. 그 자신은 이렇게 말했다. 그는 자기 자신에게서 "독일 전체 현존재의 변혁"을 경험했다.

하이데거에게 일어난 일은 이렇다. "고유성"이라는 고도로 개인적인 행동은 집단의 사건으로 투사되었다. 하나의 민족 전체가 그 고유성을 향해 진군한다. 개인의 고유성 추구 정신은 집단화했다. 하이데거의 철학이 지칠 줄 모르고 물어온 존재는 정치화했다. 이 정치화는, 입 밖으로 꺼내기조차 끔찍하게, 히틀러와 엮였다.

히틀러와 그의 운동은 하이데거에게 경이로운 어떤 것, 신성한 동시에 충격적인 사건이었다. 히틀러와 그의 운동은 하이데거에게 두려움을 불러일으키는 동시에 그를 매혹시켰는데, 이는 루돌프 오토<sup>Rudolf Otto</sup>*가 정의한 "신성함"의 요건에 부합하는

---

\* 루돌프 오토(1869~1937)는 독일의 루터교 신학자이자 철학자다. 종교를 철학의 입장에서 조명해 탁월한 연구 성과를 남긴 인물이다.

것이다. 온통 마음을 빼앗긴 하이데거는 그때껏 단 한 번도 체험하지 못한 밀도를 맛보았다. 하이데거는 1933년 3월 30일 엘리자베트 블로흐만에게 보낸 편지에서 현재 벌어지는 사건이 "힘을 모아주는 파격적인 체험"을 하게 해주는 이유는 "히틀러와 그 운동이 우리의 존재 자체에 새로운 방식으로 자극을 주기 때문이다"고 썼다.

하이데거를 자극한 것은 정치적 사건이다. 그리고 그의 행동은 정치무대를 겨누고 벌인 것이다. 하지만 하이데거 내면의 무대는 이 사건을 철학적으로 해석해가며 동기를 부여받았으며, 기대감으로 부풀었다. 이 집단적 고유성이 그로 하여금 자제력을 잃고 보편적인 흥분의 흐름에 뛰어들도록 부추겼다. 그래서 하이데거는 다이빙이라도 하듯 머리부터 정치판으로 몸을 던졌다. 그는 고향인 슈바르츠발트에 있는 토트나우베르크라는 이름의 산꼭대기에 오두막을 짓고 그곳을 일종의 진지로 삼아 활동했다. 어찌 보면 낭만주의와 플라톤의 아카데미, 그리고 나치스 선전 전투원 양성소를 섞어놓은 것 같은 게 이 토트나우베르크였다. 이곳에서 하이데거는 불타는 바퀴를 계곡 아래로 굴려 보내듯, 날카로우면서도 나긋하게 다독이는 정치적 호소문과 선전 문구를 토해냈다. 철학은 "혁명적 현실"의 일부가 되어야만 한다고 그는 말했다. 이 현실은 거리를 두고 바라보며 저런 게 있구나 하고 구경만 하는 사람에게 그 진면목을 절대 드러내지 않는다. 이 혁명에 뛰어들지 않는다면, 알 수 있는 것은 전혀 없다(하이데거가 1933년 11월 30일에 한 튀빙겐 연설의 내용이다). 책을 불태우고 유대인이 직업활동을 하지 못하게 하며 테러를 일삼는 나치스 친위대의 만행과 반유대 정서의 선동을 하이데거는 이 정도는 감수해야 하는 나쁜 부작용쯤으로 받아들였다.

하이데거는 토트나우베르크의 오두막에 틀어박혀 플라톤의 동굴 비유를 자신을 위한 계시로 받아들이며 동굴 속에 사로잡힌 포로들의 족쇄를 풀어주고 바깥으로 이끌 지도자가 바로 자신이라는 상상에 푹 빠졌다. 슈바르츠발트의 산꼭대기에서 프라이부르크로 다시 내려온 그는 1933년 초 동굴의 모든 포로가 이제 진군하고 있다고 호언장담했다. 위대한 개인인 그 자신은 이 진군 행렬의 선두에 서야 한다고 그는 눈을 부라렸다. 이렇게 해서 그는 1933년 5월 프라이부르크대학교 총장 취임을 수락했다. 대학교의 대강당에서 행한 취임 연설은 호전적인 단어들이 불꽃을 튀겼다. 존재 역사의 돌격대장 하이데거는 깃발을 치켜든 기수들에게 둘러싸여 그가 이끄는 집단이 중대한 위험에 처했다고, 이 혁명의 돌격대에 동참하지 않는다면 훨씬 더 위험해질 거라고 열변을 토했다.

대학교 내부에서 그치지 않는 갈등과 정부·정당과의 견해 차이로 결국 하이데거는 1934년 초에 총장 자리에서 물러났다. 그는 총장으로 실패했을 뿐만 아니라, 친구들도 잃었다. 특히 나치즘에 처음부터 비판적이었던 탓에 교수 자리에서 쫓겨났으며 출판활동도 금지당했던 카를 야스퍼스와의 관계는 더 말할 나위가 없다. 아내가 유대인이었으며 자신도 최악의 위협에 시달려야만 했기에 야스퍼스 부부는 독약 캡슐을 늘 지니고 다닐 정도로 결연함을 보였다.

야스퍼스는 나중에도 하이데거에게 품었던 서운함을 풀어낼 수 없었다. 그는 하이데거를 비판하며 정치적으로 확연히 선을 그었음에도 하이데거가 "철학이라는 가난한 세계"에서 쉽게 찾아볼 수 없는 "유일한 인물"이라는 평가를 철회하지는 않았다. 노쇠한 야스퍼스는 하이데거를 두고 쓴 마지막 노트에서 그가 어쩌다가 그런 백일몽에 빠지고 말았는지 모르겠다고 술회했다. "높은 산 깎아지른 듯한 암벽 위 널찍한 정상에서 시대의 철학자들이 얼굴을 마주하고 만났다. 하얀 눈이 덮인 산꼭대기를 올려다보며 저 아래 사람들이 사는 계곡을 굽어보면서 저 멀리 펼쳐진 지평선은 하나의 하늘을 이고 있음을 깨달았거늘 ⋯ 산에 오르겠다는 결단이 어렵지는 않았다. 정상에 오르는 길은 많기만 했으며, 다만 이 높은 정상에서 무엇이 인간에게 고유한지 경험하려면 한동안 자신이 사는 집을 떠나 있어야만 함을 우리는 결단하고 받아들여야만 한다. … 오늘날 그곳에서는 아무도 만날 수 없다. 하지만 나는 끝없이 이어지는 탐색의 고민 속에서 내가 중요하다고 여기는 인물을 찾아 헤매며 한 사람은 만났다고 믿는다. 다른 사람은 본 적이 전혀 없다. 그러나 이 인물은 나의 예의 바른 적수였고. 우리가 서로 봉사한 권력은 서로 합치할 수 없는 것이었다. … 나와 하이데거가 그랬다." 야스퍼스와 하이데거는 둘 다 개인의 실존철학을 다듬어냈다. 야스퍼스는 탁월하다는 의미에서 개인으로 남았다. 어쨌거나 운동의 철학자 하이데거는 개인의 자리를 지켜내지 못했다.

# 한나 아렌트
## - 시작할 수 있음과 하나인 둘

**제 1 4 장**

1906년에 태어난 한나 아렌트는 쾨니히스베르크의 쾨니긴-루이제 김나지움에 다니던 시절인 1920년대 초에 이미 야스퍼스가 쓴 『세계관의 심리학』을 읽고 거기 언급된 키르케고르에 감명을 받아 그의 책도 찾아 단숨에 독파했다. 야스퍼스의 책은 키르케고르와 니체를 세계관이라는 틀에 박힌 '집'에 틀어박혀 편안하게 지내려 하지 않는 사상가로 소개했다. "두 인물은 인간 안에서 생동하는 변화의 힘을 주목하면서 개인의 책임을 다하자고 호소하면서, … 내적인 전향을, 결단과 선택이라는 이루 말하기 어려운 지난한 과정을 자아의 가장 깊은 층에서 실현하고자 노력했다." 16세의 소녀 아렌트는 아마도 야스퍼스에게 자극받아 품은 기대, 곧 "자아의 가장 깊은 층"과 접촉하고 싶다는 희망으로 키르케고르를 읽었다.

　키르케고르 읽기에서 깊은 감명을 받은 아렌트는 기독교와는 거리가 먼 교육을 받고 자란 유대인이었음에도 대학교에 진학하며 철학과 더불어 프로테스탄트 신학을 전공으로 선택했다. 그녀는 신학의 독단적 교리보다는 실존적 신앙 행위의 분석, 키르케고르가 기회 있을 때마다 강조한 "도약"에 더 큰 관심을 보였다.

　그녀는 1924년 마르부르크에서 학업을 시작했다. 루돌프 불트만<sup>Rudolf Bultmann</sup>*에게서 신학을, 하이데거에게서 철학을 각각 배웠다.

　한나 아렌트는 하이데거와 사랑에 빠졌다. 나중에 세간에 회자한 러브스토리, 하이데거가 무릎을 꿇었고 아렌트는 수줍어하면서도 흠뻑 사랑에 빠졌으며, 연시를 주고받으면서도 사람들의 눈을 피하느라 은밀히 만남을 가졌다는 이야기는 대부분 사실이다. 나중에 한나 아렌트는 "세상 없는<sup>Weltlose</sup>" 사랑에 대한 글에서 이렇게 썼다. "사랑이 오직 상대방이 누구인지에만 집중하는 열정 속에서, 우리를 타인들과 연결해주는 동시에 분

---

\*　루돌프 불트만(1884~1976)은 독일의 프로테스탄트 신학자로, 신화와 전설에 의존하지 않은 성서 해석과 실존주의를 기독교에 접목해 명성을 얻은 인물이다.

리해주는 세상이라는 중간 공간은 말 그대로 활활 불타 없어져 버린다. 사랑하는 연인들을 세상과 갈라놓은 것은 그들이 세상 없는 존재가 되기 때문이며, 연인 사이에서는 세계가 불타버려 사라지기 때문이다."

이 "세상 없음"은 한나에게 마법인 동시에 가슴을 짓누르는 중압감이기도 하다. 1924년에 쓴 시는 이렇게 노래한다. "왜 당신은 나에게 손을 / 두려운 듯 은밀하게 내밀었을까? / 당신은 그처럼 먼 땅에서 찾아와, / 우리의 와인을 알지 못하는가?"

한나 아렌트는 1924년 말까지 마르부르크에 머물렀으며, 이후 거리를 두기 위해 하이델베르크로 가서 카를 야스퍼스의 제자가 되었다. 아렌트와 야스퍼스는 나중에 평생의 친구가 되었다. 하지만 하이데거와의 사랑은 계속되었다.

마르부르크를 떠난 지 6년이 지난 시점에 아렌트는 라헬 파른하겐Rahel Varnhagen*을 다룬 책을 썼다. 핑켄슈타인Finckenstein** 백

---

* 라헬 파른하겐(1771~1833)은 독일의 여성 작가다. 유대인으로 살롱 모임을 주도하면서 유대인 해방과 여성 해방을 위해 싸운 인물이다.
** 핑켄슈타인(1772~1811)은 프로이센의 유명한 귀족 가문 출신으로, 외교관이었던 인물이다. 라헬은 핑켄슈타인과의 사랑으로 유대인 신분을 넘어설 수 있길 바랐으나, 남자의 거부로 깊은 상처를 받아 유대인 해방에 더욱 열성을 기울였다. 아렌트는 라헬의 전기를 교수 자격 취득 논문으로 썼다.

작을 향한 라헬의 사랑이 실패로 돌아간 것을 묘사하면서 아렌트는 유부남 하이데거를 사랑하는 자신의 안타까운 경험을 소화해내려 했다. 라헬은 핑켄슈타인이 그녀와의 사랑을 공개적으로 인정하고, 그의 세계에도 받아들여주기를 희망했다. 핑켄슈타인은 용기를 내서 유대인인 라헬에게 "눈에 보이는 존재"라는 선물을 주어야 마땅했다. 정확히 "눈에 보이는 존재"를 한나 아렌트 역시 하이데거와의 관계에서 간절히 원했다.

아렌트는 라헬에게서 자신의 고유성을 발견했다. 라헬을 겨눈 비판은 곧 아렌트의 자기비판이기도 하다. 아렌트는 라헬과 마찬가지로 일단 "빠져 있음"에서 깨어나는 환멸을 맛보았다. 라헬은 어떤 편지에서 이렇게 썼다. "팍타*로 나는 아무것도 만들지 못했네." 아렌트는 라헬의 그런 태도를 남에게 자신의 운명을 거는 의존성이라고 비판했다. 아무튼 아렌트 역시 빠졌던 사랑에서 깨어나 실제 현실 세계를 정면으로 응시해야만 했다. 눈앞에 펼쳐지는 현실은 나치즘의 임박한 권력장악 압력 아래 벌어지는 가소로운 작태였다. 아렌트는 유대인으로서 추적과 박해를 당하는 순간, 처음으로 자신이 유대인임을 자각하고 자신을 방어해야 하겠다는 각오를 다졌다. 예전에 아렌트는 자

---

\*　팍타(Facta)는 핑켄슈타인의 애칭이다.

신이 유대인이라는 점에 특별히 신경 쓸 일 없이 살아왔다. 정치 현실로부터 지켜주는 보호막 구실을 하던 지성인이라는 고치를 깨고 나왔을 때, 상아탑의 동료들은 정치라는 격전장으로 끌려가는 그녀에게 애써 등을 돌리고 무관심한 태도를 보였다. 아니, 더 추악하게는 히틀러 앞에 머리를 조아리며 비위를 맞췄다. "어마어마하게 흥미롭구나! … 통상적인 수준을 훌쩍 뛰어넘어 허공에 붕 뜬 것만 같다! 나는 이런 상황이 정말 기괴하게 느껴졌다. 저들은 자신의 고유한 생각으로, 간단히 말해 제 발로 함정으로 걸어 들어갔다. 이것이 내가 오늘날 분명히 할 수 있는 말이다."

아렌트는 히틀러에 빌붙을 고유한 생각을 지어낸 사람 가운데에 하이데거도 속한다고 보았음이 틀림없다. 하이데거가 나치스의 총장으로 자축하는 동안, 아렌트는 베를린에서 체포당했다가 간신히 프랑스로 탈출했다. 이로써 하이데거와의 관계는 일단 깨졌다.

아렌트에게 보낸 편지에서 하이데거는 늘 그녀만큼 자신을 잘 이해해준 사람, 철학에서도 탁월한 이해를 보여준 사람은 따로 없다고 강조하곤 했다. 그는 심지어 한나를 자신의 "뮤즈"라 부르기도 했다. 나중에 미국 망명 생활을 하며 아렌트는 하이데거를 이해했을 뿐만 아니라, 하이데거의 철학에 부족한 점을 채워줌과 동시에 그와는 반대되는 철학을 다듬어내는 데에 성공했다. 하이데거의 "죽음을 향해 달리다Vorlaufen in den Tod"에 아렌트는 "탄생Geburtlichkeit"의 철학으로 화답했다. 실존적 유아론, 곧 각자의 생각과 결단만이 중요하다는 "각자성Jemeinigkeit"을 강조하는 유아론에는 "다원성Pluralität"의 철학으로 맞섰다. 세속적 세계에 휘둘리며 익명 "그들"로 살아가는 "타락"에 대해 하이데거가 비판하자 아렌트는 공동선共同善을 추구하는 삶에 대한 철학적 옹호로 격하게 맞섰다.

한나 아렌트는 "탄생"의 철학에서 "시작이라는 기적"을 이야기한다. 하이데거가 "죽음을 향해 달리다"로 죽음의 경험을 실존적으로 진지하게 다루었다면, 한나 아렌트는 이에 더해 "탄생"에 실존적 의미를 부여한다. 하이데거는 끝을 강조한 반면, 아렌트는 시작에 방점을 찍었다. 탄생은 "시작할 줄 아는 능력을 본질로 가지는 자아의 새출발"이다. 세계와 자신으로 무엇인가 새로운 것을 시작할 줄 아는 능력, 자발성과 주체적 선도의 능력은 인간의 세계를 예측할 수 없는 경이로움으로 채우는 결과를 낳는다. "세계의 진행과 인간의 행보를 늘 거듭 흔들어 지루해짐으로부터 구출하는 기적은 … 결국 출산, 곧 탄생의 바탕 위에서 일어나고 … 기적은 인간이 탄생을 거듭하며 그 태어남의 힘 덕분에 행동으로 실현할 수 있는 새출발이다."

 한나 아렌트는 탄생을 독창적으로 재해석하며 탄생이 가지는 이중의 의미를 주목한다. 세상에 태어났다는 것은 물론 새로운 출발이기는 하지만, 출생이 자발적 의미의 출발은 아니다. 인간은 출생당하기 때문이다. 하이데거가 탄생을 두고 "세상에 던져짐"이라고 부른 이유는 이런 수동적 측면을 부각하기 위함이다. 아렌트는 이런 수동적 측면을 당연한 사실로 인정했다. 하지만 아렌트는 탄생이 수동적 측면뿐만 아니라, 기회를 열음이라는 능동적 측면도 가진다고 강조한다. 새롭게 태어난 생명은 그 전도유망한 미래의 기회를 빼앗기지 않는 한, 새로운 경이로움을 얼마든지 빚어낼 수 있다.

 새 생명의 이런 능동적 측면을 아렌트는 전폭적으로 신뢰했다. 그녀는 시작할 수 있음을 찬미하는 칸트의 논리를 이런 확신의 근거로 제시한다. 자유란 "일련의 새로움을 시도하는 능력"이라고 칸트는 정의했다. 그러나 시작함의 자유에 앞서 이 시작은 일종의 추행으로 빚어졌다고 칸트는 지적한다. 인간은 이 추문 탓에 감수해야만 하는 아픔에 분명 시달린다. 인간은 그 시작이 부모의 행위인 지구 시민이지만, 이 행위는 사실 추행에 가깝다고 칸트는 썼다. "당사자의 동의 없이 부모 좋을 대로 세상에 내놓은 존재"가 인간이기 때문이다. 갓난아기의 울음은 아무 준비 없이 세상에 나온 "원망"의 표현으로 들어야만 하지 않을까. 이런 이유로 부모는 어린 인격체가 자신의 상황에 만족할 수 있도록 돌봐야만 할 의무를 진다. 돌봄은 스스로 결정할 힘, 이성이라고도 하는 자율권이 키워져야만 성공한다. 이렇게 해야 시작의 추행, '나'에게 저질러진 추행이 극복된다. 내가 시작당했다는 사실은 스스로 시작하는 법을 배워야 비로소 견딜 수 있다. 이것이 두 번째 탄생이다. 자유로 맞이하는 탄생이다. 이제 세상의 빛은 자발적이지 못한 갓난 생명이 아니라, 스스로 시작할 줄 아는 초심자가 발산한다.

이 두 번째 탄생, 자유로 맞이하는 탄생이 아렌트가 말하는 시작함의 철학이다. 이 두 번째 탄생으로 비로소 인간은 자유를 획득해 자발적으로 자신이 원하는 일을 선도해갈 힘을 얻는다. 두 번째 탄생이야말로 인생을 살아갈 자신감을 심어주는 실존적 행위다.

아렌트는 이렇게 이해한 "시작"을 바탕으로 삼아 더불어 사는 민주주의 정신은 어때야 하는지 하는 물음의 답을 찾았다. 새로운 출발을 시도하는 모든 사람은 민주사회에 소중한 선물이다. 물론 전제조건은 이 사회가 새롭게 시작하기를 원하는 사람에게 기회를 보장해주어야 한다는 것이다. 다시 말해서 사회 구성원 각자가 자신의 고유한 가능성을 마음껏 펼칠 수 있는 여건을 조성하는 사회가 민주사회다. 그러므로 새출발의 보장은 민주주의의 기회다. 민주주의가 생명력을 발휘하며 생동감을 지킬 수 있으려면 개인이 새출발을 할 수 있도록 서로 도와야만 한다. 하지만 이 과정에서 의견의 불일치가 불거질지라도 이런 의견 차이는 존중되어야만 한다. 차이와 다원성을 존중해가며 개인이 저마다 자신에게 맞는 새출발을 도모할 수 있도록 민주주의는 법치국가의 체계를 다지고 정의 사회 구현에 힘써야 한다. 이렇게 할 때만 통일성과 다양성 사이의 균형이 이루어진다. 민주사회의 시민은 각자 자신의 고유한 출발을 하고, 전적으로 고유한 끝맺음을 누려야 한다. 민주주의는 어떻게 해야 공동체의 삶이 늘 새롭게 다시 시작할 수 있을까 하는 물음을 놓고 치열하게 토론을 벌일 때 개인의 고유성을 인정한다. 민주주의 자체를 두고도 늘 새롭게 시작할 때 생명력을 얻는다는 말은 유효하다. 아렌트가 중시한 목표는 저마다 새출발을 도모할, 적어도 새출발의 기회를 탐색할 수 있게 해주는 정치문화를 가꾸고 유지하는 것이다. 어쨌거나 개인의 새출발을 보장하는 정치 프로젝트는 하나의 지점에서만큼은 세계를 치유하겠다는 목표를 가진다. 그 지점은 모든 출발이 결과를 맺는 지점인 끝에서, 모두는 아닐지라도 많은 사람이 만족할 수 있어야 하는 결말이다. 출발할 권리를 빼앗고 끝장만 강요한 전체주의 정권을 고발한 책에서 아렌트가 도달한 결론이다.

개인의 시작에 주목하면서 역사 이해는 그때까지와는 다른 면모를 드러냈다.

한나 아렌트는 역사에서 법칙을 읽어내 역사를 지배하려는 경향을 탐탁하게 여기지 않았다. 그런 시도는 무엇보다도 전체주의 정권의 야욕과 권력장악의 상상에 이바지할 뿐이라면서. 오히려 역사는 세대마다 새롭게 모색하는 새출발이 얽혀 연출하는 혼란으로부터 생겨난다. 역사는 물론 인간의 행동으로 쓰이기는 하지만, 그렇다고 만들어낸다는 의미를 갖지는 않는다. 역사는 마치 마르크스주의나 생물학적 우성을 내세운 우생학이라는 수상쩍은 "역사 주체"가 역사철학이라는 제도판 위에서 계획적으로 설계하고 만들어내는 생산품이 아니라고 그녀는 강조한다. 역사의 현실은 무수히 교차하는 개인행동들이 빚어내는 결과물, 누구도 예상하거나 원하지 않은 결과물이다. 다시 말해서 역사는 만들어지는 것이 아니라 생겨나는 것이다. 역사를 원하는 대로 만들어내려 시도하면, 스탈린이나 나치스라는 전체주의 지배의 예가 가르쳐주듯, 정치라는 공적 영역은 파괴되고 만다. 다수가 서로 존중하는 다원성은 흔적도 찾아볼 수 없게 짓밟히고 만다.

『인간의 조건The Human Condition』\*에서 한나 아렌트는 역사 이해에 근본적인 구분, 곧 한편에는 "행동"이, 다른 한편에는 "노동"과 "제작"이 대립하는 구분을 제시한다.

'노동'은 순환의 구조로 이뤄지며, 농업이든 산업이든 소비하기 위해 노동하며 노동하기 위해 소비한다. 노동과 소비는 리듬으로 맞물려, 엄밀하게 본다면 시작도 끝도 없으며, 탄생과 죽음처럼 인류 생명의 순환으로 끝없이 이어진다. 이 순환의 과정은 무슨 고정된 결과물을 내놓는 것이 아니다.

'제작'의 경우는 다르다. 제작으로 만들어지는 산물은 그저 쓸모 있는 것 또는 단순한 소비 대상을 넘어서는 결과물, 이를테면 장비, 건축물, 예술작품, 제도 등 세대를 넘어 지속한다. 이렇게 만들어지고 전시되며 세워지는 것은 세계 안에서 그 위상을 확실히 주장하며, 인간이 거기 머무르며 기대고자 창조해내는 확실한 틀의 일부를 이룬다. 생명 유지에 꼭 필요한 필수품을 넘어서서 탄생과 죽음 사이의 시간적 현존재인 인간에게 한

---

\* 『인간의 조건』은 한나 아렌트가 1958년에 발표한 책이다. 그녀는 1960년 자신이 직접 독일어로 옮겨 『활동하는 생명 또는 일하는 인생에 관하여(Vita activa oder Vom tätigen Leben)』라는 제목으로 출간했다. 아렌트는 이 대표작에서 인간의 노동과 일을 구분하고, 인간의 정치 역사를 반추하며 인생의 근본조건을 짚어냈다.

때나마 영원하리라는 느낌, 시간의 한계를 넘어가는 초월성을 맛보게 해주는 것이 제작의 산물이다.

노동과 제작 다음으로 아렌트는 "행동"을 살핀다. 인간은 행동으로 끝없는 순환이 드리운 그늘에서 벗어나 자신의 모습을 드러낸다. 행동, 그리고 언어로 인간은 자신이 누구인지, 자신으로 무엇을 만들려 하는지, 자신에게서 무엇을 길어내고자 의지를 불태우는지 보여준다. 아렌트는 행동이야말로 인간이 하는 모든 일의 정점이라고 보았다. 행동은 개인이 비로소 온전히 자신을 확인하며, 복잡하게 얽힌 현실 속에서 자신이 누구인지, 인생을 살며 무엇을 이룩할 수 있는지 보여줄 최선의 방법이다.

행동은 직접적으로 노동이나 제작에 관여하지 않는 한, 인간 사이에 일어나는 모든 일이다. 세계를 한바탕 연극무대로 만드는 것은 바로 행동이다. 사랑, 질투, 정치, 교육, 적대감, 우정, 싸움 등 인간이 이뤄내는 모든 드라마의 연출가는 바로 행동이다. 인간은 자유롭기 때문에 행동할 수 있으며, 이 행동 덕에 전체라는 그 규모를 가늠하기 어려울 정도로 어마어마하게 얽힌 조직 안으로 자신의 실을 끼워 넣을 수 있다. 행동들이 서로 엇갈리며 얽히고 꼬여 빚어내는 우연성의 카오스는 "전문적인 생각꾼"이 도저히 풀어낼 수 없는 난제다. 생각을 업으로 삼는 철학자는 "인간의 자발성이라는 소중한 자산을 우연으로 치부하는 대가"를 치르고 싶어 하지 않기 때문이다. 아렌트가 역사에서 법칙을 찾으려는 시도에 거부감을 보이는 이유가 더없이 선명하게 드러나는 해석이다.

행동과 언어는 서로 떼려야 뗄 수 없이 맞물린다. 행동과 언어로 인간은 자신의 고유함을 드러낸다. "말을 하고 행동하는 것은 이 유일무이함을 표현하는 활동이다. 말을 하고 행동하면서 인간은 적극적으로 자신의 차별성을 부각시킨다. 이 차별성은 그저 다름을 강조하는 게 아니라, 인간이 자신의 자아를 나타내는 방식이다. 근본적으로 유일한 본질을 적극적으로 현상에 드러냄은 탄생으로 인간이 세상이라는 현상에 나타남과 다르게 개인의 창의적 자발성 덕분에 이루어진다."

행동은 인간 사이에서 이루어진다. 정확히 이 중간 공간, "사이"를 아렌트는 탐구의 주제로 삼는다. 이 "사이"는 복수의 인간들이 서로 공존하면서 저마다 다른 이해관계를 추구하며 차별성을 드러내고자 하는 공간이지만, 그래서 공공의 성격을 띠는 공간이다. 개인들은 이 공공공간에서 개별적으로 행동하지만, 이 행동으로 써 내려가는 것은 어디까지나 공동의 역사이다.

우리는 사람들에 둘러싸여 인생을 살아간다는 사실을 잊어서는 안 된다. 사랑하는 사람, 미워하는 사람, 아무 관심을 두지 않거나, 정말 괴짜 같아 이해할 수 없는 사람, 심연이 가로놓여 절대 가까워질 일이 없거나, 세상 그 무엇으로도 갈라놓을 수 없는 사람, 우리를 속이거나 우리가 속이는 사람, 우리가 그 앞에서 기꺼이 솜씨를 뽐내고 싶거나 그 솜씨를 두 눈으로 보았으면 하는 사람 등 연극무대에서나 볼 것 같던 이런 특성은 아렌트가 보기에 "콘디치오 후마나Conditio humana", 곧 '인간의 조건'이다. 그래서 아렌트는 대중을 하이데거보다 훨씬 더 긍정적으로 보았다. 하이데거는 비록 후기에 이르러 공공이라는 영역을 존재를 비춰주는 "조명"으로 평가하기는 했지만, 실제 존재하는 대중은 무시하고 경멸했다. "대중은 모든 것을 어둠의 그림자로 덮어버리고, 이렇게 숨겨놓은 것을 마치 익히 아는 것, 누구라도 원하면 접근할 수 있는 것이라고 꾸며댄다." 하이데거는 본래 알아야만 할 것과 몰라도 그만인 것을 뒤섞어대는 대중을 혐오했다.

하지만 아렌트는 통상적인 의미의 대중도 "개방성"이라는 이상을 얼마든지 실현할 수 있다고, 물론 완전하지는 못하다 할지라도 충분히 현실로 구현할 수 있다고 보았다. 그녀는 하이데거가 말하는 것처럼 인간이 열려 있기 위해 먼저 자신의 "고유성"을 발견해야만 하는 것은 아니라고 강조한다. 세계는 무수히 많은 사람이 공유하며, 그래서 다원성은 불가피하다는 점을 체득하기만 해도 개방성은 얼마든지 실현할 수 있다면서.

아렌트는 하이데거와 마찬가지로 고대에서 모범으로 삼을 만한 지혜를 구했다. 하이데거가 혜안을 갖춘 위대한 개인과, 발이 족쇄에 묶여 허상만 바라보는 동굴 주민들이라는 플라톤의 비유에 매달린 반면, 아렌트는 아테네의 고전적 민주주의를 활짝 꽃피운 '아고라$^{Agora}$'를 주목했다. 아테네 시민은 광장에서 "늘 새롭게 시작되는 토론과 대화로 … 우리 모두 공유하는 세계가 무한히 많은 다른 관점에서 관찰될 수 있음을 발견했다. … 그리스 사람들은 … 같은 세계를 다른 사람의 관점에서 관찰해야 함을 배웠다."

동굴 사람들이 철석같이 믿는 "소문"의 진원지는 하이데거가 보기에 대중이다. 하지만 아렌트에게 이 소문은 시민이 주고받는 대화다. 1959년 레싱상을 수상하고 한 연설에서 아렌트는 "시민이 인간됨이라는 주제를 놓고 끊임없이 대화를 나누지 않는다면, 세계는 비인간적으로 남을 수밖에 없다"고 강조했다. 대체 인생은 어떻게 살아야만 하는 것인지 하는 물음을 놓고 인간이 부단히 벌이는 대화는 공적 공간을 만들어낸다. 이 공간에서 인간은 서로 속내를 확인하며 각자의 자아에 이른다.

"말하고 행동하면서 인간은 자신이 누구인지 깨우침을 얻으며, 적극적으로 자신의 본질이 가지는 고유한 본성을 드러내, 말하자면 세계라는 무대 위로 오른다."

아렌트가 대중의 위험을 몰랐던 것은 아니다. 대중은 얼마든지 도착 증세를 보일 수 있다. 특히 익명성이라는 보호를 받는다고 믿을 때 대중은 야수처럼 난폭해진다. 그럼에도 아렌트가 여론을 긍정적으로 보는 이유는 인간이 정말 마음의 문을 열고 만나는 기회는 공적 공간만이 제공할 수 있기 때문이다. 물론 아렌트는 오늘날과 같은 커뮤니케이션 기술을 누리는 여론을 알 수 없었다. 하지만 아렌트는 공적 공간에서 개인의 참여가 차지하는 비중과 의미를 정확히 읽어냈으며, 대세 순응주의와 집단주의의 위험에 맞서 개인의 진정성을 강화해줄 방안을 찾으려 노력했다.

생애의 말년에 아렌트는 "정신의 삶Life of the Mind"이라는 제목의 책을 쓰는 일에 매달렸다. 『인간의 조건』이 적극적으로 살아가는 인생의 근본 조건을 다룬 반면, 이제 그녀가 관심을 쏟은 것은 "정신적 실존"의 근본 형식이다. 이는 곧 생각함과 의지와 판단이다. 아렌트는 정치적 성향의 근본인 판단의 문제를 끝내 완결하지 못했다. 판단의 문제를 다루다가 그녀는 1976년에 죽었다. 하지만 "생각함"과 "의지" 문제는 스코틀랜드 애버딘대학교에서 열린 '기포드 강연$^{Gifford\ Lectures}$*' 원고로 다루어지면서 다행히도 우리가 읽어볼 수 있게 남았다.

"의지"라는 주제로 아렌트는 창조적 자발성과 주도적인 문제 해결 능력을 강조하는 자신의 시작함 철학을 더욱 심화했다.

"생각함"이라는 주제에서 아렌트가 중점을 두고 살피는 것은 개인으로 살아감이라는 문제다. 아렌트는 생각함이란 기본적으로 홀로 있음, 곧 잠시나마 소통의 흐름에서 벗어나는 자세를 필요로 한다고 강조한다. 생각함은 개인의 홀로 있음을 요구한다. 정보는 다르다. 정보가 흘러넘치는 통에 우리는 정보의 바다를 헤엄쳐야 한다. 때로는 정보에 휩쓸려 익사하는 일도 얼마든지 벌어질 수 있다. 또, 오늘날 전문적인 학문 연구는 홀로 하는 게 아니라 분업으로, 다시 말해 여러 학자가 분야를 나누어 수행한다. 이렇게 처리된 지식은 많은 사람, 곧 규모가 큰 대중이 공유한다. 다시 말해서 대중은 각 분야의 전문가, 신뢰를 주는 전문가에 의존한다. 지식 유통의 이런 구조는 또 다른 전문적 기술로 조작될 충분한 여지를 남긴다. 하지만 생각함 자체는

---

\* 기포드 강연은 스코틀랜드 출신의 변호사 애덤 기포드(Adam Gifford, 1820~1887)가 설립한 순회 강연으로, 스코틀랜드의 세인트앤드루스대학교, 글래스고대학교, 애버딘대학교와 에든버러대학교에서 돌아가며 개최된다. 아렌트의 강연은 1973년에 열렸다.

오로지 개인 당사자가 홀로 감당해야 한다. 생각함은 누구도 대신해줄 수 없다.

생각은 개인이 하는 것이기는 하지만 외롭지는 않다. 개인은 홀로 있는 게 아니라 소중한 만남을 누린다. 자기 자신과의 만남을. 생각은 자기 자신과의 내적인 대화로 이루어진다고 아렌트는 설명한다. "실존적으로 볼 때, 생각함은 홀로 하는 것이지만 외롭지는 않다. 홀로 있다는 것은 자기 자신과의 만남을 뜻한다. 외롭다는 것은 자신을 둘로 나눌 줄 모르는 태도, 자기 자신과 오붓한 대화를 나누지 못하는 자세를 의미한다."

생각하면서 개인은 자신의 이중성을 발견한다. 생각함은 "영혼의 내부에서 이뤄지는 대화"라고 아렌트는 플라톤의 표현에 빗대어 말한다.

이 비유의 뜻은 '무엇을 생각함'과 '무엇과 관련해 생각함'을 구분해볼 때만 분명하게 드러난다. 무엇을 생각한다는 것은 그때그때 생각되는 대상에 온전히 몰입함이다. 이런 생각은 완전히 지향적이어서, 대상으로 집중하는 나머지 다른 것에 조금도 신경 쓰지 않는다. '무엇과 관련해 생각함'은 전혀 다르다. 아렌트가 말한 생각의 이중성은 바로 이 '무엇과 관련해 생각함'을 염두에 둔 문제 제기다. 우리는 신중하게 요모조모 가늠해보는 생각에서 대상을 요리조리 뒤집어본다. 무엇과 관련해 달리 볼 가능성은 없는지 따져보는 생각함은 실제로 내면의 대화다.

아렌트는 두 가지 이유에서 이중성, 곧 '하나인 둘'이 중요하다고 본다. 첫째, '하나인 둘' 안에는 놀랍게도 타인이 들어와 있음을 발견한다고 아렌트는 썼다. 개인에게 타인은 저 바깥의 세상에 있을 뿐만 아니라, 개인의 내면으로 들어와 개인과는 다른 자아로 함께 생각하며 개인의 자아와 대화를 나눈다. "요컨대, 자기 자신과 대화를 나누는 생각은 나와는 다른 것, 나와 같지 않은 것이 바로 이 세계라는 현상의 특징이구나 하고 깨닫게 해준다. … 나와 다른 것을 받아들이는 태도야말로 정신적 자아가 실존할 수 있는 조건이다. 이처럼 나만의 입장을 고집하지 않고 이중성으로 바라볼 때, 세상을 이해할 정신적 자아가 눈을 뜬다." 이처럼 아렌트는 나 자신이 곧 타인이 되는 이중성의 대화를 통해서만 세계의 다원성을 포용할 수 있음을 강조한다.

'하나인 둘'이라는 이중성이 중요한 두 번째 이유는 "하나 속의 둘"이라는 이중성이야말로 우리가 '양심'이라고 부르는 것에 가깝게 갈 수 있게 해주는 열쇠라는 점이다. 양심은 일반적으로 내면에서 들려오는 도덕의 목소리로 받아들여진다. 그러나 아렌트가 보기에 이런 이해는 '하나인 둘'을 지나치게 좁게 받아들인 해석이다. 어떤 초자아, 말하자면 내면화한 사회도덕의 명령을 따르는 것이 아니라, 오히려 우리가 지멜에게서 접했던 "개인 법칙"이 내 안의 자아와 타인이 나누는 대화다. "하나 속의 둘"을 꺼려하지 않고 '나와 자아의 조화'가 이뤄지도록 행동하자! 이것이 아렌트가 이야기하고자 하는 핵심이다. 아렌트는 이런 통찰을 다음의 표어로 담아냈다. "올바르지 않은 일로 고통당하는 것이 올바르지 않은 일을 저지르는 것보다 더 좋다." 왜? 소크라테스는 올바르지 않은 일을 행하는 사람은 자기 자신을 더럽히는 나머지, 혹시라도 홀로 남아 자기 자신과 만나 대화하는 일을 피하려 하기 때문이라고 진단했다. 그는 자기 자신을 견딜 수 없어 자아와의 관계를 깨뜨린다. 관계의 이런 단절을 아렌트는 악행이 빚어지는 구성요건이라고 보았다. 악함은, 일종의 특수한 결함이라고 볼 때, 사리를 분별할 지능이 부족해서 벌어지는 것은 아니다. 오히려 자아와의 이런 단절이 악행의 정체다. 옛날 사람들은 이를 '숨어서 썩어감$^{Verstockenheit}$'이라고 불렀다. 결국 악함은 "하나인 둘"의 관계가 근본적으로 망가져서 일어나는 현상, 자아를 회피해 숨어버리는 현상이다.

한나 아렌트는 1964년에 독일어 판본이 나온 『예루살렘의 아이히만: 악의 평범성 보고서$^{Eichmann\ in\ Jerusalem:\ Ein\ Bericht\ über\ die\ Banalität\ des\ Bösen}$』를 나중에 회고하면서 정확히 아이히만의 사례가 "하나인 둘"이라는 생각함의 독특한 구조를 반추해보게 된 계기였다고 털어놓았다. 아렌트의 눈에 아이히만은 악마도 괴물도 아니었다. 그가 오히려 너무 평범해서 충격적이었다고 썼다. 오로지 자신의 안전과 출세만 생각하며, 위로는 굽실거리고 아래는 짓밟는 전형적인 소인배이며, 소소한 덕목은 부지런히 갈고닦는 흔히 보는 남자가 아이히만이었다고 한다. 그에게 처세에 필요한 지능은 충분했지만, 부족한 것은 바로 자신에게 자문을 구한다는 의미에서 생각할 줄 아는 자세였다고 아렌트는 진단한다. 아렌트에게 아이히만은 "하나인 둘"의 관계가 거부당해 괴물처럼 부풀려진 그저 그런 남자다.

그래서 아이히만은 "하나인 둘"이라는 의미에서 개인이기를 아예 시도조차 해본 적 없이 거부한 개인이라고 아렌트는 결론짓는다. 그렇지 않다면 거대한 살인 기계의 톱니바퀴이자 나사이기를 자처했으며 또 자신을 그렇게 만들도록 방치한 행보는 도저히 이해될 수 없다.

# 전쟁의 한복판에 선 장폴 사르트르
## - 개인적 실존주의에서 현실 참여 실존주의로의 전환

**제 1 5 장**

사르트르는 몸소 겪은 전쟁과 1939년 9월부터 1941년 3월까지 18개월 동안 전쟁포로로 사로잡혀 지냈던 시간을 기회가 있을 때마다 인생의 결정적 단면으로 강조하곤 했다. "확실한 것은 1939년부터 나는 더는 내가 아니었다는 사실이다. 그때까지 나는 절대적으로 자유로운 개인의 인생, 아무튼 내가 믿기로는 자유를 만끽하는 인생을 살았다." 그런 다음 이런 문장이 나온다. "갑자기 나는 특정 역할, 말도 안 되는 어리석은 역할을 맡도록 강제하는 대중 속에 섞여버렸다." 뒤돌아보는 눈길에 인생은 두 부분으로 나뉘었다고도 했다. "그때까지 나는 나 자신을 당당한 주체로 여겨왔으나, 동원령으로 나의 고유한 자유를 부정해야만 했으며, 이로써 나와 다른 사람들을 묶어주던 끈을, 세계의 무게를 의식하게 되었다. 전쟁은 나의 인생을 확실하게 두 부분으로 나누었다. … 그 분기점에서 나는, 원한다면 이렇게 말할 수도 있겠는데, 전쟁 이전 시기의 개인주의와 순수한 개인 개념에서 사회적인 것, 사회주의로 넘어갔다."

일단 그 이전 이야기부터 해보자. 르아브르, 그다음에는 파리의 김나지움에서 철학을 가르친 교사였던 사르트르는 1938년에 발표한 소설 『구토 La Nausée』로 자신의 이름을 세상에 알렸다. 문학계와 철학계에서는 이미 어느 정도 이름이 알려진 사르트르와 그의 인생 동반자 시몬 드 보부아르 Simone de Beauvoir*를 중심으로 파리에서는 친구들이 속속 모여들었다. 재기발랄한 발상과 작품이 넘쳐나던 행복한 시절이었다. 사르트르는 나중에 이 시기를 두고 "무정부적인 방종으로 타락한 젊은이들"이라고 깎아내리는 평가에 말도 안 된다며 불쾌감을 표했다. "그런 건 하릴없는 작자들의 헛소리"라고 사르트르는 일갈했다. 당시 이른바 '무의미함'은 독특한 불길로 번져나갔다. 이 불은 인생을 사는 새로운 즐거움으로 타올랐다. 인생의 이런 감정을 담아낸

---

* 시몬 드 보부아르(1908~1986)는 프랑스의 대표적인 작가이자 철학자다. 특히 현대 페미니즘의 선구자로서, 여성의 자유와 주체성을 실존철학의 관점에서 강조한 『제2의 성(Deuxième sexe)』을 대표작으로 남겼다.

『구토』의 주인공은 대체 무엇 때문에 그처럼 신이 났느냐는 물음에 이렇게 답한다. "우리가 여기 앉았으니까, 우리 모두가 이곳에 존재한다는 것을 … 생각했고 … 우리의 소중한 실존을 얻으려 먹고 마시니까, 실존해야 할 근거는 아무것도, 그 어떤 근거도 없으니까."

근거 없음은 기회, 심지어 행운으로 받아들여졌다. 저 바깥 어딘가에 있는 근거, 인생이 살 만하며 그래서 의무라고 강변하는 초월적 근거는 이미 신뢰성을 잃었다. 근거 없음은 그래서 해방으로 받아들여졌다. 사르트르와 친구들은 정치와는 거리가 먼 삶을 살았다. 사르트르는 자신과 직접 관련된 사안에서만 정치에 관심을 보였다. 그는 또 좌파에 호감을 보이며 동조하는 발언을 하곤 했다. 예를 들어 스페인 내전에서 '인민전선' 또는 '공화파'를 지지한다고 공개적으로 입장을 밝혔다. 하지만 문학과 철학의 글쓰기에 정치는 아무런 영향을 주지 못했다.

프랑스에서 실존주의라는 개념은 1920년대 말에 등장했다. 장 발Jean Wahl\*은 이 개념을 "실존함이란 선택함이다. 열정으로 존재하며, 달라지고 변화하며 성장하려 노력하며, 개인으로 주

---

\* 장 발(1888~1974)은 프랑스의 철학자로, 소르본대학교 교수를 지냈으며, 유대인 출신이라 포로수용소로 끌려갔다가 미국으로 망명해 활동한 인물이다. 장폴 사르트르에게 철학적으로 깊은 영향을 주었다.

체성을 가지고 끊임없이 자신을 돌보는 자세를 강조하는 사상"이라고 정의한다. 1930년대 프랑스에서 전통적인 데카르트주의와 극명한 대비를 이루는 새로운 사상으로 주목을 받은 것은 두 가지다.

그 첫 번째는 '실존'이다. 실존은 피와 살을 가진 유한한 존재, 떠받쳐주는 그 어떤 근거로부터 찢겨나간 존재, 하늘을 우러러 기도 올릴 대상을 가지지 않는 개인이다. 모든 것을 품어주는 위대한 포괄자는 이제 깨끗이 사라졌다. 인간은 오로지 자신에게만 의존해 스스로 길을 골라야 한다. 어떤 목표를 지향할지도 오로지 개인의 결단에 달린 문제다. 실존의 관점은 하나의 논리로 세계를 남김없이 설명하겠다는 범논리주의에 마침표를 찍었다.

실존은 우연에 주목하는 '우발성'이라는 두 번째 생각을 이끌어온다. 개별적 인간은 말 그대로 우연의 화신으로 자신을 경험한다. 개인의 몸, 개인이 있는 특정 공간과 시간은 그저 우발적으로 빚어진 우연의 결과물이다. 개인은 어느 것 하나 마음대로 고를 수 없다. 어제 오늘 새삼스럽게 그런 게 아니라, 항상 인간은 선택당했지, 선택하지 않았다. 인간은 세상에 태어나도록 시작당했다. 인생을 살면서도 자신의 의지로 선택한 것보다는 공간과 시간이 베푸는 것으로 인간은 대개 만족해야만 한다. 우발적 우연은 한마디로 존재하는 것은 존재하지 않을 수도 있음을 뜻한다. 인간은 그 어떤 드높은 뜻이 섭리한다고 전혀 확신할 수 없다.

우발적 실존이라는 생각은 자유를 철두철미하게 실현하고자 하는 욕구와 관련이 있다. 실존적 기독교는 이 자유를 개인이 자발적으로 신과 절대자 앞에 서려는 결단으로 이해했다. 그러나 사르트르에게 이 자유는 의미 없는 관습과 허례를 일체 허물어 버리고 허허벌판 텅 빈 곳, 공허함으로 나서는 행위를 뜻한다. 이런 자유는 해방의 시원한 날갯짓으로 느껴지기는 하지만, 많은 경우 존재의 참을 수 없는 가벼움에 보이는 구토이기도 하다.

실존주의와 존재를 보는 여러 신비주의, 개인적 결단의 강조, 허무주의 등이 함께 어우러지며 빚어낸 1930년대 프랑스의 정신적 분위기에는 현상학도 한몫 거들었다.

실존주의가 인생에 주어진 일관된 의미의 무의미함을 폭로하고 초월적 의미 부여를 거부할 수 있었던 자신감은 현상학의 방법이 키워주었다. 의식의 지향적 구조에 주목함으로써 인생의 여러 이질적인 요소, 심지어 서로 상충하며 모순을 일으키는 요소를 각각의 면모에 충실하게 기술하게 해주는 현상학의 방법은 허무주의에 사로잡혔던 당대의 지식인들에게 신선한 행복을 선물했다. 이처럼 현상학은 현상에 주목함으로써 인생을 사는 즐거움을 일깨워주는 일종의 예술로, 부동의 의미를 가진 전체가 무너져버린 상실감을 보상해주었다. 현상학은 부조리한 세상에서도 인식의 행복을 허락해주었기 때문이다.

독일에서 공부하면서 현상학을 직접 접해본 레몽 아롱Raymond Aron*이 친구 사르트르에게 1930년대 초 자신의 현상학 경험을 이야기해주었을 때, 사르트르는 감전이라도 당한 것처럼 전율했다. 마침내 이 찻잔을, 내가 손에 쥐고 차를 젓는 찻숟가락을, 카페의 의자를, 내 윙크에 달려오는 종업원을 두고 요모조모 철학적으로 따져볼 수 있게 허락해주는 철학이 나타났다! 직접적인 지각의 풍요로움을 되찾을 수 있게 해주는 현상학에 기대를 품고 사르트르는 1933년 후설과 하이데거를 공부하려고 베를린으로 유학을 떠났다. 얼마 뒤 사르트르는 현상학에 심취한 나머지 이렇게 썼다. "철학에서 이처럼 현실의 흐름을 실감나게 느끼게 해준 것이 몇백 년 만일까. 현상학자는 다시금 인간을 세계의 흐름에 푹 빠지게 만든다." 물론 사르트르는 현상학의 세계에 푹 빠진 나머지, 베를린에서 벌어지는 나치스의 정치적 만행을, 실제 세계에서 벌어지는 비열한 참상을 거의 알지 못했다.

---

\* 레몽 아롱(1905~1983)은 프랑스의 철학자이자 사회학자다. 전체주의를 겨눈 신랄한 비판으로 20세기의 주요한 정치사상가로 꼽히는 인물이다.

사르트르는 현재하는 사물의 다양한 면모, 습관에 물든 나머지 평소 가려보지 못한 풍부한 면모, 이른바 '즉자적 존재An-sich-Sein', 곧 '물자체Ding-an-sich'는 알 수 없다는 칸트 철학에 맞서 사물이 보여주는 풍부한 면모를 있는 그대로 주목하자는 현상학의 매혹적인 요구에 열광했다. 더불어 현상학은 사물을 바라보는 '의식'이 품은 풍부한 속내, 이른바 '대자적 존재Für-sich-Sein', 곧 의식에 드러난 사물의 풍부한 면모에도 주목하게 해주었다.

현상학의 태도가 주목하게 만든 자연 사물의 압도적인 현재, 인간의 초라한 감각으로 전모를 결코 포착할 수 없는 '사물 자체'를 보는 막막한 감정을 사르트르는 『구토』로 인상 깊게 묘사했다. 이 작품은 '우연성 경험'의 고전으로 빠르게 부상했다. "그러므로 나는 마침 공원에 존재했다. 마로니에 나무의 뿌리는 내가 앉은 벤치 바로 아래의 땅을 뚫고 들어갔다. 나는 그것이 뿌리였다는 것을 더는 기억하지 못한다. 그것들을 어떻게 불러야 할지 단어들이 사라져버리고, 단어와 함께 사물의 의미도, 그걸 어떻게 써야 하는지도, 인간이 사물의 표면에 새겨둔 표시도 희미하게 지워지고 말았다. 나는 거기 약간 삐딱하게 앉아 고개를 숙이고 이 검고 옹이 진 매듭, 거칠기만 한 물자체의 압도적 면모를 바라보며 두려움을 느꼈다. 그리고 바로 그때 나는 깨달음을 얻었다."

　이 깨달음은 의식이 사물에 부여하는 의미와 맥락이 부질없음을 읽어낸다. 소설의 화자 로캉탱\*은 아무 의미와 맥락 없이 헐벗은 사물들을 바라본다. 음란하다 못해 앙상해 보이는 사물은 로캉탱에게 "실존의 고백"을 털어놓는다. 여기서 실존은 순전한 우발적 존재를 뜻한다. "본질은 우연이다. … 실존에는 그 어떤 필연성도 없다. 우연은 기만이 아니며, 몰아낼 수 있는 가상이 아니다. 우연은 절대자, 완전히 근거 없음이다. 이 공원, 이 도시, 나 자신, 모든 것은 근거를 가지지 않는다. 근거 없음을 의식할 때마다 속이 뒤집힌다."

　공원의 경험은 우리를 이성적 논의를 완파하는 존재와 정면으로 맞닥뜨리게 한다. 화자 로캉탱은 자신을 물건 가운데의 물건, 나무 그 자체로 경험한다. "나는 마로니에 나무의 뿌리였다." 하지만 이와 대비해 그는 자신을 동시에 나무와는 떨어진 의식으로도 경험한다. 의식은 그 반대편의 존재, 그 속으로 들어가 볼 수 없는 존재에 견주어 단순한 없음, 아무것도 아닌 무다. 의식은 거울처럼 저 바깥의 존재를 비추어낼 뿐인 그냥 반

---

\*　『구토』의 화자 이름인 로캉탱(Roquentin)은 본래 젊어 보이고 싶어 하는 늙은이를 가리키는 단어다.

사이지, 존재가 아니다. 의식은 그저 나무를 바라보는 의식, 나무를 지향하는 의식일 따름이다. 존재와 무 사이에서 우왕좌왕하며 고민하는 의식은 대자對自, 곧 자기 자신을 바라보는 의식으로 존재의 무한한 결함이다. "인간은 그 존재로 무를 세상에 드러낸다." 이 문장은 사르트르의 위대한 책 『존재와 무L'Être et le Néant』에 등장한다. 사르트르는 이 책을 전쟁판에 나가 싸우고 포로로 잡혀 있는 동안 떠올린 생각을 메모해두었다가 정리해 1943년에 발표했다. 이 시점에 사르트르는 이미 레지스탕스에 가담해 싸웠다.

전체주의의 폭압 아래서 탄생한 이 작품은 섬세한 언어의 실로 짠 반反전체주의의 전면적 저항이다. 전체주의 사고는 인간을 물건으로 취급한다. 파시스트는 "무자비한 바위, 모든 것을 할퀴며 흐르는 거센 물살, 파괴적인 번갯불"이고자 하는 괴물로, 모든 것을 집어삼키지만 인간은 아니다. 사르트르의 철학은 인간에게 존엄성을 되돌려주고자 분투한다. 사르트르는 인간의 존엄한 자유를 굳어버린 모든 존재를 해체하는 힘으로 이해했다. 이런 의미에서 그의 작품은 무, 곧 '없애버림'의 창조적 힘을 향한 찬양이다. 핵심은 인간을 부정하는 모든 것을 향해 "아니다"라고 말하는 저항이다.

전쟁 투입과 포로 생활은 사르트르를 바꿔놓았다. 그는 이 경험이 자신을 개인주의에 사로잡힌 개별자에서 세계의 무게를 감당하고 책임지려는 인간, 하지만 자유는 절대 포기하지 않으려는 인간으로 바꿔놓았다고 술회했다. 이 시기에 정확히 무슨 일이 일어났던 걸까, 외적으로나 내적으로?

독일이 폴란드를 공격하자 프랑스는 독일을 상대로 선전포고했다. 1939년 9월 2일 내려진 총동원령에는 사르트르도 포함되었다. 그는 알자스 북부의 전선으로 가라는 명령을 받아 상병 계급을 달고 작은 그룹 소속으로 작전을 수행했다. 이 그룹의 구성원은 파리에서 큰 규모로 여성 의류를 취급하는 도매상과 지역 전화국 직원, 수학 교사였다. 이들이 맡은 임무는 기상 관측이었다. 사르트르는 매일 열기구를 타고 하늘에 올라 풍향을 측정했다. 측정 보고서는 대개 상관의 휴지통으로 직행했다. 전쟁이 벌어지고 있다는 실감은 어디에서도 느낄 수가 없었다. 전쟁 초기의 몇 개월 동안 독일은 공격하지 않았으며, 프랑스는 숨죽이고 사태만 관망했기 때문이다. 이 전쟁은 곧 "가짜 전쟁drole de guerre"이라는 별명을 얻었다. 사르트르는 이런 상황을 예견했던 모양이다. 징집되고 전선으로 수송되는 열차 안에서 시몬 드 보부아르에게 쓴 첫 편지에는 이런 문장이 나온다. "약간 잤어. … 그리고 기다리기 시작했지. 어떤 역에 도착했을 때 나는 전쟁이 끝날 때까지 이렇게 하염없이 기다려야 하는구나 하고 깨달았어."

 네 명의 기상 관측 대원은 거의 휴가를 온 기분이었다. 할 일이 없었거니와, 숙소도 알자스의 꽃으로 장식된 아름다운 민간 목조가옥이었기 때문이다. 다만 마음대로 돌아다닐 수 없는 불편은 감내해야만 했다. 명령을 받아 이리저리 옮겨 다녔으며, 물론 멋대로 외출할 수는 없었다. 자유롭지 않았지만, 자유 시간은 넘쳐났다. 예전 생활과 비교하며 사르트르는 쓴웃음을 지었다. "나는 잘 맞지도 않는 군복을 입고 나와 똑같은 옷을 입은 사람들과 함께 있다. 가족도 아니고 무슨 우정도 아니지만, 뭔가 대단히 중요하다고 느끼게 하는 소속감은 기이하기만 하다. 우리는 각자 외부에서 정해준 역할을 맡았다. 나는 풍선을 타고 하늘에 올라가 망원경으로 동료들을 관찰했다. 군 복무를 하면서 풍선을 타리라고는 꿈에도 생각하지 못했다. 나는 알지도 못하는 사람들에 섞여 이 근무를 하려고 존재한다. 저들도 근무를 하며 나를 돕고, 나는 저들을 돕는다. 저들은 구름 사이로 사라지는 내 풍선을 올려다보느라 목을 꺾고 서 있었다. 독일군은 이곳에서 불과 몇 킬로미터밖에 떨어지지 않는 곳에 있다. 저들도 우리와 마찬가지로 뭔가 근무를 한다. 개중에는 공격을 준비하는 사람도 있겠지. 이런 것이 절대적인 역사적 사실이다."

상황이 이렇게 흘러가자 사르트르는 일기를 쓰기로 결심했다. 그는 보부아르에게 파리에서 검은색으로 표지를 반짝거리게 칠한 아름다운 노트를 아예 포장 단위로 구매해서 보내달라고 부탁했다. 그런 고급 노트는 알자스에서 구할 수가 없었다. 사르트르는 이 공허한 시간 동안 풍선을 타지 않는 날이면 오로지 일기 쓰는 일에만 전념했다. 이 노트 몇 권은 안타깝게도 흔적을 찾을 수 없이 소실되고 말았다. 일설에 따르면 사르트르가 1939년 9월에서 1940년 5월까지 9개월 동안 쓴 일기는 인쇄 형태로 족히 1,500쪽을 넘길 거라고 한다. 1939년 12월 18일의 일기는 이렇다. "오늘 아침 대체 내가 어떤 몸짓을 주로 하는지 그 스타일을 포착하고자 이 일기를 쓰면서 나는 마치 조울증 환자처럼 나 자신의 분석에 집착하는 게 아닐까 하는 생각이 들었다. … 벌써 15년 넘게 나는 내 인생을 관찰하지 않았다. 나는 나 자신에게 별 관심이 없었기 때문이다. 나는 머릿속에 번뜩이며 떠오르는 생각, 세계, 다른 사람들의 심장에 호기심을 느꼈을 뿐이다." 그러니까 자기 심장에는 관심이 없었단다. 사르트르는 젊어서 일찌감치 실존을 발견하기는 했지만, 이 실존은 인간 일반의 실존, 곧 보편적 인간의 실존이었다. 다시 말해서 개념뿐인 실존, 개인이라는 구체적 사실성이 없는 실존이었다는 점을 사르트르는 깨달았다. 화들짝 놀란 사르트르는 실존을 본격적으로 재검토하기로 마음먹었다. "나는 일기가 싫다. 내가 보기에 인간은 자기 자신을 관찰하도록 만들어진 존재가 아니다. … 아무래도 인간은 어떤 특별한 정황에서만 자신의 인생을 바꿀 결심을 하지 않을까. 마치 허물벗기를 하는 뱀이 벗어버린 그 죽은 껍질을 살피듯 인간은 인생의 중간 결산을 하려고 일기를 쓰는 게 아닐까. 허물을 벗는다는 이 까다로운 요구는 분명 특별한 계기가 필요하리라." 사르트르는 전쟁으로 자신이 이 예외적인 상황에 처했다고 느꼈다. 전쟁 한복판의 자유롭지 않은 풍부한 자유 시간 속에서 그는 자아와 만나, 자아를 탐구하고자 하는 욕구를 느꼈다. 하지만 예외적인 비상 상황은 비상 상황으로 남아야만 한다. "전쟁이 끝나면 나는 이 일기를 더는 쓰지 않으련다. 혹여 쓴다고 하더라도 나 자신에 관한 이야기는 더는 하고 싶지 않다. 인생의 마지막 날까지 나 자신에게 괴롭힘을 당하고 싶지는 않기 때문이다."

하지만 일기를 쓰는 동안만큼은 그는 자아의 괴롭힘을 견뎠다. 그는 자신의 생활방식을 예전에는 결코 볼 수 없던 집중력으로 분석했다. 아침 일찍부터 저녁 늦게까지 일기를 쓰느라 심지어 씻지도 않았다. 그는 더러워진 자신을 지켜보았으며, 악취를 풍기면서까지 자아와의 만남을 시도했다.

재산은 어떨까 하고 그는 자문했다. 왜 재산에, 아니 더 분명하게 돈에 관심을 보이지 않는 거야? 사르트르는 기꺼이 지폐 다발을 지니고 다니고 싶었다. "마음껏 써야 하니까. 뭘 사려는 게 아니다. 나는 돈의 힘이 폭발하는 걸 보고 싶다. 폭발적으로 돈에서 벗어나고 싶다. 수류탄처럼 나로부터 멀리 돈을 던져버리고 싶다." 사람들은 사르트르의 씀씀이가 통 크다고 했다. 하지만 그건 완전히 맞지는 않는 말이다. 사르트르는 돈이 없는 걸 힘들어하지 않았기 때문이다. 그는 그냥 간단하게 뭔가 모으고 저축하며 지닐 수가 없는 인물이다. 사르트르는 뭔가 굳어지는 것, 경직되는 것을 끔찍한 공포처럼 여겼다. 모든 것은 운동해야만 한다. 가진 것은 사람들에게 나눠주어 자신을 벗어나 흘러야만 한다. 이를 사르트르의 철학 용어로 옮기면 이렇다. 재산은 '즉자$^{en\text{-}soi}$'로 굳어진 '대자$^{pour\text{-}soi}$'다. 간단히 말해서 서로를 위해 쓰여야 할 게 이기적으로 굳어진 것이 재산이다. 살아 생동하는 것, 자유가 굳어진 형태가 재산이다.

하지만 뭔가 재산으로 굳어지기 전에 먼저 획득이 일어나야만 한다. 본인의 동의 없이 획득은 일어날 수 없다. 자아가 대상의 세계로 손을 뻗기 위해서는 자기 자신과의 동의가 꼭 필요하다. 하지만 획득해서 재산을 만드는 것만으로 끝나지 않는다는 데서 문제가 생겨난다. 그렇게 재산이 된 것은 다시 거꾸로 주인을 재산으로 만들려 하기 때문이다. 뭔가 소유하고 싶었던 주인은 이제 재산의 소유가 된다. 이렇게 되면 사물의 세계가 살아 자유롭게 생동하는 생명력을 지배한다. 재산의 이런 특성 탓에 사르트르는 소유를 회피한다. 그래서 그는 돈을 "일"하게 하지 않고 폭발시킨다. 두 손에 가득 담아 사람들에게 뿌려버린다. 자신의 자유를 지키려고. "나는 소유하고 싶지 않다. 무엇보다도 형이상학적 자부심으로. 나는 나 자신을 위해 모든 것을 '무화無化'하는 고독만으로 충분하다. … 나는 오로지 자유 안에서만, 대상을 가게 내버려둠으로써, 나로부터 멀리 가게 만듦으로써만 행복을 느낀다. 나는 '무' 속에서만 편안하게 느낀다. 나는 자부심에 취해버린, 투명한 '무'다."

자유는 창조적이다. 세상의 변화는 자유를 통해서 이루어진다. 이것이 사르트르가 기회 있을 때마다 드러내 보이는 자유의 건설적 측면이다. 그러나 인용문의 맥락에서 볼 때 자유의 가장 중요한 역할은 파괴하는 '무화'다. 자유는 거부하고 부정한다. 자유를 위협하는 것을.

앞서 이야기했듯, 재산은 부정되었지만 획득은 부정되지 않는다. "나에게 인식은 터득이라는 마법적인 의미를 가진다." 이런 터득은 소유를 추구하지 않는다. 물론 모든 종류의 인식이 그런 것은 아니다. 사르트르 자신은 아름다움의 인식, 미학의 명제를 선호했다. 바로 예술은 소유하지 않아도 아름다운 세계,

굳어지지 않는 아름다운 세계를 창조적 자유로 포착한다.

사랑과 소유. 분명 사랑은 상대방을 소유하고자 욕구한다. 사르트르는 사랑하는 상대를 소유하지 못했다고 이를 갈며 자책하지는 않는다. 오히려 그는 간결하게 "사랑하면서 소유하려는 두 가지 희망이 동시에 충족될 수는 없다"고 확인한다. 왜 안 될까? 사랑하는 사람은 상대방에게서 자발적으로 우러나는 사랑의 근원을 소중히 여기기 때문이다. 가슴에서 우러나오지 않은 것을 상대방에게 강요하는 것은 자유라는 근원에서 비롯된 사랑이 아니다. "사랑하는 사람에게 상대방의 자율적 사랑보다 더 귀중한 것은 없다." 하지만 상대방의 자율성은 마음 놓고 기댈 수 있는 성질의 것이 아니다. 자율성은, 운동하는 자유는 불변의 안전한 기반을 주지 않는다. 그래서 역설적인 요구, 무리한 요구를 사랑은 감당해야만 한다. 다시 말해서 상대방을 사랑하되, 상대의 자유라는 '품'에 안겨 언제라도 깨질 수 있는 섬약한 안전에 우리는 만족할 줄 알아야만 한다. 자유 의지는 오로지 늘 변화하며 흔들리는 기초만 제공할 뿐이다. 그래서 사랑은 매 순간 새롭게 다듬어져야만 한다.

아름다움. "나는 아름다움만 갈망하며, 그 밖에는 공허함, 아무것도 아닌 '무'다." 사르트르가 쓴 문장이다. 이 갈망은 그를 문학으로 이끌었을 뿐만 아니라, 행복을 여인에게서 찾게 하기도 했다. 물론 그는 여인의 사랑을 구하는 자신에게 어떤 보상 심리가 숨은 것은 아닌지 스스로 의심을 지울 수 없었다고 술회한다. "여인과 어울려 지내기를 좋아하는 게 혹시 내 추한 외모의 부담을 상쇄하고 싶어 그런 것은 아닌지 나는 솔직히 잘 모르겠다."

아무튼 여인과의 관계에서 그는 무엇이 자신의 두드러진 특성인지, 무엇 때문에 자신이 힘겨워하는지 몇 가지 알아냈다. 이런 자아 인식에서 가장 어려운 도전과제를 사르트르는 하이데거에게서 받아들였다고 분명히 밝힌 두 가지 개념으로 정리했다. 그것은 역사성과 진정성이다.

역사성. 이 개념은, 후기 사르트르에서 보는 것과 같은 마르크스주의로 해석한 역사는 아직 아니다. 하이데거가 이해한 역사성은 늘 인간을 사로잡는 상황, 그래서 원하든 아니든 이 상황에 어떻게 답해야 할지 고민해야만 하는 상황을 뜻한다. "존재 안에 사로잡힘[In-Sein]"은 하이데거가 배경을 알 수 없어 무어라 대답해야 좋을지 모르는 이런 상황을 표현하기 위해 쓴 용어다. 하이데거 자신은 이 'In-Sein'을 분석하려고 단어의 기묘한 조합을 거침없이 구사한다. 상황을 개념으로 포착하고자 할 때 주관과 객관, 나와 세계를 갈라놓고 생각하게 만드는 유혹에 맞서고자 하이픈(-)으로 단어를 조합한 탓에 하이데거의 글에는 복합어가 어지럽게 춤춘다. 되도록 맥락을 끊지 않고 살려내려는 이런 노력은 이를테면 "세계 내 존재In-der-Welt-sein", "다른 사람과 더불어 존재함Mit-sein-mit-anderen", "앞서가는 존재Sich-vorweg-sein" 또는 심지어 "세계 안에서 만나는 존재로서 세계 안에서 앞서 감Sich-vorweg-schon-sein in [einer Welt] als Sein-bei [innerweltlich begegnendem Seienden]이라는 조어가 범벅이 되는 결과를 낳았다. 하이픈을 활용해 단어를 조합하는 이런 어법은 달갑지는 않지만, 역사의 상황이 항상 여러 사람의 다양한 경험과 근심이 어울려 빚어진다는 점을 고려할 때 피할 수 없는 선택이다. 예를 들어 국가라는 집단이 처한 상황이 왜 빚어졌는지 그 배경을 알지 못한다면, 개인은 자신이 이 상황에 어떻게 대처해야 하는지 올바로 이해하기 어렵다. 자신을 고립시켜 보는 유아론적 해석은 그래서 실패할 수밖에 없다. 이런 의미에서 사르트르 역시 자신의 역사성을 하이픈 형식으로 담아내려 시도했다. 그는 말년에 전쟁 당시의 경험을 돌이켜보며 '가짜 전쟁'에 휘말린 자신의 처지를 "전쟁으로 향한 존재Être-en-guerre"라고 표현했다. 자신이 전쟁이라는 상황에 빠진 것은 알겠는데, 눈길이 닿는 지평선 어디에도 전쟁은 생각할 수도, 경험할 수도 없는 어처구니없는 현실을 염두에 둔 것이 이 표현이다. 1939년 10월 26일 보부아르에게 쓴 편지에서 사르트르는 "가짜의 태도"를 이야기했다.

"내가 그것(전쟁)을 일부러 숨겨서 이 시기(1918~1939)의 의미(전체는 물론이고 그 세세한 점까지)를 읽어내지 못하는 걸까. 이런 상황은 '전쟁으로 향한 존재'라고밖에 달리 부를 수 없을 것 같아. 아무튼 내 의지와는 상관없이, 대체 무슨 일인지 알지도 못하고, 나는 그럼 20년을 '전쟁으로 향한 존재'로 살았던 거야."

사르트르는 '역사성'이라는 주제를 '진정성'과 연결한다. 진정하다는 것은 인간이 자신의 상황을 속속들이 파악했음을 뜻한다. 상황 파악이 안 되는 것은 부족한 인식의 문제일 뿐 아니라 지향성의 문제이기도 하다. 평소 정치 사회적 상황에 얼마나 관심을 쏟았느냐 하는 것이 지향성의 문제다. 인간은 자기 자신을 넘어서서 상황으로 나아갈 수 있어야 비로소 상황 파악을 위한 개방성을 갖춘다. 이런 "초월성"이 부족했다고 사르트르는 자신을 비판한다. 그는 정치 사회의 현실에 등을 돌리고 오직 개별성만 돌보는 "스토아철학"에 사로잡혀 지냈다고 자책한다.

그럼 대체 그의 상황은 어떤 것일까? 그동안 전쟁이 시작되기는 했지만, 어찌 된 일인지 전쟁은 연기 한 번 피우지 않는다. 사르트르는 그때까지 살아온 인생으로부터 찢긴 채, 평소 같았으면 전혀 상대하지 않았을 "겁쟁이와 약아빠진 작자들" 한복판에 자신이 던져졌다고 느꼈다. 국가는 그에게 군복을 입히고, 특정 장소에 옴짝달싹도 못 하게 붙들어두었다. 그는 기상 관측 열기구를 타야 했으며, 그도 아니면 자기 자신에게 괴롭힘을 당하며 일기를 썼다. 이것이 지금 그의 상황이다. "나는 군인 세계의 한복판에 있지만, 전쟁의 세계는 짐작만 할 뿐이야." 사르트르가 1939년 9월 13일 보부아르에게 쓴 편지의 한 대목이다.

이런 상황에서 진정성 있는 태도를 보인다는 것은 무얼 의미할까?

이 물음의 답은, 전부는 아닐지라도 일부는, 일기를 쓰는 행위다. 진정성은 어떤 경우든 스스로 자신을 부정하지 않음을 뜻한다. 하지만 그 자신이라는 것이 대체 무엇인가? 사르트르는 자신이 무엇인지 정확히 알지 못했다. 다만 분명한 점은 일기에 희망을 기록하는 것은 자아의 일부라는 사실이다. 일기에 그는 이렇게 썼다. "나는 희망을 쓰는 일에 붙들렸다. 심지어 전쟁 중임에도 내가 흔들림 없이 평안할 수 있는 이유는 내가 보고 느끼는 것을 곧장 기록할 수 있기 때문이다." 그렇지만 이것만으로 올곧은 진정성은 충분히 채워지지 않는다. 이를 채우려면 두 눈으로 보고 느낀 것으로 무슨 일이 시작되는지 지켜보아야만 한다. "맞다. 나는 진정하지 않았다. 내가 느끼는 모든 것에서 나는, 이 느낌을 가지기 전부터, 이런 느낌이 일어났음을 이미 알았다. 그런데 나는 이 느낌의 정체가 무엇인지 생각하고 정의하는 일에 전력을 다해 매달리지 않고 그저 그러려니

건성으로 넘겼다. … 상황이 본격적으로 불거지고 나서야 비로소 나는 단어를 골라가며, 때로는 느낌을 짓누르고, 때로는 느낌을 약간 부풀리며 내 감정이 그럴싸하게 보이도록 꾸며댔다. 제본된 책에 들어가면 사람들이 멋지다고 칭찬할 표현으로." 올곧은 진정성은 이처럼 느낌을 곱씹고 되짚어보는 반성이 왜곡을 일삼는다는 것을 자백해야 성취된다. "이 끊임없는 반성은 본래의 느낌과 멀어지도록 이간질하며, 나 자신에게 이득이 될 것을 뽑아내라고 욕심부리며 보챈다. 이렇게 뽑아낸 것은 어디까지나 내 안에서 나왔을 뿐, 나의 시선이 빚어냈을 뿐, 본래 상황이 아니다."

이런 "분열", 본래 느낌과 가공된 느낌 사이의 간극은 피할 수 없이 자유 문제를 이끌고 온다. 반성이 반성을 부르는 불안함이 힘든 탓에 사람은 이미 운명처럼 결정된 즉자$^{En\text{-}soi}$에 매달리는 쪽이 편안하다는 유혹에 빠진다. 하지만 이런 태도는 자신이 가진 자유를 부정하는 것과 다르지 않다. 정확히 이것이 사르트르가 보기에 진정하지 않은 거짓 꾸밈이 생겨나는 핵심 원인이다. 인간은 자신은 물론이고 다른 사람에게도 달리 어쩔 수 없었다고, 모든 것은 이미 정해져 있다며 자유를 부정한다. "자유가 물러간다. 사람들은 자유를 버리고 물건을 택한다. 그러면서도 이런 선택이 자유라고 믿는다. 그러나 이 자유는 책임져야 하는 자리에서 물러남, 곧 회피다." 회피는 특히 자신의 행동에 책임을 져야 할 때 일어난다. 책임을 회피하는 사람은 자신의 행동을 피할 수 없는 일, 꼭 필요한 일이었다고 강변한다. 이는 진정하지 않은 선택, 곧 거짓말이다. 자유를 자신과 다른 사람에게 숨기고 어쩔 수 없어서 그랬다고, 그렇게 하는 것이 정해진 의무 아니냐고 하는 변명은 책임을 회피하는 거짓이다.

  사르트르는 일기에 적었던 이 사유 과정을 『존재와 무』, 특히 '부정직함'을 다룬 장에서 더욱 섬세하게 펼쳐낸다. 이 장에서 사르트르는 정직하지 못한 거짓말이 어떻게 자아를 물건으로 만드는지, 거짓말하는 사람의 내면에서는 어떤 시간 경험이 일어나는지 상세하게 추적한다. 거짓을 꾸며내며 시간상에서 일어나는 객관적이고 인과적인 사건이라 내 힘으로는 어쩔 수 없다고 변명한다. 이런 변명은 사건과 다르게 언제든 내가 마음먹으면 내 행동이 가능하다는 점을 숨기면서, 옛날 같으면 내가 나섰을 것을, 앞으로는 내가 나설 거야 하고 자신의 주체적 결단을 피하기 바쁘다. 그러나 나중이라는 미래의 시점에서 이뤄진 결단은 옛날의 일관된 인과적 결과가 아니라 불연속적인 결정, 곧 자유의 결정일 따름이다. 거짓말은 이런 이치를 한사코 외면한다. 이렇게 해서 거짓말하는 사람은, 특히 불리한 상황에서는 허공에서 떨어지는 돌처럼 살려고 한다.

진정성과 자유는 개인의 고유한 역사뿐만 아니라 집단의 역사에도 고스란히 적용된다. 흔히 역사를 인과적 결과로 해석하지만, 역사의 상당 부분은 주체적 개인의 결단이 서로 교차하며 빚어진 카오스의 결과물이다. 이런 의미에서 사르트르는 일기에서 전쟁이 벌어진 데에는 전쟁 이전에 자신이 정치적으로 무관심했던 것도 일조했다고 썼다. "우리는 어떤 결정을 절대 사실에 전가하지 말아야 한다." 그러나 인간의 의식은 끊임없이 이런 회피와 변명을 시도한다고 사르트르는 지적한다. 그는 지금 시작한 전쟁이 앞으로 어떻게 전개될지 그 방향에 분명 자신의 결단도 한몫하리라고 결론지었다. "내가 이 전쟁에 던져진 데는 분명 사실의 영향이 있기는 하다. 하지만 이 전쟁이 나에게 앞으로 어떻게 될지, 어떤 면모를 나에게 드러낼지, 내가 전쟁에서 무엇을 해야 하며, 앞으로 전쟁을 위해 어떤 역할을 해야 할지, 이 모든 것은 나의 자유로운 결정이며 그 온전한 책임은 내가 진다."

　물론 아직 연기조차 피우지 않는 전쟁이기는 했지만, 사르트르는 전쟁의 한복판에서 이런 문장을 썼다. 그래서 그는 어떻게 없는 것이 있는 것의 형태를 취하는지 현상학의 탁월한 방식으로 일기에 묘사하기도 했다. 그의 세 동료 부대원은 사르트르가 그동안 씻지도 않고 고약한 냄새를 풍기며 아침 일찍부터 밤늦게까지 일기를 붙들고 어떻게 없는 전쟁이 있게 되었는지 몰두하는 것을 너그럽게 봐주었다.

이 독특한 상황, 세상과 고립되어 칩거하는 것 같음에도 자기 자신에게 활짝 열리는 상황, 곧 자신을 더욱 더 분명하게 관찰하며 자신에게 말을 걸 수 있는 상황에서 사르트르는 자신의 인생을 변화시키고 싶다고 일기에 썼다. "자유는 세상에 깊은 뿌리를 내려야만 실현할 수 있다는 점을 나는 이해했다. … 그러나 말이 쉽지, 뿌리내리는 행동은 간단하지 않다. 더욱이 나는 서른네 살이나 먹도록 스스로 모든 뿌리를 끊어버리고 허공에 덜렁거리는 풀처럼 살아왔구나. 내가 지금 이 순간 할 수 있는 모든 것은 그동안 고집스럽게 누려온 자유가 허공과 같은 것이었음을 비판하는 일이다. 이제는 뿌리를 내려야만 한다는 원칙을 확실히 지켜야 한다. … 인간은 흙으로 이루어져야 하는데, 나는 바람이었다."

이 글은 사르트르가 1940년 3월에 쓴 것이다. 6월에 드디어 독일군이 공격을 개시했다. 변변한 싸움 한번 해보지도 못하고 알자스 북부의 프랑스 부대는 통째로 전쟁포로가 되었다. 이후 몇 달을 사르트르는 트리어 근교에 있는 전쟁포로 수용소의 이른바 '예술가 막사'에서 생활했다. 언덕 높은 곳의 막사에서는 저 아래 자유롭게 오가는 사람들이 환히 내려다보였다.

"가짜 전쟁" 때 시작되었던 "변신"은 계속되었다. 우리 안에 욱여넣어진 가축처럼 동료들과 좁은 막사에서 사르트르는 뿌리를 내리는 데에 전념했다. 나중에 되돌아보며 그는 포로 생활이 "서글픈 사회주의"였지만, 그래도 어쨌거나 "집단으로, 공동체로 나누는 삶"이었다고 덧붙였다. 돈이 없으며, 음식은 배급이었고, 외출은 불가능했다. 하지만 "포로로 겪게 된 공동생활이지만, 공동체로 사는 인생도 얼마든지 행복할 수 있구나." 그토록 자유분방한 삶을 살았던 사르트르는 의심할 바 없이, 그 자신도 고백하듯 "개조되었다."

1941년 3월 사르트르는 탈출에 성공했다. 독일이 점령한 파리로 되돌아온 그는 카페에 앉은 사람들이 서로 멀찌감치 "거리를 두는 것"을 보고 놀랐다. "내 눈에 카페는 잃어버린 공간처럼 보였다."

시몬 드 보부아르는 자신의 애인 사르트르를 거의 알아보지 못했다. 함께 맞은 첫 저녁에 나누었던 대화를 그녀는 이렇게 묘사했다. "사르트르의 뜬금없는 도덕주의 탓에 나는 얼이 빠질 지경이었다. 나보고 암시장 거래를 하느냐고? 나는 이따금 암시장에서 마실 차를 약간 샀다. 그것만으로도 지나치다고 그는 말했다. 나는 프리메이슨도, 유대인도 아니라는 서류에 서명하라는 요구를 거부했다고 말했다. 사르트르는 언제나 자기 생각이 분명해 좋고 싫음을 말로도 태도로도 거침없이 드러냈지만, 무슨 도덕군자처럼 훈계한 적은 결코 없었다. … 이 첫 저녁에 그는 전혀 다른 면모로 나를 깜짝 놀라게 했다. 자신이 파리로 돌아온 것은 달콤한 자유를 누리기 위해서가 아니라, 행동하기로 결심했기 때문이란다. 어떻게? 나는 눈을 동그랗게 뜨고 물었다. 우리는 고립되었어, 아무 힘이 없다고! 그러니까. 사르트르가 말했다. 이 고립을 격파하고 힘을 모아야 해. 저항운동을 조직하자고."

  사르트르는 그저 바람처럼 사는 인생을 그만두기로 확고히 결단했다.

에른스트 윙거
- 돌격대장과 숲으로 간 개인

**제 1 6 장**

장폴 사르트르가 알자스 북부에서 기상 관측 열기구를 타는 동안, 반대편인 바덴바덴 근처의 전선에서는 에른스트 윙거Ernst Jünger*가 중대장으로 부대를 이끌었다.

그는 하노버 근교의 키리히호르스트라는 곳에서 "편안하게 헤로도토스Herodotos**를 공부"하다가 1939년 8월 26일 소집되었

---

\* 에른스트 윙거(1895~1998)는 독일의 작가로, 전쟁 경험을 사실적으로 그리면서도 영웅적 색채를 불어넣은 인물이다. 강한 민족주의와 보수적 성향을 자랑해 나치즘에 이론적 기반을 주었다는 평가를 받았으나, 나중에는 나치즘을 신랄하게 비판했다. 이런 좌충우돌의 행보로 지금도 논란이 그치지 않는 작가다.

\*\* 헤로도토스(기원전 484년경~기원전 425년경)는 고대 그리스의 역사가로, 흔히 '역사학의 아버지'로 불린다

다. 마침 집필한 소설 『대리석 절벽 위에서 Auf den Marmorklippen』의 교정 작업을 끝낸 그는 부대를 이끌고 라인강 상류의 베스트발이라는 곳으로 갔다. "인간은 군복을 입고 살아봐야만 해." 제1차 세계대전에서 열세 번 부상당했으며 훈장을 주렁주렁 걸친 장교 에른스트 윙거가 일기에 쓴 문장이다.

그가 막 끝낸 소설은 그동안 윙거가 나치즘에서 멀어져가며 키워온 간격을, 에두르되 흘려볼 수 없이 담아낸 작품이다. 전쟁 기록 『강철 폭풍 속에서 In Stahlgewittern』와 시대의 해석 『총동원령 Die totale Mobilmachung』, 그리고 『노동자: 지배와 형상 Der Arbeiter. Herrschaft und Gestalt』(이하 『노동자』)과 같은 작품을 읽고 에른스트 윙거를 나치스의 동반자로 알았던 사람들에게 『대리석 절벽 위에서』는 그야말로 충격이었다. 실제로 윙거는 나치즘에 동조했었기 때문이다. 그동안 그는 이런 입장을 철회했다. 이런 결별은 이미 1933년 나치스의 후보로 제국의회 선거에 출마해달라는 요구를 거부했을 때 그 조짐을 드러냈다. 윙거는 "깨끗이 청소된" 독일문학아카데미의 회원으로 선출되는 것도 거부했으며, 나치스의 기관지 『민족 관찰자 Der Völkische Beobachter』가 자신의 글을 싣지 못하게 막았다. 나치스에 의해 통제된 언론은 1939년 말에 발표된 『대리석 절벽 위에서』에 아무런 반응을 보이지 않고 침묵했다. 당 안에서는 책을 금서목록에 올려야 한다는 목소리가 만만치 않았다. 책이 금서로 지정되지 않게 아마도 히틀러 자신이 막은 모양이다. 히틀러는 제1차 세계대전의 영웅이자 『강철 폭풍 속에서』의 작가에 여전히 경탄했기 때문이다.

윙거가 『대리석 절벽 위에서』를 탈고했을 때 그는 형이 이런 말을 했다고 일기에 적어놓았다. "저들은 네 책을 첫 두 주 만에 금지시킬 거야. 이 시간이 지나면 절대 금지하지 못하지." 이는 곧 작가 자신도 위험을 충분히 인지했음을 뜻한다. 소설에 등장하는 "산림 감독관"이 개간지인 쾨펠스블레크에 세운, 박피 가죽으로 꾸민 오두막은 누가 봐도 강제수용소의 세계를 묘사한 것으로 읽히기 때문이다. 감독관은 곧 현실의 폭군이다. "그곳은 지하실이었으며, 그 위로 우뚝 솟은 폭군의 성이 압도적인 위세를 자랑했다. 성에서는 만찬이 풍기는 기분 좋은 냄새가 하늘하늘 피어올랐다. 끔찍한 악취로 코를 틀어막게 하는 지하실 안에는 영원할 것처럼 빛나는 횃불 불빛이 인간의 존엄성과 자유를 훼손한 현장을 소름 끼칠 정도로 흥에 겨운 듯 비추었다."

에른스트 윙거는 1939년 두 번째로 참전할 때 나치스의 권력 장악 전야인 1932년 자신의 책 『노동자』에서 피력했던 견해와는 확연히 다른 생각을 품었다. 『노동자』에서 그는 소시민의 정의를 앞세운 세계가 파괴되어야 한다고 썼다. "이 폭파 작업에 참여하는 것은 우리 시대의 잔혹하기는 하지만 고결한 즐거움이다." 또 그는 개인주의는 한껏 고양된 낭만적 꿈이라며 비웃음을 서슴지 않았다. 다른 자리에서 개인주의를 높게 평가했던 윙거이기에 이 비웃음 역시 우리는 눈여겨보아야만 한다. "심장의 느낌과 정신의 체계는 얼마든지 논박될 수 있지만, 대상은 반박되지 않는다. 이를테면 기관총이 그런 대상이다."

윙거는 독일군의 공격으로 초토화된 도시 스당의 참혹한 현장을 돌아본 1940년 5월 2일의 일기에 이렇게 썼다. "지역 전체는 이루 말할 수 없이 끔찍한 죽음의 난장판이다. 현장을 둘러보며 나는 엄청난 충격을 받았다. 젊어서 치기 넘칠 때 나는 인간이 완전히 몰살당한 텅 빈 세계라면 차라리 속이 시원하겠다는 꿈을 꾸곤 했다. 이 어두운 꿈을 좀 즐겼다는 걸 나는 부정하지 않으련다."

1940년의 에른스트 윙거는 1920년대와 1930년대 초의 윙거를 단 하나의 기관총으로 죽음의 활주로를 열어 타락함이 없는 깨끗한 세상을 열고 싶어 하는 테러리스트라고 되돌아보았다. 보기만 해도 구역질 나는 세상을 깨끗이 쓸어버리고 싶다는 젊은 혈기의 충동이야 이해 못 할 바는 아니다. 그러나 기관총의 힘을 믿는다면 그럼 개인은, 뜨거운 심장과 냉철한 정신을 소유한 개별자는 아무것도 아니란 말인가? 하지만 세상이 늘 그렇듯 희한하게도 그 정반대다. 정말 변태스럽다고나 할까. 개인은 큰 무리의 군중을, 대중 전체를 장악하고 제압할 수 있다. 개인은 그저 기관총을 손에 들기만 하면 된다. 그럼 다수의 강력한 힘은 흔적도 없이 사라진다. 기관총 뒤의 개인은 엘리트 군인인 돌격대장 윙거에게 대중사회, 아니 어리석음과 타락으로 물든 우중愚衆사회가 부려대는 마법을 끝장낼 힘의 원천이다. 1934년에 쓴 에세이 『고통에 대하여Über den Schmerz』에서 윙거는 그런 힘을 위임받아 기관총을 든 개인을 묘사했다. "1921년 3월에 나는 세 명의 기관총 사수들과 아마도 5,000명 정도의 시위대가 서로 충돌하는 현장을 목격했다. 발포 명령이 떨어지고 채 1분이 지나기도 전에, 단 한 명의 사상자도 없이 시위대는 흔적도 없이 사라졌다. 단 몇 발의 위협사격에 뿔뿔이 흩어져 걸음아 나 살려라 도망간 대중을 지켜보며 나는 마술 쇼를 본 것만 같은 유쾌한 기분이 들었다. 마치 알고 보면 악마가 형편없는 겁쟁이였다는 폭로의 현장을 지켜본 것만 같았다."

마법의 힘을 잃은 대중은 "겁쟁이 악마"가 되었다. 그러나 어중이떠중이로 우글거리는 대중, 그저 그런 개인들이 어슬렁거리는 대중이나 그럴 뿐, 잘 조직되어 정연한 대오를 이루고 행진하는 대중은 강력하다. 수정처럼 투명하고 단단한 "대중 크리스털"(카네티)에 비추어 대오를 이루지 못하고 무력하기만 한 대중을 윙거는 이런 그림으로 묘사한다. "이 대중은 모래알 같은 개인이 쌓여 이룬 모래 무덤이라 결국 모래알로 흘러내린다."

전투적이며 기술에 열광하는, 1920년대에서 1930년대 초까지의 윙거는 정연한 대오를 갖춘 대중사회를 미래사회로 그리며 이런 꿈을 탐닉했다. 사회 자체를 하나의 기계로, 개인이 이 기계를 이루는 부품으로 맞물려 돌아가며 기능하는 그림은 찰리 채플린Charlie Chaplin이 만든 영화〈모던 타임스Modern Times〉를 연상시킨다. 물론 윙거의 그림에는 희극적 요소도, 비판도 찾아볼 수 없다. 윙거는 기술화되고 전체주의화된 노동사회에서 시민적이고 자유주의적인 시대의 개인이 붕괴하는 과정을 냉철하게 충실히 묘사했을 따름이다. 이 전체주의 사회에 개인은 설 자리가 없다.

그러나 이음새 하나 찾아볼 수 없는 폐쇄적인 전체주의 지배는 엘리트의 외부 관점, 곧 기관총 뒤의 개인처럼 전체를 굽어볼 외부 관점을 전제한다. 전체를 굽어보는 개인은 이 전체의 일원일 수 없다. 전체 안에 있는 개인은 전체의 전모를 그처럼 정확하게 묘사할 수 없기 때문이다. 이 개인은 사회의 일원인 동시에 바깥에서 굽어보아야만 한다.

안에 있는 동시에 바깥에서 굽어보아야 한다는 것이 풀릴 수 없는 모순임을 이제 윙거는 분명히 깨달았다. 또한 윙거는 전체주의 정권 아래서 기계처럼 완벽하게 돌아가는 노동사회라는 그림이 자신의 예술가적 열망과 합치될 수 없음도 자각했다. 예술은 본래 유용한 '노동'과는 다른 면모를 가져야 한다. 예술은 기능적 도구로 쓰이는 것에 질색하는 특성을 보이게 마련이다. 예술은 봉사의 도구가 아니라 그 자체가 목적이어야 한다. 예술은 노동사회의 규범 앞에서 자신을 정당화하려 변호해야 할 필요가 없다. 그럼에도 윙거는, 또 개성을 표현하는 최고의 형식인 예술도 마찬가지로, 노동사회라는 하향평준화의 소용돌이를 냉철하게 지켜보기만 했다. 그러나 윙거의 자부심, 개성을 살리는 예술가로서의 자부심은 이 전체주의 사회에서 벌어지는 일을 최소한 일정 정도 거리를 두고 지켜보려는 의식을 키웠다. 그는 이 의식을 "두 번째 의식"이라고 불렀다. 이 의식은 "자기 자신을 객관화해서 보려는 갈수록 더 정교해지는 능력"으로 표현되었으며, "살아 움직이는 사회의 모순을 포착해 일종의 표본 박제"로 만들어 작품 안에 담아내는 노력으로 완성되었다. 『노동자』에세이가 묘사한 노동사회는 윙거가 냉철하게 관찰해 포착한 이 "표본 박제"의 성격을 띤다.

　작품에 필요한 영감은 다른 곳에서 세상을 바라보는 시각으로 얻어진다. 다른 곳? 정확히 어디서? "고개를 드는 물음은 지치지도 않고 노동을 지켜보는 이 두 번째 의식에도 중심이라는 게 있을까 하는 것이다. 이 중심에서 보면 인생의 심오한 의미가 드러날까? 갈수록 경직되어 돌처럼 굳어지는 인생에 활력을 불어넣어 줄 중심은 과연 무엇일까?"

에른스트 윙거에게 이 중심은 모험심이다. 그는 이미 김나지움 학생 시절 용병에 자원해 아프리카 내륙 깊숙이 치고 들어가는 모험을 벌였다. 꿈의 땅 아프리카에서 자신의 인생을 바라보며 앞으로 어떻게 살아야 할까 하는 물음의 답을 그는 찾으려 했다. 그리고 제1차 세계대전에서 돌격대장으로 몇몇 위험지대를 누비기도 했다. 대중의 보호라고는 기대조차 할 수 없는 곳에서 바로 앞의 적을 보며 독이 오를 대로 오른 정신으로 자신의 인생을 바라보았다. 이후 그는 이중의 관점, 언덕 위의 지휘관 관점과 참호 안에서 올려다보는 관점을 유지했다. 거리를 두고 바라보면서, 필요하다 싶으면 육박전을 서슴지 않았다. 사람들은 그를 보며 참여하는 관찰자라고 불렀다.

윙거의 참여는 다양한 면모를 보여준다. 1920년대에 그는 자유 의용군Freikorps,* 그런 다음에는 민족혁명적 점조직과 비밀 저항단체에 가담해 활동했다. 『노동자』는 그 경험을 회상하며, "정치적 전복의 기술, 더는 대중을 거리로 나오게 하는 게 아니

---

\* '자유 의용군'은 제1차 세계대전 직후인 1918년부터 1920년대 초까지 독일에서 활동했던 의용군 집단으로, 극우 세력과 나치즘의 기반이 되었다.

라 정예 돌격대로 주요 대도시 시민의 심장과 두뇌를 사로잡는 기술"을 이야기한다.

하지만 『노동자』에 묘사된 왕년의 돌격대장은 또한 문학가이자 멋쟁이이며, 1920년대 베를린의 자유분방한 분위기를 즐긴 심미주의자이기도 했다. 그는 이 이중의 역할을 제2차 세계대전까지 어느 쪽 하나 소홀함 없이 연기했다. 독일 점령군의 장교로 지낸 파리에서 그는 동시에 시간이 날 때마다 산책을 즐기며 프랑스 문화계의 참여하는 관찰자에 충실했을 뿐만 아니라, 히틀러에 저항하는 비밀단체와도 은밀한 연락을 주고받았다.

에른스트 윙거는 출판 금지령을 받은 1945년 이후 등사판으로 찍은 "친구들에게 보내는 편지Briefe an die Freunde"를 유포했다. 이 편지에서 그는 마치 성경의 복음서 저자처럼 자신의 창작활동 단계를 구분한다. 『총동원령』 또는 『노동자』와 후기의 『정원과 거리Gärten und Straßen』\*의 관계는 구약성경과 신약성경의 관계와 비견할 수 있다고 그는 썼다.

전체주의 집단, 동원된 노동사회라는 강철로 만든 집을 묘사하는 초기 작품들은 어느 모로 보나 구약성경에 해당한다. 이

---

\* 『정원과 거리』는 1942년에 발표된 윙거의 일기다. 1939년 4월 3일부터 1940년 7월 24일까지의 기록을 담았다.

에 반해 1951년에 발표된 『숲 산책Waldgang』*은 신약성경이다. 이 책의 중심에는 개인이 선다. 이 개인은 무리한 요구를 하는 세계 전체에 맞서 자신의 내면을 지킨다. 개인은 여전히 돌격대장의 면모를 보이기는 하지만, 이제 그의 돌격 목표는 저 바깥세상이 아니라 바로 자신의 자아다. 책에서 개인은 자아를 찾고자 분투한다. 이런 자아 회복의 선언은 단순한 주장이 아니라, 자아와 나누는 한층 더 심도 높은 대화를 통해 인간의 현존재를 떠받쳐주는 힘, 우주 또는 초월자의 힘을 가늠할 감각을 키우겠다는 다짐이다. 『숲 산책』이 그리는 인생의 스케치에는 『노동자』에 묘사되었던 것과 같은 전체주의 집단의 세계가 등장하기는 하지만, 이제는 적진이다. 궁극적으로 신을 우러르는 마음의 불씨를 간직하는 한, 개인은 전체주의 세계에 맞서는 대항마다. 전쟁이 끝나고 난 뒤의 시기에서 에른스트 윙거는 마음 깊은 곳에서 우러나는 두 가지 요구에 충실히 하고자 노력했다. 실존하자, 그리고 초월자를 향해 생각하자!

윙거는 1949년 키르히호르스트에서 라벤스부르크로, 다시 슈바벤 북부의 빌핑겐으로 이사했다. 빌핑겐으로 이주한 이유

---

\* 『숲 산책』은 윙거가 9151년에 발표한 에세이 모음집이다. 그는 이 책에서 파국을 맞은 인간이 어떻게 행동해야 마땅한가 하는 물음에 천착한다.

는 그곳이 연합군 가운데 프랑스 점령지역이라, 영국 점령지역과 다르게 다시 책을 펴낼 수 있었기 때문이다. 빌펭겐에서 윙거는 슈타우펜베르크Stauffenberg 가문*이 제공해준 오래된 집, 산림 감독관이 숙소로 썼던 집에서 살았다. 이사하고 초기에는 나중처럼 그렇게 자주 여행을 다니지는 않았다. 그는 하루를 냉수욕으로 시작하고 아침 식사를 하며 아내와 정겨운 대화를 나누었으며, 오전에 글을 쓰고 오후에는 정원을 돌보았다. 정원일이 끝나면 딱정벌레를 채집하거나 식물 표본 만드는 일에 푹 빠졌으며, 그동안 더 길어진 산책을 즐겼다. 저녁에는 집이나 술집에서 와인을 마시며 지인들과 담소를 나누었고, 밤늦게까지 독서를 했다. 그는 자신을 "장거리 독서가"라고 불렀다.

에른스트 윙거는 농촌 마을에서 더없이 평온한 삶을 누렸다. 그렇다고 외로운 것은 아니었다. 그와 대화를 나누고 싶어 찾아오는 손님은 많기만 했다. 그 가운데 한 명인 골로 만Golo Mann**

---

\* 슈타우펜베르크 가문은 독일의 유서 깊은 귀족이다. 윙거는 독일군 대령 클라우스 폰 슈타우펜베르크(Claus von Stauffenberg, 1907~1944)와 함께 히틀러 암살 모의를 벌여 이 가문과 깊은 인연이 있다.

\*\* 골로 만(1909~1994)은 독일의 역사학자이자 작가다. 대문호 토마스 만의 아들이다. 나치스의 탄압을 피해 미국으로 망명했다가 나중에 스위스에 정착해 활동했다.

은 『숲 산책』 시기의 윙거와 만나 대화를 나누고 받은 인상을 요제프 브라이트바흐 Joseph Breitbach*에게 보낸 편지에서 이렇게 묘사했다. "그는 가난하다. 단순히 세속적인 의미에서만 가난하다는 말이 아니다. 물론 그런 의미의 가난에도 시달리는 게 아닌가 싶어 걱정스럽다. 금전 문제로 고민할 때를 보면 이 자부심 넘치는 선지자도 애처로워 보일 때가 한두 번이 아니다. 돈 걱정은 태산인데 이를 해결할 마땅한 방법이 없었기 때문이다. 윙거의 경우 돈을 마련할 길은 신문에 글을 쓰는 것이었는데, 그는 세상일을 두고 이러쿵저러쿵 논평하고 싶지 않아 했다. 그는 정신적으로 무척 힘겨워했으며, 오락가락하는 것이 분열의 조짐마저 보였다. 윙거는 와인을 마시며 다른 영혼과의 교류를 원했지만, 천생 싸움꾼인 그는 이런 만남을 너무 낯간지러워했다. 하지만 그는 우리에게는 매우 친절했다. 5분 동안 그의 프로이센 억양을 참고 견디노라면 어느덧 우리는 몇 시간째 대화를 나누며 일곱 병의 와인을 비워냈다. … 그는 개인적으로 아무 꾸밈이 없을 정도로 솔직했지만, 자신의 작품 이야기만 나오면 달라졌다. 『노동자』에 피력했던 생각을 철회할 마음은 없냐

---

\* 요제프 브라이트바흐(1903~1980)는 독일의 작가로 프랑스에서 활동하며 독일과 프랑스의 문화 교류에 힘쓴 인물이다.

는 물음에 그는 벌컥 화를 내며 지나치게 오만한 태도를 보였다. 하긴 더 위대한 작가 토마스 만도 자신의 '관찰Betrachtungen*'을 철회하지 않은 마당에 윙거를 어찌 나무랄까? 작가는 작품과 관련해 불량배나 다름없거늘. 요컨대, 나는 그가 정말 좋다. … 비록 그가 한때 역사에 중대한 범죄를 저질렀으며, 지금 오만함이라는 악마에게서 완전히 놓여나지 못했음이 안타깝기는 하지만. 그래도 『숲 산책』은 아주 아름다운 내용으로 가득하지 않은가, 아닌가?"

『숲 산책』은 말하자면 『노동자』로 한때 자신이 전체주의에 사로잡혔던 것을 만회하고자 하는 윙거의 보상이다. 어쨌거나 골로 만은 그렇게 보았다.

『노동자』에서 윙거는 세계를 노동 능력을 끌어올리는 향상만을 유일한 인생의 의미로 보는 폐쇄적인 작업장으로 묘사했다. 인간은 노동을 통해 전체 사회라는 유기적 생명체에 봉사한다. 이 사회의 구성원은 오로지 노동할 때만 인생의 의미를 가진다. 다시 말해서 개인은 홀로 있을 때 아무것도 아니다. 개인에게는 자신이 그 구성원인 사회가 모든 것일 따름이다.

---

\* 토마스 만이 1915년에서 1918년 사이에 쓴 『비정치적인 것의 관찰(Betrachtungen eines Unpolitischen)』을 뜻한다. 이는 제1차 세계대전 당시의 독일 제국 전쟁 정책을 지지하는 입장 표명으로 많은 논란을 부른 작품이다.

『숲 산책』에서는 반전이 일어난다. 숲으로 간 남자는 사회라는 유기적 생명체에서 빠져나와 그 전체 사회와 맞선다. 이제는 이른바 "두 번째 의식"으로 거리를 두고 전체를 관찰하는 게 아니라 전체에 맞서 실천적으로 저항하는 태도가 중요하다. "숲으로 간 남자는 자유와 연결되는 근원을 소중히 여겼던 사람이다. 이 근원은 시간의 흐름과 더불어 발현해 남자의 자유를 실현시켜 자동기계에 사로잡힌 사회에 저항하게 한다. 기계는 피할 수 없는 숙명이라는 전체주의 사회의 결론에 그는 동조하지 않는다."

숲은 '메타포'다. 숲은 첫째로 사회의 힘이 건드릴 수 없는 개인의 내면세계를 의미한다. 둘째, 숲은 자유가 항거를 준비하는 은신처다. 그리고 셋째로 숲은 전체주의 노동사회가 개인에게 안기는 허무주의를 어떻게 해야 극복할 수 있는지 경험하게 해주는 내면의 성지다. 이 성스러운 숲에서 개인은 신적인 것, 어떤 형태로든 구원을 베푸는 신을 체험한다.

숲으로 간 남자는 곧 내면의 불가침성을 지키며 자신의 자유를 활용하면서, 초월자에게 마음의 문을 여는 사람이다. 숲의 산책은 우리를 다음과 같은 통찰로 이끈다. "인간의 풍요로움은 인간이 짐작하는 것보다 훨씬 더 무한하다. 이 풍요는 누구도 빼앗을 수 없는 것이며, 시간이 흐르면서 갈수록 더 찬란하게 넘쳐흐른다. 특히 아픔이 인격의 깊이를 키워준 인간은 갈수록 넘쳐나는 풍요함을 선물한다."

그런데 1950년을 전후한 시기에 숲으로 간 남자가 맞섰던 전체 사회는 어떤 사회였을까? 물론 나치즘이라는 얼마 전에 극복해낸 체계, 속절없이 무너져버린 전체주의 체계의 기억이 아주 생생하기는 했다. 책에서 거부와 저항이 죽음을 무릅쓰는 각오를 해야 한다고 언급하는 많은 대목은 이 과거를 암시하는 게 분명해 보인다. 그러나 또 다른 전체주의에 사로잡힌 동유럽이라는 현재 또한 염두에 둔 것도 분명하다.

하지만 바로 눈앞에서 펼쳐지는 현재, 새롭게 형성된 민주주의 체계를 갖춘 신생 연방공화국 서독이라는 현재는 주목하지 않았던 것처럼 보인다. 그 대신에 "존재의 허무한 전복"이라는 표현이 등장한다. 물론 이 표현은 역사의 순간과는 상관이 없으며, 19세기 후반 이후 시기 전체의 사회 풍조를 염두에 둔 것이다.

존재의 속절없는 무너짐은 니체가 자신의 시대에 내렸던 것과 같은 진단이다. "사막이 자란다."\* 가치의 퇴색, 인간을 그저 경제 활동에 매달리는 사회적 동물로만 취급하는 작태, 그때부터 "니힐리즘"이라고 불렸던 존재의 공동화空洞化, 곧 속이 텅 비

---

\* 『차라투스트라는 이렇게 말했다』에 나오는 이 문장에서 사막은 의미와 가치의 붕괴, 인간성의 황폐화를 상징한다. 원문은 다음과 같다. "Die Wüste wächst." 'W'에 운을 맞춘 것이라 우리말로 운을 살려낼 수 없는 점이 아쉽다.

어 허물만 남는 허무주의는 특정한 사회분석 또는 삶의 세계에 대한 구체적인 묘사만으로는 충분히 포착되지 않는다. 니체는 가치를 잃는 상실, 속절없이 흘러 사라지는 소실의 역사는 잘 알아볼 수 없게 이뤄지는 실체 상실의 역사라고 진단했다. 어떻게 해야 이 진단은 좀 더 구체적인 색채를 얻을까?

윙거는 이 물음의 답을 찾으려 시도한다. "사막은 아닐지라도 어떤 뒤틀린 지대, 이를테면 산업도시에서 하루하루 근근이 살아가지만, 한 줄기 빛, 은근한 숨결일지라도 존재의 무한한 힘을 느낄 기회를 접하는 사람은 자신에게 무엇인가 결여되었음을 짐작하기 시작한다. 이 짐작은 그가 탐색에 나설 전제조건이다."

탐색에 나선 사람, 그는 숲으로 들어간다. 내면의 숲에서는 지금과는 전혀 다른 무엇인가가 존재한다는 예감이 반색하며 그를 맞아준다. 하지만 그동안 온화해진 에른스트 윙거에게서 이따금 왕년의 돌격대장이 불쑥 모습을 드러내듯, 숲으로 간 남자는 전투적인 파르티잔의 태세를 취한다. 그는 포착되지 않는 '무'에 더는 시달리지 않고, 확실한 적을 상대한다. "그는 철로와 보급로를 따라 게릴라전을 벌인다. 다리가 끊어지고, 케이블이 끊기며, 창고가 텅 빌 위험에 처했기 때문이다. … 먹고사는 일의 고단함은 끊임없이 불안을 부채질하고, 한밤중에 소스라쳐 깨어나게 만든다."

숲으로 간 남자라는 그림은 신을 찾는 구도자와 파르티잔 사이를 오간다. 사회도 때로는 전체주의 이데올로기를 추종하다가도, 때로는 기회를 엿보아서 슬쩍 타협하며 민생 운운하지 않던가.

하지만 『숲 산책』은 한 가지 생각만큼은 확실하게 밀어붙인다. 다만 이 생각은 그때그때 다양한 형태로 변주될 따름이다. 윙거가 진정으로 원하는 것은 아픔에도 더욱 깊어지는 "존재농축$^{Seinsverdichtung}$"이다. 이것은 그저 아무것도 하지 않는 "정적인 상태를 벗어나" 그 무엇과도 혼동할 수 없는 자신의 고유한 실존을 포착하고자 결단할 때 경험할 수 있다. 이 결단은 비로소 "개인으로 본질을 실현하는 삶이 그저 먹고사는 인생보다 더 소중한가?"라는 물음의 답을 알려준다.

이 결단의 마음가짐이야말로 개인으로 살아가려는 시도가 진정 무엇을 원하는지 아주 잘 묘사한다.

# 결산 고찰

개인으로 살아가는 문제를 고민하고 이로부터 실천 방안을 얻어내 개성을 경험하는 방식은 다양하기만 하다. 이 책은 그 가운데 생각해볼 만한 몇몇 사례를 소개했다.

루터와 키르케고르는 사회라는 정글을 뚫고 자아에 이르는 길을 개척했다. 이들은 이런 노력으로 신과 독대하는 특별한 경험을 할 수 있기를 갈망했다. 물론 이들은 이 과정을 역방향에서, 곧 신이 개별자인 자신에게 말을 걸어 자아를 일깨워주는 것으로 이해했다.

다른 사람, 이를테면 몽테뉴나 디드로는 자신의 실존을 이루는 데에 "골방"을 필요로 했다. 어떤 특정 역할을 강제하고 이 역할에 묶어두려는 사회의 요구에 맞서 이들은 일종의 자기 대화를 나눌 곳을 찾았기 때문이다. 이들은 개인으로 살아가는 삶을 숭고함에 이르는 문이 아니라 자유로운 정신활동을 펼칠 장으로 이해했다. 이런 방식으로 자신의 생각과 느낌을 살피고자 하는 사람은 사회를 적대시하지 않았으며, 사회를 교화해야 한다는 강박도 느끼지 않았다. 하지만 이들은 사회의 평준화 요구에 맞서 자신의 개성을 지키는 일에 모든 힘을 쏟아부었다. 이들은 사회의 보편성 논리를 특수성의 논리로 보완하고자 했다.

개인이 가진 가장 귀중한 자산인 자아가 사회에게 침해당한다는 느낌, 이로 비롯된 불신은 사회를 겨눈 근본적인 비판을 시도하며, 그 대안을 찾으려는 노력은 드물지 않게 드높은 창의력을 발휘하곤 했다. 자연으로 돌아가자는 루소의 제안, 아예 사회를 무정부상태로 해체해야 한다는 슈티르너의 주장, 사회를 불신한 나머지 홀로 사는 실험을 감행한 소로의 시도는 모두 개인이 가꾸는 자아와의 관계, 사회와 자연과의 관계를 변화시킬 방법을 찾았다.

사회 전체를 적대시하지 않으면서 개성을 살려 아름다운 인생을 살고자 하는 열망은 슈테판 게오르게에게서 그 미학적 형식을 찾았으며, 지멜의 "개인 법칙"이라는 도덕철학의 개념으로 결실을 보았다. "개인 법칙"은 소크라테스의 시절부터 "내면의 다이몬"이 들려주는 목소리를 따르자는 유구한 전통과 일맥상통하는 것이기도 하다. 막스 베버와 리카르다 후흐는 피할 수 없는 사회의 "합리화"(베버)와 보편적인 "탈인격화"(후흐)에 맞서 균형을 잡아줄 대항마로 "개인 법칙"을 상기시켰다.

근대에 접어들어 이른바 "대중 시대"가 두각을 나타내자 이에 맞서 개인의 "실존"을 새롭게 고민하려는 움직임이 균형을 잡으려 시도했다. 그 출발점을 이룬 것은 워낙 촘촘하게 맞물린 나머지 질식할 것만 같은 사회의 경험, 그리고 정신적 빈한함이 극심한 나머지 나 자신이 인생을 사는 게 아니라 살아짐을 당하는 게 아닌가 하는 허무함의 경험이다. 이런 불편함에서 출발한 실존철학은 인간이 자신의 고유한 실존을 탐색하고 이 실존적 결단으로 인생을 살아가고자 노력할 때 무슨 일이 일어나며 어디로 이르게 될지, 다양한 변형을 보여주며 고민을 이어 나갔다. "초월성"(야스퍼스), "고유성"(하이데거), "시작할 수 있음"(아렌트), "자유"(사르트르) 또는 "존재 농축"(웡거)은 높은 밀도로 승화한 실존을 이룩하자는 격려와 다짐의 구호다.

조금씩 다른 변형에도 이 구호에 깔린 공통점은 "그저 단순한 현존보다 개인의 본질을 실현하는 실존이 더욱 소중하다"는 확신이다. 인간은 물론 전체의 한 부분으로 자신을 경험한다. 하지만 인간은 단순한 부분 그 이상의 존재다. 인간은 정확히 자신만의 차별성을 포착하고 경험하며 키워나가기를 원한다. 인간이 세계에 "던져진 존재Geworfenes Sein"(하이데거)인 것은 맞지만, 구태를 벗어던지고 자신을 새롭게 "기획해entwerfen"(사르트르) 던질 수 있을 정도로 충분히 자유로운 존재이기도 하다.

실존주의는 자신의 운명을 스스로 개척하도록 개인을 격려하려는 노력이다. 이런 점에서 실존주의는 20세기의 개인주의 사상이 이룩한 최고의 절정이다. 이 세기의 집단주의가 빚은 참상과 파국을 똑똑이 목격한 동시대인인 실존주의자는 "모든 것에 맞서는 불굴의 정신"을 영감의 원천으로 삼았다. 평소 개인의 힘을 확인해주는 경우가 드물다고 할지라도 우리가 믿고 의지할 존재는 개인뿐이다.

실존주의의 시대는 이미 지나간 듯 보이지만, 개인의 가치를 높이 평가하고 존중하는 자세는 여전히 중요하다. 서구의 현재를 진단하며 심지어 "개별성의 사회Gesellschaft der Singularitäten"(레크비츠)를 강조하는 이유는 달리 있는 게 아니다.

노동 세계, 곧 일터에서 이른바 "특성화"한 개인별 맞춤형 노동형식이 늘어나 예전보다 개인의 자기실현 기회를 더욱 폭넓게 열어주기는 했다. 소비 영역에서도 같은 흐름은 이미 데이터를 기반으로 개인에게 꼭 맞춤한 광고를 거침없이 쏟아낸다. 개인은 어쩜 이렇게 자신을 잘 알아줄까 하고 감격하다가도, 알고 리듬의 농간이라는 사실을 깨닫고 씁쓸해한다. 아무튼 새로운 커뮤니케이션 매체는 전모를 가늠하기 어려울 정도로 많은 개인 연출의 무대를 열어놓았다. 사람들은 네트워크상의 박수갈채를 찾느라 혈안이 된다. 톡톡 튀는 언행으로 대중의 관심을 사로잡으려는 태도는 역설적으로 개인과 무리로서의 대중을 뒤섞는 행태를 낳는다.

'개성화'를 촉진시키는 것처럼 보이는 디지털 커뮤니케이션은 동시에 대세 순응주의를 강화함으로써 '예전에는 볼 수 없던 체계적이고도 밀도 높은 비교 강박'을 초래한다.

이런 '비교 강박'이 경쟁을 강화해 역량을 키워주어 독창성이 넘쳐나게 해주는 효과는 있지만, 계속해서 새로운 적응 강박을 이끌어오기도 한다. 비교의 지평은 갈수록 확장되지만, 진정한 자아실현을 위해 어디로 나아가야 좋을지 가늠하기는 더욱 어려워진다. 무수히 많은 가능성과 기회에도 고유성은, 이것이 무엇을 의미하든 간에, 가치를 잃을 위험에 처한다. 이런 식으로 사람들은 사회적 집단을 찾아 그곳의 표준을 자신의 인생과 의견과 신념의 기준으로 삼는다.

오늘날 사람들이 현실을 어떻게 인지하는지 분명하게 보여주는 사례는 이른바 '디지털 기술'이다. 디지털 커뮤니케이션 기술의 특징은 멀리 떨어진 간격의 탈공간화다. 한마디로 '세계'는 동시적 전체가 되었다. 저 멀리 떨어진 저곳에서 일어나는 일은 바로 여기서 실시간으로 체험된다. 공간적으로든 사회적으로든 원거리에 떨어진 사람들이 이 가상의 공간에서는 서로 직접 견주어볼 비교 값이 된다. 디지털 이전의 세계에서는 지근거리에 있는 사람들만이 서로 상대를 모범이나 반면교사 또는 그저 그런 범속한 인물로 평가했다. 이런 시절은 지나갔다. 예전의 생활 세계, 비교의 척도를 제시하며 방향감각을 잡을 길라잡이 노릇을 했던 주변 환경은 해체되고 말았으며, 이 새로운 디지털 환경에 적응하지 못하는 사람은 말 그대로 미디어의 홍수에 익사당한다. 미디어 홍수는 다양함의 중심을 잃은 카오스일 뿐만 아니라, 역으로 "계량화한 미터법 단위의 우리"*를 집중적으로 조장하는 것이기도 하다.

사회는 말하자면 일종의 관찰 우산을 함께 쓴다. 이 사회의 구성원들은 정신력, 습관, 의견, 취향, 행동을 수치로 표현할 계량적 측정을 통해 서로 견주어가며 살아간다. 서로 비교하며 수량으로 발달 정도를 측정하는 것이 관찰 우산이다. 이 우산 아래서 개인은 사회라는 측량 지대의 좌푯값을 부여받는다.

---

\* "계량화한 미터법 단위의 우리"는 슈테판 마우(Steffan Mau)가 펴낸 책 『미터법의 우리: 사회의 새로운 계량화(Das metrische Wir: Über die Quantifizierung des Sozialen)』에 나오는 표현이다.

"나는 누구냐?"라는 물음은 결국 "나의 좌푯값은 얼마냐?"라는 물음으로 수렴한다.

오늘날 우리는 인터넷이라는 이름의 디지털 관찰 우산 아래로 들어가야 자신이 누구인지 알아볼 좌푯값을 얻는다. 디지털 이전의 시대에서는 자아 인식의 방법을 가리켜 "중개된 직접성 Die vermittelte Unmittelbarkeit"*이라고 했다. 자신이 누구인지 자아 성찰을 하고자 하는 사람은 바깥으로 나가 다른 사람을 상대해봐야 비로소 자신을 되돌아볼 수 있다는 말이 중개된 직접성이다. 디지털 시대에서 우리는 인터넷을 통해 수많은 다른 사람을 보며 끊임없이 비교하는 통에 오히려 길을 잃고 자신에게도 돌아오지 못하는 위험에 빠진다. 어쨌거나 "고전적 감각"의 자아 인식, "너 자신을 알라"는 통찰에 우리는 이르지 못한다. 슈테판 마우 Steffan Mau**는 디지털 발달에 관한 유명한 전문가 매클러스키 Edward McCluskey***의 말을 인용한다. "우리는 물리 체계가 너무 복잡해 이해할 수 없다는 반응을 보이곤 한다. 그러나 우리는 '구

---

* "Die vermittelte Unmittelbarkeit"는 헤겔이 Mittel(매개)라는 단어를 이용해 만든 조어다. 직역하면 '매개된 매개 없음'이다.
** 슈테판 마우(1968~)는 독일 사회학자로 훔볼트대학교 교수다.
*** 에드워드 매클러스키(1929~2016)는 스탠퍼드대학교의 IT 교수를 지낸 인물이다.

글' 같은 기업으로부터 충분한 데이터만 수집한다면 물리 현상을 설명하는 데에 무슨 거창한 이론 따위는 필요하지 않다는 점을 배운다. 데이터는 모든 것을 수치로 계량화해 관찰할 수 있게 해준다. 모든 것은 데이터로 이뤄진다. 너는 너의 데이터이며, 네가 이 데이터를 이해한다면, 그 즉시 이에 맞춰 행동할 수 있다."

무슨 미래주의의 과장처럼 들리는 이야기지만, 그래도 분명 앞으로 세계는 이 방향으로 흘러갈 경향을 보여준다. 오늘날처럼 개인과 사회가 밀접하게 맞물린 양상을 보여준 시기는 예전에 결코 없었다. 그리고 사회는 디지털 유령으로 "기술 시대의 영혼Die Seele im technischen Zeitalter**"의 구석구석을 휘젓고 다닌다.

그러나 이 모든 경향에도 개인으로 살아가려는 도전적 자유는 흔들리지 않는다. 주변 환경이 바뀌고 이 바뀐 환경이 자유를 간섭하고 통제하지만 그래도 개인으로 살아가려는 자유는 끄떡도 하지 않는다.

개인으로 살아간다는 것. 카프카Franz Kafka**의 단편「법 앞에

---

* "기술 시대의 영혼"은 철학적 인간학을 개척한 독일 철학자 아르놀트 켈렌(Arnold Gehlen, 1904~1976)이 1957년에 발표한 책 제목이기도 하다.
** 프란츠 카프카(1883~1924)는 체코 프라하에서 태어난 독일 소설가로, 20세기 현대문학을 대표하는 작가 중 한 명이다. 실존주의 문학의 선구자로서, 인간의 소외, 불안, 부조리를 초현실주의 수법으로 깊이 있게 탐구했다.

서 Vor dem Gesetz」는 바로 이 주제를 다룬다. 이 소설에서 어떤 농촌 남자는 법의 성문 앞에서 문지기에게 들여보내달라고 애원한다. 문지기는 그의 간청을 귓등으로도 듣지 않는다. 농촌 남자는 하염없이 기다리며 최소한 성문을 통해 안쪽을 들여다보려 애쓴다. 문지기는 그런 남자를 비웃는다. "그토록 들어가고 싶다면 내 금지를 무릅쓰고 어디 한번 들어가보려무나. 하지만 잊지 마. 나는 강력하니까. 그리고 나는 최하위의 문지기일 뿐이야. 이곳을 지나 더 안쪽의 홀로 들어갈수록 문지기는 더욱 강력해지지. 세 번째 문지기의 시선은 보기만 해도 견딜 수가 없어." 농촌 남자는 겁을 먹고 위축된 나머지 기다리기만 했다. 평생 기다렸다. 헛되게. 죽음을 목전에 둔 그는 다시금 지금까지의 모든 경험을 끌어모아 아직 문지기에게 물어보지 못한 물음을 정리했다. "모두 법 앞으로 나아가려 안간힘을 쓰는데 어째서 그 오랜 세월 동안 아무도 들여보내달라고 하지 않은 거요?" 청력을 거의 잃은 농촌 남자에게 허리를 숙인 문지기는 그의 귀에 대고 이렇게 외쳤다. "여기 와서 들여보내달라고 할 사람은 아무도 없어, 이 문은 오로지 너에게만 있는 거니까. 이제 가서 나는 문을 잠글 거야."

이 일화는 숱한 해석을 낳았다. 이 일화는 카프카의 다른 소설 『소송 Der Process』에서 이미 어떤 성직자가 대화 중에 이따금 언급하는데, 결국 이 이야기는 얼마든지 다양한 결론으로 이어질 수 있다는 표현이 나온다. "이 단순한 이야기는 기존의 그 어떤 형식도 거부했다."

무수히 많은 명백한 결론 가운데 하나는 이런 것일 수 있다. 이 농촌 남자는 구제할 수 없는 치명적 오해에 사로잡혔다. 그는 누구에게나 적용되는 보편적인 법을 찾았다. 모든 사람을 위한 하나의 법을 찾았으나 그는 자신만을 위한 개별적인 법 앞에서는 앉아 있기만 했다. 그는 과감하게 문을 열고 들어갈 용기를 내지 않고 허락이 떨어지기만 기다렸다. 그는 강력해 보이는 문지기를 뿌리치고서라도 들어갔어야만 했다. 그 문은 그의 입구였으니까. 너무 늦었다, 이제 문은 닫혔다.

하지만 최소한 살아 있는 한, 자신의 문, 개인으로 살아가기 위한 문을 열고 들어가기에 너무 늦은 때란 결코 없다.

## 옮기고 나서

어떤 인생이든 늘 '나의 인생'이다. 모날 모시에 태어나 모날 모시에 끝을 맞이하는 유한한 시간 안에서 인간은 시종일관 기댈 곳 없는 단독자다. 혈연으로, 인연으로, 또는 우연으로 얼기설기 엮인 삶의 그물망은 어디로 가야 좋을지 묻는 절박한 물음 앞에서 홀연 연기처럼 사라진다. 지푸라기라도 잡으려는 허우적거림은 오히려 나를 더 깊은 심연에 빠뜨린다. 나는 대체 누구인가? 아무리 발버둥 쳐도 흔적도 남기지 않고 사라지는 시간의 꽁무니를 두리번거리고 찾으며 인생을 살아감이란 사라짐의 다른 말일까, 의문은 지울 수 없다. 먼 길 돌아와 거울 앞에 선 나는 고약한 쓸쓸함에 헛웃음만 짓는다.

이제는 안다. 돌이켜보든 미리 앞당겨 그려보든, 나에게는 오늘, 바로 지금이라는 순간만 주어져 있음을. 과거에 매달리고, 미래만 좇는 통에 나는 내가 아닌 야누스가 되어버리고 말았음을. 나로 살지 못하고 늘 두 얼굴의 이중인격자가 되어버렸음을. 오스트리아 화가 에곤 실레Egon Schiele의 작품 가운데 〈이중 자화상〉이라는 그림을 보면, 원망과 분노에 사로잡힌 내면의 나를 또 다른 나, 비굴한 미소로 세상의 눈치를 보는 내가 위에서 간신히 억누른다. 그렇구나, 너도 나만큼이나 힘들고 괴로웠구나. 내가 나로서 온전히 살아가고 싶다는 열망은 언제나 사회의 무수한 시선과 얽히며 이러다 길을 잃는 게 아닌지 불안에 사로잡힌다.

이 책은 불안에 맞서 온전히 개인으로 발자취를 남기려 분투한 '나의 이야기'다. 늘 판박이처럼 되풀이되는 난장판의 세상에 홀연 등을 돌린 몽테뉴는 '골방'에 틀어박혀 찬찬히 '나'를 성찰했다. 관점의 이런 전환은 밑도 끝도 없는 '신' 또는 '전설' 혹은 '기적'에 과감히 등을 돌리고 인간의 참모습을 성찰하는 소중한 성취를 이뤄냈다. 사람이 인간을 능멸하고 짓밟는 미친 세상, 광기가 생명을 도륙하는 막장의 한복판에서 사르트르는 기구를 타고 하늘에 올라 이 난장판을 굽어본 끝에 '나의 실존'을 자각하기에 이르렀다. 혼란스러운 세상을 벗어나자는 "초월성"(야스퍼스), 세상에 지지 말고 나로 올곧게 서자는 "고유성"(하이데거), 두려워하지 말고 언제든 "다시 시작하자"는 격려

〈아렌트〉는 나의 실존을 높은 밀도로 승화하자는 다짐이다.

우리는 인생을 살며 겪는 많은 어려움을 해결하고자 늘 외부에서 답을 찾으려 애쓴다. 사회가 인정하는 길, 다른 사람이 옳다고 말하는 길을 기웃거리던 우리는 카프카가 그려낸 저 시골 남자가 아닐까. 문이 '오직 나에게만 있는 것'이라는 문지기의 말은, 인생을 살아갈 주도권이 바로 내 안에 있음을 일깨워준다. 그 문을 열고 들어가지 못하는 이유는 문지기(세상)의 탓이 아니라, 그저 외부에서 허락만 떨어지기 기다리는 나의 나약함이다.

대체 언제까지 문 앞에서 기다리기만 할까? 막연한 불안과 비교의 늪에서 벗어나, 서툴고 불완전하더라도 '나만의 문'을 향해 나아가야 하지 않을까! 그 문을 여는 열쇠는 다른 누구도 아닌, 내 안에 있다. "We only live once."(인생은 한 번뿐이잖아.) 어떤 남자의 이런 탄식 아닌 탄식에 상대는 단호히 말한다. "Wrong, we only die once. we live every day!"(틀렸어, 우리는 한 번 죽을 뿐이야. 우리는 매일 살잖아!) 그렇다, 우리는 매일 새로운 기회를 얻는다. 다만, 내 손으로 잡아야 한다. 기회는 누가 잡아주지 않으니까!

책을 읽지 않는 기막힌 세상에서 꾸준히 좋은 책, 정말 훌륭한 기회를 제공하는 청미출판사에 진심에서 우러나는 경의를 바친다.

김희상

# 참고 문헌

## 제 1 장 르네상스와 새롭게 깨어난 개인의 의미

Pietro Aretino, *Kurtisanengespräche*, Hamburg, o. J.
Jacob Burckhardt, *Die Kultur der Renaissance*, Leipzig, o. J.
Will Durant, *Kulturgeschichte der Menschheit–Band 7: Das hohe Mittelalter und die Frührenaissance*, Köln, 1985.
Will Durant, *Kulturgeschichte der Menschheit–Band 8: Glanz und Zerfall der italienischen Renaissance*, Köln, 1985.
Norbert Elias, *Die Gesellschaft der Individuen*, Frankfurt / M., 2001.
Erasmus von Rotterdam, *Lob der Torheit*, Basel, 1975.
Leonardo da Vinci, *Philosophische Tagebücher*, Hamburg, 1958.
Niccolo Machiavelli, *Der Fürst*, Frankfurt / M., 1990.
Niccolo Machiavelli, *Gesammelte Werke in einem Band*, Frankfurt / M. o. J.
Giovanni Pico della Mirandola, *Über die Würde des Menschen*, Leipzig, 1940.
Andreas Reckwitz, *Die Gesellschaft der Singulären*, Frankfurt / M. 2017.

## 제 2 장 루터 - 개인과 신

Will Durant, *Kulturgeschichte der Menschheit—Band 9: Das Zeitalter der Reformation*, Köln, 1985.
Erik H. Erikson, *Der junge Mann Luther*, Frankfurt / M. 2016.
Martin Luther, *Das große Lesebuch* (Herausgegeben von Karl-Heinz Göttert), Frankfurt / M., 2016.
Martin Luther, *Die reformatorischen Grundschriften in vier Bänden* (Neu ubertragene und kommentierte Ausgabe von Horst Beintker), Munchen, 1983.
Heimo Schwilk, *Luther—Der Zorn Gottes*, München, 2017.
Vom unfreien Willen—*Martin Luther in der Auseinandersetzung mit Erasmus von Rotterdam* (Textausgabe herausgegeben von Albrecht Graf von Brandenstein-Zeppelin), Weilheim / Bierbronnen, 2015.
Willi Winkler, *Luther—Ein deutscher Rebell*, Berlin, 2016.

## 제 3 장 몽테뉴 - 흔들리는 세상과 자아로의 도피

Sarah Bakewell, *Wie soll ich leben? Oder das Leben Montaignes in einer Frage und zwanzig Antworten*, München, 2016.
Michel de Montaigne, *Essais*, (Erste moderne Gesamtübersetzung von Hans Stilett), Frankfurt / M. 1998.
Jean Starobinski, *Montaigne—Denken und Existenz*, Darmstadt, 1986.
Hans Stilett, *Von der Lust, auf dieser Erde zu leben—Wanderungen durch Montaignes Welten*, Frankfurt / M. 2008.

## 제 4 장 루소 - 개인으로 살아감 그리고 타인의 자유를 보는 두려움

Jean-Jacques Rousseau, *Die Bekenntnisse*, München, 1978.
Jean-Jacques Rousseau, *Emile oder Über die Erziehung*, Stuttgart, 1963.
Jean-Jacques Rousseau, *Ich sah eine andere Welt—Philosophische Briefe* (Herausgegeben von Henning Ritter), München, 2012.
Jean-Jacques Rousseau, *Julie oder Die neue Héloise*, München, 1978.
Jean-Jacques Rousseau, *Politische Schriften, Band 1*, Paderborn, 1977.

Jean-Jacques Rousseau, *Schriften, Zwei Bande*, (Herausgegeben von Henning Ritter), München, 1978.
Rüdiger Safranski, *Wieviel Wahrheit braucht der Mensch?*, München, 1990.
Robert Spaemann, *Mensch oder Bürger*, Stuttgart, 2008.
Jean Starobinski, *Rousseau-Eine Welt von Widerständen*, München, 1988.

## 제 5 장 디드로 – 사교 천재로서의 개인

Philipp Blom, *Böse Philosophen-Ein Salon in Paris und das vergessene Erbe der Aufklärung*, München, 2010.
Denis Diderot, *Briefe 1742-1781* (Herausgegeben von Hans Hinterhäuser), Frankfurt / M., 1984.
Denis Diderot, *Philosophische Schriften* (Herausgegeben von Alexander Becker), Frankfurt / M., 2013.
Denis Diderot, *Rameaus Neffe* (Übersetzt von Johann Wolfgang von Goethe). In: Johann Wolfgang von Goethe, *Sämtliche Werke nach Epochen seines Schaffens* (München Ausgabe, Band 7), München, 1993.
Will Durant, *Kulturgeschichte der Menschheit-Band 14: Das Zeitalter Voltaires*, Köln, 1985.
Johann Wolfgang von Goethe, *Sämtliche Werke nach Epochen seines Schaffens* (München Ausgabe, Band 14), München, 1993.

## 제 6 장 스탕달 – 스타일을 갖춘 개인

Robert Alter, *Stendhal-Eine Biographie*, Berlin, 1985.
Stendhal, *Die Kartause von Parma* (Neu übersetzt von Elisabeth Edl), München, 2007.
Stendhal, *Leben des Henri Brulard*, Zürich, 1981.
Stendhal, *Tagebücher und andere Selbstzeugnisse* (Zwei Bande), Berlin (Ost), 1983.
Johannes Willms, *Stendhal-Biographie*, München, 2010.

## 제 7 장 키르케고르와 실존의 발견

Joakim Garff, *Kierkegaard-Biographie*, München, 2000.
Immanuel Kant, *Werke in zwölf Bänden* (Herausgegeben von Wilhelm Weischedel), Frankfurt / M., 1964.
Sören Kierkegaard, *Briefe* (Ausgewählt, neugeordnet und übersetzt von Emanuel Hirsch), Düsseldorf / Köln, 1955.
Sören Kierkegaard, *Der Augenblick-Eine Zeitschrift*, Nördlingen, 1988.
Sören Kierkegaard, *Die Krankheit zum Tode · Furcht und Zittern · Die Wiederholung · Der Begriff der Angst*, München, 2005.
Sören Kierkegaard, *Die Tagebücher* (In fünf Bänden) (Ausgewählt, neugeordnet und übersetzt von Hayo Gerdes, Düsseldorf / Köln, 1962 ff.
Sören Kierkegaard, *Entweder-Oder*, München, 1975.
Sören Kierkegaard, *Philosophische Brosamen und Unwissenschaftliche Nachschrift*, München, 1976.
Walter Schulz, *Fichte / Kierkegaard*, Pfullingen, 1962.

## 제 8 장 슈티르너 - 무소유에 눈을 뜬 개인

Carl Albrecht Bernoulli, *Franz Overbeck und Friedrich Nietzsche-eine Freundschaft*, Jena, 1908.
Fjodor M. Dostojewski, *Aufzeichnungen aus dem Untergrund*, München, 1992.
Friedrich Albert Lange, *Geschichte des Materialismus* (Zwei Bande), Frankfurt / M., 1974.
Bernd A. Laska, https://www.anarchismus.at/65-bernd-laska-max-stirner
John Henry Mackay, *Max Stirner-Sein Leben und sein Werk*, Freiburg, 1977.
Friedrich Nietzsche, *Werke in drei Banden* (Herausgegeben von Karl Schlechta), München, 1954.
Max Stirner, *Der Einzige und sein Eigentum* (Ausfuhrlich kommentierte Studienausgabe, Herausgegeben von Bernd Kast), Freiburg / München, 2016.

## 제 9 장 소로. 칩거와 홀로 삶의 실험

Denken mit Henry David Thoreau (Ausgewahlt von Philipp Wolff-Windegg), Zürich, 2017.
Ralph Waldo Emerson, Natur, Schaffhausen, 1981.
Frank Schäfer, Henry David Thoreau: Waldgänger und Rebell, Frankfurt / M., 2017.
Henry David Thoreau, Tagebücher I-IV, Berlin, 2015.
Henry David Thoreau, Vom Ungehorsam gegen den Staat, Köln, 2010.
Henry David Thoreau, Walden oder das Leben in den Wäldern, Zürich, 1979.

## 제 10 장 슈테판 게오르게와 게오르크 지멜의 개인 법칙, 막스 베버의 내적인 악마

Robert Boehringer, Mein Bild von Stefan George, München / Düsseldorf, 1951.
Briefwechsel zwischen George und Hofmannsthal (Ausgewahlt von Robert Boehringer), München / Düsseldorf, 1953.
Claude David, Stefan George: Sein dichterisches Werk, München, 1967.
Stefan George, Werke (Ausgabe in vier Banden), München, 1983.
Karl Jaspers, Max Weber, München, 1988.
Thomas Karlauf, Stefan George: Die Entdeckung des Charisma, München, 2007.
Jürgen Kaube, Max Weber: Ein Leben zwischen den Epochen, Berlin, 2014.
Edith Landmann, Gespräche mit Stefan George, Düsseldorf / München, 1963.
Hans Peter Müller (Hg.), Simmel-Handbuch, Frankfurt/ M., 2018.
Franz Schonauer, Stefan George, Reinbek, 2000.
Friedrich Wolters, Stefan George und die Blätter für die Kunst, München, 1930.
Georg Simmel, Gesamtausgabe: Band 7, Frankfurt / M., 1995 .
Georg Simmel, Gesamtausgabe: Band 16, Frankfurt / M., 1995.
Georg Simmel, Goethe, Leipzig, 1923.
Georg Simmel, Philosophische Kultur: Gesammelte Essais (1923), Berlin, 1983.
Max Weber, Soziologie, weltgeschichtliche Analysen, Politik (Ausgewahlt von Johannes Winkelmann), Stuttgart, 1964.

## 제 11 장 리카르다 후흐의 믿음과 탈인격화 비판

Marie Baum, *Leuchtende Spur: Das Leben Ricarda Huchs*, Tübingen, 1950.
Ricarda Huch, *Deutsche Geschichte: Band I Römisches Reich Deutscher Nation* (1934), Zürich, 1996.
Ricarda Huch, *Die Romantik: Ausbreitung, Blütezeit und Verfall*, Tübingen, 1979.
Ricarda Huch, *Entpersönlichung*, Leipzig, 1921.
Ricarda Huch, *Erinnerungen an das Leben*, Berlin, 1982.
Ricarda Huch, *Gesammelte Werke: Band 1*, Köln, 1966.
Ricarda Huch, *Luthers Glaube* (1919), Leipzig, 1946.
Ricarda Huch, *Michael Bakunin und die Anarchie* (1923), Frankfurt / M., 1972.
Cordula Koepcke, *Ricarda Huch, ihr Leben und ihr Werk*, Frankfurt / M., 1996.

## 제 12 장 대중의 시대가 드리운 그늘에서

Hermann Broch, *Die Verzauberung*, Frankfurt / M., 1976.
Hermann Broch, *Massenwahntheorie*, Frankfurt / M., 1979.
Hermann Broch, *Tod des Vergil*, Darmstadt, 1961.
Elias Canetti, *Das Augenspiel: Lebensgeschichte 1931–1937* (Werke, Band IX), München, 1980.
Elias Canetti, *Die Blendung* (Werke, Band I), Wien, 1936.
Elias Canetti, *Die Fackel im Ohr: Lebensgeschichte 1921–1931* (Werke, Band VIII), München, 1980.
Elias Canetti, *Liebhaber ohne Adresse. Briefwechsel 1942–1992* (mit Marie-Louise von Motesiczky), München, 2011.
Elias Canetti, *Masse und Macht* (Werke, Band III), München, 1994.
Sigmund Freud, *Massenpsychologie und Ich-Analyse* (In: Studienausgabe, Band IX), Frankfurt / M., 1974.
Adolf Hitler, *Mein Kampf* (Kritische Edition), Berlin / München, 2016.
Gustave Le Bon, *Psychologie der Massen*, Leipzig, 1934.
Paul Michael Lützeler, *Hermann Broch: Eine Biographie*, Frankfurt / M., 1985.
Serge Moscovici, *Das Zeitalter der Massen*, München, 1984.
Edgar Allan Poe, *Der Massenmensch* (In: Gesammelte Werke in zehn Bänden, Band 4), Herrsching, 1979.

David Riesman, *Die einsame Masse*, Reinbek, 1958.
Gabriel de Tarde, *Die Gesetze der Nachahmung* (1890), Frankfurt / M., 2003.

## 제 13 장 실존철학 - 야스퍼스와 하이데거

Hannah Arendt/Karl Jaspers, *Briefwechsel 1926-1969*, München, 1985.
*Gespräch mit Hannah Arendt* (Günter Gaus), München/Zürich, 1965.
Martin Heidegger, *Gesamtausgabe: Band 16 – Reden und andere Zeugnisse eines Lebensweges*, Frankfurt / M., 2000.
Martin Heidegger, *Gesamtausgabe: Band 56 / 57*, Frankfurt / M., 1987.
Martin Heidegger, *Kant und das Problem der Metaphysik*, Frankfurt / M., 1991.
Martin Heidegger, *Sein und Zeit* (1927), Tübingen, 1963.
Martin Heidegger / Elisabeth Blochmann, *Briefwechsel 1918-1969*, Marbach am Neckar, 1989
Martin Heidegger / Karl Jaspers, *Briefwechsel 1920-1963*, Frankfurt / M. / München, 1990.
Karl Jaspers, *Die geistige Situation der Zeit* (1932), Berlin / New York, 1979.
Karl Jaspers, *Notizen zu Martin Heidegger*, München/Zürich, 1978.
Karl Jaspers, *Philosophie* [Drei Bande (1932) (*I. Philosophische Weltorientierung, II. Existenzerhellung, III. Metaphysik*)], Berlin / Heidlberg / New York, 1973.
Karl Jaspers, *Philosophische Autobiographie*, München / Zürich, 1984.
Hans Saner, *Karl Jaspers*, Reinbek, 1970.

## 제 14 장 한나 아렌트 - 시작할 수 있음과 하나가 된 둘

Hannah Arendt, *Eichmann in Jerusalem: Ein Bericht von der Banalität des Bösen*, München / Zürich, 1986.
Hannah Arendt, *Menschen in finsteren Zeiten*, München / Zürich, 1968.
Hannah Arendt, *Rahel Varnhagen: Lebensgeschichte einer deutschen Jüdin aus der Romantik*, München, 1959.
Hannah Arendt, *Über das Böse: Eine Vorlesung zu Fragen der Ethik*, München / Zürich, 2003.
Hannah Arendt, *Vita activa oder Vom tätigen Leben*, München / Zürich, 1981.

Hannah Arendt, *Vom Leben des Geistes: Band 1-Das Denken*, München / Zürich, 1989.

Hannah Arendt, *Vom Leben des Geistes: Band 2-Das Wollen*, München / Zürich 1989.

*Gespräch mit Hannah Arendt* (Günter Gaus), München / Zürich, 1965.

Karl Jaspers, *Psychologie der Weltanschauungen*, Berlin / Göttingen / Heidelberg, 1960.

Martin Heidegger / Hannah Arendt, *Briefe 1925-1975*, Frankfurt / M., 1998.

Immanuel Kant, *Werke in zwölf Bänden: Band 4*, Frankfurt / M., 1968.

Immanuel Kant, *Werke in zwölf Bänden: Band 8*, Frankfurt / M., 1968.

Immanuel Kant, *Werke in zwölf Bänden: Band 12*, Frankfurt / M., 1968.

Rüdiger Safranski, *Ein Meister aus Deutschland: Heidegger und seine Zeit*, München, 1994.

## 제 15 장 장폴 사르트르가 보여준 전쟁 중의 개인적 실존주의에서 실천적 실존주의로의 전환

Simone de Beauvoir, *Die Zeremonie des Abschieds*, Reinbek, 1983.

Simone de Beauvoir, *In den besten Jahren*, Reinbek, 1969.

Annie Cohen-Solal, *Sartre 1905-1980*, Reinbek, 1988.

*Sartre über Sartre*, Reinbek, 1977.

Jean-Paul Sartre, *Briefe an Simone de Beauvoir* (Zwei Bande), Reinbek, 2008.

Jean-Paul Sartre, *Das Sein und das Nichts: Versuch einer phänomenologischen Ontologie*, Reinbek, 1993.

Jean-Paul Sartre, *Der Ekel*, Reinbek, 2004.

Jean Paul Sartre, *Drei Essays*, Berlin, 1977.

Jean-Paul Sartre, *Tagebücher: November 1939-März 1940*, Reinbek, 1984.

Jean Paul Sartre, *Transzendenz des Ego: Philosophische Essays 1931-1939*, Reinbek, 1982.

Bernhard Waldenfels, *Phänomenologie in Frankreich*, Frankfurt / M., 1983.

## 제 16 장 에른스트 윙거 - 돌격대장과 숲으로 간 사나이

Ernst Jünger, *Auf den Marmorklippen*, Stuttgart, 1983.

Ernst Jünger, *Der Arbeiter: Herrschaft und Gestalt* (1932), Stuttgart, 1982.
Ernst Jünger, *Der Waldgang* (1951), Stuttgart, 1980.
Ernst Jünger, *Samtliche Werke, Band 7*, Stuttgart, 1980.
Ernst Jünger, *Strahlungen* (Zwei Bände), München, 1995.
Golo Mann, *Briefe 1932–1992*, Göttingen, 2006.
Martin Meyer, *Ernst Jünger*, München, 1990.
Heimo Schwilk, *Ernst Jünger: Ein Jahrhundertleben*, München/Zürich, 2007.

## 결산 고찰

Steffen Mau, *Das metrische Wir: Über die Quantifizierung des Sozialen*, Berlin, 2017.
Andreas Reckwitz, *Das Ende der Illusionen: Politik, Ökonomie und Kultur in der Spätmoderne*, Berlin, 2019.
Andreas Reckwitz, *Die Gesellschaft der Singularitäten: Zum Strukturwandel der Moderne*, Berlin, 2017.

## 기타 참고문헌

Gernot Böhme, *Ich–Selbst. Über die Formation des Subjekts*, München, 2012.
Otto Friedrich Bollnow, *Existenzphilosophie*, Stuttgart, 1955.
Martin Buber, *Die Frage an den Einzelnen*, Berlin, 1936.
Janine Chasseguet-Smirgel, *Das Ich–Ideal*, Frankfurt / M., 1981.
Gerrit Confurius, *Ichzwang – Für eine Psychologie des Individuums*, Berlin, 2011.
Vincent Descombes, *Die Rätsel der Identität*, Frankfurt / M., 2013.
Gisela Dischner, *Es wagen, ein Einzelner zu sein: Versuch über Kierkegaard*, Bodenheim, 1997.
Josef Früchtl, *Das unverschämte Ich*, Frankfurt / M., 2004.
Tristan Garcia, *Das intensive Leben: Eine moderne Obsession*, Frankfurt / M., 2020.
Volker Gerhardt, *Individualität: Das Element der Welt*, München, 2000.
Heiner Hastedt, *Der Wert des Einzelnen: Eine Verteidigung des Individualismus*, Frankfurt / M., 1998.

Panajotis Kondylis, *Der Niedergang der bürgerlichen Denk- und Lebensform*, Weinheim, 1991.

Wolfgang Kraus, *Die Wiederkehr des Einzelnen: Rettungsversuche im bürokratischen Zeitalter*, München/Zürich, 1980.

Michael Landmann, *Das Ende des Individuums: Anthropologische Skizze*, Stuttgart, 1971.

Odo Marquard, *Der Einzelne: Vorlesung zur Existenzphilosophie*, Stuttgart, 2013.

Herman Meyer, *Der Sonderling in der deutschen Dichtung*, Berlin, 1984.

Emmanuel Mounier, *Einführung in die Existenzphilosophien*, Bad Salzig, 1949.

Max Müller, *Existenzphilosophie: Von der Metaphysik zur Metahistorik*, Freiburg / München, 1986.

Rudolf Otto, *Das Heilige: Über das Irrationale in der Idee des Göttlichen und sein Verhältnis zum Rationalen*, Breslau, 1917.

Carl Ludwig Schleich, *Das Ich und die Dämonien*, Berlin, 1920.

Larry Siedentop, *Die Erfindung des Individuums: Der Liberalismus und die westliche Welt*, Stuttgart, 2015.

Lars Svendsen, *Philosophie der Einsamkeit*, Berlin, 2015.

# 인명 찾아보기

## ㄱ

가다머, 한스게오르크 Gadamer,
  Hans-Georg 386
게르첸, 알렉산드르 Herzen,
  Alexander 322
게오르게, 슈테판 George, Stefan
  281~296, 299, 301~304, 306~307,
  312~314, 333, 478
군돌프, 프리드리히 Gundolf, Friedrich
  302
그림, 프리드리히 Grimm, Friedrich
  135

## ㄴ

나우만, 프리드리히 Naumann,
  Friedrich 321
나폴레옹 1세 Napoleon I 164~165,
  176~178
니체, 프리드리히 Nietzsche, Friedrich
  111, 234~235, 276, 291, 294, 296,
  405, 471~472

## ㄷ

다빈치, 레오나르도 Da Vinci,
  Leonardo 23~24, 27, 35
도스토옙스키, 표도르 Dostoevsky,

Fyodor 249

돌바흐, 폴 앙리 티리 D'Holbach,
  Paul-Henri Thiry 135, 142

되블린, 알프레트 Döblin, Alfred
  330

데카르트, 르네 Descartes, René
  183, 394

데피네, 루이즈 d'Épinay, Louise
  144~145

디드로, 드니 Diderot, Denis 122,
  135~136, 141~147, 149~151, 153,
  158~160, 165, 185~187, 477

## ㄹ

라 보에티, 에티엔 드 La Boétie,
  Étienne de 81, 85

라블레, 프랑수아 Rabelais, François
  41

란트만, 에디트 Landmann, Edith
  291, 294

레싱, 고트홀트 에프라임 Lessing,
  Gotthold Ephraim 219

레크비츠, 안드레아스 Reckwitz,
  Andreas 17, 480

루터, 마르틴 Luther, Martin 39, 51,
  53~74, 77~78, 80, 100~101, 110~112,
  118, 318~319, 383, 477

르봉, 귀스타브 Le Bon, Gustave

337~340, 344, 348~349, 351, 353,
  367

리스먼, 데이비드 Riesman, David
  345~346

리케르트, 하인리히 Rickert, Heinrich
  369, 385

## ㅁ

마르크스, 카를 Marx, Karl 230, 233,
  236, 323~325

마우, 슈테판 Steffan, Mau 483

마키아벨리, 니콜로 Machiavell,
  Niccolò 42~47, 111, 171

만, 골로 Mann, Golo 467

만, 토마스 Mann, Thomas 311, 469

만, 하인리히 Mann, Heinrich
  325~326

말라르메, 스테판 Mallarmé, Stéphane
  284~287

말제르브, 크레티앵 기욤 라무아뇽 드
  Malesherbes, Chrétien Guillaume
  de Lamoignon de 122, 128, 144

매클러스키, 에드워드 McCluskey,
  Edward 483

몰차, 프란체스코 마리아 Molza,
  Francesco Maria 39

몽테뉴, 미셸 에켐 드 Montaigne,
  Michel Eyquem de 73~74,

77~104, 112~113, 117, 126, 185, 477
미켈란젤로 Michelangelo 24, 28, 38,
  39, 62, 111

## ㅂ

바그너, 리하르트 Wagner, Richard
  323
바사리, 조르조 Vasari, Giorgio 26,
  33,
바움, 마리 Baum, Marie 316, 329
바쿠닌, 미하일 Bakunin, Mikhail
  321~325
발, 장 Wahl, Jean 431
베르그송, 앙리 Bergson, Henri 110
베르길리우스 마로, 푸블리우스
  Vergilius Maro, Publius 355~357
베버, 마리안네 Weber, Marianne 304
베버, 막스 Weber, Max 302~307
베이컨, 프랜시스 Bacon, Francis 320
벨, 마리앙리 Beyle, Marie-Henri 164
벨린스키, 비사리온 Belinsky,
  Vissarion 322
벰보, 피에트로 Bembo, Pietro 39
보들레르, 샤를 피에르 Baudelaire,
  Charles Pierre 334~335
보르자, 체사레 Borgia, Cesare 23
보부아르, 시몬 드 Beauvoir, Simone
  de 430, 438, 440, 446, 448, 453

보에티우스 Boëthius 54
보티첼리 Botticelli 344
볼랑, 소피 Volland, Sophie 142
볼테르 Voltaire 125
뵘, 프란츠 Böhm, Franz 328
불트만, 루돌프 Bultmann, Rudolf
  406
부르크하르트, 야코프 Burckhardt,
  Jacob 17, 34, 183
브라운, 존 Brown, John 268~269
브라이트바흐, 요제프 Breitbach,
  Joseph 468
브로흐, 헤르만 Broch, Hermann
  351~355, 357~358, 367
브루넬레스키, 필리포 Brunelleschi,
  Filippo 33
블로흐만, 엘리자베트 Blochmann,
  Elisabeth 388, 398

## ㅅ

사르트르, 장폴 Sartre, Jean-Paul
  373, 429~431, 433~435, 437~454
사보나롤라, 지롤라모 Savonarola,
  Girolamo 32, 48
샤르코, 장마르탱 Charcot, Jean-
  Martin 338
소로, 헨리 데이비드 Thoreau,
  Henry David 253~270, 273~274,

슈미트, 요한 카스파 Schmitt, Johann
　　Caspar  232, 248
슈미트, 카를 Schmitt, Carl  233
슈타우펜베르크, 클라우스 폰
　　Stauffenberg, Claus von  467
슈타우피츠, 요한 폰 Staupitz, Johann
　　von  62~63
슈티르너, 막스 Stirner, Max  227~228,
　　232~239, 241~249, 253, 255,
　　273~276, 478
슐라이어마허, 프리드리히
　　Schleiermacher, Friedrich  261
슐레겔, 카롤리네 Schlegel, Caroline
　　324
스코투스, 둔스 Scotus, Duns  34
스탕달 Stendhal  163~180, 187~188
스피노자, 바뤼흐 Spinoza, Baruch
　　102, 370
시덴톱, 래리 Siedentop, Larry  107
실러, 프리드리히 Schiller, Friedrich
　　150

## ㅇ

아낙시만드로스 Anaximandros  357
아레티노, 피에트로 Aretino, Pietro
　　37~42, 48
아렌트, 한나 Arendt, Hannah  133,
　　397, 405~414, 416~425
아롱, 레몽 Aron, Raymond  434
아우구스투스(황제) Augustus  355
아우구스티누스, 아우렐리우스
　　Augustinus Aurelius  64, 65, 104
안드레아스살로메, 루 Andreas-
　　Salomé, Lou  293
알베르티, 도메니코 Alberti, Domenico
　　157
야스퍼스, 카를 Jaspers, Karl  306,
　　368~374, 376~378, 380~384, 388,
　　391, 393, 396, 400~401, 405, 407,
　　479
야페, 엘제 Jaffé, Else  303
에라스뮈스, 데시데리위스 Erasmus,
　　Desiderius  37
에머슨, 랠프 월도 Emerson, Ralph
　　Waldo  256, 260~262, 264
엘리아스, 노르베르트 Elias, Norbert
　　17~18
엥겔스, 프리드리히 Engels, Friedrich
　　233, 325
오버베크, 이다 Overbeck, Ida  234
오버베크, 프란츠 Overbeck, Franz
　　234
오토, 루돌프 Otto, Rudolf  397
올센, 레기네 Olsen, Regine  199
윙거, 에른스트 Jünger, Ernst
　　457~469, 472~473, 479

## ㅈ

잘린, 에트가어 Salin, Edgar  302
잘츠, 아르투르 Salz, Arthur  303
지멜, 게오르크 Simmel, Georg  233,
293~303, 312, 333, 423, 478

## ㅊ

채플린, 찰리 Chaplin, Charlie  462
체코니, 마리에타 Ceconi, Marietta
316
체코니, 에르마노 Ceconi, Ermanno
316
첼리니, 벤베누토 Cellini, Benvenuto
111
촐베, 하인리히 Czolbe, Heinrich
229

## ㅋ

카네티, 엘리아스 Canetti, Elias
358~363, 367, 461
카를라우프, 토마스 Karlauf, Thomas
302
카시러, 에른스트 Cassirer, Ernst
395
코모렐, 막스 Kommerell, Max  284

클라게스, 루트비히 Klages, Ludwig
286
클링거, 프리드리히 막시밀리안
Klinger, Friedrich Maximilian
150
키르케고르, 쇠렌 Kierkegaard, Sören
191~194, 199~206, 210~224,
227~228, 237, 273~275, 323, 351,
367, 371, 405~406, 477
키케로 Cicero  94

## ㅌ

타르드, 가브리엘 Tarde, Gabriel
341~345, 348, 351, 353, 367
투르게네프, 이반 Turgenev, Ivan
322
트뢸치, 에른스트 Troeltsch, Ernst
318
티치아노, 베첼리오 Tiziano, Vecellio
39~40

## ㅍ

파른하겐, 라헬 Varnhagen, Rahel
407
포이어바흐, 루트비히 안드레아스 폰
Ludwig Andreas von Feuerbach

233, 236

프라일리그라트, 페르디난트 Freiligrath,
Ferdinand  231

피코 델라미란돌라, 조반니 Pico
della Mirandola, Giovanni
28~32, 112

피히테, 요한 고틀리프 Fichte, Johann
Gottlieb  321

311~322, 324~329, 333, 479

### ㅎ

하이네, 하인리히 Heine, Heinrich
232

하이데거, 마르틴 Heidegger, Martin
368, 372, 383~391, 393~341,
406~411, 418~419, 434, 445, 479,
480

헤겔, 게오르크 빌헬름 프리드리히
Hegel, Georg Wilhelm Friedrich
30, 218, 229

헤르베그, 게오르크 Herwegh, Georg
232

호프만슈탈, 후고 폰 Hofmannsthal,
Hugo von  287~291, 387, 434

후설, 에드문트 Husserl, Edmund
233, 383

후흐, 리하르트 Huch, Richard
315~316

후흐, 리카르다 Huch, Ricarda

### 개인의 철학

**초판 1쇄 인쇄**　2025년 12월 5일
**초판 1쇄 발행**　2025년 12월 15일

**지은이**　뤼디거 자프란스키
**옮긴이**　김희상
**펴낸이**　이종호
**편　집**　이영호 김다영
**디자인**　씨오디
**발행처**　청미출판사
**출판등록**　2015년 2월 2일 제2015-000040호
**주　소**　서울시 마포구 토정로 158, 103-1403
**전　화**　02-379-0377
**팩　스**　0505-300-0377
**전자우편**　cheongmipub@daum.net
**블로그**　blog.naver.com/cheongmipub
**페이스북**　www.facebook.com/cheongmipub
**인스타그램**　www.instagram.com/cheongmipublishing

**ISBN**　979-11-89134-44-0　03100

＊ 책값은 뒤표지에 있습니다.